文化哲學

文化哲學

주 겸 지 著
전 홍 석 譯

한국학술정보(주)

<역자 서문을 대신하여>

朱謙之 '文化哲學' 研究

- 現代 '文明패러다임' 克服을 爲한 東洋의 '文化哲學'的 摸索 -

1

본 연구는 현대 '문명패러다임'에 대한 동양의 '문화철학'적 극복과 그 대안 모색[1]이라는 차원에서, 1930 · 40년대 중국의 대표적인 문화 논의 중 하나였던 朱謙之(1899~1972)의 '문화철학'을 21세기 세계체제

---

1) 내가 여기서 사용하는 동방 · 동양(East) 또는 오리엔트(Orient)란 용어는 '동 양에 대한 서양의 지배와 권력 행사를 위한 담론'이라는 단선적 논리의 사이드 식 오리엔탈리즘, 그리고 아더 버스루이스(Arthur Versluis)가 말하는 '긍정 적 오리엔탈리즘'(positive Orientalism: 아시아의 종교나 문화를 가치 있고 영원한 진리를 반영하는 것으로 보는 태도)에 반하는 '부정적 오리엔탈리 즘'(negative Orientalism: 아시아의 종교나 문화나 국민들을 경시하는 태도) 의 범주에서 벗어나 있다. 이것은 오히려 정진농이 제시한 '혼성석 오리엔달리 즘'에 가깝고 궁극적으로는 '포스트오리엔탈리즘'을 지향한다. 정진농은 '혼성 적 오리엔탈리즘'을 '세속적 오리엔탈리즘 - 사이드식 오리엔탈리즘 및 버스루 이스의 부정적 오리엔탈리즘', '구도적 오리엔탈리즘 - 버스루이스의 긍정적 오 리엔탈리즘'과 구분하여 다음과 같이 설명하고 있다. 이를테면, "혼성적 오리 엔탈리즘은 서양이 동양을 구성하고 지배하는 데 오리엔탈리즘을 이용했다고 보는 시각, 즉 서구 제국주의의 거대담론으로 보았던 사이드의 오리엔탈리즘 에서 더 나아가 서양과 동양을 보다 상호적인 관점에서 보고, 오리엔탈리즘을 더욱 창의적이고 보다 열린 관점에서 보는 견해이다."(정진농, 『오리엔탈리즘 의 역사』, 살림, 2004, 36쪽.)

이론 내지는 국제정치학적으로 다루어 보고자 한 시도이다. 최근 탈냉전기 국제정치질서가 와해되고 동서이데올로기의 대립과 그에 기인된 군사적 대립이 종식된 상황 하에서, 탈냉전기 국제 정치를 '문명패러다임'으로 설명하고자 한 대표적인 두 학자의 이론, 즉 단수(단일) 문명론과 복수 문명론에 입각해서 후쿠야마의 '단일 중심적 문명전파론'과 헌팅턴의 '복수 중심적 문명충돌론'의 논리와 그 내용을 파헤쳐 보았다. 그 결과 그것은 다름 아닌 탈냉전시대의 '서구 중심적 신제국주의' 및 '오리엔탈리즘적 서구패권주의' 성향이 강하다는 사실을 확인하였다.

논지컨대, 후쿠야마의 입장에서 보면 단일 문명의 반대편에는 야만이 존재하며 이 경우 문명의 전파와 야만의 흡수가 발생한다. 이 과정에서 비록 충돌이 발생한다고 하더라도 그것은 전파와 흡수의 과정에서 나타나는 저항일 뿐 문명의 충돌은 아니다. 다시 말해서, 자유민주주의 체제가 사회주의 체제를 패퇴시킴으로써 이제 자유민주주의 체제가 보편적인 체제가 되었다는 후쿠야마식 사고는, 단일의 보편 문명이 고유한 특징을 지닌 복수의 개별 문명들을 종국에 가서는 종식시킬 것이라는 믿음상에 구축된 것으로, 이것은 자칫 탈냉전시대의 신제국주의 인식적 기초로 확대될 위험성이 있다. 헌팅턴의 입장에서 보면 복수 문명의 반대편에는 다른 문명 또는 복수 문명 사이의 빈 공간이 존재하며, 이 경우 한 문명의 전파 과정은 다른 문명의 전파 과정과 충돌을 빚게 된다. 이처럼 헌팅턴이 문화 다원주의가 오늘을 지배한다는 식의 논법을 전개하고는 있지만, 그의 견해는 사실 개방적 다원주의가 아닌 미국이 유럽과 함께 세계를 선도하고 지배해야 한다는 서구 문화 쇼비니즘에 지나지 않는다. 그는 형성 중인 상위의 보편 문명을 인정하지 않은 상태에서 개별 문명들 간의 충돌, 특히 서구와 '나머지'(유교-이슬람)라는 도식 속에서의 갈등만을 강조한 나머지, 개방성과 관용이라는 '문화 다원주의'의 긍정적 요소를 놓치고 말았다.

냉전 시대의 체제 속에서 복류하고 있다가 급기야 시대적 조류에 부응하여 등장하게 된 문명패러다임! 그 적실성과 유용성, 그리고 그것에 내포된 제국주의적 성향에 대한 국내외의 수많은 비판에도 불구하고, 그것은 어느덧 국제관계이론 내지는 세계체제이론으로서 이제 우리의 의식 속에 견고하게 안착한 느낌이다. 그러나 그것이 이미 심각한 문제를 안고 있다는 사실이 드러난 이상, 우리는 그 극복 방안과 대안을 생각해 보지 않을 수 없다. 그렇다면, 21세기 인류 공영을 위한 가장 바람직한 국제 질서와 세계 체제는 어떤 형태가 되어야 할까? 이 문제에 대해서는 보다 공의적이고 창조적인 시각으로 더욱 논의되어야 하겠지만, 현 학계의 논의를 종합해 볼 때 현재와 미래의 세계는 단일의 보편 문명과 고유한 특징을 지닌 복수의 개별 문명들이 중층적으로 공존한다는 시각 속에서 '문화(문명) 다원주의를 그 전제로 한 보편 문명에의 지향'으로 귀결되고 있다. 그러나 이러한 중층적 규정에는 또한 상반된 논리 즉, '문화 다원주의'와 '보편 문명'이라는 상충된 문제와 관련되어 있음을 알 수 있다. 이로 볼 때 '보편 문명'과 '문화 다원주의'의 긍정적인 면을 동시에 구현시킬 수 있는 논리 구조의 새로운 문화(문명)관이 필요하다고 하겠다. 먼저 주겸지 '문화철학'의 내용을 전체적으로 조망해 보고 현대 문명패러다임의 극복과 대안 모색이라는 차원에서 그 특징을 짚어 보고자 한다.

2

주겸지의 학문 세계에 있어서 『문화철학』의 위치는 전기(마르크스·레닌주의 비수용 시기, 1918~1949)의 마지막 학문 도달점이라 하겠다.[2] 단지 하루를 살더라도 그 하루 동안은 문화를 위해서 힘쓸 것이라고 했던 그의 말에서 확인할 수 있듯이 그는 평소 문화 연구에 대한 강한 의욕과 소신을 가지고 있었다. 그 집필의 최대 취지를 『문화철학』 「序」에서 다음과 같이 밝히고 있다. 즉, "문화의 본질 및 그 유형을 설명하고, 종교, 철학, 과학, 예술 등 각종 지식 생활에 대해서 모두 근본적으로 연구를 가한다. 또한 문화의 지리상 분포를 분석하여 중외 문화관계와 본국 문화의 새로운 경향을 밝히고 미래의 세계 문화 건설을 모색하고자 한다. 가장 절실하고 절박한 의도는 '남방문화운동'을 제창하는 데 있다."[3] 이처럼 그가 『문화철학』에서 제시한 문화 이론은 이후 그의 일련의 문화 거작들의 이론적 기초가 된다. 그러므로 『문화철학』을 깊이 있게 이해하지 않고서는 그의 문화와 관련된 저작들과 항일전쟁 기간의 '남방문화운동'을 올바르게 이해하지 못하게 될 것이다.

주겸지의 사상 형성은 투철한 현실 인식에서 비롯된다. 당시 중국의 위기 상황하에서 민족이 부흥하지 못한 이유는 문화가 부흥되지 않은 데 있다고 뼈저리게 느끼던 터라, 孫中山이 '실업계획'을 했던 것처럼 제국주의 강권에 맞서 중국을 구하고자 한다면 모름지기 근본적으로 문화로부터 착수해야 한다는 '문화계획'을 실행하여 민족 부흥의 근본을 삼으려고 했다. 그는 문화를 인류생활의 표현 및 인류생활 각 방면의 포현으로 이해하여 이를 문화철학의 개념 규정으로 확장시킴으로써

---

2) 1949년 중국 대륙의 공산화를 기점으로 해서 그의 자서전격인 「回憶」·「奮鬪 廿年」은 전기를, 「一個哲學者的自我檢討」·「世界觀的轉變」은 후기를 각각 반영하고 있다.(『朱謙之文集』, 第1卷) 그는 "해방 이전 나 자신의 사상 속에는 언제나 무정부주의 또는 변형된 무정부주의가 우세하였다."(앞의 책, 「政治幻想的三部曲」, 186쪽.)고 스스로 술회하고 있다시피 전기의 사상은 크게 보아 무정부주의적 이상을 직간접적으로 담고 있다고 하겠다. 그러나 그는 자신의 전기 학문을 소자산계급 지식분자 세계관하의 개인영웅주의의 길이었다고 스스로 비판하면서 마르크스·레닌주의와 마오쩌둥 사상을 기반으로 후기의 학문 활동을 진행한다.

3) 『朱謙之文集』, 第6卷, 「文化哲學·序」, 福建教育出版社, 2002, 243쪽.

새로운 문화철학을 구축해 내고자 했다. 말하자면, 문화철학을 영원한 창조와 진화인 '생명의 부류'에 정초코자 했던 것이다. 주겸지의 '문화 진화' 개념에는 베르그송의 '持續'(duration, 綿延)과 헤겔의 '揚棄'(또는 止揚, Aufheben)라는 개념이 동시에 내포되어 있다. 이것은 크로체의 "모든 참된 역사는 현재적 역사이다."(Every true history is contemporary history)라는 말과 함께 주겸지에게 수렴되어 문화란 반드시 '현재성'과 '생명성'을 지녀야만 참된 의미의 문화임이 강조된다. 그리고 문화의 유형과 작용에 대한 그의 독특한 견해를 피력하고 있다. 구체적으로 말해 보면 그는 문화의 본질상 논리주의와 심리주의적 해석 방법으로서 헤겔의 '3분 변증법'과 콩트의 '3단계 법칙'에 '몰자적 단계'와 '예술적 단계'를 각각 첨가시켜 '4분 변증법'과 '4단계의 법칙'으로 변형·발전시킨다.

	제1단계	제2단계	제3단계	제4단계
콩트	신학 단계	형이상학 단계	실증적·과학적 단계	예술적 단계
헤겔	몰자적	즉자적	대자적	즉자대자적

결국, 그는 이와 같은 헤겔의 논리주의와 콩트의 심리주의를 종합하여 문화의 근본 유형을 지식 생활상 4단계, 즉 종교, 철학, 과학, 예술, 그리고 여기에 그것과 의존적 관계에 있는 사회생활상 군사, 법률, 경제, 교육을 첨가하여 문화의 여덟 가지 유형을 완성해낸다. 그의 입장에서 '문화'(Kultur)와 '문명'(Civilization)이란 분명한 구별점이 있다. 즉, 지식 생활상 네 유형은 '문화' 개념으로서 '문화철학' 연구의 범위에 속하고, 사회생활상 네 유형은 '문명' 개념으로서 '문화사회학' 연구의 범위에 속한다. 본고에서는 '문화철학' 범위에 속하는 지식 생활상 네 유형에만 한정해서 다루어졌는데, 이것은 본질적 존재인 한편 역사적

존재이기도 하다. 말하자면, 그 본질상에서 보면 각 문화의 유형은 독립적인 일종의 특수한 문화학으로 다른 것과는 상이하며, 형식상에서 보면 그것은 시간의 변화에 의거함은 물론 순서에 따라서 기타 문화 생명을 취함으로써 그 표현의 형식을 삼는다. 주겸지는 이러한 문화 유형들에 역사학적 방법을 응용하여 연쇄적 관계로서의 역사 발전 과정으로 분화시킨다. 아울러, 방법론상에서 각 문화 유형의 관계를 관찰해 보면 각 문화 유형을 파악해낼 수 있다고 보았다. 그의 관점에서 보면 이 네 문화 유형은 자료의 차이에서 오는 것이 아니라, 그 운용되는 방법의 특이함에서 오는 것이다. 즉, '연역법(신앙) → 종교'; '변증법(내성) → 철학'; '귀납법(관찰, 실험, 비교, 역사) → 과학'; '직관법(표현) → 예술'이 그것이다.

3

한편, 주겸지는 헤겔의 문화지리학의 형이상학적 이해를 통해서 하나의 세계문화민족은 반드시 하나의 특수적이고 외부적인 지리적 기초를 가진다는 사실을 간파한다. 이 지리적 기초란 인류 문화와 상관관계에 있는 기후, 지형을 의미하는 것이다. 그의 결론은 고원 문화는 인도로서 지리적 특성상 '종교적 문화'를, 평원 문화는 중국으로서 지리적 특성상 '철학적 문화'를, 해양(연해지) 문화는 서양으로서 지리적 특성상 '과학적 문화'를 각각 형성한다. 이처럼 그는 세계 문화를 기본적으로 '3원론', 즉 인도, 중국, 서양이라는 문화의 세 근본 단위로 파악하고자 했다. 이상 설명한 내용을 '문화철학' 연구의 범위만을 한정해서 나타내 보면 아래의 표와 같다.

시기 문화 구역	제1시기: 종교 단계	제2시기: 철학 단계	제3시기: 과학 단계	제4시기: 예술 단계
인도(고원): 종교	종교적 종교 (연역적 연역법)	철학적 종교 (변증적 연역법)	과학적 종교 (귀납적 연역법)	예술적 종교 (직관적 연역법)
중국(평원): 철학	종교적 철학 (연역적 변증법)	철학적 철학 (변증적 변증법)	과학적 철학 (귀납적 변증법)	예술적 철학 (직관적 변증법)
유럽(해양): 과학	종교적 과학 (연역적 귀납법)	철학적 과학 (변증적 귀납법)	과학적 과학 (귀납적 귀납법)	예술적 과학 (직관적 귀납법)
이상(세계): 예술	종교적 예술 (연역적 직관법)	철학적 예술 (변증적 직관법)	과학적 예술 (귀납적 직관법)	예술적 예술 (직관적 직관법)

또한, 그는 '세계 문화의 지리상적 3원론'에 대한 이론적 근거로 양수 명의 '문화의 세 방향(三路向)설'과 쉘러의 '지식의 세 형식'을 대응시 킴으로써 자신의 학설을 강화하고 있다. 전자는 ①서양 문화는 '의욕의 앞으로 향한 요구'(意欲向前要求)를 그 근본정신으로 삼는다; ②중국 문화는 '의욕의 自爲·調和·持中'(意欲自爲調和持中)을 그 근본정신으 로 삼는다; ③인도 문화는 '의욕의 자신을 반성하여 뒤로 향한 요구' (意欲反身向後要求)를 그 근본정신으로 삼는다(양수명)가 그것이고, 후 자는 ①실용적 지식－서구의 자연정복적 지식; ②교양적 지식 또는 본 질적 지식－중국 및 그리스의 지배계급적 지식; ③해탈적 지식－인도 의 불교적 지식(쉘러)4)이 그것이다.

주겸지의 3원론과 관련하여 이 두 동·서양 학자의 설을 정리해보면 '의욕의 자신을 반성하여 뒤로 향한 요구'인 인도 문화는 '해탈적 지식' 으로서 주겸지가 말한 '종교적 문화'이고, '의욕의 자위·조화·지중'인 중국 문화는 '교양적 지식'으로서 그가 말한 '철학적 문화'이다. 그리고 '의욕의 앞으로 향한 요구'인 서양 문화는 '실용적·자연정복적 지식'으 로서 그가 말한 '과학적 문화'인 것이다. 이와 같은 세 종류의 지식 문화

---

4) 주겸지는 미래 세계인 예술형을 '감상적 지식'·'표현적 지식'으로 표현한다.

는 되풀이하자면 세계 인구가 가장 많이 거주하는 세 구역, 즉 문화의 지리적 분포상 인도, 중국, 서구에 각기 대응된다. 즉, 현 세계 문화의 체계는 종교형에 속하거나 철학형 혹은 과학형에 속한다. 문화의 전파로 말하자면 인도 문화에 의해 전파된 것이거나 중국 문화 혹은 서양 문화에 의해 전파된 것이다. 문화의 유형으로 말하면 종교 문화는 인도가, 철학 문화는 중국이, 과학 문화는 서양이 각각 그것을 대표하지만, 모든 문화는 결국 예술 문화를 향해서 나아가게 된다. 세계사에 있어서의 문화 구역은 여러 단위가 존재할 수 있겠으나, 종합해 보면 중국, 인도, 서구 세 문화 단위로 귀결될 따름이다. 이 문화 단위의 특징은 다음과 같다.

① 문화의 유형: 인도 문화는 종교 문화이고 중국 문화는 철학 문화이며, 또한 서양 문화는 과학 문화이다. 인도 문화사는 종교 문화의 발전사이고, 중국 문화사는 철학 문화의 발전사이다. 그리고 서양 문화사는 과학 문화의 발전사이다.

② 문화의 구조: 인도 문화에도 철학, 과학, 예술은 있지만, 모두 종교 문화가 중심이 되어 '종교적 철학', '종교적 과학', '종교적 예술'을 형성한다. 중국 문화에도 종교, 과학, 예술은 있지만, 모두 철학 문화가 중심이 되어 '철학적 종교', '철학적 과학', '철학적 예술'을 형성한다. 마찬가지로 서양 문화에도 역시 종교, 철학, 예술은 존재하지만, 모두 과학 문화가 중심이 되어 '과학적 종교', '과학적 철학', '과학적 예술'을 형성한다.

③ 문화의 발전: 인류문화사의 발전 단계는 크게 종교 시대 → 철학 시대 → 과학 시대 → 예술 시대로 구분할 수 있다. 이 가운데 인도 문화는 첫 번째 시기인 '종교 시대'를 대표하고, 중국 문화는 두 번째 시기인 '철학 시대'를 대표하고, 서양 문화는 세 번째 시기인 '과학 시대'를 대표한다.

④ 문화의 접촉: 인도 문화사 중 '과학 시대'는 서양 과학 문화의 영향이다. 중국 문화사 중 '종교 시대'는 인도 종교 문화의 영향이며, 그 '과학 시대'는 서양 과학 문화의 영향이다. 서양 문화로 말한다면, 서양 문화사 중 '종교 시대'는 인도 종교 문화의 영향이며, 그 '철학 시대'는 중국 철학 문화의 영향이다.[5]

인도, 중국은 과거에 이미 존재했던 문화이고 서양은 현존하는 문화이다. 예술 문화는 세 방면을 포괄하여 미래에 장차 존재할 문화이다. 즉, 그것은 세계 문화의 조화와 종합임은 물론 문화의 이상향으로서 앞으로 우리들에게 다가올 미래 세계에 해당한다. 그리고 예술 시대만이 종교, 철학, 과학을 하나로 융합시킬 수가 있다. 과거의 문화 정통 속에서 인도는 종교 문화에서 예술 문화로, 중국은 철학 문화에서 예술 문화로, 서양은 과학 문화에서 예술 문화로 이를 것이다. 그 발전 진행 가운데 반드시 현 단계인 과학 문화의 절차를 거쳐야 하며, 주겸지는 당시 중국이 밟고 있는 경로는 이와 비교적 비슷하여 서세동점의 시련과 위기는 서양 과학 문화의 세례에 불과하다고 여겼다.
또한, 그는 중국 문화와 그것의 남북문제를 다루면서 문화의 시간·공간상 북방의 황하 유역을 종교 문화, 중부의 양자강 유역을 철학 문화, 남방의 珠江 유역을 과학 문화로 분류한다. 여기에 따른 중국 문화의 역사 발전 과정을 주겸지는 아래의 표와 같이 정리하고 있다.

---

5) 『朱謙之文集』, 第7卷, 「比較文化論集·序」, 254~255쪽; 앞의 책, 「比較文化論集·中國文化之本質, 體系及其發展」, 344~345쪽.

문화의 3주기				大事記		종교시기	철학시기	과학시기
제1주기	종교시기	황하유역문화시대	제1소주기	중국문화 제1차 독립 발전기	기원전 33세기부터 기원 3세기까지. 약 3600년	고대의 泛神思想-神農氏(天樂)-黃帝書(呂氏春秋 인용)-殷·商의 선조에 대한 제사-商頌-甲骨文字-周易-天道觀念	春秋時代-하늘(天)의 형이상학적 의미-老子(道)-孔子의 易繫辭-戰國時代의 諸子百家-孟子-墨子	西漢 經學의 과학으로의 변형-서한 경학가의 陰陽學에 대한 精通-董仲舒-高相-京房-翼奉-東漢 儒者의 天文·星歷에 대한 정통(예컨대. 楊厚, 襄楷)-張衡 制作
						장강 유역으로 이동		
			제2소주기	중국 문화의 인도 문화 전파기	기원 3세기부터 10세기까지. 약 1300년	魏晋·南北朝 때의 이민족 유입과 이민족 종교의 영향-불교의 수입-石勒·石虎와 佛圖澄-苻堅과 鳩摩羅什-華夷同一論-朱昭之『難夷華論』	唐代 중국 佛學의 인도 불학에 대한 부정-玄奘이 칙명을 받들어 노자의 道德經을 번역함-唐 太宗이 노자를 부처와 같거나 그 위에 둠-唐代의 군주는 성이 '李'씨인 까닭에 특히 도교를 중시함-唐 玄宗의 노자 도덕경에 대한 주석-兩京(唐代의 長安과 洛陽) 및 여러 州에 玄學을 두어 숭배함	中唐 五代의 疏證學時代-孔穎達『五經正義』-開元時代의 풍부한 經書-唐末 雕板印書法의 발명-馮道-"逃數小學字書"-五代監本
제2주기	철학시기	장강유역문화시대	제1소주기	중국 문화 제2차 독립 발전기	기원 10세기부터 19세기까지. 약 1000년	宋代의 중국문예부흥-우주철학시기-周易-生의 우주관-범신론-周濂溪, 邵康節, 張橫渠, 程明道, 程伊川, 朱晦庵, 陸象山, 楊慈湖, 鄭師山	중국계몽운동-인생철학시기-中庸-生의 인생관-낙천(樂)적 생활-陳白沙, 王陽明, 錢緒山, 王龍溪, 王心齋, 王東崖, 聶雙江 羅念庵-東林學派(顧涇陽, 高景逸)-證人學派(劉蕺山) 唯情學派(惠棟. 戴震. 焦循. 阮元)	淸初 경세학파-사회정치철학시기-三禮春秋-生의 사회관-민족·민권·민생의 정치철학-고증학-顧炎武, 王船山, 黃梨洲, 顏習齋, 今文學派
						주강 유역으로 이동		5·4운동부터 중국 國民黨의 새로운 건설까지-白話文운동 제창-旧文化 반대-민주주의·사회주의-국민혁명 흥기-사회과학운동의 신흥-과학과 인생관의 논전-中國社會史의 논쟁-全般西化論
			제2소주기	중국 문화의 서양 문화 전파기	19세기 아편전쟁부터 20세기, 즉 민국26년 항전까지. 약100년	太平天國革命-기독교의 영향-天條書-幼學詩-天父下凡詔書-新舊遺詔聖書-"討粤匪檄" 속의 태평종교관	戊戌維新과 辛亥革命-王韜, 薛福成, 張之洞, 李鴻章-康有爲-譚嗣同-梁啓超-嚴復의 서양명저 번역-孫中山-陳天華-胡漢民-劉師復-辛亥革命의 西洋思想에 받은 영향	
제3주기	과학시기	주강유역문화시대		중국 문화 제3차 독립 발전기	현재	민국26년 7·7蘆溝橋事變이 발단이 된 항전건국운동-三民主義新科學-생명론-行의 철학-국방과학운동	平和建國綱領	

그런데, 중국 문화의 역사적 발전은 북방에서 발생하여 중부를 지나 남방에서 진전된다는 사실은 그의 '남방문화운동'의 이론적 배경이 된다. 주겸지는 미래 세계인 예술형('감상적 지식'·'표현적 지식'-주겸지설)을 제외하면 그 밖의 세 유형은 사실 막스 쉘러의 지식의 세 형식과 서로 유사하다고 했다. 정리하자면, '해탈적 지식'(종교)은 황하 유역이고, '교양적 지식'·'본질적 지식'(철학)은 양자강 유역이고, '실용적 지식'·'정복적 지식'(과학)은 주강 유역이다.

그에게서의 민족 문화 부흥이란 결국 중국 철학 문화의 과학화로 귀결된다. 중국 문화의 지리상 분포에 있어서 남방의 주강 유역은 실용적 지식 즉, 과학적 문화 분포구를 대표한다. 과학 문화가 현실적 단계라면 철학 문화가 추구하고자 하는 예술 문화는 사실 그 이상적 단계가 된다. 그런데, 이상적 문화에는 반드시 물질적 기초가 필요하다. 만약 과학 문화의 현 단계를 철저하게 실행한다면, 중국 문화가 추구하고자 하는 새로운 문화의 경지, 즉 이상적 예술 세계로 轉化해 들어갈 수가 있다. 이것이 바로 중국 문화의 부흥을 제창하는 최대 목표인 것이다. 그런 까닭에, 시간상 중국 문화의 현 단계에서는 사실 실용적 지식 즉, 과학 문화 건설 사업에 그 혼신의 힘을 기울여야 한다. 그는 과학 문화의 분포는 오직 남방뿐이며 남방에만 존재하기 때문에, 『문화철학』의 결론은 남방 문화의 건설 운동을 제창함에 있다고 했다. 아울러, 남방 문화의 본질은 실제로 민족적 무산계급 문화이고, 제국주의에게는 혁명적 문화임을 강조한다. 그는 말하기를, "강권에 대한 반항 전선에 있어서 북방은 이미 희망이 없고, 중부는 타협적인 성질이 강해 우리 민족의 저항 능력이 드러나기에 충분치 않다. …비록 남방 문화가 아직 성숙한 상태는 아니지만, 사실 미래 중국 흥망존속의 일대 관건이 아닐 수 없다. 만일 남방에 희망이 없다면 중국 또한 희망이 없고, 우리들의 생존 노력은 모두 무의미한 것이나 다름없게 된다."[6]라고 했다. 이러한 문화구국사상은 그의 '문화철학'적 진리 정신에서 우러나온 뼈아픈 애국적 메시지이며 또한 새로운 국가 건설의 의지인 것이다.

4

더 나아가서, 그는 자신의 문화철학의 이론을 '현실 인식'과 '문화 전망'에서 그대로 적용시키고 있다. 먼저 그의 현실 인식에 관해 살펴보면 문화철학적 견지에서 그는 현대(1930·40년대)를 경제·과학 시대임을 강조한다. 현대는 바로 그 경제 시대에서도 세계 분쟁의 원흉인 군수자본주의가 지배하는 그야말로 전쟁을 그 본질로 하는 '군수자본주의경제시대'로 규정한다. 시대의 정치와 경제가 인간 두뇌 속에 비친 것이 문화라고 한다면 현대를 '군수자본주의문화'로 보았던 그의 생각은 탁견이 아닐 수 없다. 그는 자본주의 발전을 크게 세 시기로 나누는데, 공업자본주의시기, 금융자본주의시기, 군수자본주의시기가 그것이다. 여기서의 세 번째 '군수자본주의시기'는 그의 創見이라 하겠다. 주겸지는 자본주의의 발전은 두 번째 시기인 금융자본주의에서 결코 완결되는 것이 아니라고 했다. 그는 레닌이 제기한 '자본주의 최후 단계의 제국주의론'은 단지 제국주의에 있어서 하나의 중간 단계일 따름이라고 생각했다. 레닌은 1914~1918년 유럽대전의 경제 원인이 금융자본주의에 있었다는 사실은 알았지만, 1939년-세계대전은 그의 사후에 발발한 것인지라 그것이 자본주의가 군수자본주의시대로 발전함에 따라서 기인된 것임을 알지 못했다는 것이다. 때문에, 주겸지는 금융자본주의경제 다음에 '군수자본주의'라고 하는 새로운 경제 단계를 첨가시켜야 한다고 주장한다.

---

6) 앞의 책, 第6卷, 「文化哲學·附錄」, "南方文化運動", 391쪽.

그의 관점에서 보면 금융자본주의가 약탈적 침략정책을 옹호하여 그 결과 제1차 세계대전이 야기되기는 했지만, 그들은 국제 금융과 무역의 안정을 위해서는 어느 정도의 평화 유지는 필요하다는 데 공감했다. 이와는 반대로, 군수 상인이 현대에 국제 금융과 정치를 지배하고 사회 여론까지 매수하는 상황하에서, 군수자본주의는 기필코 최대한도로 국제 전쟁을 충동질하여 군수 공업을 발전시키려고 한다는 것이다. 주겸지는 그들이 전쟁을 야기시키는 정치 기구를 옹호한다고 폭로했다. 그들이 히틀러(Hitler), 무솔리니(Mussolini), 일본 군벌을 위해 정권을 조성해 줌으로써 세계대전이 초래되었다고 그는 주장한다. 이처럼 당시의 제국주의국가들을 군수자본주의문화의 전형임과 동시에 보수과학문화의 국가로 규정함은 당시나 지금이나 매우 적확하다고 판단된다. 왜냐하면, 이 주장을 현대에 비추어 볼 때, 냉전 종식 이후 최근 미국과 유럽이 주도하는 일련의 서구 중심적 패권주의 행태는 주겸지가 당시 현대를 군수자본주의경제시대로 규정하면서 맹렬히 비판을 가했던 바고 그 제국주의국가 형태의 연속이기 때문이다.

문화 전망에 있어서 주겸지는 이 군수자본주의경제시대는 '제국주의국가'를 필연적으로 낳아 '세계문화투쟁'을 발생시킴으로써 인류는 끝내 '평화의 세계'를 쟁취한다고 보았다. 이것이 바로 군수자본주의문화의 부정을 의미하는 평화와 자유의 세계인 '戰後 文化' 다름 아니다. 그는 이상적인 미래 세계가 도래하면 지금과 같은 무력을 기반으로 하는 국가 형태는 자연히 소멸될 것으로 보았지만, 일단 '국가'를 전후 문화의 실현을 위한 중요한 수단으로 여겼다. 말하자면, 그는 '국가단계설', 즉 ①'국가'; ②'보수적 국가'; ③'세계 문화를 창조하는 국가'를 제시하여, 세 번째 유형의 국가 – '세계 문화를 창조하는 국가'를 평화를 배태하는 바로 '신식 국가'로 칭하였다. 그럼으로써, 전쟁을 배태하는 '구식 국가'인 두 번째 유형의 보수적 국가 – '제국주의국가'(히틀러제국, 일본제국,

이탈리아파쇼국)와 구별했던 것이다. 또한, 세 번째 유형의 국가는 바로 연합국 중의 4대 동맹국 - 중국, 미국, 영국, 소련이 그 예라고 했는데, 이것은 국제주의, 사회주의, 대동주의적 국가 형태를 띤다.

그는 제2차 세계대전을 문화 전쟁임은 물론 국가 해방 전쟁으로 규정한다. 끝내 제국은 사라질 것이고, 이에 따라 연합국 사업에 참가한 각 국가 및 식민지 국민은 자연스럽게 세계 문화를 창조하는 국가 영도 아래에서 공동으로 세계의 모든 사람을 자유의 세계로 이끌 것으로 그는 미래를 전망했다. 그는 자유 국가를 기본 단위로 하는 '자유의 연합'을 전후 문화의 중요한 수단으로 여겼던 것이다. 결국 그가 구상했던 전후 문화의 완전한 구현 형태는 그의 문화철학의 최종 지향점인 '예술 문화' 즉, 대동세계에 있었다. 이처럼 제2차 세계대전을 '문화 전쟁'으로 갈파한 것은 실로 미래를 꿰뚫어 보는 뛰어난 선견지명이라 할 만하다. 하지만 그는 오로지 자신의 문화철학적 이상인 '예술 문화'에만 집착한 나머지, 이것이 또 다른 새로운 제국주의 탄생의 서막(미소냉전 체제와 그 종식 이후의 미국패권주의)이라는 사실은 놓치고 말았다. 또한 반군수자본주의 문화로서의 미래 이상 세계를 애써 공자의 '대동세계'에 그 초점을 맞추는 식의 논법은 은연중에 중국 문화가 전후 미래에 세계를 석권할 것임을 암시하는 하나의 중화적 시각이라는 혐의를 지울 수가 없다.

그러나 그가 제기한 문화 전쟁의 사상은 그 성격은 달리하고 있지만, 현대의 문명패러다임 논쟁에 많은 시사점을 주고 있다. 이 전후 문화란 단순히 제2차 세계대전 종료 이후의 상황만을 한정해서 말한 것은 아니다. 이것은 그의 문화철학의 최종 지향점인 '예술 문화' - 大同世界의 현실적 구현이라는 차원에서 이해해야만 합당하다. 다시 말해, 그에게서의 '전후 문화'란 근대 이후 진행된 야수적인 제국주의의 침탈로 인한 민족 문화와 세계 문화의 파산을 뼈아프게 지켜보면서 일구어 낸 그의 문화철학적 이상향인 것이다. 그가 꿈꾼 이상 세계는 다만 그 자신의 시대에만 국한되는 것이 아니라, 우리가 지금도 끊임없이 완수해 나가야 할 미완의 이상향인 것이다. 이렇듯이 그의 학문 세계에서의 자유와 평화의 이상 세계는 21세기의 우리에게도 그대로 적용된다는 점을 감안해 볼 때, 그의 문화철학이 주는 메시지는 자명하다고 하겠다. 그것은 바로 세계의 어떠한 강권에도 굴하지 말고 거침없이 맞서 나아 감으로써, 인류 어느 곳도 소외된 인권이나 민족이 없는 자유와 평화의 이상 세계에 도달하라는 의미일 것이다.

5

이상 주겸지 문화철학의 내용과 그 현대적 의미를 높이 평가하면서 한편으로 다음 몇 가지 점에서 그의 문화철학이 갖는 한계를 지적하고자 한다. 하나는 '예술문화고정론의 오류'이다. 주겸지가 변증법을 4분으로 나누어 예술 문화 속에서 종교 문화, 철학 문화, 과학 문화를 하나로 융합시키고자 했지만 결국은 변형된 변증법에 지나지 않는다. 문화철학이란 역사 진보의 과정 속에 있는 끊임없는 변증법적 과정의 철학으로 보아야 함에도 불구하고 예술 문화를 완결된 문화로 못 박은 것은 그 자신이 수용한 진보의 논리 차원에서도 모순이다. 때문에 예술 문화는 헤겔의 '모순의 논리' 내지는 마르쿠제의 '위대한 거절'이란 개념으로 이해해야 합당하다. 특히, 마르쿠제의 입장에서 보면 예술의 원형적 내용은 바로 구속에 대한 부정이며 진리의 일차적 특성인 '위대한 거절'을 표현한 것이다. 다시 말해 구속과 억제는 문화에서 반드시 치르지 않으면 안 될 희생이며 예술이란 이 과잉억압에 대한 자유의 추동력을 부여하는 것이다. 주겸지 역시 강권에 대한 저항으로 예술을 상정하고 있기 때문에, 형식화된 보수적 과학모형의 파괴, 미리 조작된 규칙에 대한 거부, 특정한 기득권만을 위한 사상의 분쇄라는 차원에서 예술 문화를 이해해야 합당하다. 또 하나는 유가의 대동세계를 너무 이상시한 점이다. 대동세계란 원시공산사회로서 자연의 산물만 채집하여 먹고 살아도 충분하던 원시 시대를 배경으로 그려진 사회이다. 그러나 많은 인간이 함께 경쟁하며 살아야 하는 현대사회에서는 '大道의 실천'이라는 막연한 논리만으로는 인간의 문제를 풀 수가 없다. 현대는 복지 사회 즉 사회보장제도가 잘 운영되어 사회 구성원의 생활이 향상되고 행복하게 생존권을 누릴 수 있는 전혀 다른 차원의 이상 세계가 논의 되고 있다는 사실을 잊어서는 안 될 것이다.

이와 동시에, 주겸지가 제시한 문화의 이상향인 '예술 문화'가 너무 '극단적인 이상주의'로 흐르고 있다는 점과 앞에서도 이미 언급했던 바, 그것이 결국은 중화적 색채가 강한 儒家의 대동세계 – '중화민족주의'로 귀결된다는 점 역시 비판의 대상이 되어야 한다. 먼저, 그의 '예술 문화'가 갖는 '극단적인 이상주의' 경향에 대해 그 연원을 따져 보면 사실 크게 두 가지 요인에 기인된다. 첫째는 그것이 아나키즘적 유토피아의 색채를 띨뿐더러 기본적으로 아나키즘의 기본 골격과 통한다는 사실이다. 그가 "해방 이전 나 자신의 사상 속에는 언제나 무정부주의 또는 변형된 무정부주의가 우세하였다."[7]고 스스로 술회하고 있듯이, 그의 前期 사상의 특징이라고 할 수 있는 허무주의, 唯情主義, 역사주의, 문화주의는 모두 크게 보아 무정부주의적 이상 세계를 직간접적으로 담고 있다. 다시 말해, 낙천주의, 인도주의, 평화주의, 개인주의로서의 복합된 무정부주의자로 평가되는 그의 전기 사상은 보다시피 아나키즘적 의식 속에 있었다. 둘째는 예술 문화에 있어서 그 '예술' 개념이 갖는 특성 때문이다. 즉, 예술은 상상력을 통해 획득되어지는 직관적 지식[8]

---

7) 앞의 책, 第1卷, 「政治幻想的三部曲」, 186쪽.

으로서 상상력을 매개로 한 비실제적이고 비현실적인 이상을 추구하는 성향이 강하다는 데서 그 원인을 찾을 수가 있다. 그러나 '억압 없는 문명'이란 인류에게 영원히 포기될 수 없는 문제임은 물론, 이 염원을 향한 인류의 중단 없는 투쟁의 역사는 지금도 진행형이라는 점에 비추어 본다면, 주겸지의 '예술 문화'가 갖는 그 '유토피아적 혁명이론'으로서의 가치는 쉽게 희석될 수는 없다고 하겠다.9)

한편, 민족주의란 문화적으로 불리함을 느끼는 민족들의 반작용이라고 했을 때, 문화적 민족주의는 이렇듯 어렵고 불리한 상황에 처한 민족이 이를 타개하기 위한 노력의 과정에서 형성되는 것이다. 주겸지의 문화철학 역시 근현대 중국의 시련 속에서 탄생한 '문화구국주의'의 발로였다. 그는 중국 문화의 특질을 현재의 생동하는 언어로 표현해 보면 '情'과 '愛'라고 했으며, 특히 중국 문화의 전통적 개념인 '仁'을 '사랑' (愛)으로 부활시키고 있다. 이것은 미래의 이상 세계, 즉 그의 '예술문화론'과 연관되어 있다. 그에게서의 예술이란 기본적으로 '생명 예술'

---

8) 베네데토 크로체 저, 이해완 역, 『크로체의 미학』, 예전사, 1994, 25~57쪽, 참조.

9) '억압 없는 문명'이란 말은 마르쿠제가 『에로스와 문명』에서 사용한 용어이다. 마르쿠제는 문명의 억압에 대항하는 프로이트의 성해방 이론을 정신적 문화와 물질적 문화의 매개에 바탕을 둔 유토피아적 혁명 이론으로 연결시키고 있다. 그는 근대 이후 진보의 수단으로 발전했던 기술의 파괴적인 영향으로 인해 비인간화된 세계, 그 속에서 탈진해 있는 '에로스'의 힘을 부활시킴으로써 '억압 없는 문명'을 이룩할 수 있다고 확신했다. 또한 이를 기반으로 해서 그는 프로이트와 마르크스의 사상을 문화 혁명적인 방향으로 긴밀하게 결합시켰다. 이런 의미에서 그가 '위대한 거절'이라는 말로 표현한 억압적 사회에 대한 공격은 동시에 긍정적인 사회 발전에 대한 낙관적 전망을 내포하고 있다고 하겠다. 특히, 마르쿠제는 예술의 원형적 내용은 바로 구속에 대한 부정이며 진리의 일차적 특성인 '위대한 거절'을 표현한 것이라고 했는데, 주겸지 역시 현대의 암울한 과학 문화의 폐해, 그리고 봉건적 전통과 제국주의의 억압을 부정하는 더 높은 단계의 '예술 문화'를 상정하고 있다는 점에서 마르쿠제와 상통한다.(허버트 마르쿠제, 김인환 역, 『에로스와 문명』, 나남출판, 2004, 참조.)

내지는 '종합 예술' 차원에서 접근되고 있다. 그는 예술 세계의 기본 요칙을 '진실한 감정의 흐름(眞情之流)'으로 해석한다. 그리고 미래의 세계 문화인 예술 문화를 이른바 공자의 '대동세계'와 결부시킴으로써, 이것이 사해동포주의로서 인류애의 이상향임과 동시에 바로 중국 문화의 정화임을 확인시킨다. 이러한 중국 문화는 현재와 같이 치열한 생존 경쟁 시대에는 사실 볼품이 없고 세상 사람들에게 인정받기도 힘들지만 세계 문화의 전체로 보면 문화사의 미래 시기 — 제4시기 — 에는 중국의 인생 태도는 각 민족의 인생 태도로 변화될 것이라고 했다. 그때의 지구상은 중국 문화로 인해 광휘 찬란한 세계로 변화될 것이라는 이해하기 힘든 예단으로까지 나아가고 있다. 뿐만 아니라, 철학 문화가 예술 문화로 경도되는 바가 서양의 과학 문화보다 한층 더 우수하다고 한 그 자신의 말을 반추해 볼 때, 문화철학 이면에 깔려 있는 그의 '중국 문화의 부흥과 희망'의 논리 장치를 읽을 수가 있다. 이것은 미래의 문화는 중국 문화가 서양 문화를 대신하는 시대가 될 것이라고 했던 양수명의 문화철학에 내장된 강한 '중화의식'과 같은 선상에 있음을 의미한다. 물론 양수명의 문화철학이 문화상대주의의 범위를 확대하여 문화의 진보와 낙후의 구분을 없애 버린 점에 비해, 주겸지는 인도와 중국 문화는 서양의 과학 문화보다 낮은 단계에 있음을 인정한다는 점에서 확실히 객관적임에는 분명하다. 그럼에도 미래의 문화 전망에 있어서 '민족성' — '중화민족주의'를 강조하는 식의 태도는 양수명의 테두리에서 크게 벗어나지 못하고 있다. 이러한 점에서 주겸지의 문화철학이 또 하나의 후쿠야마나 헌팅턴 류의 문화쇼비니즘이라고 한다면 그것은 당연히 비판받아야 마땅하다. 더구나, 냉혹한 힘의 원리가 지배하는 제국주의적 국제질서 속에서 막연한 '사랑'(仁)이라는 관용적 대항 논리는 자칫 '나약한 항거'로 비춰질 수도 있다는 데 그 절박감마저 든다.

그러나 이와 같은 주겸지의 '문화철학'의 한계에도 불구하고 그것은 현대 '문명패러다임'에 대한 동양의 대안 논리로서의 가능성을 함유하고 있다. 이제, 21세기 인류 공영을 위한 가장 바람직한 국제 질서와 세계 체제를 '문화(문명) 다원주의를 그 전제로 한 보편 문명에의 지향'으로 보았을 때, 그 상충점인 '문화 다원주의'와 '보편 문명'이 주겸지 문화철학의 문화의 '근본 유형'과 '분기 원리', 그리고 미래의 문화 이상향으로 제시되고 있는 그의 '예술 문화' 하에서 어떻게 회통될 수 있는지를 살펴보도록 하겠다. 앞에서 지적한 바 있듯이 주겸지 문화철학은 역사·지리상 인류의 문화를 유기적으로 통합해 설명할 수 있음은 물론 오리엔탈리즘이나 옥시덴탈리즘 식의 편협주의와 일방주의로부터 탈피된 균형을 갖춘 문명(문화)관으로 평가할 만하다. 주겸지는 세계 문화의 체계를 이해함에 있어 '동'과 '서' 이분법적으로 갈라놓고서 그 대결 의식만을 고취하는 식의 전통적인 사고법 —헌팅턴도 마찬가지이다—에서 벗어나 있다. 뿐만 아니라, 세계 문화를 역사 진화 차원에서 유기적이고 통합적인 방식으로 설명한다.

그의 '문화철학'에는 복수적 의미의 개별 문명인 문화의 근본 유형이 담지되어 있다. 즉, 인도, 중국, 서양의 복수적 개별 문화는 사실 문화 유형학상 하나의 특유한 독립 문화를 대표한다. 그리고 여기에 역사 진화의 방법이 채용됨으로써 연쇄적으로 분화되어 결국 보편 문명에 해당되는 '예술 문화'의 세계로 진입한다. 때문에 인도의 종교 문화나 중국의 철학 문화가 현대의 헤게모니를 쥐고 있는 서양의 과학 문화에 비해 비록 낮은 단계에 배치되어 있지만, 그것이 고유한 개별 문화로서의 문화적 유형을 가진 탓에 서양의 과학 문화의 위력 앞에서도 소멸되지 않는다. 오히려 자신의 유형에 더욱 철저함으로써 과학 문화를 흡수하여 자신의 반대물로 이동하게 된다. 즉, 변증법적 발전에 따라서 인도의 종교 문화는 종교적 종교에서 과학적 종교로, 중국의 철학 문화는 철학적 철학에서 과학적 철학으로 진일보한다. 그러나 문화의 역사적 발전 경로는 여기에서만 그치는 것이 아니다. 종교, 철학이 독립적인 悟性 규정을 유지할 수만 있다면, 그것은 저절로 변증법의 내재적 초월 작용으로 인해 과학적 종교, 과학적 철학에서 진일보하여 예술적 종교, 예술적 철학으로 나아간다. 서양의 과학 문화 역시 예외일 수는 없다. 그것 또한 과학 문화의 약탈적이고 침략적인 성향이 탈각된 평화와 생명 중심적인 예술적 과학으로 나아가게 된다. 이러한 구도라면 현대 문명패러다임 속에 잠복해 있는 탈냉전시대의 '서구중심적 신제국주의' 및 '오리엔탈리즘적 서구패권주의' 성향은 자연스럽게 극복되리라고 본다.

주겸지는 문화가 문화다운 이유는 그것이 인생의 고통을 벗어나게 해서 모두에게 즐거움을 누릴 수 있는 기회를 부여하기 때문이라고 했다. 이처럼 문화의 완선한 단계가 바로 '예술 문화'인 것이다. 그렇다면, 그가 꿈꾸는 문화철학의 최종 단계인 '예술 문화'란 무엇인가? 그는 그것을 공자의 '대동세계'에서 찾고 있다. 이것은 '전후문화'로 형상화되어 구체적으로 다음과 같이 그려지고 있다. 즉, "미래의 인류 문화가 최고의 경지에 이르게 되면, 그 때 전 인류사회는 남녀를 막론하고 모두 각자 자신의 능력을 다함은 물론, 각기 필요한 바를 얻게 될 것이다. 모든 물건은 모든 사람을 위해서 존재하여 모든 사람의 안락한 생활을 실현할 것이다. 이때의 정치, 법률, 경제, 교육은 하나라도 모든 사람의 안락을 그 종지로 삼지 않음이 없다. 뿐만 아니라, 인류 생명을 근본정신으로 하여 모든 사람의 안락을 요구한다."[10] 그는 예술 문화는 문화

---

10) 『朱謙之文集』, 第2卷, 「謙之文存二集 · 戰後文化展望」, 福建教育出版社, 2002, 182쪽.

그 자신의 충분한 실현이기 때문에, 동방이든 서방이든 막론하고 예술적 문화를 전담할 하나의 정해진 곳은 없다고 했다. 뿐더러 개별 문화(종교 문화, 철학 문화, 과학 문화)로부터 예술적 문화로 나아가지 못할 곳 역시 없다고 했다. 이 문화의 이상향 속에는 모든 종교, 철학, 과학이 결코 소실되지 않는다. 이 시대의 세계 문화는 예술적 종교, 예술적 철학, 예술적 과학의 형태로 그야말로 문화 다원주의하에서의 보편 문명을 실현하게 된다. 이렇게 되면 문화는 비로소 문화의 본성(예술)을 회복하여 문화가 자신을 깊이 음미하는 하나의 역사를 창조하게 될 것이라고 그는 확신했다.

또한, 이 시대에는 동서 문화가 종교, 철학, 과학 등의 유형을 내포하고 있으면서도 근본적으로 충돌에 이르지 않는 까닭은 예술의 작용 때문이라고 했다. 상위의 문화가 하위의 문화를 아우르고 종속시킨다는 지배 논리가 아닌 문화의 복수적 다원주의를 인정하면서 결국 보편 문화에로 지향·융합되어 조화를 이룬다는 논리이다. 여기서 문화 다원주의를 말하면서도 문명간의 상이성만을 강조하여 세계 문명의 충돌을 주장했던 헌팅턴의 복수 중심적 문명충돌론은 주겸지적 의미에서 극복되고 있다. 한편, 주겸지가 구상한 예술 문화는 엄밀히 말해서 종교, 철학, 과학 문화와 같이 어느 특정 구역에서 유형화된 문화가 아니다. 예술 문화는 문화 그 자체의 충분한 실현이기 때문에, 개별 문화가 각기 문화의 이상향에 도달할 수 있도록 작용하여 그 개별 문화의 이상향 속에 遍在하는 것이다. 다시 말해서, 상위의 예술 문화는 하위의 개별 문화에 대해 그 중심 문화로 군림하여 점거한다거나 종속하는 것이 아니다. 그것은 각 개별 문화의 이상 형태인 예술적 종교, 예술적 철학, 예술적 과학의 생명소로 작용하여 세계가 자유와 평화의 대동세계에 이를 수 있도록 이끌어 주는 것이다. 이로 볼 때, 문화사를 단일 문명의 전파와 흡수의 과정으로 보았던 후쿠야마의 단일중심적 문명전파론 역시 주겸지적 의미에서 극복되고 있다.

　이상 살펴본 바와 같이 주겸지의 문화철학은 '문화(문명) 다원주의를 그 전제로 한 보편 문명에의 지향'이라는 명제를 충족시킬 뿐만 아니라, '문화다원주의'와 '보편 문명' 간의 상충점을 회통시킴으로써 '보편 문명'과 '문화 다원주의'의 긍정적인 면을 동시에 구현시키는 논리 구조를 갖추고 있다. 동시에 후쿠야마의 단일 중심적 문명전파론이나 헌팅턴의 복수 중심적 문명충돌론은 주겸지 문화철학적 차원에서 극복될 수 있음은 물론, 그것은 21세기 인류의 평화와 자유라는 이상 실현을 위한 새로운 문화관으로서의 가능성을 담지하고 있다. 주겸지 문화철학의 현대적 의미는 '문화제국주의'와 '문화쇼비니즘'에 대한 단호한 거부일 뿐만 아니라, 또한 문화의 적으로 지목되는 후쿠야마나 헌팅턴 류와 같은 '서구문화헤게모니주의'와 '서구중심적 패권주의'에 대한 부정인 것이다. 끝으로, 나는 현 세계 분란의 원흉인 군수자본주의적 패권 국가를 향해 주겸지의 문화철학적 의미에서 총체적 반성을 촉구함은 물론, 20세기 초 주겸지가 그토록 갈망했던 강권으로부터 탈피된 '자유 연합'으로서의 진정한 '인류 평화'가 진작되기를 바라면서 본고를 마무리하고자 한다.

＊　　＊　　＊　　＊　　＊　　＊

　이국인 이곳 북경의 밤하늘을 바라보자니 문득 나를 훈도해 주신 은사님들이 떠오른다. 전주에서의 김성환, 오종일 선생님, 서울에서의 긴 배움의 과정 동안 직접적으로 가르침의 은혜를 베풀어 주신 성균관대 유동학부의 선생님 제위, 아울러 몸이 불편하신 와중에도 석사 과정을 지도해 주신 故 남상락 선생님께 이 자리를 통해 깊은 감사의 뜻을 올린다. 더욱이, 학문과 현실의 괴리감 때문에 좌절하여 중도에 학위 과정을 포기하려고 했을 때, 나의 미몽된 의식 속에서 동서 학문에 대한

균형된 시각은 물론 학문과 실천이 회통될 수 있도록 방법론의 전환을
일깨워 주신 양재혁 선생님께 거듭 감사의 마음을 표한다. 장래에 내게
보다 나은 학문적 성취가 있다면 이렇듯 여러 선생님들의 사은이 있었
기에 가능할 것이다. 끝으로 시장성이 없는 전문 철학서임에도 불구하
고 편집과 출판을 선뜻 허락해 주신 한국학술정보(주) 여러분께 감사
의 말을 전한다.

2007년 2월

전 홍 석 識

目 次

表 目次

序

『문화철학』이라는 이 과목은 매우 새롭고 특별해서 줄곧 들어보지 못했던 것 같지만, 실제로 살펴보면 이 과목의 내용은 벌써부터 세계 각 나라의 학자들이 전심으로 연구해 온 것이다. 특히, 현재 학자들이 현대 세계의 문화에 대해서 새로이 가치를 추정하고 있는 중이다. 비어드(C. A. Beard)는 현대 세계의 문화를 논하면서 각 나라의 학자들이 이러한 문화 문제에 대해서 매우 주의를 기울이고 있다고 일찍이 언급한 적이 있다.(『인류의 앞길』,「緒論」.)

· 중국 — 辜鴻銘, 胡適.
· 인도 — Gandhi, Tagore.
· 일본 — 鶴見佑輔, 有島武朗.
· 이탈리아 — Ferrero, Croce.
· 독일 — Spengler, Keyserling.
· 프랑스 — Fabreluce, Demangeon, George Balauet.
· 영국 — Wells, Chesterton, Belloc, Dean Inge.
· 스페인 — Unamuno.
· 러시아 — Trotzky.
· 아르헨티나 — Ugarte.

그는 또한 수많은 매우 유명한 것들 중에서 문화의 비관론 저작, 그리고 비어드가 이끌었던 문화 낙관론파에 관해서 거론하고 있다. 물론 이러한 문화 논조는 모두 토론하고 비판할 만한 가치가 매우 높지만, 역시 문화 문제는 현재에 가장 절실한 문제이고 문화의 철학적 연구는 더욱 절박해서 늦출 수가 없다는 사실을 알 수 있다. 내 생각엔 문화 문제를 토론하지 않으면 그만이지만 일단 토론을 하고자 한다면, 반드시 근본으로부터 착상하여 하나의 근본적 해결을 구해야 한다. 종래 문화를 토론했던 저작들이 물론 적은 수는 아니지만, 대부분 문학가의 단편적인 생각 내지는 잡지 작가 정도의 보잘것없는 저작들뿐이다. 진정으로 문화를 토론한 체계적 공헌이 있는 것을 찾아보고자 한다면 매우 구하기 힘든 형편이다. 단지 중국의 예를 들어 보면 비어드가 알고 있는 것 외에도 오히려 梁漱冥 선생의 『동서 문화 및 그 철학』(東西文化及其哲學)이란 저작이 있다. 이것은 비교적 만족스러운 편이지만 그가 토론한 것은 여전히 지엽적인 동서 문화 문제에 불과할 뿐, 근본적인 데서 착상하여 동서 문화를 비교한다거나 가장 절박한 문화 문제를 토론하지는 못했다. 동서 문화 문제는 단지 문화 문제 중의 한 부분임을 알지 못했다. 만약 '문화철학'으로 그 뼈대를 삼지 않는다면, 이른바 동서 문화 문제는 여전히 해결할 방법이 없다. 때문에, 본서 제8장에서 「문화의 지리상 분포」라는 한 장을 두어서 동서 문화뿐만 아니라 더욱이 남북 문화의 문제까지 토론하고자 하였다. 하지만, 동서 문화 혹은 남북 문화를 토론한다고 여기지 않는 것이 바로 문화철학이라고 할 수 있다. 문화철학 그것에는 매우 중대한 의의와 사명이 내재해 있다. 그것은 일종의 전문적이고 체계를 갖춘 학문이다. 그러나 자세히 설명하기에 앞서서 먼저 이 학문이 갖는 기타 학문과의 관계에 대해서 한번 이야기해야 할 것이다. 왜냐하면, 본 과목은 원래 철학과 4학년 학생들을 위해서 개설된 것이지만, 지금껏 수강 신청의 경험에 비추어보면 오히려 사회학과, 사학과, 교육과 학생들이 대다수를 차지해왔기 때문이다. 따라서 나는 각종 다른 수강 신청자들의 흥미를 끌기 위해서라도 각 방면에서 우선 문화철학이 갖는 각종 다른 학과와의 그 중대한 관계성에 대해서 진술하지 않을 수가 없는 형편이다.

첫째, 철학적 측면의 관찰: 많은 사람들이 '철학'은 불필요한 학문이라고 생각한다. 만일 단지 현상으로 말해서 일반적으로 철학을 설명한 것이 단순히 적당히 얼버무려서 책임을 회피하려고 한다면 확실히 불필요하다고 하겠다. 하지만, 문화로부터 착안해 보면 철학은 바로 모든 지식의 총체이고 학문의 나침반임은 물론, 다른 측면에서 보면 또한 혁명의 지도자이다. 그런데 중국사상계는 줄곧 실증주의·실험주의의 영향을 받아왔기 때문에 철학은 그다지 환영을 받지 못했다. 이것은 매우 당연한 일이라 하겠다. 그렇다고 하더라도 마르크스파는 마땅히 철학 연구를 환영해야 할 것이다. 그러나 중국의 강단 상에 위치를 점유하고 있는 마르크스주의자들은 종래 오직 경험비판론자들뿐이었다. 이 파는 실증주의자의 영향을 심대하게 받아서 그들과 호흡을 같이하였다. 그래서 중국식 강단 마르크스주의자들은 또한 진보적으로 철학을 반대하는 입장을 취하는 것이다. 철학의 중요성을 극력 제창하여 헤겔(Hegel) 논리학 아래에 엎드려 절하던 일부 변증법 유물론자들로 말하자면, 그들의 기세가 비록 드높다고 할지라도 강단 상에 있어서는 오히려 실력이 없는 형편이다. 뿐더러 일군의 레닌(Lenin)주의와 데보린(Deborin)주의 더 나아가서는 자연변증법을 제창한 사람들은 가장 먼저 정부와 학교 당국의 시기에 부딪쳤다. 변증법 유물론자들이 철학을 주장하고 철학을 중시하기 때문만은 아니겠지만, 꼭 상반되게 즉, 그들이 철학을 주장한다는 이유로 형세는 철학을 배칙하지 않을 수 없는 방향으로 흘러갔다. 이런 이유로 철학이라고 하는 이 학문은 당연히 어떠한 발전도 기대하기 어렵게 된 것이다. 사실 말해서 철학은 결코 이전의 환상적 관념론과 현재 유행하는 변증법 유물론을 제거하지 않고서는 더 이상 갈 곳이 없다. 현대의 철학 추세는 이미 관념론도 유물론도 아니다. 그것은 비교적 큰 涵蓋性을 지니는 문화론, 즉 문화철학의 경향인 것이다. 종전의 순수철학이 토론한 무슨 본체 문제라든지 인식론의 문제 등 이러한 것들은 실제 생활과는 별로 관계가 없는 철학사상이다. 비록 이전에 극히 위치를 점하고 세력을 떨쳤다고 하더라도, 현대에 더욱 절실하게 필요한 것은 이내 문화 문제를 해결하는 것이다. 문화의 각 부문, 예를 들어 종교, 과학, 예술, 더 나아가서 사회생활의 정치, 법률, 경제, 교육 각 방면은 오직 근본으로부터 착상하고 근본적인 해결을 구해야만 한다. 그것은 각 부문의 문화철학 혹은 문화사회학이 요구되지 않으면 안 된다. 예컨대 종교에 종교철학이, 과학에 자연철학이, 예술에 예술철학이, 나아가서 이른바 정치철학, 법률철학, 경제철학, 교육철학이 있는 것이다. 혐의를 피하도록 하기 위해서 '철학'이란 말을 쓰지 않고 '원리'란 말로 대신해서, 이를테면 무슨 교육원리, 정치원리 등이라고 해도 명사만 다른 것에 지나지 않는다. 이로써 순수철학이 현대에 절실한 것이 아니라, 문화의 각 부문을 연구할 때에 각 부문의 문화철학 혹은 사회학이 반드시 필요하다는 사실을 알 수 있다. 뿐더러, 철학으로 말한다면 철학 자신 역시 일대 목표, 즉 각 문화의 종합적 근본 연구에 종사하는 쪽으로 기울어지고 있다. 이것이 바로 소위 '문화철학' 다름 아니다. 이탈리아의 매우 유명한 사상가 크로체(Croce)는 "미래의 철학은 바로 역사다."라고 말한 적이 있다. 나는 미래의 철학은 마땅히 문화사의 철학, 바꾸어 말하면 문화철학이 될 것이라고 생각한다. 때문에 오로지 철학적 측면에서 말한다면 문화철학은 매우 필요한 것이라 하겠다.

다시 현대 철학계의 정황을 가지고 논해 보도록 하자. 말하자면, 독일 철학은 이미 문화철학의 연구 쪽으로 완전히 마음이 쏠리고 있다. 독일은 종전에 한 시대를 가장 풍미했던 칸트철학, 특히 신칸트학파 철학이 문화 문제에 대해서 토론하기를 가장 좋아했다. 그런 까닭에 '문화철학'이라고 하는 말은 최초에 신칸트학파의 저작에서 보이고 있다. 빈델반트(Windelband)는 문화철학에 관한 專篇을 가지고 있다. 그러나 문화철학에 대해서 신칸트학파는 '가치철학'을 '문화철학'의 일면이라고 생각하는가 하면, 동시에 '생명철학'을 '문화철학'의 또 한 일면이라고 생각하기도 했다. 우리들이 지금 문화철학을 한번 말하고자 한다면 딜타이(Dilthey)의 정신과학파에 연상이 미칠 것이다. 왜냐하면 이 파의 많은 사람들이 그것을 문화철학파라고 일컬었기 때문이다. 신칸트학파는 논리주의의 입장에 서서 보편타당성의 문화가치를 요구하려 했다. 딜타이인즉슨 심리주의의 입장에 서서 저 생명 유동의 진상인 '문화 사실'을 분석하여 사실대로 기록할 것을 주장하였다. 그의 학파인 예를 들어 슈프랑거(Spranger, Eduard)가 저술한 『생활형식』은 일종의 문화철학임은 더욱이 말할 필요도 없다고 하겠다. 현대철학은 이미 신칸트학파에서 일전하여 신헤겔학파 혹은 청년헤겔학파로 전개되었다. 딜타이는 동시에 또한 청년헤겔학파의 권위자이다. 이것은 철학 상에서 관찰해 볼 때에 문화철학은 미래에 매우 크게 발전할 여지가 있음을 보여 주는 것이다.

둘째, 역사학적 측면의 관찰: 현대 역사는 문화사이고 문화철학은 문화사 이론이다. 특히 내가 말하는 문화철학은 문화사 이론을 연구하고자 뜻을 두는 사람들을 위해서 개설된 것이다. 본래 역사계 현상으로 말하자면 중·외 문화사를 막론하고 근년에 출판된 수량이 매우 많은 편이다. 하지만 질적 측면에서 보면 한두 종의 그래도 가까스로 숫자를 채우는 정도를 제외하고는 무어라고 축에 넣을 수가 없다. 그렇다면, 다시 외국의 문화사를 한번 살펴보도록 하자. 일찍이 많은 사람들이 편집과 번역에 종사했고, 편집과 번역 방면에 있어서는 손다이크(Thorndike)와 세뇨보스(Seignobos)의 두 책은 모두 일종의 명저로 간주할 수 있다. 그러나 냉정히 말해서 이것은 어떠한 이론적 기초를 둔 문화철학의 진정한 문화사는 아니다. 더욱이 국민 스스로가 저술한 서양문화사는 말할 필요도 없다고 하겠다. 다시 중국 문화사의 저작을 보면 다카구와 코마요시(高桑駒吉)는 왕조 연대의 변혁에 따라서 중국 문화사를 나누어 몇 장으로 삼았다. 그리고 장은 각 두 편으로 나누어 하나는 정치적 역사, 하나는 이 시대의 문화가 창조한 이 시대의 인물 및 이 인물에 관련된 논평을 서술했다. 이와 같은 '시대구분식'(斷代式) 문화사는 민국 12년 문화사의 결핍과 학문의 기황 때에 오히려 한때의 쓰임에 부흥한 것으로 이제는 이미 진부하기 짝이 없는 존재가 되어 버린 셈이다. 孟世傑의『先秦文化史』체제 또한 거의 이와 비슷하다. 대개 前 1장에서 먼저 한 왕조 연대의 역사를 서술하고 後 1장에서는 이어서 이 왕조 연대의 문명을 서술했다. 거기다가 (1)제도, (2)예속, (3)종교, (4)사회, (5)학예 다섯 종류로 나누고 있는데, 덤덤하게 서술한다거나 곧바로 베끼다시피 해서 어떠한 특징도 찾아볼 수가 없다. 顧康伯의『中國文化史』, 常乃憙의『中國文化小史』는 본래 단지 사범학교나 중·고등학교에 참고용으로 제공된 것에 불과한지라 무어라고 단언할 수는 없다. 그러나 顧康伯은 그 자신이 다음과 같이 말하고 있다. 즉, "옛사람이 역사를 서술함에 있어서 시대 구분으로 章을 삼는 방식은 사실 한 집안의 족보와도 같다. 본서는 그 폐해를 애써 교정하여 오로지 문화의 성쇠와 추세로 그 표준을 삼음은 물론 그 주안점은 來今에 두었다." 이 문구에 비추어 보면 '시대구분식' 문화사보다 비교적 나은 것처럼 그는 말하고 있지만, 한 시대의 문화를 설명하는 것을 보면 여전히 정치의 대요를 우선시하여 이른바 정치사관적 견해에서 벗어나지 못하고 있다. 柳翼謀의『中國文化史』는 일대 저작이라고 할 만하다. 이 책은 우리나라 민족 문화와 기타 민족 문화의 관계에 특히 주의를 기울이고 있는 것처럼 보인다. 그는 "중국 문화는 무엇이며, 중국 문화는 어디에 있는가? 중국 문화가 인도와 유럽과 다른 점은 어디에 있는가?"라는 문제를 해명하고자 하였다. 이 점은 일종의 공헌이라고 하지 않을 수 없다. 그렇지만, 중국 문화사에 이러한 문화전파설을 응용할 수 있을지의 여부를 충분히 설명하였는지? 중국문화사에 그가 사용한 강목 체제를 마땅히 채용해야 하는지의 여부? 경제적 측면에 대해서는 어째서 그다지 주의를 갖지 않았는지? 요컨대, 이 책은 여전히 우리들에게 만족스럽지 못하다. 이것 말고도 거론할 만한 것으로, 즉 유물사관의 입장상에 서 있는 두 저작을 들 수 있다. 그 하나는 陳國强이 저술한 『物觀中國文化史』가 그것이다. 그런데, 이 책은 짧고 간단한 30,000자 정도의 작은 책에 불과하다. 그 30,000자 속에다가 무수히 많은 사적을 가능한 한 전부 포괄하여 그 문화 발전의 과정을 서술한다는 것은 당연히 불가능한 일이 아닐 수 없다. 만일 이른바 "문화란 바로 인류가 그 물질 생활 조건을 기초로 해서 창조하고 전개시킨 정신 생산적 성과의 총화이다."라고 한다면, 문화사의 편술은 당연히 중국경제사 편술 후에 이루어져야 마땅하다. 중국 경제의 역사 단계가 아직 명백하지 않은 상태에서는 이른바 문화사란 사실상 어떠한 성과도 있을 수가 없다고 하겠다. 또한, 楊東蓴이 편집한 『中國文化史大綱』이란 저서가 있다. 이것은 고등학교와 대학 예과의 학생들이 읽도록 제공된 책으로 서론 외에 3편으로 나누어졌다. 제1편은 경제생활 부분으로 농업, 토지 제도와 부세 제도, 상업, 공업 등이 서술되어져 있고, 제2편은 사회 정치 생활 부분에 해당한다. 중국 사회의 진보와 그 구조, 정치 제도의 변천, 중앙 관제 및 지방 관제의 변화와 발전, 향치 제도·참정 제도·교육 제도·사법 제도·병제 등의 진보, 그리고 종교, 예교 등을 서술하였다. 제3편은 지혜생활의 부분이다. 先秦諸子, 경학, 현학, 불학, 이학, 고고학, 유신운동과 신문화운동, 그리고 문학, 미술, 과학 등을 서술하였다. 이 책은 사실 많은 부분에서 매우 수준이 얕지만, 편저의 방법상에서는 도리어 아주 조금이나마 공헌이 있다. 이를테면, 통상 역사가들은 언제나 왕조의 연대 관념에서 떠날 수 없었던 까닭에 결과적으로 그 가치가 한 권의 '금전출납부'에 지나지 않는다. 그런데, 이 책인즉슨 하나하나의 사실을 단원으로 삼았다. 가령, 하나의 제도를 서술함에 있어서 결코 왕조의 연대 하나하나에 따라 서술하지 않고 이 한 사실을 단원으로 삼아 서술하였다. 특히 현재에 영향을 미치는 중대한 사실을 취해서 서술할 뿐만 아니라, 이러한 사실의 전후 相因的 관건을 분명히 드러내려고 힘썼다. 이처럼 문화의 현재성을 중시하는 태도는 우리들의 『現代史學』에서 주장하는 내용과 어느 정도 일맥상통한다고 하겠다. '紀事本末體'의 편찬법은 학자들로 하여금 요점을 더욱 분명히 하게끔 하고, 鄭樵가 말한 대로 "시대 구분을 역사로 삼으면 相因된 뜻이 재차 없어질 것이다."라고 했던 유폐에서 벗어날 수 있게끔 한다. 그러나 이 책이 비록 세 부분으로 나누어지기는 했지만, 여전히 경제생활에 대한 부분은 너무 약소하게 서술되어져 있고, 지혜 생활에 대한 부분은 너무 과다하게 서술되어져서 거의 그 말을 스스로 마칠 수가 없을 정도라는 점은 못내 아쉬움으로 남는다. 이 때문에 큰 가치는 그다지 없다고 해야 할 것이다.

과거 문화사의 저작과 성과가 이런 정도에 불과하고, 문화사의 현대 사학에 있어서의 그 수요가 또한 이처럼 절박한 상황인지라, 우리들이 지금 제일 먼저 문화사 이론의 필요성을 제기하는 것이다. 문화사에 관한 서적이 비록 많다고는 하지만, 문화사 이론에 관한 연구는 梁啓超가 저술한 『中國歷史硏究法補編』 속에 들어 있는 것뿐이다. 다시 말해서, 그가 설명한 「문화 專史와 그 방법」(文化專史及其做法) 단지 한 章(第4章, 192~242쪽)이다. 그는 민국 14년에 일찍이 『中國文化史社會組織編』을 강연한 적이 있다. 비록 책으로 이루어지지는 않았지만, 이 15년 10월에 강의한 『中國歷史硏究法補編』은 그 문인 周傳儒, 姚名達 등에 의해서 기록 출판되었다. 본서는 다섯 종류의 專史로 나뉘어져 있다. 즉, (1)人的 專史, (2)事的 專史, (3)文物的 專史, (4)地方的 專史, (5)斷代的 專史가 그것이다. (4), (5)는 모두 아직 이야기되지 못하고 있다. 文物 專史 속에서는 또한 세 종류로 나뉜다. 즉, A.政治 專史, B.經濟 專史, C.文化 專史가 그것이다. 문화 전사는 1.언어사, 2.문학사, 3.신화사, 4.종교사, 5.학술사상사(A.도술사, B.사학사, C.사회과학사, D.자연

과학사), 6.문학사, 7.미술사로 나뉘며, 자연·사회과학사 이하는 또한
아직 설명되지 않았다. 이밖에도 南京金陵大學에서 강연한 「문화사의
몇 가지 중요한 문제 연구」(「研究文化史的幾個重要問題」, 『梁任公學術
講演集』, 第3輯, 131~144쪽.)가 있다. 다음 말을 보자.

"역사 현상은 단지 '한 번의 과거'일 따름이다. 옛날부터 지금에 이르기
까지 여태껏 하나의 모형으로 똑같이 주조된 사적은 없다. 이것은 또한
어째서인가? 사적은 인류 자유 의지의 반영이고 각자 자유 의지의 내용이
기 때문에 절대로 지금까지 같을 수가 없다. 그러므로 역사가의 임무는
자연과학자와 정면으로 서로 반대되게도 오로지 '공통되지 않은 것'만을
구하려고 애썼던 것이다."

바꾸어 말하자면 문화사 속에는 응당 어떠한 법칙도 존재하지 말아야
한다는 것이다. 대체 이것은 무슨 말인가! 과거의 모든 문화사의 작가
들은 모두 난잡한 역사 사실 속에서 실마리 내지는 규율의 법칙을 찾아
내지 못했다. 결과적으로 '금전출납부'로 전락하여 퇴적하의 많은 사실
에도 불구하고 현재 생활과는 무관한 것이 되고 말았다. 그러므로 梁氏
의 문화사 이론은 바로 과거 문화사의 이론을 대표한 것으로, 현재 1933
년에 우리들이 요구한 문화사의 이론일 수는 없다고 하겠다. 梁氏가 또
한 경제 專史를 문화 전사의 밖에 놓아도 된다고 한 것만 보아도 그의
사상이 몹시 낡았음을 알 수 있다. 뿐만 아니라, 民 13年에 존재한 문화
사로부터 현재 이른바 『문화사의 이론』, 『문화철학』 더 나아가서는 『역
사철학』의 연구에 이르기까지 여전히 착실하게 주의를 기울인 적이 없
었다. 이렇듯이 '문화란 무엇인가?'와 '문화의 단계란 무엇인가?'에 대해
서 모두 확실한 답안을 얻기가 매우 어려운 실정인지라, 가장 완전한
한 권의 문화사를 만들어낼 수 없음은 당연한 일이라 하겠다. 이와 반
대로 우리들의 계획에 의하면 진정한 문화사가일수록 그의 문화에 대한

관찰이 더욱 깊고 넓으며 더욱 심각하고 더욱 날카롭기만 하다면, 마땅히 일종의 문화철학이 필요하게 될 것이라는 사실이다. 역사가는 모든 역사학 위에다 문화철학을 덧붙이는 데에 동의하여 문화사의 이론적 기초로 삼아야 한다. 그렇지 않으면 현대를 대표하는 역사가가 될 수 없다.

셋째, 사회학적 측면의 관찰: 재작년에 내가 『문화철학』「서론」을 논하면서 문화철학과 문화사회학의 구별을 설명한 적이 있다. 아울러 사회학사의 발전은 콩트(Comte)로부터 현대에 이르기까지 사회학 그 자체가 크게 진화한 결과 이미 제4기의 문화사회학으로 기울어지고 있는 추세라고 그 일치된 견해에 대해 언급한 적이 있다. 이를테면, 사회학의 발전은 다음 순서에 따른다. 첫째, 생물학적 사회학; 둘째, 심리학적 사회학; 셋째, 특수과학적 사회학; 넷째, 문화사회학이 그것이다.

이 주장은 먼저 강의에서 발표하였고, 22년 1월 10일 『현대사학』 제1기에 다시 간행되어졌다. 그러나 동년 6월 25일 출판된 『新中華』 제1권 제12기에서 마침내 孫本文이 지은 「세계사회학의 유파와 그 현상」(世界社會學之派別及其現狀) 속에 이것과 약속이나 한 듯이 일치된 견해를 발견하였다. 이것은 기이한 일이 아닐 수 없다. 孫先生은 옛 저서 가령 『사회학상의 문화론』(社會學上之文化論) 등 사회학사에 관계된 저작 속에서는 모두 이러한 의견을 갖고 있지 않았었다. 때문에, 이 글이 우리들의 주의를 끄는 것이다. 이 글은 내가 열거한 것보다 더 상세하게 사회학의 발전을 네 단계로 나누고 있다.

(1) 생물학적 사회학: (a)유기론파; (b)인구론파.
(2) 심리적 사회학파.
(3) 사회학정통파: (a)뒤르껭파(Durkheim); (b)짐멜파(Simmel); (c)로베르티파(Roberty).
(4) 문화적 사회학파: (a)인류학파; (b)역사학파.

이러한 사회학 유파에 관한 더욱 상세한 분석은 이 정도는 일도 아니다. 예컨대, 단순히 심리적 사회학파의 예만 보더라도, 한킨스(F. H Hankins)의 『사회과학의 역사와 추세』 중 「사회학」이라는 글에서의 분류를 한번 참고하기만 한다면, 심리적 사회학파가 또한 얼마나 많은 종류로 분류될 수 있는지를 알 수 있다. 예컨대 동정파, 모방파, 본능파, 행위파, 흥취파 등등 …이것만 보더라도 孫先生의 분류 정도는 그다지 철저했다고도 할 수 없다. 그런데, 여기서 마땅히 주의를 기울여야 할 점은 바로 孫先生 자신이 문화사회학 중의 한 파에 속했다는 사실이다. 그의 종래 저작에 비추어 보면, 오직 미국의 오그번(Ogburn) 일파만을 문화적 사회학으로 여겨왔는데, 여기서는 도리어 독일의 막스 베버 (Max Weber) 일파를 또한 문화적 사회학으로 인정하고 있다. 이것은 그야말로 그의 사상에 있어서 하나의 진보라고 하지 않을 수 없다.

[미국] Ogburn, Willey, Case Wallis, Herskovits.
[독일] Max Weber, Sombart, Max Scheler, Alfred Weber.

전자는 인류학파로서 그들이 사회현상의 원칙을 발견하고 사회 실제의 문제를 해결하고자 한다면, 반드시 문화상에서 역사의 연구를 시행하지 않으면 안 된다고 생각했다. 그들은 방법이나 자료적 측면에서 인류학의 영향을 가장 크게 받았기 때문에 역시 인류학파라고 일컫는다. 후자는 그가 말한 바대로 "문화사회학은 독일 당대 가장 성행한 사회학으로 역시 역사파 사회학이라고 일컫는다."라고 했듯이 상세한 설명은 원문을 참조해도 좋다. 내 생각에는 독일의 문화적 사회학파를 역사학파라고 하면 원래 문제는 없다. 다만 엄격하게 말해서 미국의 인류학파에 미쳐서야 비로소 진정한 문화사회학인 것이다. 그리고 독일에 있어서는 예컨대 막스 베버와 트뢸취(Troetlsch)의 종교사회학, 슈펭글러

(Spengler)의 세계사형태학과 막스 쉘러(Max Scheler)의 지식사회학이 그것이다. 좀바르트(Sombart)가 저술한 『기술과 문화』는 예외인 셈이지만, 기타 슈펭글러의 『서구의 몰락』, 막스 쉘러의 『철학적 인간학』은 문화사회학이라고 이르기보다는 모두 '문화철학'이라고 하는 편이 사실상 더 낫다. 이 점은 내가 본서 「서론」 중에서 말한 것이지만, 문화철학과 문화사회학이 얼마나 밀접한가 하면 이미 거의 불가분의 관계임을 이것으로도 알 수 있다. 나는 물론 미국파의 문화사회학을 반대하여 맑고 깨끗한 물과 기름에 튀긴 두부와 같다고 생각한다. 맑고 깨끗한 물이 이미 충분히 담백한데 그 위에다가 두부를 기름에 튀기면 그 내용의 공허함은 말하지 않아도 다 알 것이다. 허나, 독일의 문화사회학, 즉 문화철학으로 말한다면 사실 크게 발전할 여지가 있다. 이것이 바로 내가 특별히 문화철학을 제기하여 강의하는 가장 큰 이유이다.

넷째, 교육학적 측면의 관찰: 내가 올해 『현대사학』 제1·2 두 期에 걸쳐서 『문화철학』을 발표한 이후 매우 큰 영향이 발생하였다. 그 중에서 가장 중요한 것이 바로 22년 8월 15일 上海羣衆圖書公司에서 출판한 姜琦의 『교육철학』 다름 아니다. 이 책은 모두 30여만 자로 이루어졌는데, 그 속에 나의 文化分期說을 비판한 것이 의외로 수천 자나 남짓 된다.(원서, 91~116쪽) 강선생은 하나의 변증법 유물론적 입장에 서서 그것의 새로운 교육철학을 구축한 것이다. 그가 비록 많은 부분에서 나에 대해 반박하였지만, 오히려 "중세 이래의 모든 학문 연구에 대해서 종교적, 철학적, 그리고 과학적 세 시기로 구분한 것은 매우 합리적이다."(108쪽)라 하여 나를 또한 인정해 주기도 하였다. 뿐만 아니라, 단순히 교육을 예로 들어서 역시 똑같이 이것에 따라 시기를 구분할 수 있다고 생각했다. 강선생은 가장 먼저 긍정하기를, "고대 때에는 이처럼 교육을 연구한다고 하는 일은 결코 없었다고 말해도 좋다. 확실히 말해서 교육의 진정한 연구는 17세기에 발단된 것이다."라고 했다. 이어서 그는 교육의 연구를 곧 세 시기로 구분하였다.

　(1) 신학적 교육학; (2) 철학적 교육학; (3) 과학적 교육학.

　그의 결론은 "이런 식으로 말을 하자면 교육의 연구는 확실히 朱先生이 말한 바와 같이 종교적, 철학적, 과학적 세 시기로 구분할 수 있음을 알 수 있다."(111쪽)라는 것이었다. 하지만, 이 세 시기는 콩트의 3단계의 법칙이라고 말할 수밖에 없다는 사실을 알지 못했다. 내 견해를 말하자면 교육사의 연구는 역시 종교적, 철학적, 과학적, 예술적 네 시기로 구분되어야 한다. 강선생인즉슨 "역사의 연구는 종교적, 철학적, 과학적, 예술적 네 시기로 구분할 수야 있겠지만, 예술적 한 시기는 제거해 끼워 넣지 말아야 한다는 것 외에 그 나머지 세 시기만큼은 나는 매우 찬동하는 바이다."(107쪽)고 생각했다. 어째서 예술 시기는 넣을 필요가 없는가? 강선생은 결코 이에 대한 상세한 설명도 없이, "이 점에 관해선 나는 별도로 의견을 가지고 있지만 지금은 잠시 유보하기로 하겠다."라고 주석을 달고는 흐지부지하고 말았다. 사실 교육상의 예술 시기야말로 진실로 중요한 현대 교육의 시기인 것이다. 물론 한 방면에서 말하면 현대 교육은 여전히 제3시기에 서 있지만, 제3시기는 이내 제4시기를 실현하는 하나의 과정이다. 과학 교육의 시기에 도달하지 않으면 교육 사상은 곧 진화할 수가 없다! 그렇다면 소위 제4시기의 교육 연구는 응당 무엇이어야 하는가? 솔직한 해답은 다름 아닌 이른바 '문화교육학'이다. 독일의 교육 사상을 한번 관찰해 보면 이러한 경향을 구유하고 있다는 것을 알 수 있다. 원래 독일 교육 사조는 또한 철학과 같다. 철학은 한편으로 칸트의 정통 이상주의의 철학사상에서 발원하여 가장 선명한 신칸트학파의 지식주의, 논리주의에 이르렀다. 또 한편으로는 딜타이철학이 칸트철학에 대항하여 생명주의를 주장하고 나섰다.

딜타이의 학설은 뒷날 그의 신봉자들이 중심이 되어 그것에 근거하여 교육을 제창하였는데 이것이 바로 소위 '문화교육'이다. 그런데, 문화교육이라고 하는 이 명사 또한 그들 자신에 의해서 표방되어 나온 것이 아니라, 도리어 1923년 윌리 무그(Willy Moog)가 저술한 『현대교육학의 근본문제』 속에서 제기된 것이다.(越川彌榮 著, 『文化敎育槪論』, 509쪽, 參考.) 그리고 이 파의 교육 사상의 집대성자는 문화철학자이면서 문화교육자였던 슈프랑거를 스스로 추거하지 않을 수 없다. 슈프랑거는 딜타이의 체계를 계승하여 베를린대학에서 그의 문화교육학설을 왕성하게 제창하였다. 그의 저서인 『생활형식』 즉 문화철학개론 외에도 기타 교육상에 관계된 저서의 중요한 것들은 다음과 같다. (1) 『학교와 교직』; (2) 『여자고등학교론』; (3) 『稟賦와 修學』; (4) 『현대독일의 인도적 정치교육이상』; (5) 『교원양성론』; (6) 『정신과학의 상태와 학교』; (7) 『인문주의와 청년심리』; (8) 『생활형식』; (9) 『문화와 교육』; (10) 『청년기의 심리』.

그 다음으로 그의 학술을 계승 발전시킨 이는 슈테른(Elich Stern)이다. 그는 슈프랑거의 영향을 받아서 문화 교육에 관한 두 권의 책, (1) 『교육학서론』; (2) 『청년교육학』을 저술하였다.

또한, 릿트(Theodor Litt)와 케르셴슈타이너(Kerschensteiner)가 저술한 문화교육학설에 관한 책이 있고, 문화 교육과 유관한 적잖은 직간접의 많은 문헌이 존재한다. 이것은 문화교육학이 현대에 있어서 이미 하나의 중요한 위치를 차지하고 있음을 말해 주는 것이 아니겠는가? 물론 그들의 문화교육학설은 여전히 비판받을 만한 부분이 있다. 하지만, 교육의 제4시기가 이미 문화교육학의 한 방면으로 흐르고 있다는 것, 독일에서 문화교육학을 제창하는 사람은 동시에 문화철학을 제창하는 사람이라는 것을 알게 해 준다. 이것은 또한 교육을 연구하는 사람들이 연구를 진일보 하고자 한다면 응당 문화철학에 주의를 기울여야 함을 보여 주는 것이기도 하다.

요컨대, 현대의 학술계는 철학, 역사학, 사회학, 교육학을 막론하고 모두 이미 '문화주의'의 경향이라는 데는 그 견해가 일치한다. 철학적 측면에서는 문화철학으로, 역사학적 측면에서는 문화사로, 사회학적 측면에서는 문화사회학으로 각각 표현되고, 교육학적 측면에서는 역시 문화교육학으로 표현된다. 그중에서도 특히 문화철학은 모든 문화학을 연구하는 데에 더욱이 하나의 가장 '종합'적인 인자가 된다. 무엇이 문화인가 하는 문제에 철학은 근본적인 대답을 할 수 있기 때문에, 문화철학은 그 자신이 독특하게 철학 중에서도 가장 높은 지위를 차지하는 것이다. 뿐만 아니라, 기타 역사학, 사회학, 교육학의 근거가 되어 문화역사학, 문화사회학, 문화교육학을 연구하는 사람은 반드시 거쳐야 하는 통로인 것이다.

맨 마지막으로 내가 문화철학을 말하는 최대 취지를 선포하지 않을 수 없다. 이를테면, 책에서 쓴 바를 설명해 보면 그 요점은 다음과 같다.

　"문화의 본질 및 그 유형을 설명하고, 종교, 철학, 과학, 예술 등 각종 지식 생활에 대해서 모두 근본적으로 연구를 가한다. 또한 문화의 지리상 분포를 분석하여 中·外 문화 관계와 본국 문화의 새로운 경향을 밝히고 미래의 세계 문화 건설을 모색하고자 한다."

가장 절실하고 절박한 의도는 '남방문화운동'을 제창하는 데에 있다. 때문에, 본서 「부록」에 '남방문화운동'과 관련된 일련의 논문을 수록하였다. 말을 하자면 끝이 없으므로 독자들에게 스스로의 힘으로 자세히 관찰하고 비판하도록 맡겨 두는 바이다.

22年, 9月, 國立中山大學 史學科 主任室에서.

緒 論

무엇이 문화인가? - 문화철학과 문화사회학 - 문화철학의 개념

문화철학(Kulturphilosophie)이라고 하는 이 과정은 중국 대학 내에서는 아직 설립된 적이 없다가 厦大가 이 과를 두기로 결정하였으나 여태껏 맡을 사람이 없었던 관계로 본 강연이 처음인 셈이다.

民國 16년 이대조李大釗는 『言治』에 「동서 문명의 근본적인 차이점」(東西文明根本之異點)을 발표했고, 陳獨秀는 『新靑年』 제1권에 「동서 민족 근본 사상의 차이」(東西民族根本思想之差異)를 발표했다. 그 이후 국민들은 점점 동서 문화 문제에 관심을 가지는 듯했다. 『學藝』, 제3호에는 가네코 우마지(金子馬治)가 강연한 「동서 문명의 비교」(東西文明之比較)를 屠孝實이 기록한 것이 있고, 『東方』 제14권에는 傖父의 「전후 동서 문명의 조화」(戰後東西文明之調和)가, 그리고 제15권에는 일본 잡지의 「중서 문명의 판정」(中西文明之評判)이란 글이 번역되어 실려 있다. 『新潮』 제3권에는 馮友蘭의 「동서 문명의 비교관」(東西文明之比較觀)이 있는데, 이것은 인도 타고르와의 담화를 기록한 것이다. 그러나 무엇보다도 가장 영향이 컸던 것은 당연히 민국 10년 秋間에 梁漱冥 선생이 강의한 『동서 문화 및 그 철학』이란 글일 것이다. 이 강연은 민국 18년에 기록되어 이미 8판이나 간행되었다. 그는 「自序」에서 "나는 처음부터 무엇을 철학이라고 하여 그것을 설명해 나가야 할지를 모르겠다."라고 말하고 있듯이, 비록 그가 애초에 '문화철학'을 세우고자 의도한 바는 아니었다고 하더라도, 사실상 그가 말한 것이 바로 우리들의 문화철학의 출발을 위한 길잡이임을 인정해야만 한다. 『동서 문화 및 그 철학』이란 글이 출판된 이후, 찬성하는 쪽이나 반대하는 쪽이나 할 것 없이 거의 모두가 이 책으로 인해서 문화 문제에 대한 토론의 적극성이 환기되었다. 그렇지만, 梁先生 당시 비록 동서 문화에 관해서 토론하는 사람은 많았지만, 문화라고 하는 것에 대해서 근본적으로 이해한 사람은 극히 적었다. 그러다가 민국 15년, 7월에 이르러서야 胡適之(胡適을 말한 것으로 그의 字가 適之임.ー역주) 선생이 『現代評論』(제4권, 제38기.)에서 「우리들의 서양 근대 문명에 대한 태도」(我們對於西洋近代文明的態度)라는 글을 발표함으로써, 처음으로 몇 가지 근본적인 생각을 제기해 토론의 표준을 삼게 되었던 것이다. 가령,

"첫째, 문명(Civilization)이란 어떤 한 민족이 그들의 환경에 대응했던 종합적인 성과물이며, 둘째, 문화(Culture)란 일종의 문명이 형성시킨 생활 방식이다."

그가 여기서 '문명'과 '문화'를 구별하고 있다는 점이 특히 주목을 끈다. 그러나 胡先生의 이와 같은 단조롭고 억지스러운 분별은 아무래도 좀 모호하고 정밀하지 못한 감이 있다. 이른바 "문화란 일종의 문명이 형성시킨 생활 방식이다"라는 말과 양선생의 이른바 "문화란 생활 방식이다."라고 하는 말은 거의 그 생각이 같다고 해야 할 것이다. 이 때문에 호선생의 논문이 발표된 이후 곧 張崧年은 「문화와 문명」(文明與文化)이라는 글을 『東方雜誌』 제23권 제24호에 실어 그를 논박했다.

"대개 適之 선생 혹은 漱明 선생의 의견에 따르자면, 한 개인의 처세에 있어서는 항상 하나의 태도를 갖게 마련이고, 한 민족의 처세에 있어서도 역시 하나의 집합적인 태도를 갖게 마련이다. 이러한 집합적인 전체의 태도가 곧 문화인 것이다."

뿐만 아니라, 만약 문화적 생활 방식이 일종의 문명에 의해 형성된 것이라고 한다면 당연히 문명이 앞이고 문화는 그 뒤가 되고 만다. 이것은 참으로 이해하기 어려운 말이 아닐 수 없다. 동일한 시기 『東方雜誌』에 또한 張東蓀이 논한 「서방 문명과 중국」(西方文明與中國)이란 글이 있는데, 역시나 호선생의 견해에 대해서 보완하고 수정할 것을 제기했다. 許仕廉은 『진리와 생명』(眞理與生命) 제2권 제16호에 「동서 문명을 논하고 호·장 제군에게 알림」(論東西文明問題並達胡張諸君)을 발표했고, 이후 또한 이것은 『문명과 정치』(文明與政治)라는 책 속에 集刊 되어졌다.(1929년, 1월, 北京書局.) 그의 문화 해석은 미국의 저명한 인류학자 크뢰버(A. L. Kroeber)의 영향을 받은 것이다. 그는 우주 사이의 만사만물을 네 경계 현상으로 나누었고, 매 경계 현상이 다르기 때문에 과학 역시도 마땅히 네 가지 종류로 나눌 수 있다고 했다. 즉 이것을 보면,(『문화와 정치』, 13쪽.)

最上級	文化 現象	社會科學－人文科學(文化現象)－(時間)－宙
上　級	心理 現象	心理科學
中　級	初級有機現象	生理科學 　} 自然科學(自然現象)－(空間)－宇
下　級	無機 現象	物理科學

크뢰버의 분류에 의하면 문화는 우주 진화에 있어서 최후 최고의 현상인 까닭에 문화에는 다음 세 가지의 특징이 있다고 했다.

A. 문화는 유기체에 의해서 나온 것이다;
B. 정신(심령)은 문화의 기초이다;
C. 문화는 자연계 외에 별도로 창조된 것으로 인위적이고 주체적인 것이다.(같은 책, 53쪽.)

이와 같은 견해는 문화사회학자의 일종의 문화관인 셈이다. 그와 뜻을 같이 했던 孫本文이 문화사회학에 대한 이론을 아마도 가장 투철하게 발휘한 학자일 것이다. 그의 저작은 『사회학상의 문화론』(社會學上之文化論), 『문화와 사회』(文化與社會), 『사회의 문화 기초』(社會底文化基礎) 등 매우 많으며, 그는 문화를 곧 사회의 기초로 여겼다. 그렇다면 문화는 무엇인가? 그는 대답하기를,

"문화란 사실 일종의 복합체로서 일체 유형적 실물, 가령 의복, 궁실 등과 무형적 사항의 지식, 신앙, 예술, 법률, 풍속 및 기타 사회상으로부터 습득한 갖가지 일을 처리하는 능력과 습관을 포괄한다."(『사회의 문화 기초』, 324쪽, 126쪽.)

그러므로 어떤 이는 "문화란 곧 한 사회에 의해서 표현된 일체 생활 활동의 總名이다."라고 한 것이다. 이렇듯이 문화학파적 사회학은 비록 일관된 논리 체계가 없고 심지어 아직 문화에 대한 철저한 이해마저도 없는 것처럼 보인다. 하지만, 동서 문화 토론에서 문화의 사회학적 연구에 이르기까지를 곰곰이 한번 헤아려 본다면 이것은 이미 상당히 진보했음을 알 수 있다. 다만, 문화 운동과 문화 문제에 비교적 근접하여 토론하게 된 것은 새로운 국면을 연 것처럼 보이지만, 그들은 러시아 前 인민교육위원회 주석이었던 루나차르스키(Lunacharsky)의 영향을 받아 '무산 계급의 문화'를 위해서 힘써 앞장섰다는 점은 가히 주의를 기울여야 할 것이다. 그들 중 어떤 이들은 소극적인 측면에서 「文化派社會學批評」(『二十世紀』, 第2期, 88~140쪽.)에 종사함으로써, 손박사에 대해서 "문화사회학은 평화사상, 개량주의, 조화 관점의 정서 형태 속에 젖어 있다."고 했다. 어떤 이들은 근본적으로 자산계급학자의 문화 해석을 뒤집자고 주장하고 나섰다. 가령, 陳高傭은 문화에 관해서 다시 하나의 새로운 정의를 내리고 있다.(『世界與中國』, 第2卷, 第6號, 「文化

革命與革命文化」에 보임.)

　　"문화란 인류가 일정한 경제 기초 위에서 생산 노동에 종사하는 각 방
　면의 표현이다."

　그렇다! 문화는 현재 유행하는 가장 신선한 명사이다! 지하에서 발
굴된 갑골문, 그리고 燉煌石室에서 발견된 古書 역시도 문화인 것이다.
또 한편 진고용이 말한 바와 같이, "인류의 생활 터전 속에서 각종 노
력의 표현은 모두 문화이다. 자본주의 사회를 해부한 『자본론』도 문화
인가 하면, 군중이 시위행진 할 때에 노동자가 외치는 '타도! 제국주의'
라는 구호 또한 문화이다." 문화! 문화! 대관절 문화란 무엇인가? 만일
이것에 대해 정확하게 그 뜻을 추정한 바가 없다면, 문화철학은 어디서
부터 말을 꺼낼 수 있을까. 우리들의 해석에 의하면,

　첫째, 문화란 인류생활의 표현이다. 이 말 속에는 '문화'와 '인간'의
관계를 매우 분명하게 지적하고 있다. 생물계 중에서 단지 인류만이 환
경을 지배하고 문화를 창조할 수 있다는 것이다. 워드(Ward)의 다음
말이 매우 적절하다고 하겠다. 즉, "동물은 환경의 지배를 받는 존재이
지만, 인간은 환경을 지배하는 존재이다." 이처럼 환경을 지배하는 생
활 표현이 다름 아닌 문화인 것이다. 그러므로 문화사회학자는 우리들
에게 다음과 같은 사실을 알리고 있다.

　　"문화란 자연 능력 외의 창조 능력을 가리켜 말한 것이다. 우리 인류가
　비록 날개는 없지만 비행선을 제조하여 하늘을 날 수 있으며, 비록 지느러
　미는 없지만 배가 있어서 항해할 수 있다. 또한 비록 날카로운 발톱과 이
　빨은 없지만 우리들의 무기는 엄청난 큰 힘을 능히 제압하고도 남음이 있
　다. 우리들의 다리는 말처럼 빨리 뛸 수는 없지만 우리들의 자동차는 도리
　어 말보다 몇 배 더 신속하게 달릴 수 있다. 무릇 쌀, 보리, 고기 종류에
　있어서 우리들은 생식으로 먹기를 좋아하지 않는다. 그러므로 요리법을 갖

추어 五味를 조화롭게 만든다. 아울러 의복과 가옥, 화로와 선풍기는 추위와 더위를 알맞도록 하여 비바람에도 걱정 없게 해 준다. 우리들은 또한 언어와 문자를 가짐으로써 서적, 신문을 통해 의지를 전달하거나 사실을 기술한다. 사회 국가에는 人情과 禮敎가 있어서 군중을 공고히 함은 물론 人道를 보호하는 역할을 해 준다. 무릇 이러한 갖가지의 것들은 선천적인 능력이 아니라 인공적인 문화인 것이다."(『문화와 정치』, 17~18쪽.)

이중에서 특히 중요한 것은 언어라 하겠다. 엘우드(Ellwood)는 『문화진화론』 속에서 특별히 인류 언어 기관의 중요성을 제기했다. 우리들이 살피고 있는 문화란 공구의 창조는 말할 것도 없고 儀式의 창조, 제도의 창조, 혹은 한 우주관의 창조가 모두 언어를 통해서 서로 전달된다. 그러나 동물에게서는 이러한 문화적 기초가 존재하지 않는다. 그래서 그는 말하기를,

"모든 인류 집단은 모두 문화를 가지고 있지만, 동물 집단은 문화를 가지고 있지 않다. 동물 세계 중에서 설혹 특별한 기교 혹은 매우 좋은 방법을 습득하여 그들의 환경에 대응하는 경우가 있다고 하더라도, 어떠한 뛰어난 범위 속에서 이 획득된 것을 그들의 동료에게 가르쳐 전달하는 능력은 가지고 있지 않다. 이것은 언어의 결핍에서 오는 소치라 하겠다. 그러므로 동물에게서의 이러한 기교 혹은 방법은 단지 본능적 행위에 불과할 따름이다. 그러나 인류 세계에 있어서의 심리적 교호 작용 혹은 교통인즉슨 언어라고 하는 이 진일보한 단계로까지 발전해 왔다. 이 때문에 개인은 곧 힘 있게 그의 개념을 그 자신의 집단 속 구성원에게 전달해 나갈 수 있다. 이리하여 전반적 집단의 행위가 모두 영향을 받게 되고, 그 결과 마침내 인류의 공동 행위에까지 이르게 되는데, 그 주요한 것은 모두 언어 문자에 의존한다. 이처럼 언어적 기관을 통해서 각종 개념이 형성되고, 그 개념을 다른 일부 사람들에게 전달해 가는 능력이 바로 문화 진화의 기초가 된다. 그리고 문화의 요지란 발명 또는 성과라 하겠다."(『문화진화론』, 4~5쪽.)

  문화란 사실 인류의 특수한 산물인 까닭에 단지 인류만이 문화를 보유하고 있다. 그러나 문화는 활동적인 것이지 죽어 있는 것이 아니다. 따라서 일반적으로 학자들이 말한 것처럼 그 환경에 대응하는 '총괄적인 성과'일 뿐만 아니라, 오히려 영원한 창조와 영원한 진화를 담지한 文化史라 하겠다. 나는 이에 더 나아가서 다음과 같이 말해도 무방하다고 생각한다. 즉, 인류생활은 처음부터 문화적 생활이고, 인류생활의 표현은 처음부터 문화사적 표현이라고 말이다. 간단히 말해서, 인류라는 틀 속에서는 문명 민족이든지 아니면 야만 민족이든지 막론하고 모두 자연스럽게 그 자신의 문화를 가지고 있으며 다만 문화적 정도만이 서로 다를 뿐이다. 예를 들면 모건(Lewis H. Morgan)의 『古代社會』, 일명 『야만 상태로부터 미개화 상태를 거쳐서 문명 영역에 이르기까지의 인류 진보 경향 연구』라는 책 속에서는 아메리카 인디언의 제도·기술 발명에 관해서 설명하고 있다. 물론 인디언은 야만 민족이지만 도리어 또한 그 원시사회인의 문화를 가진다. 그들의 혈족 집단 속에서 뜻밖에 그리스, 로마 및 독일의 역사에 있어서 줄곧 풀리지 않았던 가장 중요한 수수께끼에 대한 해결점이 발견되었다. 인류 역사는 실제로 곧 인류 문화생활의 기록을 서술한 것이며, 이른바 역사철학은 다름 아닌 인류 문화의 발전 단계를 서술한 것임을 알 수 있다. 우리들은 경제가 일체를 지배하고 있는 현대의 문화를 인정해야 할 뿐만 아니라, 심지어 모건, 다일리(E. B. Tylor) 및 기타 문화인류학자와 같이 원시사회인의 생활을 연구함으로써 원시사회인의 문화를 발견할 필요가 있다.

  둘째, 문화란 인류생활 각 방면의 표현이다. 많은 학자들은 '문화'와 '문명'을 분별하려고 했다. 어떤 이는 문화를 정신적인 것으로, 그리고 문명은 물질적인 것으로 생각했다. 또 어떤 이는 방향을 바꾸어 문화를 물질적인 것으로 문명은 정신적인 것으로 생각했다. 가령 위에서 인용한 호선생의 견해는 어느새 문명(Civilization)과 문화(Culture)의 대립을 가정한 것이지만, 오히려 상세히 고찰해 보니 영국·프랑스 사람들이 문화 문제를 이야기함에 있어서는 대다수 항상 두 자를 혼용하고 있다. 張崧年은『문화와 문명』(文明與文化)이란 글에서 대단히 많은 예를 듦으로써, 이렇게 쓰든 저렇게 쓰든 근본적으로 어떠한 분별도 없음을 보이였다. 그는 마침내 다음과 같은 단안을 내리고 있다. "문명과 문화란 중국의 문자와 언어 속에서는 대체로 '산학'이 '수학'과 같다는 식으로 이해했음을 알 수 있다. 다만 하나의 사물 중 두 이름이거나 하나의 학명 내지는 하나의 속명일 뿐이지 무리하게 그것을 다르다고 구별할 것까지는 없다. 어쩌면 기껏해야 '문화는 활동', '문명은 결과' 정도로 말할 수 있겠으며, 그리고 한 사물 가운데 두 가지의 견해에 불과한 것이다." 나는 이 말에 대해서 근본적으로는 이의가 없지만, 과학적 견지에서 명확하게 규정하자면 문화와 문명은 언어 原義上에서 사실 매우 큰 차이가 있다.

(1) 독일어의 Kultur(文化)는 Civilization(文明)과 대치해서 말한 것이지만, 양자는 매우 차이점이 있다. 영국과 미국 및 프랑스, 이탈리아, 라틴 민족은 통상 Civilization이라는 말을 사용하며, 독일어의 Kultur와 어원이 같은 Culture는 그다지 상용하지 않는다. 이미 이렇게 양자의 구별이 불분명한 이상 당연히 혼용해도 무방할 듯하다.

(2) 독일어의 Kultur와 영어의 Culture는 모두 다 라틴어인 Cultura로부터 轉化되어 나왔다. Cultura는 그 원어에 의거해서 고찰해 보면 본래 神明 拜祭, 토지 경작, 동식물 배양 및 정신 수양의 여러 뜻을 겸유한다. 중세기에는 이미 대체로 오늘날과 같은 이른바 물질적 문화와 정신적 문화의 개념을 포함하고 있었지만, 당시의 정신적 문화 개념은 사실 종교적 문화를 가리켜 말한 것이었다. 그러나 독일에 있어서는 그 의미가 발달하여 현대의 문화 개념이 되었다. 영국과 프랑스의 경우에

서는 Culture가 단지 경작 배양 및 정신 수양의 뜻만을 취하며, 광의의 문화 개념으로 말한다면 통상 Civilization이라는 말 한 마디가 그것을 대신한다고 해야 할 것이다.

(3) 독일어인 Kultur의 어원 및 그 의미는 모두 종교적 색채를 띠고 있다. 이와 반대로 Civilization의 어원과 원의는 본래 정치·법률적 생활과 서로 관계가 있다. 라틴어의 Civis는 시민의 일을 가리키며, 이로부터 전화되어 Civilis(형용사) 혹은 Civilisatio(명사)가 되었다. 모두가 시민의 지위, 시민의 권리를 가리킴은 물론, 아울러 시민의 품격과 교양이라는 여러 뜻을 갖추어 말한 것에 불과하다. 때문에, Kultur는 극히 심오한 정신적 의미를 지닌다고 할 수 있으며, Civilization은 사회적, 정치적 의미와 밀접한 관계가 있다고 하지 않을 수 없다.(米田莊太郎:『現代文化人之心理』, 5~50쪽, 漢譯 『現代文化槪論』, 1~8쪽.)

독일인이 Kultur를 중시하고 영국인과 미국인은 Civilization을 중시한 까닭에 결과적으로 '문화'와 '문명'이 두 조각으로 나뉘게 되었다. 예로 세계대전 당시 한편에서 생각하기를, "Kultur는 게르만 민족이 근대 과학에 이용하여 그 민족적 이기심의 일종의 과학적 야만주의에 도달했음에 반해서, 영국, 미국, 프랑스, 이탈리아 여러 나라들의 이른바 Civilization, 즉 인도적 정신이 연출한 것과는 절대로 같지가 않다. 그러므로 세계 대전은 단지 Civilization이 Kultur의 침략에 대한 일종의 방어전일 따름이다."(같은 책, 10쪽.) 반대로 한편에서는 독일인은 인류 진보적 핵심인지라 그것을 정신적 측면, 즉 Kultur 쪽에서 구해야 한다고 여긴다. 그리하여, 슈펭글러는 극력 문명을 배격하여, "모든 문화의 본질은 모두 종교적이다. 왜냐하면 문명의 본질이 비종교적이기 때문이다."라고 했던 것이다. 문화란 인류 내면의 영적이고 정신적인 수양 및 그 사업이며, 모든 일체 종교적이고도 예술적인 가장 완벽한 인류생활의 생활 상태라는 것이다. 이와 반대로 문명인즉슨 외면적 교육과 질서에 관한 것이고 모든 현대적 공업과 기계 등을 가리킨다고 했다. 바꾸어 말해서 전자가 靈이 아주 활발한 육체라고 한다면 후자는 미이라인 셈이다. 전자가 정신적이고 광의적인 데 반해서 후자는 물질적이고 한정적이다. 또한 문명은 문화의 최후 시기, 즉 문화의 피할 수 없는 운명적인 위기로서 문화가 한번 노년 시대로 발전하게 되면 곧 문명의 국면으로 들어서서 몰락하게 된다고 했다. 비록 슈펭글러의 견해가 우리들을 충분히 만족시킬 수는 없다고 하더라도, 확실히 '문화'와 '문명' 사이에는 다소 차이가 있다는 것도 사실임을 확인할 수가 있다. 결국 독일인이 제창한 Kultur 개념이 정신적 문화 개념이라고 한다면(종교, 철학, 과학, 예술 등 지식 생활), 영국인과 미국인이 제창한 Civilization은 사실 사회적 문화 개념이다.(정치, 법률, 경제, 교육 등 사회생활.) 모호하게는 물론, 일반 학자와 같이 양자의 구별을 논하지 않겠지만, 만약 세심하게 고찰해 보면 이것은 사실 인류생활의 두 측면을 대표하는 표현이다. 이를테면, 한 측면이 인류의 지식 생활 문화를 표현한 것이라면, 또 한 측면은 인류의 사회생활 문화를 표현한 것이다. 이른바 문화란 본래 양대 부분을 일정부분 포괄하고 있는 말이다. 그러므로 어떤 사람은 이 둘 위에 다시 하나의 새로운 글자를 만들어서 Gesittung이라고 부르기도 했다. 이것은 '문화'와 '문명'을 통합해서 그 가운데에 귀속시킨 것으로 역시 옳다고 하겠다. 그러나 용어 습관에 비추어 보면 여전히 '문화'는 지식적인 것과 사회적인 것의 두 측면을 포괄한다고 할 수 있으며, 사회 조직 발달의 '문명'을 오로지 가리켜서 그 가운데에 덧붙여 넣은 것이다. 말하자면, 문화란 인류생활 한 방면만의 표현이 아니라, 인류생활 각 방면의 표현인 것이다. 우리들은 종교, 철학, 과학, 예술을 문화 영역 안에 귀속시켜야 할 뿐만 아니라, 다름 아닌 정치생활, 법률생활, 경제생활 및 교육생활을 모두 문화영역 안에 귀속시켜서 연구를 진행해야 할 것이다. 이렇게 되면, 이른바 문화라고 하는 이 글자의 뜻은 쉽게 드러날 것이다. 인류생활의 일체 표현은 아래로 한낱 흙손을 만드는 것에서부터 위로는 우주관, 법률, 심지어 내가 오늘 中山大學에서 '문화철학'을 강의하는 데에 이르기까지 단지 인류생활의 표현이기만 하다면 모두 문화라고 말할 수 있다. 그러나 같은 문화 가운데에서도 연구의 대상이 같지 않은 관계로 자연스럽게 문화학을 크게 두 분과로 나눌 수가 있다. 그 중 하나가 Kultur 즉 지식적 문화생활을 연구하는 것이 '문화철학'이고, 또 하나는 Civilization 즉 사회적 문화생활을 연구하는 것이 '문화사회학'이다. 문화사회학은 특히 미국의 오그번이 1922년에 『사회변천』을 저술한 이래로부터 중국에 있어서 매우 큰 영향을 끼쳐 왔다. 비록 이 파가 많은 비판을 받아야 마땅하고 심지어 아직도 문화사회학의 근본 핵심을 붙잡지 못한 감은 있지만, 어떤 사람은 전도가 양양하다고 이미 제창할 정도이다. '문화철학'은 이번이 처음으로 이야기되는 셈인지라, 여러 가지의 의문을 피할 수는 없다. 때문에, 오해를 피하기 위해서는 응당 나 자신의 사상적 입장에 서서 무엇이 문화사회학이고 무엇이 문화철학인지를 구별해야만 한다.

우리들은 사회학의 창시자 콩트가 일찍이 두 가지 측면에서 인류생활의 진화를 관찰했다고 알고 있다. 그 첫 번째가 인류의 지식적 진화로서, 즉 (1)신학 단계; (2)형이상학 단계; (3)실증적 또는 과학적 단계가 그것이다. 둘째로는 인류의 물질적 진화로서, 즉 (1)군사 단계; (2)법률 단계; (3)산업 단계가 그것이다. 이와 같이 두 종류의 세 등급 법칙의 근본 개념은 사실 하나이면서 둘이고 둘이면서 하나라 하겠다. 가령, 지식생활상의 신학 단계는 물질생활상의 군사 단계에 해당되며, 또한 지식생활상의 과학 단계는 물질생활상의 산업 단계 또는 경제 단계에 해당된다. 전자로 말한다면 이른바 신학(종교), 형이상학(철학), 실증학(과학)은 문화철학적 범위에 속하고, 후자로 말한다면 이른바 군사(정치),

법률, 산업(경제)은 응당 문화사회학적 범위에 속하는 것이다. 그러나 콩트 당시에는 사실 여기까지는 그 생각이 미치질 못했다. 그는 이러한 모든 문화적 범위를 전부 사회동태학 즉 역사철학 아래에 포괄시켰다. 당연히 문화사회학을 구축해 내지 못했던 탓에 문화철학은 뭐라고 더욱이 말할 필요도 없다고 하겠다. 그러나 콩트로부터 현대에 이르기까지 사회학 자체는 대단히 진보한 결과, 이미 제4기 문화사회학적 경향과 일치하는 형편이다. 말하자면, 사회학사적 발전은 다음과 같다.

첫째, 생물학적 사회학.(Comte, 사회학상의 다원설, Spencer의 사회유기체설, Lilienfeld, Schaeffle, Fouillée, Worms.)

둘째, 심리학적 사회학.(Tonnies, Ward, Tarde, Small, Giddings, Ross, Baldwin, Cooley, Le Bon, Wundt, Ellwood, Mac Dougall, Hobhouse, Wallas, W. I. Thomas.)

셋째, 특수과학적 사회학, 또는 경제학적 통계학적 사회학.(Simmel, Vierkandt, Weise, Durkheim, Bouglé, 수리 및 통계학파는 즉 Jevons, Cournot, Walras, Parato, Quetelet, Le Play, Mayo-Smith, Park, Burgess, 마르크스주의 사회학은 즉 Marx, Engels, Plechanow, Bucharin, 그리고 기타.)

여기까지가 최근에 발생된 이른바 문화사회학이다. 문화사회학은 미국에서는 오그번, 케이스(Case), 헐스코빗(Herskovits)과 윌리(Willey) 등이 그 대표이며, 독일에서는 막스 베버 및 트뢸취의 종교사회학, 슈펭글러의 세계사적 형태학, 그리고 막스 쉘러의 지식사회학이 그 대표라 하겠다. 그렇지만, 사실에 의거해서 말하자면 슈펭글러의 저작인 『서구의 몰락』, 쉘러의 저작인 『철학적 인간학』은 문화사회학이라고 일컫기 보다는, 사실상 그것을 모두 '문화철학'이라고 하는 편이 더 나을 것이다. 그리고 미국의 오그번과 중국 사회학계 가운데 孫本文 등이 비로소 진정한 의미의 문화사회학을 대표한다고 하겠다. 왜 그러한가? 슈펭글러 등이 연구한 문화는 여전히 Kultur 즉 지식생활의 문화이고, 오그번 등이 연구한 문화가 비로소 진실로 Civilization 즉 사회생활의 문화 연구이기 때문이다. 그러므로 동속인 이른바 문화학 중에서도 또한 독일의 연구와 영미가 같지 않음을 알 수 있다.(프랑스는 문화철학에 대해서 오히려 큰 공헌이 있다.) 우리들이 만약 근본 상에서 문화를 철학적 연구로 삼는다면, 국가적 시민적 문화 개념, 즉 이른바 문화사회학을 포기하지 않을 수 없으며, 오로지 문화 개념의 정신적 의미만을 연구하고 토론해야 한다. 이것이 바로 우리들이 지금 다루고자 하는 문화철학인 것이다.

빈델반트는 1910년에 『문화철학과 선험관념론』(Kulturphilosophie und transzendentaler Idealiamus)이란 글을 발표했는데, 그는 여기서 문화철학은 사실 칸트(Kant)에서부터 시작되었다고 했다. 요네다 소타로(米田莊太郎)는 『현대문화개론』에서 역시 말하기를, "오늘날 이른바 문화철학의 창립자에 있어서는 이를테면 칸트는 극히 심오한 의미로서 윤리적 문화 개념을 창도했고, 피히테(Fichte)가 이에 더욱 범위를 확대시켰다. 셸링(Schelling)은 처음으로 예술적 문화 개념을 제창했으며, 후에 다시 종교적 문화 개념에 대해서 논급했다. 헤겔(Hegel)은 더욱 정미한 논리적 문화 개념을 건설했다."(漢譯, 6쪽.) 이렇게 되면 문화철학은 마땅히 독일의 관념론 철학에 속해야 할 듯이 보인다. 물론 신칸트주의의 라스크(Lask)가 말한 바와 같이 칸트는 사실 문화와 역사를 동일하게 취급하여 문화는 자연과 대립하는 것, 즉 역사는 자연과 대립하는 것으로 이른바 자연이란 필연적이어서 당위적, 인위적 의미가 가해지지 않는다고 했다. 예를 들어 헤르더(Herder)는 이러한 자연 작용으로써 인류 역사를 지배해야 한다고 했으나, 칸트는 그에 반대하여 당위적인 인위 과정만이 비로소 진정한 역사가 된다고 주장했다. 이와 같은 문화 과정에 대한 인식이 바로 칸트가 계몽 시대와 서로 대립했던 특징이고, 또한 그가 문화철학의 시조라고 여겨졌던 원인이기도 하다. 그렇지만, 이 때문에 문화철학이 신칸트학파의 이른바 '가치철학'이라고 주장되었던 것이다. 이에 대해 나는 어쨌든 감히 찬동할 수 없는 석연 찮은 부분이 있다. 내 생각엔 문화는 생활이므로 소위 문화철학의 원조 를 독일의 칸트라고 하기보다는 프랑스의 루소(Rousseau)에 기초한다 고 말하는 것이 더 나을 법하다. 빈델반트, 리케르트(Rickert) 등의 '가 치철학'에 근거한다고 하기보다는 짐멜, 딜타이 등의 '생활철학'에 근거 한다고 하는 편이 더 나을 것이다. 또한 신칸트학파의 한 파인 서남학 파의 경향이라고 하기보다는 베르그송(Bergson), 크로체(Croce), 슈펭 글러 등의 생명주의파의 경향이라고 하는 편이 더 타당할 것이다. 그러 나 과거로부터 중요시되어 왔던 '문화철학'의 논문을 보면, 앞에서 거론 했던 빈델반트의 『문화철학과 선험관념론』과 같은 경우는 매우 명백하 게 모두 가치철학으로써 문화철학을 삼는 경향이라 하겠다.(松原寬 譯, 『철학의 근본문제』, 하권, 383~402쪽 ; 米田莊太郎 著, 『빈델반트의 역 사철학』, 672~700쪽, 참조.) 그는 문화철학에 있어서 몇 가지 견해가 있음을 밝히고 있다.

그 중의 하나는 문화철학을 문화의 창조로 삼아 대개 하나의 보편타 당한 규범을 확립함으로써 미래의 문화 이상을 세우고자 했다. 그들은 철학의 임무가 가치를 탐구하거나 이해하는 데 있지 않고 가치를 창조 하는 데 있다고 했다. 철학이 이와 같으므로 문화철학은 당연히 이 규 칙에서 벗어나지 않는다.

그 다음으로는 문화철학을 가지고 문화의 근본적 이해로 삼고자 했 다. 문화에 대한 과학적 연구, 가령 심리학적 분석, 사회학적 비교, 그 리고 역사적 발전의 발생적 연구 등, 이러한 과학은 단지 경험적 실재 에 한정하기 때문에 문화의 근본적 구조를 발견하지 못한다. 그래서 문화철학은 더욱 한 걸음 나아가고자 경험적 인식에 한정을 두지 않고 문화의 초경험적 의의를 충분히 이해하고자 한 것이다.

이 두 종류의 견해 중에서 빈델반트는 문화철학을 문화의 근본적 이해로 여기는 경향에 속했다. 그러므로 문화철학은 응당 '선험적 관념론' 상에 구축되어 문화의 초경험적 의의를 밝혀내야 한다고 주장했다. 그러나 소위 문화의 초경험적 의의란 실제인즉슨 초월적 타당자주의의 철학, 즉 가치철학인 것이다. 요네다 소타로는 빈델반트와 동일한 논조를 견지해 다음과 같이 우리들에게 알리고 있다.

"인식론상의 엄밀한 비판을 기초해 보았을 때에 우리들이 인식으로 얻은 초월적이라고 운운하는 것은 절대적 실재가 아니라 절대적 타당인 것이다. 이처럼 실재가 아니라 타당이라고 하는 것을 사실 가치라고 말한다. 인식론의 이른바 초월적이라고 운운한 것이 또한 실상은 절대적 가치임을 이로부터 알 수 있다. 그러므로 철학이란 사실 가치의 학이며, 문화철학에 이르러서는 반드시 이 초월적 타당자주의의 철학을 그 기초로 삼아야만이 후학의 가능성이 능히 확립될 수 있고 그 임무도 능히 완전히 관철될 수 있다. 이처럼 오늘날의 철학 발달상에 있어서 이른바 가치철학이 사실 문화의 초경험적 의미를 가장 발휘하고 그 임무를 완수할 수 있다."(『현대 문화개론』, 23쪽.)

"문화철학은 사실 가치철학이다. 거듭 말하자면 문화의 초경험적 의미외 그 보편타당한 가치외 철학을 분명히 밝히는 것이다. 여기서 이른바 가치라고 하는 것은 또한 일체 문화 범주를 실현하는 가치이다. 이를테면, 진적 가치, 미적 가치, 선적 가치, 영적 가치가 모두 그에 적합한 문화 범주로 말미암아서 실현된다. 이러한 여러 가치의 論究는 스스로 각각 가치철학의 학과를 가지는데, 가령 논리학, 윤리철학, 미학, 종교철학이 동시에 존재한다."(같은 책, 10쪽.)

그러므로 이른바 문화철학의 내용은 요네다 소타로가 말한 바에 의하면 세 가지 그 연구의 근본 문제가 있다.

하나. 각종 가치의 개별적 연구로서 이른바 價値各論이다.
둘. 가치 체계의 창립으로서 이른바 가치 체계이다.
셋. 인류의 역사적 의의를 밝혀내는 것으로서 이른바 역사철학이다.
(같은 책, 36쪽.)

물론 신칸트파가 '문화철학'이라고 하는 이 분야의 학문상에 있어서 매우 큰 공헌을 했던 것은 사실이다. 하지만, 그들이 문화철학을 바로 가치철학이라고 한 점은 도리어 근본적으로 착오라 하겠다. 내가 보기엔 문화는 곧 생활이며, 문화철학은 마땅히 '생활 경험'상, 즉 문화사적 경험상에 전적으로 의거해야만 한다고 생각된다. 예컨대 신칸트파는 '생활 경험'을 한편에 방치해 두고서 이른바 초경험적 절대 가치를 추구한 나머지, 결과적으로 단지 형식만 남고 내용은 없으며 가치만 남고 실재는 없게 되고 말았다. 철학이 이미 가치의 학 혹은 '당위'(Sollen)의 학, 그리고 비실재의 학, 사실(Was ist)의 학이 된다면, 문화철학은 곧 변하여 많은 진기한 사물로 평가될 것이 예상된다. 가령, 杜顯舒가 "기껏해야 단지 도덕적 가치만을 가질 뿐이다."라고 했듯이, 거기에 문화 전체의 생활 경험이 들어있다고 말할 수 있을까? 왜냐하면, 종전의 이른바 문화철학은 생활 경험상에 입각하지 않았던 까닭에 문화철학의 기초가 아직 충분히 견고하지 못하기 때문이다. 반대로, 우리들은 문화의 근본 이해가 다름 아닌 '생활 경험'의 이해라고 생각한다. 생활 경험은 본질상에 있어서 역사적인 것인지라 문화사를 떠나서는 문화철학은 아무 것도 없게 된다. 이러할 뿐만 아니라 문화가치적 문제 상에서 보아도 신칸트파는 단지 초월적 가치의 결정에 주의를 기울였을 뿐, 직접

이 가치에 가장 잘 접촉하여 그것을 '생활 경험'에 부착하는 일에는 부주의했다. 때문에, 명목으로는 가치를 이해했다고는 하지만 실제로는 오히려 문화철학의 최대 목적인 문화의 창조, 즉 가치의 창조에 대해서는 망각하고 말았던 것이다. 먼저 문화의 창조가 있고 난 연후에야 비로소 인류는 일반 생물들과 분리되어 오늘날과 같은 특수한 지위를 만들 수가 있다. 문화의 원천은 가치가 아니라 생활적 경험의 부류인 것이다. 생활 경험은 환경 억압을 당하면서 생의 돌진과 도약을 하는 특성을 지닌다. 그런데, 이러한 모습이 일체 문화의 근저를 이루는 까닭에 문화를 말하게 되면 곧 창조와 발명을 연상케 된다. 창조와 발명이 성공한 뒤라야 비로소 평범하고 어설픈 철학자가 가치적 문제를 추정하게 된다. 그러므로 문화는 근본이고 가치 판단은 말단이며, 문화는 원인이고 가치 판단은 그 결과인 것이다. 우리들이 만약 하나의 생명을 가진 문화철학을 세우고자 희망한다면, 반드시 모든 가치의 판단을 돌아보지 말아야 하며, 우리들의 노력을 통하여 일종의 새로운 문화철학을 구축해야 한다. 주지하다시피 자본주의 사회는 금전을 가지고 상품의 가치를 추정한다. 이와 동일하게 그들 역시 일체의 학술, 사상, 문학, 예술을 모두 가치로 추정한다. 이 때문에 문화는 추상적인 영물이 되어버렸고, 결국 생활 경험과 분리되고 만 것이다. 이와는 반대로 우리들의 새로운 문화철학은 문화 본질을 구성하는 존재로서, 그것은 이미 가치를 추정할 수 있는 인류생활이 넘긴 총괄적인 성적일 뿐만 아니라, 인류생활의 깊숙한 곳, 저 영원한 창조이며 영원한 진화인 '생명의 부류'에 근원하는 것이라고 생각한다.

제1장 문화의 진화

1

"벗이여! 모든 불변의 진리는 절망적인 것이며 오직 생명의 유칼립투스 (eucalytus, 黃金樹)의 짙푸름만이 존재할 뿐이다!"

위 메피스토펠레스(Mephistopheles)의 시구를 읽고서 나는 다음과 같은 감상을 피력하고 싶다. 과거의 수천 년 동안에 걸쳐 축적된 문화가 만약 우리들에게 일종의 억압의 힘으로만 전해져서 그와 같은 과거의 불변의 진리 아래에서 영원히 속박받고 해방되지 못하게 한다면, 이러한 암울한 문화는 사람들이 그 理想 생활상의 관념(즉 眞・善・美)을 가지고 어떠한 방식으로 그것의 가치를 추정한다고 해도, 나는 오히려 칼로 베어 내듯이 명확하게 괴멸시키는 편이 훨씬 더 낫다고 생각한다. 문화란 본래 생활이다. 그리스・로마의 철학자와 중세 시대의 신학자가 말한 바와 같이 불변・정지된 존재가 아니다.(Robinson, 『The New History』, 248쪽, 참조.) 이와는 정반대로 문화생활은 영원한 創新과 영원한 변화의 과정 중에 있다고 하겠다. 문화 그 자체는 '變'과 '動'의 표현으로서 이 변동은 바로 생활 진행, 곧 진화이다. 그러므로 문화와 진화는 근본적으로 단지 하나일 뿐이어서 시시각각으로 누적되는가 하면 시시각각으로 창신되기도 한다. 우리들은 과거 문화의 흔적은 보존할 수 있겠지만 과거 문화의 정신은 보존할 수 없다. 과거 문화의 정신은 현재 속에서 영원히 침투하고 영원히 확장하는 것이다.

사실 말해서 모든 문화는 현재적 문화이다. 이탈리아의 크로체가 『역사서술의 이론과 역사』(『Theory and History of Historiography』, Tr.

by Douglas Ainslie 1921.))에서 말한 바와 같이 모든 참된 역사는 현재 적 역사라 하겠다.(Every true history is contemporary history) 그의 생각에 따르면,

　　"일반적으로 과거의 사실을 가지고 역사 사실을 삼고는 있지만, 과거 사실은 반드시 지금 우리의 사상적 활동을 거쳐야 함을 알지 못한다. 즉, 과거는 현재 속에서 배출된 뒤라야 비로소 존재적 의의가 있다고 하겠다. 이른바 역사적 현재는 바로 시간을 초월한다. 아니다! 바로 과거, 현재, 미래를 포괄하는 영원한 현재(eternal present)인 것이다. 예를 들어 카(H. Wildon Carr)의 견해에 따르자면, '현재란 수학적인 점이 아니라 지속 기 간이다.'(The present is not a mathematical point but a duration span. 『The philosophy of Benedetto Croce』, Chapter XI, 190쪽.)라고 하겠다. 그러므로 생명을 가진 역사는 모두 현재적이며, 현재를 소실하면 곧 과거 의 역사가 되고 만다.(non contemporary of part history) 이것을 크로체 의 입장에서 보면 모두 무생명의 형해에 불과하다고 하겠다."(朱謙之, 『역 사철학대강』, 제8장, 제4절.)

　이와 동일한 이유로 우리들 역시 현재를 소실한 것, 즉 과거의 문화 를 부인한다. 과거 문화는 반드시 지금 우리의 창조 활동을 거쳐야 한 다는 것, 즉 과거 문화를 현대 문화 속에서 배출시킨 뒤라야 비로소 존 재적 의의가 있음을 주장하는 것이다. 말하자면, 문화란 현재성을 지니 며 모든 참된 문화란 현대적 문화이다. 그렇지 않으면 이른바 과거 문 화는 단지 찌꺼기일 뿐이며 생명이 없는 미이라에 불과하다고 하겠다. 여기서 우리들은 또한 크로체와 동일하게 무엇이 참된 문화인지, 그리 고 무엇이 거짓 문화인지를 분별해 내야 한다. 참된 문화는 모두 현재 적인 것이고 생명을 가진 표현이다. 거짓 문화는 문헌학과 같은 문화이 고 문서적 수집에 불과하다. 크로체는 그의 저서 제2장에서 이른바 문 헌학적 역사에 대해서 단호하게 공격을 가하고 있다.

"현대에 있어서 이러한 문헌학적 역사가(Philological Historians)는 이처럼 많다. 더욱이 과장-바꾸어 말하면 편중-이른바 문헌 언어학적 방법 (Philological Method) 이래로 이와 같은 역사는 어떻게 현대에 성행할 수 있었을까. 그들은 표면상으로는 매우 장중한 과학적 역사로 보인다. 하지만, 슬픈 것은 정신 연결이 매우 결핍되어 있을 뿐만 아니라, 근본적으로 박학이라든가 가장 박학적인 연대기 외에는 아무것도 없다……."

따라서 문헌학적 역사는 진정한 역사가 아니다. 문헌학적 문화 역시 진정한 문화가 아니다. 그들의 욕구에 부응하는 참고서로서 안 되는 것이 없을 정도이며, 그들을 대표하는 문화는 오히려 문화 자체의 의미를 매몰시킬 정도이다. 솔직히 말해보자! 이른바 문화라는 의미는 문화의 '퇴적'인가 아니면 '진화'인가? 물론 문화의 진화 속에는 '故'에 의지하는가 하면 또 한편 '新'을 우러러보기도 한다. 미래의 전진은 예측할 수 없는 한편 과거의 누적은 영원히 끝나는 시기가 없다. 문화의 누적은 내부 발전으로부터 오기 때문에 생물의 진화와 같고 물질의 퇴적적인 것과는 다르다 하겠다. 물질의 퇴적은 유한적이고 공간적이고 동질성적이지만, 문화의 진화는 무한적이고 시간적이고 끝없는 영원 변화적이다. 간단히 말해서 '문화'란 사실 자연과 대립되는 것이므로 전자는 유생명적이고 후자는 무생명적이다. 생명을 가지는 까닭에 이미 능히 창조할 수도 있고 또한 능히 진화할 수도 있다. 생명이 없기 때문에 변해서 굳어시고 장애직 존재기 된다. 그러므로 저 문헌이라는 찌꺼기 속에 빠져서 문화를 말하는 자는 이미 자연 중심적 편견에 빠졌다고 말하지 않을 수 없다.

통상 문화 현상을 연구함에 있어서 문화 속의 이른바 영원한 현재 (eternal present)의 존재를 별로 주목하지 못한다. 그들은 단지 문화의 진화 가운데 분절을 강조할 줄만을 알아서 문화는 바로 과거 생활에 관한 총성과라 생각한다. 참된 문화란 참된 시간 속에 존재하여 원래 나눌 수 없는 것임을 알지 못한다. 그러므로 현재라는 말 속에는 이미 과거와 미래를 通攝하고 있음을 알 수 있다. 시간 그 자체는 오직 현재만이 있을 뿐이며 시간이란 의미가 바로 현재이므로 우리들은 적극적으로 역사를 건설하고 문화를 제창할 필요가 없다. 만약 역사를 건설하고 문화를 제창하고자 한다면 반드시 '현재'에 대해서 결정적 태도를 취해야 한다. 우리들은 가장 초기의 역사철학자인 아우구스티누스(Augustinus)를 안다. 그가 정확하지 않더라도 지금에 와서는 다소나마 사람들에게 칭송을 받고 있다. 그 이유는 그가 역사적 시간을 모두 현재와 관계를 맺고 있다고 생각했기 때문이다. 바꾸어 말하면, 시간은 과거의 현재이고 현재의 현재, 그리고 장래의 현재일 뿐이다. 모든 시간은 단지 세 현상 형식인 희망, 가치, 기억으로서 이러한 것은 현재성이 역사의 전체성과 발전성의 기초가 된다. 헤겔에 이르러서 더욱 발전하여 영원한 현재성을 통해서 파악하는 것으로 보았다. 그는 말하기를,

"우리들이 역사를 연구함에 있어서 첫째로 역사를 하나의 과거로 간주하고 있지만, 우리들은 똑같이 시종 현재로 파악해서 보아야 한다. 참된 것은 영원히 卽自 또는 對自的(an und für sich) 존재이며, 어제도 내일도 아니라 꼭 현재인 것이다. 이러한 이른바 절대적 현재가 바로 '今'이다. … 우리들이 어떠한 광대한 과거를 거쳤을지라도 우리들은 여전히 현재에 종사할 뿐이고, 철학은 오로지 현재에서 취하는 현실적인 것만이 존재할 뿐이다."

이것은 조금도 틀린 말이 아니다. 역사의 시간은 본래 오직 현재만이 있을 따름이다. 일반적으로 인식되고 있는 分位的 시간은 사실상 넓고 성대히 젖어 있음은 물론 오로지 깊고 넓은 한 조각의 유행일 뿐이다. 그러므로 과거의 문화는 사실 현재의 축적이고 미래의 문화는 사실 현재의 연속인 것이다. 이렇듯이 모든 문화는 단지 현대적 문화일 뿐이다.

이른바 거짓 문화와 참된 문화의 관계는 과거의 문화인가 현재의 문화인가, 죽은 문화인가 살아 있는 문화인가에 달려 있다. 살아 있는 문화가 존재한 뒤라야 비로소 옛 문서와 전장의 이른바 '문헌학'과 문헌의 수집을 중시하는 이른바 '문헌학파'(Philological School)가 있게 마련이다. 니체(Nietzsche)가 그랬던 것처럼 내가 이 파를 생명을 좀먹는 최대의 적으로까지는 생각하지 않더라도, 최소한 그들은 생명이 결핍된 전형적인 학자임에는 틀림없다. 물론 문헌학도 결코 무의미한 것은 아니다. 그들이 지금 우리 생명의 활동을 능히 일으키기만 한다면 곧 참된 문화를 재현시킬 수가 있다. 따라서 문헌학적 문화 역시도 참 문화를 재현시키는 수단이 아니라고는 할 수 없다. 그러나 과잉적인 문헌학인즉슨 이른바 '과거'로 보수한 남루한 옷을 입은 것 외에는 아무것도 아니다. 니체는『역사의 인생에 대한 이로움과 폐단』에서 일단의 好古癖的 역사를 논하는 글이 있는데 말이 매우 적절하다.

"여기에는 어느 때를 막론하고 모두 하나의 위험이 도사리고 있다. 직접 눈으로 본 일체의 진부한 과거라고 하는 물건을 똑같이 가히 존경할 만한 물건으로 생각한다. 뿐더러, 이러한 옛 물건에 대해서 저 외경한 마음이 들지 않은 모든 것, 즉 새롭게 생성된 사물은 모조리 배척하고 적대시한다."(328쪽)

문헌학적 문화는 가장 쉽게 사람들에게 맹목직 수집광에 빠지게 하고 과거라는 곰팡이 냄새가 나는 공기 속에 몸을 두게 한다. 때문에, 현재의 모든 신선한 생활을 도무지 망각하게 만든다. 만일 문화가 단지 과거의 金裝玉飾에 한정된다면 우리들은 문화의 이점에 반대하는 편이 더 낫다. 문화에 반대한다 함은 바로 구문화 화석으로 인해서 압도당하는 생명에 대한 것이고, 이른바 역사병에 대한 것이다. 그리고 이것은 자연적 해독제인 것이다. 이 점에서는 루소가 문화에 반대하는 문화철학자 중 그 첫 번째 사람이 되는 셈이다. 당시 프랑스에 있어서 오직 그 한 사람만이 문명의 가치에 대해서 대담하게 회의를 품었다. 문명의 창조란 그에게서는 단지 자유를 빼앗는 행위일 뿐이었다. 따라서 그는 문명이 더욱 진보하면 할수록 마음의 자유는 더욱더 타락되어 간다고 생각했다. 그는 1750년에 과학과 예술이 충분히 도덕을 증진시킬 수 있는지의 여부에 관한 한 제목을 가지고 그 반문화적 정신을 발휘해 나갔다. 그는 생각하기를, 고대 각 나라들은 문명이 너무 진보된 나머지 모두 망했고, 이집트, 그리스, 로마와 같은 나라들은 문명이 발달했던 까닭에 기교가 너무 지나쳐서 쇠망했다고 했다. 또한, 그는 1753년에 『인간불평등기원론』과 62년에 『민약론』을 각각 저술하여 부자연적 문명을 공격하고 자연인의 소박한 사회를 동경했다. 이와 같은 반문화적 정신이야말로 일종의 혁명 문화의 최고 표현이 아닐까? 더욱이 루소 말고도 우리들은 카펜터(Carpenter, Edward)를 손꼽을 수 있다. 그들이 인습적이고 부자연적인 문화에 만족하지 못하고서 애초의 순수함과 순박함으로 돌아가자고 외칠 때에, 이미 그들은 새로운 문화의 이상 세계를 동경하는 중이었다. 그렇다! 현실과 같은 문화라면 문화란 결국 매독(syphilization)이 되고 만다. 만일 우리들이 현실의 문화를 새로이 개조할 수 없다면, 飛將軍이 하늘에서 내려오는 것과 같은 갑작스러운 새로운 문화는 결코 나타날 수가 없다. 물론 우리들은 문화의 부정자들은 아니다. 그러나 모종의 수준 위에서는 오히려 반문화 운동이 문화 운동보다도 훨씬 더 중요함을 느낀다. 왜냐하면, 문화 그 자체는 본질적으로 일종의 반문화적 현상을 요하기 때문이다. 바꾸어 말하면, 문화의 진화는 베르그송의 소위 '持續'(Duration, 綿延)과 같은 현상을 가지고 있는가 하면, 또 한편으로 헤겔의 소위 '揚棄'(Aufheben)와 같은 현상을 가지고 있다.

우리들은 문화를 가령 슈펭글러가 말한 바와 같이 "문화는 바로 모든 과거 및 미래 세계사上의 근본 현상이다."라고 이야기한다. 그렇지만, 이른바 근본 현상이란 무엇인가? 의심할 것도 없이 이것은 생명이 표현한 근본 현상인 것이다. 괴테(Goethe)는 이로써 생명을 연구했고, 슈펭글러는 그것을 문화의 연구에 적용했다. 헤겔이든 슈펭글러든 막론하고 모두 부단한 생명을 한 조각 한 조각 한 단락 한 단락으로 나누는 생명의 구분 짓기를 면할 수 없었다. 그들은 다만 '양기'(Aufheben)적 현상만을 중시했기 때문에 다소간 공간 방식을 띠었으며 문화 역시 식물과 같다고 여겼다.

헤겔은 『역사철학』에서 민족을 논하면서 민족 생활이란 흡사 열매를 맺는 과실과 같다고 했다. 과실은 다시 종자가 되지만 이러한 종자는 각기 다른 민족에 의해서 성숙된 종자이다. 그의 입장에서 본다면 민족 정신은 식물의 종자와 같아서 발흥 - 강대 - 몰락을 거쳐 종말에 이른다. 이와 동일하게 슈펭글러 역시 문화를 시종 식물로 간주했다. 식물의 운명은 꽃이 피고 열매를 맺어 결국 말라서 죽음에 이른다. 인류의 각종 문화의 발생 또한 그것의 동년기, 장년기와 노년기를 가지면서 마침내 피할 수 없는 종말에 이르고 만다. 바꾸어 말하면, 즉 문화란 자연적 운명을 피할 수 없는 것이다. 어쩌면 그토록 음울한 윤회적 역사철학에 빠져 있었을까! 헤겔과 슈펭글러가 문화를 창도하기는 했지만 오히려 자신의 시대를 문화사 윤회곡의 피날레로 여겼기 때문에 사람들을 위축시키고 기를 꺾고 말았다. 그러기에 쇼펜하우어(Schopenhauer)와 니체가 이로 인해서 역사적 가치를 부인하기에 이른 것이다. 다행이 이른바 세계사上의 근본 현상은 물론 변증법의 '양기'적 현상을 지니고 있지만, 그 발전 변화의 한 흐름 속에는 일종의 '지속'적 근본 현상을 더욱 가지고 있다. 말하자면, 세계사상의 근본 현상은 문화철학에서 볼 때에 사실 不常不斷한 것이다. 단절(斷)과 영속(常)은 모두 다른 위치에 존재하지만, 붙박인 듯이 죽고 굳어져서 쓰임이 없는 견해가 아니다. 우리들이 문화의 진상을 설명함에 있어서는 마땅히 常을 써야겠지만 실제상의 응용에 있어서는 도리어 斷을 써야만 한다. 문화철학은 일면 문화의 진상을 매몰시키지 않으면서 끊임없이 창신하고 영원히 중도에 끊이지 않는 '지속'을 인식하는가 하면, 일면 '양기'적 법칙을 현재에 응용하여 '현실'을 진화의 노정에까지 인도해 간다. 그러므로 어느 시기인가 변증법에 의해서 증명된 '생명의 구분'이 더욱 중요하게 된 것이다.

문화의 발전은 완전히 변증법적 발전이라고 우리들은 알고 있다. 하지만, 변증법적 발전 말고도 더욱 중요한 것이 영원히 한순간도 정지하지 않고 창조적 진화를 계속하는(綿延創化) 문화 생명에 또한 주의를 갖는 것이다. 이것이 베르그송의 이른바 '大持續'(Duration, 大綿延)이다. 이러한 참된 시간만이 영원한 현재의 시간이며, 이러한 생명으로부터 표현된 문화만이 진정한 문화이다. 참된 문화는 극히 미세하고 극히 간단한 것에서부터 흥기한다. 그리고 점점 증가하여 나아가고 스스로 쌓아가는 것임은 물론 끝없이 확장한다. 그러므로 미세한 것에서 현저함에 이르고 작은 것이 쌓여서 지대해진다. 그것은 시시각각의 누적일뿐더러 시시각각의 創新이다. 과거로부터 현재에 이르지만, 과거는 곧 현재 속에 존재한다. 과거의 보전이 끝없이 진행되기 때문에 미래가 끝없이 확장되고 증대된다. 즉, 미래가 끝없이 확장되고 증대되는 까닭에 문화의 진화 또한 영원히 멈춤이 없다. 베르그송이 구르는 눈 덩이의 비유로 문화를 상징한 점은 참으로 훌륭하다고 하겠다. 원래 문화와 생명의 흐름은 사실 하나의 사물이어서 나눌 수가 없다. 문화의 근본 현상은 영원한 창신에 있다. 바꾸어 말하면, 옛 물건 속에서 모르는 사이에 새로운 물건을 낳는 것이라 할 수 있다. 가령 그 나라의 고유한 문화나 학술을 정리하는 분들은 기성의 옛 문서나 전장 속에서 그것을 한 차례 새로이 배치하려 한다. 즉, 새로운 문화를 구성할 수는 있어도 오히려 새로운 문화를 이해하지는 못한다. 그래서 이러한 옛 마술 그 이상의 존재에 제어를 당하고 마는데, 이것이 곧 '생명'인 것이다. 비유를 들면 한 폭의 그림과 같다고 하겠다. 물론 무수한 한 획 한 획을 떼어낼 수는 있겠지만, 한 획 한 획을 한 데 합친다 해도 원래의 그림은 될 수 없다. 이처럼 그림과 拚畫가 같지 않은 것은 문화의 부스러기와 문화(생명)가 같지 않은 것과 같다. 우리들은 많은 옛 성과 옛 묘를 발굴하여 고대의 문화, 고대의 예술, 고대의 생활 정황을 발견할 수 있다. 그러나 이것은 여전히 고대 문화의 유적일 뿐이지 결코 고대 문화의 그 자체를 표명하는 것은 아니다. 이와 반대로, 문화 그 자체는 발굴을 기다리지 않고 스스로 끝없이 창신해 나간다. 옛 묘나 옛 성과 같은 문화 유적은 숨었다가도 다시 나타날 수 있고 나타났다가도 다시 숨을 수 있지만, 문화는 영원한 과거의 소유인 것 외에도 언제나 별도로 증가하는 면이 있다. 이것이 이른바 '창신'인 것이다. 따라서 문화를 말하지 않으면 그만이지 일단 문화를 말하려고 한다면 일부 '새롭다'(新)는 의미가 결부되어 있음을 반드시 주의해야 한다. 또한, 이와 동시에 창조해 낸다는 것, 이것을 바꾸어 말하면 문화는 곧 현재적 문화라는 의미임을 반드시 기억해야 한다.

2

현재적 문화는 시간적으로 영원히 항상 새로운 문화의 흐름으로서 언제나 창조되고 생산된다. 하지만, 이른바 '生'이란 또한 無로부터 발생하여 존재한다는 것이 아니라 본래 그 사물이 없는데 홀연 스스로 '突創'된다는 의미이다. '돌창'이란 반드시 그 바탕이 있다. 그런 다음에야 이 돌창적 진화는 비로소 문화적 진화가 된다고 하겠다. 다소 멀리로부터 말해보면 이 돌창적 진화는 인류생활의 표현이 이러할 뿐만 아니라, 즉 우주 물리적 표상 또한 이처럼 표현된다는 것이다. 돌창적 진화 그 자신이 역시 진화의 가운데 있고, 문화의 진화인즉슨 돌창적 진화의 극점인 것이다. 그 자세함을 알고자 한다면 반드시 모건(C. L. Morgan)과 알렉산더(S. Alexander)의 新創化論을 먼저 연구해야 한다.

 "신창화론의 연구점은 대개 화학이 그 출발점이 되고 생물학이 그것을 보좌한다. 왜냐하면, 화학에 있어서는 우리들이 항상 보아 온 현상이기 때문이다. 가령, 수소(氫)와 산소(氧)가 결합해서 물(水)이 되는 것과 같다. 물은 완전히 새로운 물질이고 그것의 성질은 수소·산소와는 전혀 다른 것이다. 그러므로 우리들은 물이 단지 수소와 산소의 합성이라고만 말할 수는 없다. 왜냐하면, 물의 모든 성질은 완전히 수소와 산소의 모든 성질에서 벗어나 있기 때문이다. 물의 성질은 이미 일종의 새로운 성질인즉, 물은 創出品(emergent) 혹은 突創品이라 이름할 수 있다. 소위 '돌창'이란 '갑'과 '을' 두 사물이 결합되어 또 다른 '병'이라는 사물을 창출하는 것을 말한다. 이 병이라고 하는 사물은 결코 갑과 을의 합성이 아니다. 만약 갑과 을 두 사물의 혼합이라고 한다면 우리들은 혼합물(Mixture) 혹은 화합물(Compound)―다만 화학에 있어서는 즉 창출품을 화합품이라고 일컬을 뿐이다.―이라 이름지어야 할 것이다. 창출품이 되는 까닭으로 말한다면, 그 요점은 '甲'物과 '乙'物이 서로 합해져서 '丙'物이 이루어질 때에, '병'물의 성질은 결코 '갑'물의 성질에 '을'물의 성질이 더해지는 것이 아니다. (그것을 '갑＋을 ＝ 병'이라 표시할 수 있다.) 즉, '갑'물과 '을'물의 모든 성질 이외에 또한 증가한 바가 있다.(그것을 '갑＋을＋ X ＝ 병'이라 표시할 수 있다.) 뿐만 아니라, 이 증가한 바는 결코 어떤 구체적인 요소가 아니라, 바로 오로지 갑과 을이라는 두 사물이 합할 때의 특별한 구조 혹은 배치에 의해서 발생해 나온 것일 뿐이다. 이처럼 구조에 특별한 것이 존재해야만 비로소 새로운 성질이 발생할 수 있기 때문이다. 근대 화학이 오로지 중시한 바는 원소와 원자 사이의 상호 배열적 양식에 있다. 간혹 원소가 서로 같고 원자 수 역시 서로 같지만, 단지 배열적 위치가 달라서 분명하게 두 종류의 물건이 된다. 화학에 있어서 이러한 현상이 존재할

뿐만 아니라 생물학에 있어서도 또한 그것은 존재한다. 생물의 각종 기관
이 비록 모두 세포로부터 구성되지만, 다만 세포로부터 모아 합쳐진 구조
가 같지 않아서 마침내 각종 기관이 생겨 나오게 된다. 뿐더러, 하나의 생
물은 각종 유기체에 의해서 합성되지만, 이 생물의 성질인즉슨 회전하여
그 내부의 각 유기체의 성질과는 다르게 된다. 많은 세포의 이음이 하나
의 유기체를 이루고 많은 유기체의 조직이 하나의 생물을 이루는 것은,
수소와 산소의 두 기가 반응하여 물이 되는 점과 같다. 모건 등은 이러한
현상을 지켜보고서 마침내 그것을 매우 중시하게 되었다. 그는 더욱이 이
것을 가지고 하나의 원칙을 정함으로써, 일체의 근원을 설명하고자 하였
다. 전자의 그룹이 원자를 이루는 점은 수소와 산소가 반응하여 물이 되
는 것과 같다고 생각했다. 원자의 구성으로 분자가 되는 것 역시 그렇고,
분자의 구성으로 물질이 되는 것, 더 나아가서는 세포의 구성에 있어서도
또한 그렇지 않은 바가 없다는 것이다. 심지어 생명이 물질에서 나온다는
사실과 심령이 생명에서 나온다는 것 모두가 이처럼 창조된다고 했다."
(張東蓀 著, 『新哲學論叢』, 340~341쪽, 참조.)

이러한 신창조론을 응용하여 문화의 진화를 설명한다면 문화의 진화
는 사실 이 돌창적 진화의 절정이 아닐 수 없다. 최초 돌창적 진화는
수소와 산소가 화합하여 물이 되듯이 일체 생활기능이 없는 무기체의
현상(Inorganic Phenomena)에서 나타난다. 그 다음으로 많은 기관이
생물을 구성해 내는 것처럼 일체 생활기능을 갖는 유기체 혹은 생명체
의 현상(Organic or Vital Phenomena)에서 나타난다. 더욱이, 이제는
모든 초생명체의 현상(Superorganic Phenomena)에서 나타나고 있는데,
이것이 소위 문화 세계의 현상(Cultural or Civilizational Phenomena)인
것이다.(크뢰버에 따르면 세계 현상을 네 등급으로 나누었는데 본 강의
서론을 참고하기 바란다. 오직 孫本文의 『사회학의 영역』 중에 의거하
면 "사실 심리 현상과 생물 현상 및 사회 현상은 분리될 수 없다. 최근
심리학의 추세에 근거해 보면 심리 현상을 일종의 현상으로 여기는 것
은 납득되지 않은 듯하다."고 했다. 94~96쪽에 보인다. 여기서는 심리

현상, 즉 본래 그 설은 진술되지 않고 있다.) 이로 볼 때에, 문화 세계의 현상은 실제로 돌창 진화 중 최후의 산물임은 물론, 문화의 진화 또한 반드시 기초 즉 끝이 없는 과거의 누적이 있어야 함을 알 수 있다. 그러나 이러한 누적은 베르그송이 말한 바와 같이 자유로워 제한이 없고 미리 알 수 없는 것은 아니다. 그것과는 반대로 이내 생명을 그 바탕으로 삼아서 순서대로 추진하여 문화의 단계적 생명을 창출해 나간다. 문화 생명의 전체에서 보면 물론 광대하고 끝이 없어서 그 創新에 있어 전망할 수 없는 형세가 존재하기도 한다. 하지만, 문화의 단계적 생명에서 보면 이 단계의 돌출로부터 저 단계에 이르기까지는 모두 한정적이고 필연적이다. 그러므로 문화의 진화는 돌창적일 뿐만 아니라 단계 창조적이며, 질적인 변화일 뿐만 아니라 양적인 변화이며, 때로는 양적인 발전으로 말미암아서 그 질이 변하기도 하고, 때로는 질적인 발전으로 말미암아서 그 양이 변하기도 한다. 예를 들어, 문화의 지리 분포상에서 말해 보면 유태계가 그리스계에 더해져서 유럽의 중세 문화가 이룩되었지만, 사실 양 계열의 문화 성질과는 다른 별도의 한 존재가 되었다. 인도계가 중국계에 더해져서 중국의 중세 문화가 이룩되었지만, 중국의 중세 문화는 사실 양자 성질 이외에 별도로 일종의 새로운 성질을 갖게 되었다. 이로 볼 때에 단지 문화의 지리상 분포에 관한 한은 역시 돌창적 진화를 간파할 수 있다. 우리들이 몇 년 후에는 아니라고 어찌 알겠는가? 동서 문화의 상호 접촉, 상호 영향으로 인해서 새로운 세계 문화가 더욱 돌연히 창출될 가능성은 없겠는가? 그렇지만, 이와 같은 것은 문화 현상 중의 하나인즉 공간적 개척을 두고 말한 것이고, 오히려 문화의 근본 현상 즉 시간적 지속을 포괄하기에는 불충분하다. 문화철학에 있어서 가장 정교한 점은, 즉 단계 창조적 진화를 응용하여 문화의 시간 지속 속에서의 모든 단계적 발전을 설명하는 데에 있다. 대략 말하자면, 다음의 다섯 가지 기초 개념과 같다.

(1) 突創(emergence) ;   (2) 層次(levels) ;

(3) 內包(involution) ;   (4) 上屬(dependence) ;

(5) 因緣(relatedness).(『新哲學論叢』, 866~867쪽.)

무엇을 문화의 突創이라고 하는가? 모든 문화가 과정이기 때문에 모든 사물은 변화를 가진다. 이 문화란 사실 갑자기 나타난 것이지만, 매번 변화에는 반드시 고유한 것 외에도 어느 정도의 創新이 있게 마련이다. 이러한 창출품이 곧 문화의 새로운 단계가 된다.

무엇을 문화의 層次라고 하는가? 문화의 새로운 단계는 앞 단계를 그 기초로 삼아서 갑자기 創生해 나오기 때문에, 앞 단계가 한 층이 되고 새로운 단계인즉슨 이 층 위에 또다시 한 층이 더해지는 것이다. 이리하여 층층이 추진되어 언제나 한 층에 이르면 반드시 더 높은 층이 정해진다. 그런 뒤에 한 층이 반드시 앞 층을 능가하게 된다.

무엇을 문화의 內包라고 하는가? 문화의 매 층은 비록 그 위에 반드시 따로 한 층이 있게 마련이지만, 상층은 반드시 그 아래의 한층 혹은 수층을 기초로 하기 때문에, 최고층으로부터 최저층에 이르기까지 한 층은 한 층에 포함된다.

무엇을 문화의 上屬이라고 하는가? 문화는 앞 층으로부터 뒤 층으로 나아가기 때문에, 뒤 층이 비록 앞 층을 기초로 삼지만, 앞 층은 그 뒤 층을 좌우할 수 없다. 그러니 뒤 층은 반대로 앞 층을 충분히 지배할 수 있다.

무엇을 문화의 因緣이라고 하는가? 문화는 본래 단지 하나의 구조(Structure)여서 앞 층에서 뒤 층이 돌창되어 나오기 때문에, 이 뒤 층은 반드시 하나의 인연이 합쳐진 새로운 격식 즉 새로운 구조를 가진다. 구조가 같지 않은 이유로 해서 마침내 뒤 층이 돌고 돌아 앞 층과 달라지게끔 된다.

 이제 콩트의 이른바 '3단계의 법칙'을 가지고 문화의 진화를 설명하려 할 때에 최소한 우리들은 다음과 같은 사실을 간파할 수 있다. 이 3단계의 법칙이 비록 문화의 층차로서 신학적인 것, 형이상학적인 것에서부터 실증 혹은 과학적인 것에 이르기까지 전진하고 있음을 우리들에게 알려 주고는 있지만, 그가 고집스레 한 단계 한 단계를 모두 판에 박은 듯한 물건으로 생각했던 까닭에 문화의 돌창을 설명하기엔 부족한 점이 있다. 그러므로 나는 『역사철학』(泰東, 165쪽.)에서 이 '3단계의 법칙'을 고치고 별도로 일종의 '發生式'적 법칙으로써 그것을 대체해야 한다고 주장했던 것이다. 이러한 법칙의 장점은 지금까지의 인류 문화에 대한 퇴적적 견해를 타파하고 문화의 돌창적 진화를 간파하는 데에 있다. "그것은 다만 하나의 계승적 연장 형식일 뿐만 아니라 ♠이내 생명의 무궁한 발전이다. 기계의 힘 앞에서 갑자기 터져서 곧 순서대로 나타나는 것이다." 그러나 나는 당시에 사실 문화의 기타 몇 가지의 기초 개념에 관해서는 오히려 관심을 갖지 못한 상태였다. 이제 설명의 편리를 위해서 도표를 그려 나타내 보고자 한다.

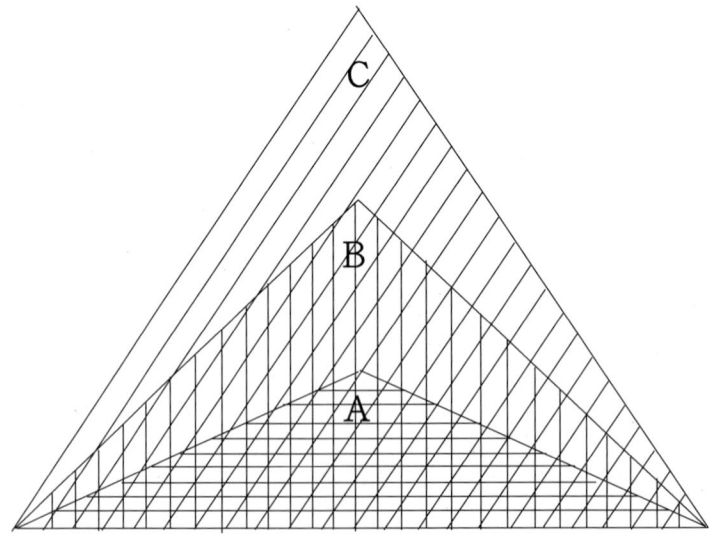

예를 들어서 문화의 발전은 하나의 극히 높고 큰 탑에 비유할 수 있다. A는 신학 단계, B는 형이상학 단계, 그리고 C는 실증 혹은 과학단계이다. 콩트는 C단계가 인류 진화 중의 최고의 한 층이라고 생각했다. 문화철학에서 보면 이 탑은 아직 계속적인 창조 속에 있다. 그러므로 실증 혹은 과학 단계 이외에도 D, E, F, G 내지는 X의 단계가 돌창될 수 없다고 누가 장담할 수 있겠는가? 게다가, 콩트의 견해대로 한다면 문화의 층차적 상호 관계를 충분히 볼 수 없다. 가령, 그림 A층은 횡선으로 표시되어 있다. 그리고 B층은 직선과 횡선이 동시에 존재한다. 즉, A층 위에 하나의 층이 더해져서 신학 단계 외에 또한 새로운 단계가 더해져 있음을 나타낸 것이다. 이와 같은 이치로 C층은 사선으로 그 특성을 표시한 것 외에 아울러 직선과 횡선이 겸해져 있다. 바꾸어 말하면, C층은 A층과 B층 말고도 한 층이 증가한 것이다. 즉, 형이상학 단계와 신학 단계 위에 더욱 새로운 단계가 더해졌다고 할 수 있다. 문화의 내포로 말한다면, C층은 B, A층을 기초로 함은 물론 B층은 A층을 그 기초로 삼는다. 이를테면, 실증 혹은 과학 단계는 형이상학과 신학 단계를 그 기초로 하고, 형이상학 단계인즉슨 신학을 그 기초로 한다. 이것이 바로 문화의 진화가 최고층에서 줄곧 최저층에 이르기까지 모두 최저의 한 단계에 그것을 포함시킬 수 있음을 말해 주는 것이다. 슈펭글러의 소위 모든 문화의 본질은 종교적이라고 하는 이 말 역시 해명되지 않음이 없다. 그렇지만, 문화의 上屬에 대해서 말한다면, 예를 들어 A의 상층은 B이고 B의 상층은 C이지만, B는 결코 A에 의해서 지배받지 않으며 오히려 그 속에 있는 A를 지배한다. C 역시 B, A에 의해서 지배받지 않으며 반대로 B, A에 능히 영향을 준다. 이것이 바로 문화 진화의 제2단계(層次)를 말한 것으로, 형이상학은 결코 신학에 의해서 지배받지 않으며 역으로 그 속에 있는 신학을 지배한다. 제3단계(層次)에 있어서인즉슨 실증 혹은 과학 역시 형이상학이나 신학에 의해 지배받지 않으며 반대로 능히 형이상학이나 신학의 변화를 발생케 한다. 이와 같은 견해는 문화의 내포와 상반되지만, 도리어 콩트설의 장점에 대해서 알맞게 설명을 가한 것이다. 재차 바로 소위 문화의 因緣인 것이다. 이전에 나는 『역사철학』(53쪽)에서 일찍이 다음과 같이 말한 적이 있다. "이른바 신학 단계, 형이상학 단계, 실증 혹은 과학 단계는 모두 인류의 본능을 대표하는 것이다. 이른바 역사적 진보는 바로 하나의 본능으로써 하나의 본능을 교체하는 것이다. 신학 단계에서 형이상학 단계로 형이상학 단계에서 실증 혹은 과학 단계로, 이미 역사상 모두 하나의 지식선상의 흔적을 그을 수 있는 이상, 사람의 본능상에 있어서도 하나의 위치를 스스로 차지할 수 있다." 이 말은 무의식중에 결국 독일 쉘러의 『지식사회학』 연구의 결론과 다소 일치한 바가 있다. 3단계의 법칙은 비록 역사적 단계의 발전이지만, 실제로는 인류 정신 가운데 고유한 세 가지 종류의 다른 지식 형식이라고 하겠다. 가령, 신학 지식을 A, 형이상학 지식을 B, 실증 혹은 과학 지식을 C라고 한다면, A, B, C가 상호 결합하여 이룬 문화 총체는 여러 가지 다른 구조와 다른 배열의 형식을 갖는다. 예를 들면 아래 그림의 나열과 같다.

제1시기 A	A A	A B	A C
제2시기 B	B A	B B	B C
제3시기 C	C A	C B	C C

바꾸어서 살펴보도록 하자. 오로지 A인 신학 지식(종교)으로 말하자면, AA는 종교적 종교이고 BA는 철학적 종교이고 CA는 과학적 종교이다. 오로지 B인 형이상학 지식(철학)으로 말하자면, AB는 종교적 철학이고 BB는 철학적 철학이고 CB는 과학적 철학이다. 같은 이치로 오로지 C인 과학적 지식으로 말하자면 AC는 종교적 과학이고 BC는 철

학적 과학이고 CC는 과학적 과학이다. 그 사이인 뒤 층이 앞 층에 돌고 돌아서 달라진 까닭은 전체 내면적 구조가 여러 가지로 다른 면이 존재하기 때문에, 매 새로운 층의 표현적 형식 역시 갖가지로 달라지는 데 불과하다. 문화철학에서 보면 이 같은 차이는 또한 결코 절대적인 것은 아니다. 우리들이 문화 생명의 근본 현상을 엿볼 수만 있다면, 한 층 한 층의 단계적 靜相은 원래 인연의 화합에 의해서 이루어진 것으로 본래는 실상이 없음을 알 수 있다. 그리고 문화의 진화 또한 영원히 한순간도 정지하지 않고 창조적 진화를 계속하는 '영원한 현재' 바로 그것이다.

제2장 문화유형학

1

문화철학은 쉽게 말할 수 있는 그런 학과목이 아니다. 내가 서론에서 말한 바와 같이 문화철학은 Kultur 즉 지식적 문화생활을 연구해야만 한다. 그렇다면, 지식적 문화영역 내에, 즉 종교, 철학, 과학, 예술 등 결국 어떠한 관계상 또는 어떠한 상이한 유형상에 정립시켜야 할지 이 것은 곧 문제가 되지 않을 수 없다. 예를 들어서 종래 철학 개론의 설명은 철학과 종교, 과학, 예술의 관계를 말하지 않은 것은 아니지만, 대충 모두들 적당히 얼버무려서 약간의 지면만을 차지할 정도이다. 능히 역사 방법을 응용하여 완전히 계통 있게 이러한 살아 있는 관계론을 설명하는 것과 같은 것은 오히려 하나도 없는 실정이다. 그들은 너무 조직론적 견해에 치우쳐 있기 때문에, 철학과 과학의 관계를 논하면서도 단지 다소의 명사만을 쌓아 올릴 뿐이다. 철학과 과학이 어떻게 서로 같은가 혹은 어떻게 서로 다른가를 말한다든지, 아니면 "철학은 전체적으로 우주 현상의 학문을 연구하는 것이고, 과학은 부분적으로 각종 우주 현상의 학문을 연구하는 것이다."라고 말하기도 한다. 이리하여 공허한 조화절충론이 출현하기에 이른 것이다. 요컨대 과거의 철학 개론 은 철학의 역사적 연구법에 주의를 기울이지 않았음은 물론, 철학 개론 이 바로 '종합적 철학사'임을 알지 못했다. 때문에 무수한 철학 문제에 대해서 전체적이고도 종합적인 해석을 가하지 못한 나머지, 진정한 철학과 여러 문화학의 관계에 대해서도 또한 아무것도 말하지 못하고 말았다. 이제 우리들은 시험 삼아 방향을 바꾸어 靜學的 철학 개론 을 動學的 철학 개론 으로 변화시키고, 조직학적이고 공간계열적인 철학 개론을 발생학적이고 시간계열적인 철학 개론으로 변화시켜 보기로 하자. 그렇게 되면 우리들은 이미 외면 퇴적이 되어버린 생각을 던져 버리고 곧바로 내면으로부터 철학과 여러 문화학(종교, 과학, 예술)의 역사적. 즉 진화적 관계를 발견해 낼 수 있다. 우리가 알다시피 인류의 철학 지식적 발전은 역사철학상 매우 유명한 3단계 법칙에 따라서 그 것을 몇 시기로 나눌 수가 있다. 철학은 최초 '종교적 철학 시기'로서 극히 긴 시간을 누린 적이 있었다. 그 당시의 모든 사상은 종교화 하에 있었다. 종교가 곧 철학이었던 때, 바로 철학사에 있어서 제1시기에 해 당한다. 그 다음이 즉 '철학적 철학 시기'로서 모든 사상이 철학화하에 있었다. 이를테면, 철학이 비로소 철학 자신이었던 시기, 이것이 또한 철학사에 있어서 제2시기인 것이다. 다시 그 다음으로 비교적 가까운 때인 '과학적 철학 시기', 이때의 모든 사상은 과학화하에 있었다. 과학 이 곧 철학이었던 때, 철학사에 있어서 제3시기이다. 그렇지만, 최신의 철학 경향은 이미 철학을 과학으로 생각하는 것이 아니라, 철학을 예술 로 생각하는 추세이다. 철학이 예술로 변해야만이 비로소 생명을 갖는 다. 가령, 기계적 유물론이 어찌 생명을 간직한다고 말할 수 있겠는가? 이러할 뿐만 아니라, 제3시기의 철학은 실증적 과학적 세계, 즉 공간적 세계로 크게 치우쳐져 있다. 공간이란 자연히 고요함(靜)이 많고 움직 임(動)은 적으며, 퇴적하는 때가 많고 진화하는 때는 적게 마련이다. 말하자면, 공간적 세계는 단지 물질적 확장성만 존재하고 역사적 지속 성은 결핍되어 있다. 이런 까닭에 제3기의 철학이 비록 역사를 중시한 다지만, 도리어 '물질적이고 확장성적인 生産史'일 뿐이다. 바꾸어 말해 서 '양적 역사'일 뿐이지, 시간을 기초로 하는 '질적 역사'일 수는 없다. 시간이 존재해야만 비로소 역사성과 생명성, 그리고 예술성이 존재할 수 있음을 반드시 기억해야 한다. 그러므로 제3기의 공간 중심적, 물질 중심적, 과학 중심적 철학 관념은 이미 점차로 과거의 일이 되어 간다는 사실을 우리들은 인식하지 않을 수가 없다. 이제 철학을 말하려고 한다면, 즉 모름지기 철학을 시간 중심적, 생명 중심적, 예술 중심적 철학으로 설명해 나가야 할 것이다. 이처럼 새로 일어나는 철학을 철학사에 있어서는 제4시기라고 한다. 나로 말하자면 제1시기에는 종교가로서 철학자를 겸하고, 제2시기에는 철학자로서 저절로 철학자가 되고, 제3시기에는 과학자로서 철학자를 겸한 셈이다. 그리고 최근과 미래의 철학인즉슨 예술가로서 철학자를 겸하는 경향이다.

이상으로 볼 때에, 철학에 있어서 종교, 과학, 예술과의 관계를 이해하려면, 우선적으로 철학 그 자체가 역사의 발전 과정 속에서 '종교적 철학 시기', '철학적 철학 시기', '과학적 철학 시기', 그리고 '예술적 철학 시기'를 어떻게 거쳐 왔는지에 관해서 이해해야 한다. 마찬가지로 종교에 있어서 철학, 과학, 예술과의 관계를 이해하려면, 또한 먼저 종교 그 자체가 역사의 발전 과정 속에서 어떻게 '종교적 종교 시기', '철학적 종교 시기', '과학적 종교 시기', 그리고 '예술적 종교 시기'를 거쳐 왔는지에 관해서 이해해야 한다. 역시 이것을 과학, 예술과 각 문화학의 상호 관계에 미루어 보면 또한 이와 다르지 않다. 편리하고 분명하게 하기 위해서 이러한 연쇄적 관계를 분석해서 표로 그려보면 다음과 같다.

	제1시기	제2시기	제3시기	제4시기
종교	종교적 종교	철학적 종교	과학적 종교	예술적 종교
철학	종교적 철학	철학적 철학	과학적 철학	예술적 철학
과학	종교적 과학	철학적 과학	과학적 과학	예술적 과학
예술	종교적 예술	철학적 예술	과학적 예술	예술적 예술

지식적 문화 영역 내에 문제가 이처럼 복잡하기 때문에, 문화철학을 완전하고도 분명히 알려고 한다면 우선 그 예비로서 다음 세 가지 종

류의 학문을 이해해야 한다.

　(제1종의 학문): 종교적 종교를 설명하는 '종교 개론', 철학적 철학을 설명하는 '철학 개론 ', 과학적 과학을 설명하는 '과학 개론', 그리고 예술적 예술을 설명하는 '예술 개론'.

　(제2종의 학문): 종교 그 자체의 발달 단계를 설명하는 '종교사', 철학 그 자체의 발달 단계를 설명하는 '철학사', 과학 그 자체의 발달 단계를 설명하는 '과학사', 그리고 예술 그 자체의 발달 단계를 설명하는 '예술사'.

　(제3종의 학문): 종합적 측면에서 지식 문화의 발전 진행 과정을 설명하는 것으로, 제1시기인 종교 시대로부터 제2시기인 철학 시대, 제3시기인 과학 시대, 더 나아가서는 제4시기인 예술 시대에 이르기까지가 여기에 해당된다. 이러한 학문이 바로 '역사철학'이다.

　문제가 이처럼 복잡하기 때문에 각 지식 문화를 설명하고자 한다면 많은 예비 학문이 요구된다. 여러분들은 문화철학을 각 문화학의 입문 쯤으로 생각해서는 안 된다. 그것은 각 지식문화학의 종합임을 알아야 한다. '문화철학'은 틀림없는 '종합예술사'인 까닭에 설명하기가 매우 곤란한 면이 있다. 하지만, 말이 비록 이와 같다고는 하더라도 역사 진화의 방법을 우리들이 기꺼이 채용하고자 한다면 일체의 곤란함은 모두 해결될 것이다. 이제 그 첫 단계로 먼저 각 지식 문화의 성질을 극히 간단한 말로 한번 설명하고, 두 번째 단계에 비로소 '종교', '철학', '과학', '예술'이 어떠한 역사 관계하에 위치하는지 상당히 진전된 논의를 하고자 한다.

2

철학을 예로 들어보자. 철학은 문화의 한 본질이고, 그 본질상에서 말한다면 '철학'은 독립적인 일종의 특수한 문화학으로 다른 것과는 같지가 않다. 형식상에서 말한다면 철학은 시간의 변화에 의거함은 물론, 순서에 따라서 기타 문화 생명을 취함으로써 그 표현의 '형식'을 삼는다. 그러므로 만일 철학에 있어서 종교, 예술, 과학과의 관계를 말하고자 한다면, 당연히 본질상의 관계가 아니라 바로 형식상의 관계인 것이다. 철학의 본질적 생명은 독립해서 스스로 존재하는 초시간적 성질을 가진다. 철학의 표현적 형식인즉슨 기타 문화 생명과 상호 관계를 일으키는 까닭에 시간과 역사를 초월하지 않을 뿐만 아니라, 또한 시간과 역사 속에 존재하여 역사의 동적 관계를 이룬다. 그렇다면, 우리들은 다음과 같이 물을 수 있다. 무엇이 철학 문화의 본질인가? 그리고 무엇이 철학 문화의 표현적 형식인가? 먼저 철학의 본질을 말해 보도록 하자. 내 생각엔 한 마디로 말해서 철학의 본질은 바로 헤겔 논리학의 이른바 '卽自的'(an Sich) 다름 아니다. '즉자적'이라고 하는 이 변증법 명사를 가지고 철학의 본질을 설명하는 것에 대해서는 아마도 이때까지 들어본 적이 없었을 것이다. 그리고 어떠한 철학 개론 속에서도 찾아보지 못했을 것이다. 나는 '즉자적'이라고 하는 이 말 한 마디 외에는 '철학'의 근본 성질을 설명할 수 있는 더욱 좋고 이론에 합당한 말은 더는 없다고 생각한다. 데카르트(Descartes)는 "나는 생각한다. 그러므로 나는 존재한다."라 했고, 소크라테스(Socrates)는 "너 자신을 알라"라는 표어를 내세워 사람들을 가르쳤다. 피히테(Fichte)는 "한 사람이 어떤 철학을 선택하는가는 그 사람이 어떤 종류의 사람인가에 달려 있다."라고 했다. 이상의 말들은 '즉자적'이라는 말로 대체하거나 해석할 수 있다. 하지만, 열거한 이런 종류의 설명법은 반드시 빠뜨리는 부분이 있어서, 오히려 헤겔의 논리학적 명사를 써서 전적으로 해석하는 편이 더 나으며, 아울러 더 많은 보편성을 갖는다고 생각한다. 그런데, 무엇을 '즉자적'이라고 하는가? 나는 여기서 헤겔의 논리학 용어에 대해서 먼저 간단한 설명을 가하고자 한다. 헤겔의 논리학을 들추어 보면, 항상 '정', '반', '합'의 3단계 변증법으로 해석되고 있다. 이것은 그다지 틀렸다고는 할 수 없겠지만, 함의가 너무 명확하지 않을뿐더러 헤겔의 저서 속에서도 또한 하등 근거가 없다. 진정한 변증법은 헤겔이 말한 바에 의하면 다음과 같다.

· 卽自的(an-Sich)∶ (in itself, implicity)
· 對自的(für-Sich)∶ (for itself, by itself)
· 卽自對自的(an-und-für-Sich)∶ (in and for itself)

'즉자'란 곧 '有'이지만, '有'는 '無'로부터 생긴다. '卽自'＝定有는 사실 '無'로부터 생기기 때문에 변증법에서 보면 헤겔이 '유'로부터 말을 시작하는 것은 매우 불완전한 것이 되고 만다. 왜냐하면, '즉자적' 이전에 원래 '沒自的'이라고 하는 한 단계가 더 있어야 하기 때문이다. 그러나 헤겔은 당시 품었던 '즉자적' 단계를 넘어서 '몰자적' 단계를 회고함에 이르지 못했던 탓에, 단지 그의 3分 변증법만을 완성하는 데에 그치고 말았다. 이처럼 불완전한 변증법만을 가지고 본다면,

（A） '즉자적'이란 모 존재가 다른 것과 관계를 갖지 않고 그 자체로서 존재하고 있는 직접적인 자신의 형태를 말한다. 바꾸어 말하면, 아직 어떤 매개 과정도 거치지 않고 미발전인 채 잠재해 있는 implicite적 형태이다.

（B） '대자적'이란 즉자 모 존재가 그 자신의 발전에 의하여 드러나는

explicite적 형태이기 때문에 대자적 존재는 사실 즉자적 존재의 부정에 의해서 존재한다. 대자와 즉자의 관계는 흡사 아리스토텔레스가 말한 '잠세태 혹은 가능태'와 '현세태 혹은 현실태'의 관계와 같다고 해야 할 것이다. 양자는 사실 한 존재의 양 단계일 뿐이다. 단지 이 단계는 시간의 발생적 관계일 뿐만 아니라, 많은 동안에 순수 이론적 혹은 분석적 관계로 간주되어 왔다.

(C) '즉자대자적'이란 즉자태가 부정되거나 발전된 '대자적 존재'이고, 그 자신 속에서 자기를 초월하여 더욱 진일보하는 필연성을 간직하고 있다. 하지만, 이러한 진전 역시 그 자신의 부정에 의해서 존재한다. 결국, 즉자대자적 존재란 '즉자'에 대해서 '부정의 부정'(Negation der Negation)을 담고 있는 관계인 것이다. 헤겔은 그것을 '자신으로 돌아오는 존재'(in Sich-Selbst-gekehrtes-Sein)라 불렀다. 즉자대자적 존재는 그 자신 속에 즉자 존재와 대자 존재의 요소를 포함하기 때문에, 양자의 '종합'(Synthesis) 혹은 '통일'(Einheit)로도 생각할 수 있다. 그런데, 이와 같은 종합 혹은 통일의 즉자대자적 존재는 새로운 입장에서 보면 그 자신이 또다시 즉자태가 되고 그 다음으로 변증법 발전의 출발점이 된다.

이와 같은 해석은 아마도 많은 사람들에게 의문을 갖게 만들었을 것이다. 나는 이세 이 깁깁한 수수께끼를 타파하고 숨김없이 이야기하고자 한다. 헤겔의 이러한 변증법은 '이론의 유희'와 같다는 생각이 든다. 마사리크(T. G. Masaryk)가 말한 것처럼 그야말로 잔재주를 부려서 사람들에게 아주 명확한 것처럼 보이게 하지만, 사실 잘 해석해 보면 이 변증법적 발전은 실제인즉슨 일체 사물의 논리적 발전을 말한 것임을 알게 될 것이다. 문화 현상도 당연히 예외는 아니다. 가령 '즉자적'이란 곧 '내가 자각하는 것은 모 존재를 가진다는 것임'을 그 출발점으로 삼는다. 바꾸어 말하면 나의 체험을 출발점으로 해서 철학 체계를 구성한 다는 것이다. 그러므로 이 세 가지의 논리 명사를 문화철학 상에 응용 함으로써 세 종류의 다른 문화 본질을 나타낼 수 있다. 만일 '즉자적'이 전에 '몰자적'한 단계를 덧붙이면 더욱 쉽게 알게 될 것이다. 이를테면,

(1) 몰자적 - 종교적 관념 형태;
(2) 즉자적 - 철학적 관념 형태;
(3) 대자적 - 과학적 관념 형태;
(4) 즉자대자적 - 예술적 관념 형태.

다시 분명하게 설명해 보면, '철학'이란 바로 '즉자적'을 그 관념 형태 로 해서 직접 자신을 인식하는 인식론 문제, 더 나아가서는 윤리학적 문제에 귀결된다.(로체Lotze는 철학의 진정한 출발점은 윤리학에 있다 고 주장했다.) '과학'은 '대자적'을 관념 형태로 해서 각종 자연적인, 더 나아가서는 사회적인 각종 사실의 진상을 연구하는 데에 귀결된다. '예 술'이란 '즉자대자적'을 관념 형태로 하기 때문에, 주객관이 융합한 상 태의 예술적 이상향을 감상하는 데에 귀결된다. 오로지 '종교'에 있어서 만큼은 즉 '몰자적'으로 관념 형태를 삼는데, 헤겔이 언급하지 않아서 아무래도 소홀히 대했던 감이 있다. 때문에, 루드비히 피셔(Ludwig Fischer)는 그를 비난하기를 그 대립성의 통일 형태를 적절히 응용하지 못했다고 했다. 그는 말하기를, "헤겔 방법의 본질은 전체 - 그 가운데 에 대립성을 노출시킨다 - 인 단일자로부터 출발하는 것이 아니라, 대립 성의 한 측면으로부터 출발해서 그 다음에야 비로소 이러한 대립성의 제2보충적 측면을 탐구하며, 최후에는 이 측면에서 '통일'을 건립한다." 라고 했다. 피셔의 견해에 따르자면, "이렇게 끌어 온 제1차의 총체적 형태의 분열은 맞지가 않다. 왜 그러한가? 나눌 수 없는 단일자를 나눌

수 있는 각 부분이나 분열의 존재로 여겨 고찰한 다음, 이 부분으로부터 전체를 구성하는 까닭이다. 여기에서 空想上의 '부분'은 논리상 마치 전체의 앞에서 독립적 사물이 되어 출현하는 것 같다."(데보린, 『헤겔논리학비판』, 200쪽, 川內唯彦 譯에서 소개.) 이에 대해 데보린은 말할 필요도 없이 극히 합당하지 않다고 했다. 비록 데보린이 이 의견에 반대 의사를 표시했지만, 나는 오히려 극도로 찬동하는 바이다. 왜냐하면, 헤겔 논리학의 출발점은, 가령 진정한 전체－단일자로부터의 출발이므로 마땅히 '몰자적 존재' 즉 '신적 존재'이어야만 하고, 대립성의 측면－'즉자적' 즉 '사유적 존재'에서 출발해서는 아니 되기 때문이다. 그렇지만, 헤겔 논리학의 발단은 '思惟'와 '有'의 동일성적 견지 상에 입각하는지라, 결과적으로 사상이 곧 유이고 유가 곧 사상인 것이다. 헤겔은 다음과 같이 말한 적이 있다.(『小論理學』, 第86節.) 즉, "'유'란 우리들이 능히 감각·직관·표상할 수 있는 것이 아니다. '유'는 바로 순수 사상이고, 또한 '유'는 순수 사상으로 시원을 형성한다." 우리들이 응당 주의를 가져야 하는 것은 바로 이 순수 사상의 순수 유로서, 극단적인 데에까지 미루어 보면 여전히 非有, 순수 無의 개념과 같다는 점이다. 혹은 예를 들어서 "시원은 '유'와 '무'의 통일, 바꾸어 말하면 동시에 '유'도 존재하고 '비유'도 존재하며, 또한 동시에 '비유의 유'이기도 하다." 그러나 이 비유의 유는 데보린과 같은 유물론자의 입장에서 보면, 바로 질료의 영원한 부정일뿐더러 하나의 추상적 형식이어서, 결국 이 세계, 즉 순수 사상에서 발생된 이 학설은 기독교의 세계 창조설과 서로 일치시키려고 한 것으로 보였다.(데보린, 앞의 저서, 제5절 참조.) 이처럼 순수 유가 이미 절대적 부정을 말한 것에 불과하다면, 순수 사상의 즉자적 형태로부터 하나의 생각도 낳을 수 없는 순수 무의 '몰자적' 형태를 곧바로 추구해 낼 수가 있다. 헤겔이 다시 태어난다고 해도 그 존재는 부정될 수 없을 것이다. 따라서, 여기 '즉자적' 앞에 '몰자적'

단계를 첨가해야 한다고 주장하는 것이며, 종교적 관념 형태는 자신을 잊어버리는 '몰자적' 형태 바로 그것이다.

역사 진화의 법칙에 비추어 보면, 제1단계인 종교 형태로부터 제2단계인 철학 형태, 다시 제3단계인 과학 형태, 더 나아가서 제4단계인 예술 형태에 이르기까지 그 생명의 같은 부류 속에는 말할 필요도 없이 가장 큰 문화의 진화가 존재하는 까닭에 억지로 분절해서는 안 된다. 그렇지만, 다른 측면에서 보면 이 지속(Duration)적 근본 현상 외에도, 또한 양기(Aufheben)적 단계 법칙을 간파할 수가 있다. 가령 철학과 종교를 그 예로 들어보면 철학인즉슨 종교 형태에 대한 그 첫 번째 부정이다. 철학과 종교가 서로 충돌했던 역사는 곧 인류 지식이 '몰자적' 형태로부터 '즉자적' 형태로 나아가는 것이었음은 물론 발전 과정 속에서도 피할 수 없는 관념 투쟁이었던 것이다. 그런 까닭에 고대 그리스의 소크라테스는 도의를 위해서 온 몸을 바쳤고, 근세에는 데카르트, 스피노자(Spinoza), 루소 등 여러 큰 학자들 역시도 종교의 압박을 받았을 뿐만 아니라, 심지어 몸에 刑戮을 당하는 데에까지 이르렀다. 그러나 철학과 종교가 충돌한 이유를 한번 연구해 보면, 실제로는 인류 문화가 제1단계(종교 형태)에서 제2단계로 나아감에 있어서 마땅히 존재하는 논리의 필연적 발전을 나타내는 데 불과하다. 그리고 이러한 문화의 발전 과정 속에서 많은 큰 철학자들이 희생되었을 따름이다. 뿐더러, 종교 그 자체는 또한 부정의 부정 법칙에 따라서 발전하기 때문에, 제1기인 종교적 종교에서 제2기인 철학적 종교, 제3기인 과학적 종교, 더 나아가서는 제4기인 예술적 종교에 이르게 된다. 말하자면, '몰자적' 종교는 '즉자적' 종교로 부득불 바뀌고, '즉자적' 종교는 '대자적' 내지는 '즉자대자적' 종교로 바뀌지 않을 수가 없는 것이다. 소위 철학과 종교의 충돌은 종교 그 자체로만 말한다면 제1기인 종교적 종교로부터 제2기인 철학적 종교로 옮기어 가는 것에 불과하다. 그러나 제1기의 종교

형태는 '몰자적'이고 제2기의 종교 형태인즉슨 '즉자몰자적'이다. 제3기는 '대자몰자적'이고 제4기는 '즉자대자몰자적'이다. '몰자적' 종교 형태가 오히려 종교적 본질이므로, 어떤 때를 막론하고 이것은 성질이 불변적이다. 그렇지 않으면 종교가 될 수 없기 때문이다.

3

  이상 논한 바는 단지 논리적 관계로만 문화의 본질을 말한 것이다. 사실 문화의 본질은 논리주의로 해석할 수 있는 범위 말고도 별도로 그 심리주의적 해석이 있다. 논리주의는 사상을 중심으로 하면서 형식적, 선험적, 이지적 경향이 있기 때문에, 헤겔 논리학을 응용하여 문화의 형식적 유형을 설명하는 것이 가장 좋은 방법이라고 생각한다. 그러나 논리주의는 본디 심리주의의 한 해석과 반영에 불과하다. 심리주의는 생활을 중점으로 하면서 내용적, 경험적, 情意的 경향이 있다. 우리들이 문화의 본질을 말하려고 하지 않으면 그만이지만, 문화의 본질적 유형을 설명하려고 한다면 당연히 심리주의적 해석을 위주로 하지 않으면 안 된다. 바꾸어 말해서, 콩트의 '3단계 법칙'으로 문화의 본질을 해석해야만 한다는 것이다. 더군다나 콩트의 3단계 법칙과 헤겔의 3分 변증법은 본래 서로 분명하게 나타내 주고 서로 보충해 준다. 분화철학의 최대 공헌은 심리주의와 논리주의 두 파의 장점을 겸하면서도 단점을 갖지 않는 데에 있다고 하겠다. 이제 兩家의 학설을 비교해 보면 다음과 같다.

	제1단계	제2단계	제3단계	제4단계
콩트	신학 단계	형이상학 단계	실증적·과학적 단계	예술적 단계
헤겔	몰자적	즉자적	대자적	즉자대자적

콩트는 그 자신이 제3단계에 서 있었기 때문에 실증적·과학적 단계로 그 종점을 삼았다. 헤겔 그 자신은 제2단계에 서 있었기 때문에 즉자적 단계로 그 기점을 삼았던 것이다. 실제로 발전적 역사관에서 보면, 실증적·과학적 단계 다음에 응당 예술적 단계를 더해야 하는데, 헤겔의 3분 변증법의 '즉자대자적' 형태에 해당된다. 같은 이치로 헤겔의 '즉자적' 단계 이전에는 원래 '몰자적'이라고 하는 한 단계를 더 넣어야 하는데, 콩트의 3단계 법칙 중 '신학 단계'에 해당된다. 헤겔이 이미 말한 것에 관하여 단지 콩트의 입장에서 보면, 그는 『실증철학』(下冊, 第11章, 280쪽, 石川三四郎 譯.) 속에서 美的 진화와 과학 진화가 대립하는 것으로 생각했다. 이 두 진화의 인자를 분별하려고는 했지만, 그는 여전히 미적 단계가 과학 단계 뒤에 와야 된다는 사실을 시인할 용기는 없는 듯하다. 이것이 바로 그의 최대 결점이라 하겠다. 그는 말하기를, "여기에는 아직도 미적 진화와 과학 진화에 관한 곤란한 문제가 있다. 이러한 산업 진화의 두 진화 뒤에 흡사 그 사이에는 정해진 연속 법칙대로 되지 않을 수도 있다. 아마도 전자는 사실상 일반적 법칙대로 진행되는데, 독일이 그 특별한 예이다. 즉, 독일에서는 특별한 환경의 도움으로 과학적 진보가 미적 진보보다 더 앞선다."(200쪽) 또 말하기를, "제3기인 과학의 운동은 동일한 시기인 미학 운동보다 더 우수한 본질적인 것을 구유하고 있다." 이 말을 놓고 보면, 콩트는 제3기 실증·과학적 단계에 머물러 있었기 때문에, 제4기 예술적 단계를 충분히 볼 수 없었던 것은 당연한 귀결이라 하겠다. 그의 곤란한 문제를 해결하고자 그가 동시기로 생각했던 과학 운동과 미학 운동을 선후로 나누어서 일종의 연속률적 관계로 삼을 것을 나는 주장한다. 이것은 매우 타당하지 않겠는가? 이렇게 되면 3분 변증법은 4분 변증법으로 변할 뿐만 아니라, 3단계의 법칙도 4단계의 법칙으로 변하게 된다.

그렇지만, 콩트의 심리주의든 헤겔의 논리주의든 막론하고 분석을 거친 결과, 두 파 모두는 이처럼 세 종류의 기본 활동을 가지면서 세 역사 단계를 형성한다는 데에 단지 동의할 뿐이다. 이제 각각 하나씩을 첨가하여 문화 본질, 곧 네 종류의 문화 본질적 유형을 설명하고자 한다. 이를테면, 문화의 네 가지 본질적 유형은 첫째는 종교, 둘째는 철학, 셋째는 과학, 넷째는 예술 바로 그것이다. 그런데, 여기서 약간의 공헌에 있어서는 모두 콩트의 두 번째 제자인 드로베르티(E. de Roberty)에게 그 공로를 응당 돌려야 할 것 같다. 그는 진작부터 사회적 체험을 그 체감적 보편성에 따라서 문명의 네 본질적 유형 혹은 문명의 네 動因으로 나누었다. 이것은 일대 공헌이 아닐 수 없다. 그는 문명을 과학, 철학(최초는 종교이다), 예술, 행동 등으로 나누었다. 콩트는 철학을 과학 앞에 위치시켰지만, 그는 뒤집어서 과학을 철학의 논리적 전제로 인식했다. 과학은 분석적, 가설적이지만 이와 반대로 철학은 그 선구자인 종교와 마찬가지로 독단적이라 했다. 이처럼 문화 발전의 법칙에 있어서 특별히 과학을 중시했는데, 바로 이 점이 콩트의 진정한 신도이게 한 것이다. 그러나 또한 이 때문에 드로베르티도 역시 그 시대적 오류를 벗어날 수 없었고, 그 이른바 문명의 네 본질적 유형 역시 극히 미덥지가 않게 되었다. 뿐만 아니라, 가령 콩트가 세운 3단계의 법칙이 비록 문화 발전의 계승적 연장 형식은 충분히 보았다고는 하겠지만, 저 3단계를 성취한 인류의 정신력에는 여전히 주의를 갖지 못했다. 이 점이 바로 응당 비판을 받아야 할 부분인 것이다. 독일의 문화사회학자인 막스 셸러는 일찍이 콩트의 3단계 법칙에 반대하여 소위 '지식사회학'을 제창하였다. 신학적, 형이상학적, 그리고 실증학적 인식과 사고는 모두 콩트가 말한 바와 같은 역사적 단계의 발전이 아니라, 인류의 정신 속에서 처음부터 가지고 있는 세 종류의 다른 인식 형식이라고 그는 생각했다. 그는 인류의 지식을 세 종류로 나눌 수 있다고 했다.

(1) 해탈적 지식(Erlörungswissen);

(2) 교양적 지식(Bildungswissen);

(3) 실용적 지식(Leistungswissen) 혹은 정복적 지식(Herrschaftwissen).

또한 『사회학과 세계관』(Zur Soziologie und Weltanschanung)이라는 저서 속에서 콩트의 3단계의 법칙에 반대하여 신학적 인식과 사고, 형이상학적 인식과 사고, 그리고 실증학적 인식과 사고로 생각하였다. 이 모두는 理知 발달 속의 역사 단계가 결코 아니라, 인류 정신 본성 아래에 있는 모종의 본질적이고 지속적인 정신 상태이고 또한 '인식 형식'이다. 그래서 어느 것이든 막론하고 다른 것으로는 '대체'하거나 '대표'할 수가 없다. 왜냐하면, 그 속에는 전혀 각기 다른 세 동기가 있기 때문에, 정신을 인식하는 행동에는 전혀 각기 다른 세 부류, 세 목표, 세 인격형, 더 나아가서는 세 가지의 사회단체가 되는 것이다. 즉 이처럼 각기 다른 기초에 의해서 종교, 형이상학, 실증과학이 성립된다고 하겠다. 심지어, 이 세 가지 정신력의 역사적 운동 상태 또한 근본적으로 서로 같지가 않다. 이제 분명히 이해하기 위해서 그 중요한 점을 다음과 같이 표로 나열해 보기로 하겠다.

인식형식	(1)신학적 인식과 사고	(2)형이상학적 인식과 사고	(3)실증학적 인식과 사고
동 기	濟度	경 탄	지 배
목 표	救人 및 그 단체	최고 인격의 완성	현상적 관계의 인식
방 법	희망, 공포, 사랑, 의욕, 인식 등	직관본성	관찰, 실험, 귀납 및 연역
지도자	성 자	현 자	연구자
사회단체	교회, 종파, 신앙단체	학 파	문학, 전문학교, 학사원, 학회 등과 같은 과학단체

막스 쉘러의 『지식사회학』은 콩트의 3단계 법칙과 서로 충돌되지 않는다고 나는 생각한다. 우리들은 한편으로 쉘러와 같이 인류 정신의 본성에서 인식적 세 형식, 즉 문화 본질의 세 유형을 간파할 수 있는가 하면, 또 한편으로 콩트와 같이 저 표면 지식의 물질적 단계 법칙, 즉 문화 본질의 역사성을 발견할 수 있다. 냉정히 말해서 쉘러 역시도 매우 큰 결점을 가지고 있다. 말하자면 그는 단지 인식의 세 형식만을 알았지, 이 세 형식 외에도 더욱이 인류 정신의 본질 속에 원래 지녀온 예술적 인식과 사고가 있음을 알지 못했다. 이 점에서 오직 슈프랑거가 저술한 『生活基型』만이 그것을 보충할 수가 있을 것이다. 슈프랑거는 문화 심리에 여섯 모형이 있다고 주장했다. 즉, (1)이론형, (2)경제형, (3)심미형, (4)종교형, (5)정치형, (6)사회형이 그것인데, 이 여섯 모형으로부터 비로소 성격을 만들어 냈던 것이다. 쉘러는 종교형, 즉 신학적 인식과 사고가 聖者를 창조했고, 이론형 즉 형이상학적 인식과 사고가 賢者를 창조했다고 단지 알았을 뿐이었다. 그러나 심미형 즉 예술적 인식과 사고가 예술가를 창조할 수 있음에 대해서는 알지 못했다. 더군다나, 쉘러의 역사주의에 반대하는 논조는 또한 근본적으로 착오이다. 우리 생각에는 문화의 본질적 유형은 여러 가지가 존재할 수 있다. 그리고 이러한 갖가지의 유형은 사실 사회의 여러 가지 형태(이른바 문화의 사회성)와 여러 가지의 문화 시대(이른바 문화의 역사성)를 형성한다. 만일 부글레(Bouglé)의 밀대로 각 문화 시대가 사회 형태의 변화에 따라서 변화된다고 한다면, 그야말로 문화사의 제1시대는 교회, 종교, 신앙 단체를 그 중심으로 해서 이룩된 종교 시대라고 우리들은 말할 수 있다. 문화사의 제2시대는 각 학파를 중심으로 해서 이룩된 철학 시대이며, 문화사의 제3시대는 과학 단체, 말하자면 대학, 전문학교, 학사원, 학회 등을 중심으로 한 과학 시대이다. 이와 동일하게 문화사의 제4시대는 음악과 춤 이러한 미적 동기에 기초해서 결합된 예술 단체,

바로 이것을 중심으로 한 예술 시대인 것이다. 그렇지만, 사실인즉슨 결코 이렇게 간단하지만은 않다. 슈프랑거는 지식 생활의 유형, 즉 (1) (3) (4) 외에도 더욱이 저 사회생활의 (2)경제형, (5)정치형, 그리고 (6)사회형이 있다고 우리들에게 알려주지 않았던가? 사회형은 사회생활 전체에 관한 것이므로 반드시 설명할 필요가 없다고 하더라도, 슈프랑거의 견해에 따르자면 경제형은 기업가와 상인을 창조하고, 정치형은 권력적 인간과 그 활동자를 창조한다고 했다. 그렇지만, 이 두 基型은 문화사에 있어서 어쨌든 선후의 구별 有無에 따라서 나타나는 것인데, 슈프랑거는 이것을 알지 못했다. 그런 까닭에 이 점에서 우리들은 다시 머리를 돌려서 프랑스의 콩트에게 가르침을 청하지 않을 수 없다.

다 알다시피, 콩트는 인류 지식의 3단계 법칙을 제창한 것 말고도 물질 진화의 3단계 법칙에도 또한 공헌하였다. 이것은 매우 아쉽게도 많은 역사학자들과 사회학자들이 소홀히 대했던 점이다. 단지, 이탈리아의 그로팔(D. A. Groppal) 교수가 지은 『사회학강요』(Elementi di Sociologia, 원서는 1905년에 高田保馬가 『社會學綱要』라는 제목으로 출판하였다.)는 콩트가 인류 진화를 세 시대로 나누었던 사실을 우리들에게 매우 명백하게 알리고 있다.

· 지식적 진화: 신학 시대, 형이상학 시대, 실증과학 시대
· 물질적 진화: 군사 시대, 법률 시대, 산업 시대

이를테면, 문화란 지식 생활의 세 유형을 가지고 있을 뿐만 아니라, 또한 사회생활의 세 유형을 가진다. 지식 생활상에서 말하자면 문화의 본질은 종교, 철학, 과학, 그 위에 예술로 나뉘어야 하고, 이 사회생활상에서 말하자면, 문화의 본질은 또한 정치(군사), 법률, 경제(산업), 그 위에 교육으로 나뉘어야만 한다. 바꾸어 보면, 문화사의 제1시대는

종교 시대임과 동시에 군사 시대이고, 문화사의 제2시대는 철학 시대임과 동시에 법률 시대이다. 그리고 문화사의 제3시대는 과학 시대임과 동시에 경제 시대이다. 이렇게 되면 社會形態史觀的 해석에 따라서 종교 시대는 교회 종파를 중심으로 할 뿐만 아니라 또한 동일한 성질의 군사가, 정치가를 중심으로 하고, 철학 시대는 학파를 중심으로 할 뿐만 아니라 또한 동일한 성질의 법률가를 중심으로 함을 알 수 있다. 오직 현대만을 가지고 말한다면, 과학 단체가 중심이 되는 현대는 다름 아닌 동일한 성질의 경제가가 그 중심이 되는, 즉 경제가 일체의 사회를 지배한다고 하겠다. 그러므로 현 사회 문화를 구성하는 근저는 종교, 철학, 그리고 정치, 법률이 아니라, 실은 저 인류 현 생활을 가능하게 하는 과학 단체와 경제조직인 것이다. 따라서 현대사의 해석은 당연히 오직 과학 단체와 경제조직의 사회 형태에 의해서만이 비로소 설명이 가능하게 된다. 그런데, 문화사의 전체로부터 관찰해 보면 이른바 제3의 문화 시대는 단지 한 시기의 중대한 위치만을 차지할 수 있을 뿐이다. 앞으로 언젠가는 예술가, 교육가가 대두하여 예술과 교육으로 모든 것을 지도하자고 주장하는 시대가 반드시 도래할 것이다.

제3장 문화 분기의 원리

1

前章에서 문화의 본질적 유형을 이미 다음과 같이 말한 적이 있다. 즉,

· 지식생활: 종교, 철학, 과학, 예술
· 사회생활: 정치, 법률, 경제, 교육

전자는 이른바 '문화'이고 후자는 이른바 '문명'이다. 전자는 '문화철학' 연구의 범위이고 후자는 '문화사회학' 연구의 범위이다. 이처럼 상세하게 분석을 거친 다음에야 문화의 횡적 측면에 대해서 대체로 비교적 원만한 해결을 볼 수 있다. 그러나 문화는 횡적 측면의 연구임과 동시에 또한 종적 측면의 연구인데, 이것이 이른바 문화 분기의 원리이다. 이와 같은 문화 분기의 과학적 연구는 문화사를 사실 하나의 발전으로 여기려 한다. 하나의 규율을 가진 단계 법칙은 곧바로 실증과학 시대에 이르러서야 비로소 사람들이 그것을 중시하기 시작했다. 물론 과학의 시기 이전에도 일찍이 일종의 문화 분기의 학설이 포함되지 않은 적은 없었다. 예컨대, 신학자가 인류 행위의 모든 산물은 모두 하나님이 만들었다고 생각함에 따라서 신학적 문화 분기설이 발생했고, 형이상학자가 사상이 인류 행위를 지도하는 모든 원동력이라고 생각함에 따라서 형이상학적 문화 분기설이 발생했다. 그러나 사실대로 말하면 진정한 과학적 문화 분기설의 성립은 실증과학 성립 이후에야 기대할 수 있었다. 때문에, 문화 분기의 원리를 말하지 않으면 그만이지만, 한번 문화

분기를 말하고자 한다면 그 원리 자체를 분기의 원리에 따라서 몇 시기로 응당 나누어야 한다. 3단계의 법칙대로 문화 분기설의 발전을 3대 시기로 나누어 볼 수 있다.

【1】신학적 문화단계설 – 이것은 아우구스티누스가 그 대표적인 인물이다. 그가 지은 『神國論』(De Civitate Dei)은 사실 문화 분기에 대한 일종의 원리를 함유하고 있다. 그 분기는 플린트(Flint)가 일찍이 매우 초기의 저작을 증거로 들어서 그가 역사를 몇 단계, 즉 때로는 둘로 때로는 셋으로 그리고 어떤 때에는 여섯으로 나누었다는 사실을 알았다. (『역사철학 개론 』, 264쪽, 참조.)

(1) 兩期說: 기독 이전이 1기가 되고, 기독 이후가 1기가 된다. 전기는 복음을 준비하는 시기이고, 후기는 복음 전파 승리의 시기이다.

(2) 三期說: 인류의 少壯 時代가 1기가 되거나 자연 통치 시대가 되고, 成人 時代가 1기가 되거나 법률 통치 시대가 된다. 그리고 老年 時代가 1기가 되거나 仁愛 통치 시대가 된다.

(3) 六期說: 3기설에 의거해 동일한 원칙으로 구분하고, 그것을 파생시켜 6기로 나눔으로써, 「창세기」 속 하나님의 6일 創世의 기록에 부회하였다.

(갑) 소장 시대: 이 시대에는 자연의 통치를 받았고 법률이 없었다.

(a) 幼稚 時期: 아담(Adam)으로부터 노아(Noah)에 이르기까지.

(b) 幼童 時期: 노아로부터 아브라함(Abraham)에 이르기까지.

(을) 성인 시대: 이 시대에는 법률의 통치를 받았고 이성과 죄악의 관념이 발생했다.

(a) 제1기: 아브라함으로부터 다윗(David)에 이르기까지.

(b) 제2기: 다윗으로부터 바빌론의 도망에 이르기까지.

(c) 제3기: 곧바로 기독의 탄생에 이르기까지.

(병) 노년 시대: 이 시대에는 仁愛의 통치를 받았고 기독의 기원 이래로 모두 이 시대에 속한다.

이것을 열거해 보면 다음의 표와 같다.

양기설	기독이전 - 복음준비시기		기독 이후 - 복음전파승리시기
삼기설	인류의 소장시기 ……자연통치시대	성인시대 ……법률통치시대	노년시대 ……인애통치시대
육기설	소장시대 (a)유치시기 (아담~노아) (b)유동시기 (노아~아브라함)	성인시대 (a)제1기 (아브라함~다윗) (b)제2기 (다윗~바빌론의 도망) (c)제3기 (곧바로 기독 탄생까지)	노년시대 (기독 기원 이후 심판의 날까지)

『신국론』이라는 책에서는 대체로 제15장으로부터 제19장에 이르기까지 이 많은 시기를 전문적으로 강술해 놓고 있다. 그는 말할 필요도 없이 이와 같은 신학적 문화단계설을 부득이 성경 고사의 한 주해 정도로 생각했고, 진정한 인간 방면의 역사라고는 할 수 없다고 했다. 아우구스티누스 이후, 디오니시우스 엑시구스(Dionysius Exiguns)가 또한 기독 탄생을 중심으로 하여 시대를 기원전·기원후의 2대 시기로 나누었는데, 더욱 아무런 가치가 없음은 말할 필요도 없다고 하겠다.

【2】 철학적 문화단계설 - 이것은 헤겔이 그 대표적인 인물이라 할 수 있다. 그가 1822년으로부터 1823년 겨울에 이르기까지 베를린에서 강의한 『역사철학』, 그 제2편 제3장 「세계 역사의 구분」 속에는 일종의 문

화 단계에 대한 원리가 함유되어 있다. 그는 서두(漢譯, 327~347쪽.)에서 말하기를,

"세계 역사의 구분은 우리들에게 하나의 보편적 개관을 부여하며, 이 개관은 동시에 또한 개념상에 있어서 이상을 따르고 내부의 필연성을 따르므로 그것의 관계에 주의를 가져야 한다."

여기서 이른바 '이상'을 따르고 '내부'의 필연성을 따른다고 함은 이미 충분히 형이상학적이라고 할 수 있다. 가장 절묘한 것은 태양을 가지고 비유하여 세계는 동방에서 서방으로 진행된다고 말한 점이다. 동방은 흡사 '외부에 있는 자연의 태양'과 같고, 서방은 '자아의식을 가진 내부적인 태양'과 같기 때문에, "유럽은 결국 세계 역사의 종극이고 아시아는 그 시작이 된다."(328쪽) 그는 문화 단계의 구분에 있어서 자아의식 형성의 발전 단계로써 그 기초를 삼았다. 나누어 보면,(182쪽)

제1단계는 정신이 자연성 상태의 내부에 침잠하는 직접적 단계이다. 이러한 자연성에서는 정신은 자유롭지 못하다.(한 사람만이 자유이다.)

제2단계는 정신이 자연성에 탈출해서 자유의 의식에 들어가는 단계이다. 그러나 이 최초의 분리는 직접적인 자연성에서 생겨나오는 것이므로 자연과 관계를 가진다. 게다가 자연에 대해서 여전히 일종의 요소상의 의무를 지고 있다. 그러므로 불완전적이고 부분적이다.(약간의 사람만이 자유이다.)

제3단계는 이와 같은 아직도 특수한 자유에서 자유의 순수한 보편성에로의 고양이다. 바꾸어 말하면 그것은 자의식으로 고양되는 것이다.(인간이 인간으로서 자유이다.)

그는 또한 아동의 정신에 비유하였다.

(1) 정신의 제1시대는 유아의 정신에 비유할 수 있는데, 정신과 자연이 통일되어 지배받는 시대이다. 이 시대를 지배하는 것은 바로 동양인의 세계이다. 이때는 자유정신이 없고 일체 모두가 자연의 지반 위에 서 있어서 다수의 사람들이 한 사람의 의지에 복종된다. 흡사 아동이 家長 제도 하에서 단지 그의 예속으로 간주되는 것과 같다.

(2) 정신의 제2시대는 정신이 자신 내부의 분리적 관계, 자신 내부의 반성적 관계에서 순수 복종과 신뢰를 벗어난다. 이 관계 속에는 두 종류의 관계로 나뉜다.

    (a) 첫째, 정신의 청년 시대이다. 이때는 정신이 자체에 대해서 일종의 자유를 획득하지만, 이러한 자유는 여전히 실체성과 서로 결합되어 있어서 저 정신 깊은 곳으로부터 재생하는 자유는 아직 아니다. 이것이 바로 그리스인의 세계이다.

    (b) 둘째, 정신의 성년 시대이다. 이때는 개인이 비록 그 자신의 목적을 가지고 있다고는 말하지만, 이 목적은 단지 보편적인 服役 즉 국가적인 복역 속에서만 달성될 수 있다. 이것이 로마인의 세계이다. 이리하여, 개인의 인격과 보편에 대한 복역은 마침내 대립이 생긴다.

(3) 정신의 제3시대는 게르만인의 시대 즉 기독교의 세계이다. 이것은 정신적 노년 시대이다. 이때에 개인은 그 부정성으로부터 元素에 귀속되어 전연 소멸되지만, 정신은 도리어 자신의 개념으로 복귀된다 개인은 이제 완전히 자유이며 그 자신 내부에서 실체를 지닌 자유이다. 이것이 바로 주관적 정신과 객관적 정신의 대조화인 것이다.(漢譯, 182~183쪽, 참조.)

표로 나열해 보면 다음과 같다.

	정신단계	자유단계	자유발달단계	지리단계	정치단계	논리단계
제1단계	정신이 자연성 상태의 내부에 침잠하는 직접적 단계.	한 사람만의 자유	유아 시대	동양인의 세계	신권정치	즉자적
제2단계	정신이 자연성에 탈출해서 자유의 의식에 들어가는 단계.	약간의 사람만의 자유	(1)청년 시대 (2)성년 시대	(1)그리스 세계 (2)로마세계	자유의 제국 로마제국	대자적
제3단계	정신 사물의 본체적 자기 의식적 단계	인류 자유	노년 시대	게르만인의 세계	현실 정신의 제국	즉자 대자적

　여기에서 우리들은 헤겔의 '철학적 문화 단계설'을 쉽게 간파할 수 있지 않을까? 정신의 제1시대는 동양의 세계이다. 예를 들어, 중국과 몽고의 제국은 '신권 정치의 전제 정체'이고, 인도는 '신권 정치의 귀족 정체'이고, 페르시아는 '신권 정치의 군주 정체'이다. 이 시대에는 "국가는 일종의 추상적인 존재로서, 아무런 자체에 대한 보편적인 존재가 아니다. 국가는 목적이 아니고 元首이다."(336쪽) 정신의 제2시대는 그리스인의 세계를 포괄하는데 '아름답고 원만한 자유의 제국' 바로 그것이고, 로마인의 세계는 '로마의 제국'이 바로 그것이다. 이 시대는 "국가가 시작은 추상적으로 부각되어 하나의 목적을 형성한다. 각 개인이 이 목적에 대해서 비록 또한 참여는 하지만, 전부 참여한다거나 구체적으로 참가하는 것은 아니다." 정신의 제3시대는 게르만의 세계인데, 마침내 하나의 '현실 정신의 제국' 다름 아닌 '구체 자유의 제국'을 형성하는 데에 이른다. 헤겔은 이 네 번째 제국에 대해서 다음과 같이 말하고 있다. 이를테면, "정신의 제국은 자신을 인식할 뿐만 아니라 심지어 그것의 내부에서 자신의 주관성의 제국을 인식한다. 현실 정신의 제국은 세속의 제국과 서로 대립한다고 하는 편이 낫다. 이리하여, 정신의 원

리가 보편성의 주관성적 현상이 된다." 물론 정신의 제3시대가 정신의 노년 시대이기는 하지만, "자연적 노년이란 노쇠를 의미하지만, 정신적 노년기는 완전한 성숙이다." 이 때문에, 결국 그는 게르만 민족이 바로 세계정신의 대표임을 극력 제창했다. 따라서 역사 단계의 원리 속에서 협의의 국가주의적 정신에 집중했던 것이다. 문화사 발전의 제2기는 많은 역사가들이 역사 연구 속에서 "본국 역사가 마땅히 그 첫 번째 위치를 차지해야 한다."고 제창했는데, 바로 이러한 철학적 문화사 단계설의 영향이라고 하겠다.

【3】 사회적 · 과학적 문화단계설－본 시기는 양대 다른 이른바 사회적 · 과학적 문화단계설을 만들어 내는데, 이것이 바로 실증주의와 유물주의이다. 전자가 지식 법칙, 즉 사회사관이 역사를 다루는 방법이 된다면, 후자는 물질 법칙 즉 경제사관이 역사를 다루는 방법이 된다. 전자가 콩트를 중심으로 해서 史的 심리주의로 경도되었다고 한다면, 후자는 마르크스를 중심으로 해서 사적 논리주의로 경도되었다. 전자가 17, 18 양 세기 동안 과학 개념이 발달시킨 하나의 繼起的 과학 체계라고 한다면, 후자는 독일 고전 철학의 하나의 계기적 변증법 체계라고 할 수 있다. 물론 이 두 종류의 각기 다른 문화사 단계설은 사회사와 경제사의 연구에 대해서 모두 막대한 공헌을 가지지만, 특히 비교적 나이가 젊은 정년층에게서 유물사관과 유물변증법으로써 역사를 해석하려는 경향이 많다. 그렇지만 냉정히 말해서 유물사관과 유물변증법을 응용하여 비록 사회 병리적 사회사와 경제사를 설명할 수는 있겠지만, 사회 생리를 그 중심으로 하는 사회사와 경제사를 설명하기엔 부족하다. 孫中山 선생이 이에 대해서 적절하게 말했다고 생각한다. 이를테면, "마르크스가 사회 문제를 연구함에 있어서 모든 깨달은 바는 단지 사회 진화의 결함만을 보았고 사회 진화의 원리는 보지 못했다. 그런 까

닭에 마르크스는 다만 社會病理家일 따름이고 社會生理家라고는 말할 수 없다." 진정한 제3기의 사회사와 경제사는 사회병리학적 원리를 포함할 뿐만 아니라, 또한 사회생리학적 원리 즉 사회 진화적 원리를 지닌다는 사실을 알 수 있다. 그리고 진정한 제3기의 문화단계설은 또한 사회 병리와 사회 생리를 마땅히 포함해야 하며, 일대 종합적인 사회사와 경제사의 방법이 되어야만 한다. 이제 분석해서 논해 보도록 하자.

　(갑) 사회병리학적 단계설 ─ 마르크스는 『공산당선언』 제1절에서 "이제까지 사회의 모든 역사는 계급투쟁의 역사이다."라 했다. 이러한 계급투쟁의 역사관은 변증법에 의거해서 성립된 것이다. 우리들이 만일 사회의 병적 사실과 병적 원리를 말살하지 않고 병적 현상과 병적 법칙을 발견하고자 한다면, 유물변증법을 적용하는 것보다 더 적당한 것은 없을 것이다. 왜냐하면, 변증법을 응용하면 사회가 진화할 때 발생된 병의 증상을 간파할 수 있기 때문이다. 그러므로 사회사와 경제사의 병적 측면을 말하지 않으려면 그만이지만 사회 병리를 말하고자 한다면 유물사관, 유물변증법은 學理上 매우 유용한 것이라 하겠다. 뿐더러, 유물변증법을 설명할 때에 반드시 보그다노프(Bogdanow), 부하린(Bucharin) 등 유물변증법의 잔재를 버리고 직접 레닌의 견해를 채택해야만 한다. 변증법을 다음과 같이 인식했다.

　"자연의 모든 현상, 그리고 진행 속에서 모순으로 가득 찬 상호 배척적, 상호 대립적 논리학을 인식(발견)한다."

　왜냐하면, 소극적 측면에서 보면 "발전은 대립물들의 투쟁"(변증법의 문제에 관해서), 즉 단지 경제사에서 말하자면 마르크스가 『자본론』에서 상품 교환을 분석하는 것과 같다고 해야 하기 때문이다.

"이러한 분석은 극히 간단한 현상 속(자산 계급 사회의 세포)에서 현대 사회의 일체 모순(즉 일체 모순적 배태)을 발견할 수 있다. 더욱 진일보된 서술은 곧 우리들에게 이 모순들(생장 및 운동)과 이 모순들이 분자를 구성하는 총합의 사회적 발전을 철두철미하게 지시해 준다."

유물변증법은 바로 '모순의 논리학'인 까닭에 유물변증법에서 바라본 인류 역사는 단지 인류 사회의 모순적 발전, 계급투쟁의 역사일 뿐이다. 그러므로 1859년에 마르크스는 『경제학비판서문』에서 인류의 역사를 대체로 몇 단계로 나누었다. 원문은 다음과 같다.

"아시아적, 고대(그리스·로마)적, 봉건적, 근대유산자적 생산 방법을 사회의 경제적 발전의 획기적인 단계들이라고 말할 수 있을 것이다. 유산자적 생산 방법은 사회적 생산 과정의 최후의 적대적 형태이다."

이로 볼 때 마르크스가 중시한 것은 이 '적대적 형태'의 발전에 있었고, 결국 그 중시란 여전히 사회 병리적 발전을 설명하는 데에 있었음을 알 수 있다. 그리고 사회 생리적 발전이 아닌 까닭에 어떤 착오를 범한 것은 아니다. 즉, 이러한 이유에서인지 1849년 그의 저서 『임금노동과 자본』에서는 결국 이것과는 달리 사회사의 진화를 다음과 같이 나누고 있다.

"고대사회, 봉건사회, 유산자사회."

엥겔스는 1884년에 그의 저서인 『가족, 사유재산 및 국가의 기원』에서 더욱 분명하게 나누었다. 즉,

"고대적 노예제, 중세적 농노제, 근세적 임금노동제."

『마르크스주의의 근본문제』에서 플레하노프(Plechanow)가 말한 바에 의거해 보면, 마르크스는 모건의 『고대사회』를 읽은 후에 이미 '아시아 생산 방법'과 '고대적 생산 방법'의 견해를 바꾸었다고 했다. 따라서 되도록 '아시아적'이란 말을 생략하고 마르크스가 1849년에 제시한 단계설과 엥겔스가 1884년에 제시한 단계설을 한데 합쳐보면 마르크스-엥겔스의 단계설이 된다. 즉,

"고대(그리스·로마)적 노예제, 봉건적 농노제, 근세유산자적 임금노동제."

이렇게 되면 마르크스파가 변증법에 근거해서 성립시킨 역사관이 비로소 진정한 의미의 계급투쟁의 역사관이 된다고 하겠다. 이 사관에 의해서 곧 다음 사항을 증명할 수가 있다. 이를테면, 1885년 마르크스의 저서 제3판 서문에서 엥겔스가 말한 바와 같이,

"이 법칙에 따르면 모든 역사상의 투쟁은 그것이 정치상, 종교상, 철학상이든 막론하고 여전히 기타 정신적 측면에서 발생한 것으로, 실제로는 사회 각 계급투쟁 - 분명하든 혹은 불분명하든 - 의 발견일 뿐이다."

이로써 유물변증법은 사회 병리를 연구할 때에는 매우 쓸모가 있음을 알 수 있다. 다만 주의할 점은 유물변증법이 중시하는 바는 소극적인 이성적 측면에 있지만, 헤겔 논리학의 전 체계 속에서는 소극적인 이성적 측면 외에도 오히려 사변적인 혹은 적극적인 이성적 측면이 존재한다는 사실이다. 그런 까닭에 저 상호 배척적 대립물의 투쟁사는 결코 인류 사회 경제의 全史일 수는 없고, 단지 사회사, 경제사를 해석하는 반쪽의 역사일 따름이다. 뿐더러, 이러한 소극적 이론은 孫中山이 비판한 바와 같이, 사실 사회 진화의 결과만을 해석할 뿐이지 사회 진화의 원인에 대해서는 결코 해석하지 않았다. 이 점에서 나는 사회 진

화를 중심으로 한 사회생리학적 단계설의 중요성을 깊이깊이 느끼지 않을 수 없다.

(을) 사회생리학적 단계설 — 이것은 유명한 소위 '3단계의 법칙'이 그 대표이다. 이 법칙은 근본적으로 지식 법칙을 물질적 법칙보다 더욱 중요하게 본다. 우리가 사회학의 시조로 일컫는 콩트는 비코(Vico), 튀르고(Turgot), 콩도르세(Condorcet), 생시몽(Saint-Simon)의 계통을 계승하여 하나의 매우 유명한 제의를 하였다. 그는 인류 지식의 진화를 3단계로 나누었다.

첫째, 신학 단계: 이 시기의 모든 이론 기초는 바로 신이고, 모든 현상을 불가사의한 超자연력으로 그것을 설명한다.
둘째, 형이상학 단계: 이 시기는 추상적 개념, 바로 사람들의 마음에 잠복해 있는 사상을 가지고 일체를 해결한다.
셋째, 실증적·과학적 단계: 이 시기는 오로지 관찰을 위주로 하여 사실에서 획득한 법칙을 모아 정리하고 배열한다. 그럼으로써 모든 것을 설명하고 그 사용된 방법은 완전히 과학적이다.

이것을 도표로 나타내 보면 다음과 같다.(졸저 『역사철학대강』, 220쪽, 참조.)

	지식 단계	물질 단계	이론 기초	역 정	시대 구분
제1단계	신학 단계	군사 단계	상 상	인지 발전의 시작	상고부터 중세까지
제2단계	형이상학 단계	법률 단계	추 론	인지 발전의 과정	문예부흥부터 18세기까지
제3단계	실증·과학 단계	산업단계	관 찰	인지 발전의 귀착점	19세기

그 중에서도 신학 단계는 세 종류가 서로 잇닿아 있는 시대, 즉 拜物
敎 時代, 다신교 시대, 일신교 시대 등을 포괄한다. 콩트의 이와 같은
지식적 문화 분기설은 일반 비평가가 "실제 역사(實史)로부터의 깊은
연구가 아니라 다소간 先定的인 사고에서 나온 것이다."(See Henri,
『역사의 과학과 철학』, 漢譯本, 35쪽.)라고 말한 바와 같이, 이것이 그
의 첫 번째 결점이다. 또한, 콩트의 이 '3단계의 법칙'은 그에 의해서
발명된 것이 아니라, 그의 훨씬 이전부터 점차로 이 학설은 형성되어
왔다. 그렇다면, 콩트의 진정한 공헌은 도대체 어디에 있는 것일까? 그
것은 콩트가 인류 지식의 진화 법칙을 제창함에 있고, 더욱이 물질 진
화의 3단계 법칙에 확실히 공헌함에 있다고 나는 생각한다. 그는 우리
들에게 물질적 진화 법칙을 매우 명백하게 알려주고 있는데, 또한 이것
은 다음 세 단계로 나눌 수 있다. 즉

첫째, 군사 단계; 둘째, 법률 단계; 셋째, 산업 단계.

우리들이 사는 현대는 바로 산업 시대, 즉 경제가 모든 것을 지배하
는 시대이다. 그런 까닭에 사회 진화가 역사의 중심이 됨을 알아야 할
뿐만 아니라 또한 확실히 산업 즉 '민생'이 사회 진화의 중심이 된다
고 지적할 수 있다. 콩트의 단계설은 이후 두 가지 경향으로 발전하였
다. 하나는 밀(J. S. Mill), 스펜서(Spencer), 버클(Buckle), 람프레히
트(Lamprecht) 등 사회학적 사관의 발전이고, 또 하나는 힐데브란트
(Hildebrand), 크니스(Knies), 슈몰러(Schmoller), 뷔쳐(Bücher) 등 경
제학상 역사학파의 발전이다. 사회학적 사관은 람프레히트의 사회심리
단계설이 그 대표라 하겠다. 이를테면, 그는 『근대역사학』에서 최초로
"역사는 사회심리적 과학이다."라고 인식하였고, 또한 1892년에는 다음
과 같이 말한 적이 있다.

"사회심리학의 발전 단계는 유형을 가지고 있다. 이 때문에 國民史의
진정한 과학적 시대 구분은 단지 이 단계 속에서만 존재한다."

이 단계설은 비록 벨로우(Below) 및 메이어(Meyer) 등 많은 학자들
에 의해서 비판을 받고는 있지만, 대체로 말해서 이러한 문화 발달의
사회심리적 법칙은 오히려 옳다고 해야 할 것이다. 그는 사회심리 변화
의 과정에 따라서 다음 여섯 시대 유형으로 나누었다.

(1) 만물이 태어난 신앙 시대;　(2) 상징주의 시대;
(3) 모형 시대;　　　　　　　(4) 인습 시대;
(5) 개인주의 시대;　　　　　(6) 주관주의 시대.

그는 또한 경제생활을 여섯 시기로 나누었는데, 즉 그 정해 놓은 시
대 구분으로 보면 정신문화적 측면에서 나눈 여섯 시기와는 그다지 관
계가 없는 듯이 보인다.

(1) 집단주의적 점유 경제;
(2) 개인주의적 점유 경제;
(3) 집단주의 방법으로서의 자연 경제;
(4) 개인주의 방법으로서의 자연 경제;
(5) 상업 공동 관리를 실행하는 화폐 경제;
(6) 개인주의 기초를 가진 화폐 경제.

이러한 경제 발달의 단계로 보면 점유 경제, 자연 경제, 화폐 경제는
교환 방법으로 표준을 삼는 힐데브란트의 이론과 일정부분 서로 같은
것으로 보인다. 하지만, 진정한 의미의 경제 발달적 단계설로 말하자면
여전히 콩트주의의 또 다른 측면을 이어받은 발전, 이른바 역사학파라

고 추론하지 않을 수 없다. 역사학파는 잉그램(Ingram)이 지은 『경제학사』(A History of Political Economy) 제6장에 의거해 보면 실제로 콩트의 영향을 가장 크게 받았다는 사실을 알 수 있다. 이 파는 귀납법을 주장하여 역사의 통계적 방법으로 각 민족의 경제생활 연구에 종사하였다. 가령 3대 창설자인 로셔(Roscher), 크니스, 힐데브란트의 그 사회 동태에 관한 연구는 거의 콩트의 모든 학설과 완전히 서로 일치한다. 로셔의 저서 『역사 방법에 근거한 국민경제 요강』이 비록 헤겔과의 관계가 약간 깊다고는 하지만, 그 역시 경제학의 방법은 응당 기타 사회과학과 서로 같아야 한다고 주장하였다. 소위 국민경제학 역시나 역사적 방법으로서 국민 경제에 관한 발달 법칙적 과학을 탐구한 것이라 하겠다. 크니스의 역사학파에 대한 방법론은 가장 체계를 갖추고 가장 철저한 해설이라 할 수 있다. 그의 『역사적 방법에 입각한 정치경제학』이란 저서는 이 책의 이름에서도 보다시피 매우 그 의미가 깊다. 이 책의 1883년 재판에서는 표제를 『역사적 입장에서 바라본 경제학』으로 바꾸었지만, 그 종지는 여전히 똑같다. 힐데브란트는 1848년에 그의 주저인 『현재 및 장래의 국민경제학』에서 역사 귀납법의 중요성을 충분히 제기하였다. 뿐더러 교환적 측면에서 경제의 발달 단계를 설명한 것은 『孫文學說』 제2장에 근거하기 바란다. 같은 해 마르크스와 엥겔스가 발표한 『공산당선언』은 역사변증법에 의거하여 자본주의 사회의 경제학에 대하여 엄격한 비판을 가한 것이다. 그러나 이렇듯이 자본주의 사회를 해부하고 그 발전을 거쳐 몰락에 이르는 경제의 운동 법칙을 발견한 선언은, 실제로 사회사·경제사 속에서 사회 병리의 경제적 운동 법칙을 설명하는 데에만 한정된다. 만약 인류 全 사회 진화의 원리를 진정으로 설명하고자 한다면, 이처럼 소극적인 데에 편중하지 말고 응당 적극적으로 사회사 경제사 속에서 사회 생리의 경제적 운동 법칙을 분명히 밝혀내야 한다. 이것이 바로 역사학파, 특히 힐데브란트의 최대 공헌이라 하겠다. 이에 구역사학파로부터 소위 신역사학파에 이르기까지, 다시 말해서 슈몰러, 뷔쳐 …바그너(Wagner) 등에 이르기까지의 학설은 역사 방법을 더욱 극단적인 데로 미루어서 이 방법을 구체적 연구 방면에 적용할 것을 주장하였다. 그들은 구파에 비해서 이론적 색채를 더욱 띠지 않으면서 가장 철저한 통계적 방법에 경도되었다. 특히 경제사 측면에서는 완전히 역사의 통계적 방법을 적용하였다. 경제학상에 있어서 크게 그 성공을 알릴 뿐만 아니라, 역사학상에 있어서도 한 시대를 대표할 만하다. 마르크스파의 부하린은 그의 저서 『금리생활자의 경제학』(漢譯, 『有閒階級的經濟理論』.)에서 일찍이 신역사파를 공격하면서 다음과 같이 말한 적이 있다.

"역사학파는 일반적 법칙을 세우는 것을 경멸한다. 때문에 그들은 경제학을 파괴하는 것을 일종의 과학으로 실행한다. 뿐더러 개체 記述의 형태를 갖춘 '순수 기술'을 가지고 대체해 간다. 바꾸어 말하면, 설령 이러한 과학이 경제사 및 경제 통계와 서로 같다고 하더라도 특수하게 개체 기술적 과학일 뿐이다. 이러한 과학은 그것의 유일 정확한 관념 - 발전 - 을 이론 탐구의 틀 안에 채워 넣을 수 없기 때문에, 마치 『성경』의 무화과나무처럼 영원히 열매를 맺을 수가 없는 것이다."

물론 마르크스파가 역사의 발전과 사회병리학적 역사 방법의 응용에 관해서는 잘 알았다 하지만, 新舊 역사학파 할 것 없이 여전히 역사의 발전이나 사회생리학적 역사 방법의 응용에 대해서만큼은 잘 알지 못하였다. 역사학파의 작업 중에서 제1단계인 순수 개체 기술은 바로 제2단계의 법칙을 정하는 준비였다. 사실도 이와 같아서 저 사회 생리의 경제적 운동 법칙, 즉 경제 발달 단계설은 역사학파에 의해서 건설되기 시작한 것이 아닌가? 즉 구역사학파가 세운 경제 발달의 법칙으로 보면 생산 형태를 표준으로 했던 학자는 리스트(List)가 그 대표적이다.

1841년에서 1844년까지 저술한 『정치경제학의 국민적 체계』의 서론 및 제2편에서 그는 경제 발달의 과정을 다음 다섯 단계로 나눌 수 있다고 생각했다.

(1) 야만 상태;　　(2) 목축 상태;　　(3) 농업 상태;
(4) 농공 상태;　　(5) 농공상 상태;

그로세(Grosse)는 그의 저서인 『가족의 형태와 경제의 형태』에서 경제 발달의 과정을 대략 다섯 단계로 나누었다.

(1) 저등 어렵민;　　(2) 고등 어렵민;　　(3) 유목 혹은 목축민;
(4) 저등 농업민;　　(5) 고등 농업민.

교환 방법의 발전을 표준으로 삼은 학자는 힐데브란트이다. 그는 그의 저서 『현재 및 장래의 국민경제학』에서 세 단계로 나누었다.

(1) 자연경제 시대; (2) 화폐경제 시대; (3) 신용경제 시대.

생산 요소를 표준으로 한 학자는 로셔이다. 그는 저서 『국민경제원론』에서 개략적으로 각 국민 경제의 발달을 세 단계로 나누었다.

(1) 자연 시대; (2) 노동력 시대; (3) 자본 시대.

재화가 생산되어 소비되는 과정을 중심으로 해서 경제 발달의 표준을 삼은 학자는 뷔쳐이다. 그는 『국민경제성립론』에서 세 단계로 분류했다.

(1) 가족경제 단계; (2) 도시경제 단계; (3) 국민경제 단계.

경제생활과 정치 사회조직의 관계를 표준으로 한 학자는 슈몰러이다. 그는 1884년 그의 유명한 논문에서 경제 진화를 네 단계로 나누었다.

(1) 촌락경제; (2) 도시경제; (3) 영역경제; (4) 국민경제.

사회화를 분류의 표준으로 한 학자는 독일 최대의 경제학자 좀바르트이다. 그는 경제 발달을 세 단계로 나누었다.

(1) 개인경제 단계; (2) 과도경제 단계; (3) 사회경제 단계.

뮐러-라이어(Müller-Lyer)가 저술한 『사회진화사』는 또한 오로지 경제 발달로부터 문화 발전의 법칙을 연구해 나간 책이다. 노동 조직을 표준으로 해서 경제 발달 단계를 다음과 같이 나누었다.

(1) 가족 조직 시기;   (2) 공업 조직(수공예에 부합되는) 시기;
(3) 자본제도 조직 시기;   (4) 사회주의 조직 시기.

이 시기 중 또한 초기와 말기를 포괄하면서 일곱 개의 변형된 형태가 되는데, 지금은 자세히 설명할 수가 없다.(역사학파의 경제 발달 단계설은 졸고 『역사학파 경제학』, 110~314쪽에서 자세히 볼 수가 있다.) 요컨대, 문화 분기의 학설 그 자체는 또한 3단계의 법칙에 따라서 세 시기로 나뉜다. 문화 분기는 곧바로 현재에 와서야 비로소 과학의 길로 들어서게 된 것이며, 어떤 사람은 이것에 주의를 기울이기도 한다. 한 측면에서 말하자면 우리들은 심지어 최초의 신학 시기에는 근본적으로 어떠한 분기의 원리도 알지 못했다고 할 수 있다. 바꾸어 말하자면, 근본적으로 역사의 법칙이 필요하지 않았다는 것이다. 인류 자신이 활약했던 모든 산물들은 하나님이 예정하여 창조한 것이라고 그들은 여겼다. 이렇듯이 일체 모든 것은 운명적으로 정해진 것이니 또한 무슨 법칙이 필요하겠는가? 역사 법칙은 역사 속에서 하나의 발전, 하나의 내부 관계적 법칙이 존재함을 증명하려 한 것이다. 그러나 신학자들은 도리어 "사람의 사상과 행위의 모든 창조물은 능히 불변의 존재라 생각하는 일종의 선입관"을 견지하고 있었으므로, 어떠한 문화 분기의 원리도 필요치 않았음은 당연한 일이라 하겠다. 그렇다면 둘째 단계인 형이상학 시기에 이르러서는 마땅히 법칙이 필요해야 되겠지만, 이때의 사학가들은 사상이 곧 모든 것의 원동력임은 물론, 사상은 인류의 활동을 뜻대로 지도할 수 있다고 여겼다.

이미 역사가 단지 임의적(隨意的) 낭만적 무규율적 자유적 표현인 이상에야 문화 분기가 어떻게 존재할 수 있겠는가? 때문에 많은 형이상학 시기의 역사가들, 바꾸어 말해서 자산 계급의 역사학자들은 모두 역사 속에는 법칙이 없다고 공공연히 주장한다든가 혹은 역사는 그 과학이 될 수 없다고 말한다. 진정한 역사 법칙, 즉 문화 분기설이 중시된 것은 사실 세 번째 시기인 즉 실증적·과학적 시대의 다름 아니다. 이때에 역사를 사회과학 중의 하나로 인정한다거나 혹은 역사학을 각종 사회과학의 방법학으로 인정했던 것이다. 이렇게 된 후로 역사 법칙은 비로소 사학 속에서 하나의 중요한 위치를 차지할 수 있게 되었다. 그런데, 가장 이상한 것은, 역사 법칙이 이미 사회과학의 규율로 일반적으로 인정되었고, 역사 법칙에 기인된 다음에야 비로소 각종 사회과학을 방법론적 기초 상에서 함께 연결시킬 수가 있는데도 불구하고, 중국의 많은 저명한 역사가들, 이를테면 梁啓超, 何炳松 등은 오히려 이 점에서 역사 이면에 법칙이 존재한다는 사실에 반대했다. 그런 까닭에 그들은 당연히 문화단계설의 참된 의의와 가치를 인식하기란 쉽지가 않았던 것이다.

그러나 주의 깊게 한번 고찰해 보면 신학적 역사가들은 이른바 역사 법칙이 필요치 않았고(아니면 몰랐던지), 형이상학적 역사가들은 하나의 규율을 가진 역사 법칙을 바라지 않았다. 그런데 매우 모순적이게도 역사 법칙적 사상의 맹아는 사실 그 필요치 않거나 바라지 않은, 역사 법칙을 지닌 이 사상 속에 함유되어 있었다. 신학자들은 역사 법칙이 필요하지 않다고는 했지만 그 필요치 않은 것은 단지 '과학적 역사 법칙'일 뿐이었다. 극단적인 데에 다다르게 되면 그들은 단지 '신학적 역사 법칙'만을 원한다고 말한다. 이와 동일하게 형이상학자들 역시 하나의 '과학적 역사 법칙'은 바라지 않는다고 하면서도 극단적인 데에 이르게 되면 단지 '형이상학적 역사 법칙'만을 원한다고 실토한다. 그러므로 한 측면에서 말하면 물론 신학 시기, 형이상학 시기는 결코 문화의 분기가 없다고 말할 수 있다. 이것은 '부정'인 것이다. 그러나 또 한 측면에서 말하면 신학, 형이상학 시기는 각자 그 시대를 대표하는 법칙 즉 신학, 형이상학적 문화단계설이 존재한다. 이것은 '긍정'인 것이다. 동시에 '부정'이면서 또한 '긍정'이라고 말할 수 있다. '부정'의 한 측면에서 보면 응당 역사의 법칙은 실증적 · 과학적 시기에 이르러서야 비로소 성립될 수 있었고, '긍정'적 측면에서 말하면 神學史家 이래부터, 즉 역사 법칙은 존재했다. 즉 신학 시기에는 신학적 문화 분기가 있었고, 형이상학 시기에는 형이상학적 문화 분기가 있었다. 그리고 과학 시기에는 과학적 문화 분기가 있는 것이다. 이를 바꾸어 말하면, 형이상학적 문화 분기는 신학적 문화 분기설의 한 부정이 되고, 과학적 문화 분기설은 또한 형이상학 문화 분기설의 한 부정 즉 신학적 문화 분기설의 부정의 부정이 되는 것이다. 문화철학은 한편으로 과학적 문화 분기의 견해를 긍정하면서도, 또한 신학적 형이상학적 문화 분기설의 역사적 가치를 폐기하지 않는다. 문화철학은 신학 시대에 있어서는 신학적 문화 분기설이 신학 시기의 역사를 해석할 수 있음을 잘 안다. 이와 동일하게 형이상학 시대에 있어서는 형이상학적 문화 분기설이 형이상학 시기의 역사를 해석할 수 있다. 그러나 현대의 문화로부터 착안해 본다면 현대는 과학 시대인 까닭에 당연히 과학적 문화 분기설을 채용하여 과학의 시기를 해석해야만 할 뿐이다.

제4장 종교적 문화 개념

1

　우리들은 이미 문화의 횡적 분석 즉 문화유형학을 이해했고, 또한 문화의 종적 발전 즉 문화 분기의 원리를 이해했다. 여기서는 그것을 종합적인 차원에서 문화유형학과 문화 분기의 원리를 완전히 응용하여, 모든 문화의 각 부분을 여덟 가지 유형으로 분별해 배열하였다. 그리고 매 유형마다 모두 그 발전적 단계를 발견해 낼 수 있다. 이것을 도식해 보면 다음과 같다.

문화단계 ＼ 문화유형	지식생활				사회생활			
	종교	철학	과학	예술	정치	법률	경제	교육
제1단계 종교단계	A⋯	⋯G⋯	⋯⋯⋯		⋯⋯⋯	⋯⋯⋯	⋯⋯⋯	⋯B
제2단계 철학단계	E⋯	⋮	⋯⋯⋯		⋯⋯⋯	⋯⋯⋯	⋯⋯⋯	⋯F
제3단계 과학단계	⋮	⋮						
제4단계 예술단계	C	H						D

　위의 표에 의하면 문화의 역사적 연구법에는 두 가지 종류가 있음을 간파할 수 있다. 그 중 하나가 문화의 각 유형을 전부 가로로 보는 것으로, 가령 A에서 B까지 E에서 F까지 등 이것은 어느 시대의 문화 유형의 집합 현상을 연구하는 데에 가장 편리한 것이다. 예로, 연대를 구

분한다든지 문화사를 편찬한다든지 하는 것에는 이 방법을 채용해야만 할 것이다. 그리고 다른 하나는 문화 유형을 전부 세로로 보는 것으로, (가령 A에서 C까지, G에서 H까지 등.) 이것을 통해서 문화 분기 단계의 실마리를 발견해 낼 수 있다. 여기에는 또한 두 가지 다른 방법이 존재한다. 이를테면 오로지 문화 유형, 즉 종교, 철학에 관해서 그 역사의 발전을 연구하는 것이 이른바 문화 專史, 즉 종교사, 철학사 등이다. 모든 문화 유형의 종합, 즉 여기에는 모두 여덟 가지의 문화 유형이 있고 그 역사의 발전을 연구하는 것, 바로 이것이 '종합문화사'인 것이다. 이상 문화의 역사적 연구법은 우리들에게 각 문화 사실이 분기 원리에 따라서 끊임없이 일정한 방향을 향해 전진하고 있음을 알려 준다. 뿐더러, 모든 문화 사실이 또한 동일하게 분기 원리에 따라서 영원히 부단한 진화를 하고 있음을 우리들에게 알려 준다. 이러한 대규모의 연구가 문화사의 목적이라고 말할 수는 있겠지만, 그래도 문화철학의 목적을 포괄하지는 못한다.

　문화철학은 되도록이면 문화사의 연구법을 채용하는 것 외에도, 더욱이 각 문화 유형의 본질적 연구를 중시한다. 그리고 문화의 여덟 가지 유형 중 사회생활 측면의 각 유형, 즉 정치, 법률, 경제, 교육은 또한 문화사회학에게 넘겨주어 연구토록 하기 때문에, 남은 것은 바로 종교, 철학, 과학, 예술, 즉 지식생활의 네 가지 유형에 관한 것이다. 이제 먼저 종교적 문화 개념에 대해서 연구해 보도록 하자.

2

　종교와 문화의 관계에 대해서 슈펭글러는 그의 저작 『서구의 몰락』에서 모든 문화는 종교로부터 시작해 난숙함에 이르러서 마침내 비종교적인 것으로 바뀌어 몰락하게 된다고 주장했다. 사실도 이와 같아서 정신적 문화의 초기는, 즉 그 저급 단계에서의 종교는 사실 최고의 지위를 차지한다. 이 사실로부터 문화 그 자체는 철학, 과학, 그리고 예술로 모두 상호 독립 분화해 나가지 않았을 당시에는 실상 종교가 그 맹아가 됨은 물론 신령의 신앙이 당시 문화의 지지자가 됨을 알 수 있다. 이러한 사실들은 우리들에게 이 시기가 원시시대 정신생활의 아동기에 속함을 쉽게 상상하게 만든다. 즉, 이러한 견해로부터 어떤 파 사람이 주장하기를, "문화 초기에는 자연의 극히 조잡한 인과적 고찰, 그리고 詩的 공상에서 소산된 각양각색의 의인적 형태를 서로 결합시켜서 갖가지의 신과 영귀를 만들어 내었다. 이리하여 이른바 종교가 존재하게 된 것이다. 그리고 종교가 탄생한 원인은 인류가 이 망막무애한 대우주 속에서 노력하여 그 작은 생존을 지탱하고자 했기 때문이다. 바꾸어 말하면, 원시인류는 자연계에 대한 이해할 수 없는 위력 때문에 자신의 무력감을 느끼지 않을 수 없었다. 이에 드디어 이 위력적인 것을 신과 영으로 숭배함으로써 그 분노를 피하고자 했고, 또한 이처럼 위대한 힘으로부터 비호를 구하고자 했다. 이러한 심리 때문에 결국 종교가 출현하게 된 것이다. 학문적 고찰이 발달함에 이르자 자연을 기술 아래에 지배할 수 있었으므로 종교의 지위는 곧 동요하기 시작했다. 그리고 학문, 예술 혹은 도덕이 모두 종교로부터 분리해 나갔고, 최초의 뒤섞여서 이루어진 정신생활로부터 각각 독립해 나가서 그 각자의 **특수한** 영역을 주장하기에 이르렀던 것이다. 이리하여 종교에 남은 독립 영역조차도 점차로 아무것도 없게 되고 말았다." 이러한 종교론은 많은 사람들에 의해서 주장되었고, 특히 근대 문화인이 품었던 가장 보편적인 종교관이 되었다.

위를 근거로 해보면 문화의 혼돈 초기인 동시에 즉 종교적 시기라 하겠다. 이와 반대로 어떤 파는 이 견해에 반대하여 정신생활의 제1기로부터 본래 원시적 학문인 소위 '魔術'을 간파해 냈다. 그들의 생각에 따르면, "종교는 마술 이후에 마술로부터 발생되어 나온 것이다. 따라서, 종교와 학문은 서로 대립된 것으로 이것이 바로 종교가 원시적 학문 즉 마술과 같지 않음을 말해 주는 것이다. 종교는 세계를 지배하는 운행을 신령의 존재로 설명하는 까닭에, 제사나 기도 등의 방식으로 신의 가호를 구한다. 하지만, 이러한 종교 주장은 단지 하나의 가설일 따름이다." 사실 여기서는 왜 마술에서 종교로 진행되었는지의 그 이유에 대해서는 충분하게 말해 주지 못하고 있다. 예로, 이 파의 대표적인 학자의 말에 의하면 다음과 같다. "사람들이 점차로 마술을 가지고 우주의 위력을 설명하는 것이 허위임을 느꼈을 때에, 나아가서 우주의 위력에 대해서 인류의 무력을 발견했던 그 지점에서 곧 신령을 지닌 종교가 발생하여 그 비호를 구하게 되었다. 이 시기에 마술은 妖法으로 변하여 종교의 적이 되었음은 물론, 더욱이 점차로 진화하여 학문이 되었다. 학문이 전 세계 연구의 대상이 되었을 때에는, 곧 이른바 신령 또한 어떠한 존재의 가치도 없게 되고 만다." 이 단락에서 마술과 종교의 관계에 대해서 설명은 하고 있지만, 여전히 적극적으로 아무것도 설명한 것은 없다. 만약 우리들이 마술을 또한 단지 종교 시기의 산물이라고 규정한다면, 마술과 종교는 대립적인 것이 아닌 게 되고, 마술 속에서도 이미 신적 위력의 발견, 즉 종교는 마술과 서로 결합해서 출현한다는 사실을 간파할 수 있다. 왜냐하면, 우리들은 종교가 어째서 뒤에 존재하고 마술은 필연적으로 앞에 존재하게 되는지를 설명할 수 없기 때문이다. 즉, 종교와 마술의 구별은 전자는 신명 자체가 진정한 숭배의 대상이 되고, 후자인즉슨 신명이 세속적 공리를 위해서 이용된다는 점에 있다. 그러나 왜 종교가 처음부터 진정으로 신명을 숭배하지 않았을까? 나는 어떠한 변명의 이유도 존재하기 어렵다고 생각한다. 다시 생각해 보아 만일 종교가 맨 처음 인류의 실제적 생존상의 요구와 유관했다면, 이른바 원시의 제1기 종교학자 역시도 마술적 분자와 서로 결합시켰을 것임을 알게 될 것이다. 그런 까닭에 프레이저(Frazer)는 원시 마술과 종교의 분별은 이미 현대 학자에 의해서 부인되었고, 마술과 종교는 단지 한 존재의 양면에 불과하다고 생각했다. 그리고 우리들이 말하는 문화철학이란 더욱 그러한 주장, 즉 원시 문화가 '원시적 학문 문화 = 마술'이라고 하는 견해를 막론하고, 마땅히 슈펭글러의 생각을 채택하여 문화사의 제1기는 사실 '종교적 문화'라고 생각해야 한다. 소위 마술이란 종교 문화 중의 '종교적 과학'이라 말하지 않을 수 없다. 이러한 종교적 과학은 '종교적 종교' 시대와 동일하게 장구하며, 중세 시대에 이르러서는 소위 점성학과 야금술이 모두 이 시기에 속한다.

3

다음으로 종교적 문화 개념에 대해서 서술하고자 한다. 내가 '문화유형학'을 설명할 때에 일찍이 헤겔 변증법의 전문 용어를 가지고서 문화의 몇 가지 유형을 설명한 적이 있다. 즉,

- an-Sich(in itself)------------ 즉자적---------철학적 관념 형태
- für-Sich(tor itself)----------- 내자적---------과학적 관념 형태
- an-und-für-Sich(in and for itself)--즉자대자적--예술적 관념 형태

그런데, 나는 동시에 '즉자적' 앞에 응당 '몰자적'이라고 하는 한 단계를 덧붙여야 한다고 주장한 바 있다. 이제 본래 이 의미로서 종교적 문화가 무엇인지를 한번 설명해 보고자 한다.

종교적 문화 개념은 철학적 문화 개념과 비교할 수 있다. 철학적 관념

형태는 '즉자적' 즉 헤겔의 이른바 '자기 자신에 의거한다는 것'이다. 철학자는 왜 자기 의식(자각)을 중시하고 정신적 자유를 중시하는가? 왜 종교와 다르게 우주 인생에 대한 진의를 신앙에서 구하지 않고 합리적 연구에서 찾는가? 이것은 바로 철학이 '자기 자신에 의거함'을 그 근본으로 삼기 때문이다. 이를테면 '나는 이렇게 생각한다', '나는 하려고 한다', '나는 본다', '나는 나 자신을 안다'라고 하는 이 모든 비판은 나의 주관적 관찰과 비평에 의한 것이며, 모든 학문을 나 자신의 의식에 의거해서 해결하고자 한 것이다. 그러므로 진정한 철학자는 교의를 위배하면서까지 새로운 설을 스스로 제창한다. 종교적 권위하에 굴복당하여 당시 문물에 대해 감히 반항적이고 비판적인 태도를 취하지 못하는 자는 사실 철학자라고 할 수 없다. 더군다나, 철학 속에서는 각각 자기 자신에 의거하기 때문에 일치된 진리나 일정한 정설은 존재하지 않는다. 그가 견지한 태도가 비록 때때로 종교, 과학, 더 나아가서는 예술에 가까울 수도 있겠지만, '철학'에 한에서만은 곧 이 '즉자적' 관념 형태는 변할 수가 없는 것이다. 이러한 면을 깨달은 다음에야 우리들은 비로소 종교와 철학을 적절하게 비교해서 종교적 문화 개념을 분명히 이해할 수 있다.

원래 종교는 '몰자적'이고 철학은 '즉자적'이다. 몰자적이라고 하는 단계는 비록 헤겔 변증법에서 주의를 기울이지 않고 있지만 사실인즉슨 더없이 중요하다. 뿐더러, '몰자적'이란 실상 즉자적이 발생되어 나오는 기초가 된다. 그런데 '몰자적'은 도대체 어떠한 관념 형태인가? 이것은 내가 말한 대로 그야말로 '자신을 망각한 상태'로서, 전적으로 우주 생동 감정의 정신적이고 경건적인 성질에 해당한다. 그리고 우리들이 우주 앞에 서면 스스로 보잘것없다는 생각을 품게 됨으로써, 그것이 가장 존엄하고 가장 위대한, 불가사의한 정신 능력을 가짐에 따라 각 사람의 생명을 지배한다는 것과 같은 믿음을 갖는 것이다. 그러므로 '몰자적' 관념 형태는 바로 종교로서 투영된 상태(Projective)이고, '즉자적' 관념 형태는 철학으로서 주관적 상태(Subjective)에 해당된다고 함이 크게 다르다. 몰자적 관념 형태에서는 일체 모두가 감각적 혼돈 상태 속에 있어서 자아적 관념이 스스로 명확하지가 않다. 그러나 '즉자적' 관념 형태에서는 흡사 아동이 처음 '나'라고 외치는 그 소리와도 같다. 이때 에는 이미 나를 자각하여 다른 많은 사람들과 관계를 가지는 한 개인 의 자아가 존재한다고 하겠다. 즉자적이란 사실 몰자적 전개로부터 온 것이다. 바꾸어 말하면, 철학이란 사실 '종교'로부터 점점 분리, 독립되 어 나온 것이다. 그러므로 철학은 종교와 무관할 수가 없다. 철학의 제1 시기에는 실제로 단지 종교적 철학만이 존재할 뿐이고, 소위 진정한 의 미의 철학(철학적 철학)이란 존재하지 않는다. 철학의 분류는 일반적으 로 형이상학, 인식론과 논리학으로 나누어진다. 형이상학은 우주관적 요구이고 종교적 관념 형태는 우주관적 태도라고 말할 수 있으므로 매 우 연원적임을 알 수 있다. 그러나 말이 비록 이와 같다고는 하지만, 철학과 종교는 논리적 기초가 같지 않기 때문에 문화적 개념 또한 분 별하지 않을 수가 없다. 대략 말하자면 다음과 같다.

【1】종교는 전체적이고 철학은 개인적이다. ─ 종교란 '몰자적' 관념 형 태이기 때문에 전체적이고, 철학이란 '즉자적' 관념 형태이기 때문에 개 인적이다. 종교의 관념 및 그 교의는 하나라도 전체적인 사회 공동 재 산을 조지하지 않음이 없어서 공동 신앙을 가진 교도를 쇠사슬로 결합 시키고자 한다. 가령 陳大齊가 그의 『철학 개론』(9~10쪽)에서 말한 바와 같이, "인류가 모여 사회를 이룰 때에 종교는 부지불식 간에 발생 되어 전 사회에 가득 차 그 숭배를 받는다. 개인의 생각과 능력에 걱정 이 없도록 오직 이것만을 위해서 안출되는 것이다. 쇼펜하우어가 종교 를 민중형이상학(Volksmetaphysick)이라 일컬었는데 그 직무 때문이라 하겠다. 종교적 우주관은 사회의 집합 정신에서 나온 탓에 首創者가 없

다고 말할 수 있다. 예로 이집트의 종교, 그리스의 종교는 지금까지도 더욱이 人道 및 그 시조라는 것이 없다. 예수교와 회교가 각기 그 교주가 있다고는 하지만, 예수(Jesus)와 모하메드(Mohammed)가 진정 새로운 교를 홀로 창조한 것은 아니다. 단지 유태 및 아라비아의 고유한 구교에 개혁을 가했을 따름이다." 반대로 철학에 관해서 말하자면, "철학의 기원은 독립적 인식 충동이며 그 취사는 전부 이성에 근거한다. 무릇 철학자에 속하는 인물치고 하나라도 고적한 사상가가 아닌 이는 없다. 모든 전해지는 말에는 반드시 비판을 가하고, 우주관에 있어서는 반드시 자신의 사색과 학식에 의거해서 체계를 세움은 물론 자신의 방법에 따라서 진행시킨다. 즉 예로부터 대대로 전해지는 것이거나 혹은 당시 유행되는 학설과 위배된다고 하더라도 그 길을 변경하지 않는다. 뿐더러, 때때로 그 상합되지 않는 학설에 대해서는 준엄한 비판으로 반대하기를 주저하지 않는다."(예루살렘 저, 『서양철학 개론 』, 5~6쪽.) 이런 까닭에 철학을 말하면 수창자의 이름과 호가 언급되어지는 것이다. 우리들은 플라톤의 철학, 칸트의 철학, 콩트의 철학을 말할 수는 있지만, 모모 종교를 모모 사람에게 포함시킬 수는 없다. 이것이 종교가 전체적인 것에 속한다는 사실을 보여 주는 예라 하겠다.

【2】 **종교는 권위적이고 철학은 비판적이다.** - 종교는 '몰자적' 관념 형태이기 때문에 신앙을 그 중심으로 삼지만, 철학은 '즉자적' 관념 형태이기 때문에 비판을 그 중심으로 삼는다. 신앙은 침범될 수 없는 것이기에, "사회가 모두 가치 있다고 생각하는 교의를 대대로 서로 전하고 최후에는 국가의 권위에 의해서 보호받는다."(상동, 5쪽.) 이와 반대로 철학의 성질은 순수하게 비판적 태도를 취하며 기존 학설에 구애받지 않고 힘써 자유를 숭상한다. 때문에, 칸트 일파는 그야말로 철학을 비판적 학문(Critic Science)이라 주장했고, 현대에 이르러서 이 정의는

더욱 많은 학자들의 찬성을 얻고 있다. 러셀(Russell), 코언(Cohen)과 같은 이들은 모두 비판이 철학의 최대 공헌이라 말한 적이 있다. 이처럼 비판을 중시하는 정신이야말로 철학의 특징 바로 그것이라 하겠다. 다시 철학의 심리적 기원에 관해서 보자면, 의문은 철학의 발단이고 신앙은 종교의 발단인 까닭에 철학은 최초 하나의 의문 부호(?)임을 알 수 있다. 우주 사이의 현상 변화에 있어서는 어디서든 의심은 존재한다. 그러기에, 의문으로부터 해결의 방법을 생각해 낼 수 있으니 그것이 바로 철학의 다름 아니다. 반대로 종교는 최초에 하나의 찬탄 부호(!)라 해야 할 것이다. 우주 사이의 현상 변화에 대해서 어디서든 모두 찬미적 대상이 되어, 마치 신의 업적이 까마득히 높아 아래로 만물을 내려다보는 것처럼 느껴진다. 우리들은 그의 陶冶溶化를 받은 까닭에 그를 벗어나서는 독립해 스스로 존재할 수 없다고까지 생각된다. 이 때문에 그의 앞에서 헌송하기를 그치지 못하는 것이다. 그러므로 종교를 말하지 않으면 그만이지만 종교를 말하고자 한다면, 마땅히 깨끗한 마음으로 신앙적, 감탄적, 더 나아가서는 침범할 수 없는 권위적 태도를 취해야만 한다. 이것이 바로 성질상 종교가 또한 철학과 서로 같지 않다는 사실을 보여 주는 것이라 하겠다.

이제 종교와 철학이 서로 충돌하는 역사를 한번 살펴보도록 하자. 인류 지식은 '몰자적' 관념 형태로부터 '즉자적' 관념 형태로 나아가는 속에서 피할 수 없는 관념 투쟁이 발생힌다. "옛 그리스에서 소크라테스는 사회의 부패를 자세히 관찰하여 새로운 설을 창조해 세상을 구원하려 했다. 무지한 무리들이 옛 설에 얽매어 그 새로운 설을 이단이라 하였다. 즉, 신을 모독하고 청년들을 미혹시켰다는 죄명으로 그를 사지로 내몰았다. 이것은 서방 성인이 온 몸으로 도의를 위해 순교한 그야말로 마음 아픈 역사이다. 근세에 이르러서는 그 충돌이 더욱 심하였다. …데카르트, 스피노자, 루소 등 여러 대사상가들은 종교에게서 원수로 취급되어졌다. 그리고 몸에 형벌을 받거나 혹은 그들의 책이 철저히 금지되는 등 수없이 많은 곤궁을 당하였다."(陳大齊, 『철학 개론 』, 10쪽.) 그러나 종교와 철학의 충돌을 한번 연구해 보면, 실제로 인류 지식이 문화선상의 제1시기(종교 시기)로부터 문화선상의 제2시기(철학 시기)로 나아가는 중에 응당 존재하는 논리의 필연적 발전, 그리고 대사상가나 대철학자는 이러한 문화 과정 속에서 하나의 희생이었음을 보여줄 따름이다. 이뿐만 아니라, 그것을 미루어 보면, 즉 문화선상의 제3시기(과학 시기)에서도 종교의 세력은 여전히 남아 있다. 종교의 문화 개념과 과학의 문화 개념이 다른 까닭에, 구세력을 대표하는 종교는 여전히 종교와 과학이 충돌하는 큰 원인이 될 수 있다. 대략 말해 보면 종교와 과학의 분야는 다음 사항에 있다고 하겠다. (1)종교가 순수한 정신적 문화라면, 과학은 물질적 문화이다. (2)종교가 초자연적 문화라면, 과학은 현실적 문화이다. (3)쉘러가 말한 대로 종교가 해탈적 문화라면 과학은 실용적 문화이다. 다시 종교적 문화 개념과 예술을 서로 비교해 보면, 종교는 '몰자적'이고 예술은 '즉자대자적'이다. 양자가 똑같이 감정의 산물에 속하는지라 흡사 서로 동일한 것으로 보일 수도 있겠지만, 종교적 감정은 일종의 헌신적 감정에 귀의하고 예술은 일종의 표현적 화해적 감정에 속한다. 종교는 '무 표시'로 이상향을 삼고, 예술은 '미적 표시'로 이상향을 삼는다. 그러나 종교 그 자체로만 말한다면 그 발달된 몇 단계 중 제4단계에서의 종교는 사실 이미 美育으로 종교를 대신한다거나 미적 종교의 경향성을 띤다. 이 점이 바로 매우 주의를 기울일 만한 것이라 하겠다.

4

다시 방법론상에서 각 문화 유형의 관계를 관찰해 보면, 또한 각 문화 유형을 파악해 낼 수 있다. 사용하는 방법이 같지 않기 때문에, 귀속된 문화 유형 또한 같지가 않다. 피어슨(Pearson)이 전에 다음과 같이 말한 적이 있다. "과학의 주체는 그가 사용한 방법에 달려 있지 취한 자료가 어떤 부류인가에는 관계가 없다." 과학뿐만이 아니라, 즉 종교가 종교다운 까닭은 종교적 방법을 운용하기 때문이며, 철학이 철학다운 까닭은 철학적 방법을 운용하기 때문이다. 또한 예술이 예술다운 까닭은 예술적 방법을 운용하기 때문이다. 그렇다면, 종교의 한 특수형태를 구성하는 방법은 도대체 무엇인가? 방법론상에서 보면 각종 문화적 유형은 각종 다른 방법에 의해서 형성된다고 나는 생각한다. 자세히 서술해 보기로 하자.

· 연역법(신앙)------------------------------------종교
· 변증법(내성)------------------------------------철학
· 귀납법(관찰, 실험, 비교, 역사)----------------------과학
· 직관법(표현)------------------------------------예술

재차 각종 방법의 상호 관계에 따라서 상세하게 배열해 보면 다음과 같다.

	제1시기	제2시기	제3시기	제4시기
종 교	연역적 연역법	변증적 연역법	귀납적 연역법	직관적 연역법
철 학	연역적 변증법	변증적 변증법	귀납적 변증법	직관적 변증법
과 학	연역적 귀납법	변증적 귀납법	귀납적 귀납법	직관적 귀납법
예 술	연역적 직관법	변증적 직관법	귀납적 직관법	직관적 직관법

변증, 귀납, 직관의 각 방법에 관해서는 이하 각 장에서 철학, 과학, 예술인 각 문화의 개념을 설명할 때에 다시 말하기로 하겠다. 이제 소위

연역법이 무엇인지를 먼저 논해 보도록 하겠다. 연역법은 신앙에 의지해서 성립되고 그 특색은 모든 사상의 가장 보편적인 형식에 배치되어 있다. 서방의 아리스토텔레스, 테오프라스투스(Theophrastus)와 유클레무스(Euclemus) 및 스토아학파, 그리고 중세기의 스콜라 학자가 발양시킨 '3단 논법'(Syllogism) 혹은 인도의 因明(hetu-vidyā, 고대 인도에서 일어난 논리학으로 五明의 하나. - 역주), 중국의 墨辯을 막론하고 모두 이 방법을 응용하여 종교적 교의를 옹호하였다. 因明의 경우를 보면 이것이 어떠한 경지에까지 진보했든 간에, 다소의 종교성을 지닌다는 점은 어쨌든 부인할 수 없는 일이다. 예를 들어서, 『因明大疏』에서 말한 "因明을 구하는 것은 邪論을 파하고 正道를 건립하기 위해서이다." 또, 『니야야경』(Nyāya-sūtra, 尼夜耶經 또는 正理經. - 역주)에서 말한 '량제量諦'(pramāna, 정리학파의 16제 중 하나. 참 지식을 획득하는 방법. 現量 · 比量 · 聖言量 또는 聖敎量 · 譬喩量 네 가지 종류가 있음. - 역주)의 내부에는 "聖敎量"이 있는데, 즉 성인의 말을 모든 언어 사상의 표준으로 여긴다는 것이다. 陳那의 『新因明』은 마땅히 매우 개혁적이라 해야 하겠지만, 여전히 "자신의 교의에 위배된다."("自敎相違.")라는 一條가 들어 있다. 『入正理論』에서는 "자신의 교의에 위배된다고 함은 勝論師가 '소리는 항상하다'라는 宗(주장명제)을 세우는 것과 같다."라 했고, 바이셰쉬카학파(Vaiśeṣika, 勝論學派)에서는 "소리는 무상하다."("聲是無常.")를 주장했다. 그 三支論을 도식해보면 다음과 같다.

"소리는 무상하다."("聲是無常.")----------------------------- (宗)
"지어진 것이기 때문에"("所作性故")------------------------ (因)
"지어진 것은 모두 무상하다. 마치 병 등과 같이."
("凡所作者皆是無常, 例如瓶等.")--------------------------- (喩)

이와 같은 삼지론법은 古因明의 五分作法을 간략히 한 것에 불과하며 사실 서양의 3단 논법에 해당된다. 그것을 한번 고쳐 보면 다음과 같다.

"지어진 것은 모두 무상하다."("凡所作者, 皆是無常.")------(대전제)
"소리는 지어진 것이다."("聲是所作性.")-----------------(소전제)
"그러므로 소리는 무상하다."("故聲無常.")--------------(결 론)

이러한 연역법은 선례가 가슴 속에 존재한 연후에야 그것을 특별한 사건으로 추론할 수 있다. 선례란 陳嘉翾의 『因明學』 속에서는 바로 '선입관(成見)'으로 여겨졌는데, 기실 곧 '종교적 교의'가 바로 그것이다. 『因明學』, 59쪽에 이르기를,

　"『新因明』이 세운 '喩體'는 가령 '지어진 것은 모두 무상하다'가 바로 이러한 선례인 것이다. 이제 이 선례를 누가 알려주었는가를 한번 따져 보자. 태어날 때부터 깨달은 존재인 성인이 아닌데도 어떻게 능히 사물의 '일반적인 법칙'(선례)을 알 수 있을까? 모두 평소에 각종 사물을 관찰함에 의해서 터득되는 것이다. 우리들이 '지어진 것은 모두 무상하다'라는 사실을 알게 된 것은 瓶이 만들어진 것이기에 병은 무상하며, 찻잔이 만들어진 것이기에, 찻잔 또한 무상함을 관찰했기 때문이다. …관찰의 사례는 많다. 심리상의 '개괄 작용'으로부터 그러한 사례를 합해보면 하나의 綜例가 되는데 이것이 다름 아닌 귀납법이다. 그러므로 우리들은 그 지식을 막론하고 반드시 먼저 귀납법으로부터 터득해서 하나의 '일반적인 법칙'을 만들어 내고, 다시 그 '일반적인 법칙'에 의해서 '개체'를 추론한다. 이렇게 되고서야 비로소 연역법이 되는 것이다."

사실인즉슨 완전히 틀린 말이다! '귀납법적 연역법'에서는 당연히 이와 같은 새로운 해석의 존재를 허락할 수는 있다. 하지만 진정으로 연역법을 말한다면, 이 삼지론법의 성립 시기에 있어서는 그 의거한 바는

'관찰'이 아니라 '신앙'인 것이다. 바이셰쉬카학파에서 먼저 "소리는 무상하다."("聲是無常.")를 세워 敎義의 하나로 삼았기 때문에, 『入正理論』에서 비로소 "자신의 교의에 위배된다."("自敎相違.")라는 일조를 세워 인명과 종교의 관계를 규정했던 것이다. 『大疏』에서 이를 잘 해석하고 있다.

> "이치를 다투는 데에는 반드시 의거하는 것이 있다. 그러나 宗의 의미가 이미 자신의 종지에 어긋난다면 이치를 다투는 데에 있어서 어떻게 의거하는 것이 있겠는가? …자신이 의거하는 것에 어긋나면 과실이 되니, 기준으로 삼고 따르는 것에 위배되어 종지를 이어받은 것이 아니기 때문이다."

이것은 분명히 종교적 교의를 중시하는 태도가 아니겠는가? 베단타학파(吠檀多派) 및 상키야학파(數論派)는 더욱 말할 필요도 없다. 베단타학파가 스스로 이끌어다가 증거로 믿는 것은 오직 성전뿐으로, 現量과 比量은 모두 성교 경전에 있다고 여겼다. 상키야학파의 『金七十論頌』에 이르기를,

> "證量(現量과 같으며 일종의 직접지각 – 역주) · 比量(일종의 간접지각 – 역주) · 聖言量(성인의 경전을 지식의 근거로 하는 것 – 역주)은 능히 모든 경계에 통하니, 그러므로 양을 세우되 세 가지가 있다. 경계(25義 – 역주)의 성립은 양을 따른다."

연역법의 모든 기능은 즉 하나의 표준적 대전제를 세워서 교의를 옹호하는 데에 있다고 나는 생각한다. 그리고 그것의 목적은 논변으로써 타인의 언론과 주장을 찔러 승리함은 물론, 단지 종전의 모든 옛 지식에 정리를 가하는 것에 있다고 본다. 때문에 연역법은 신지식에 대한 어느 정도의 발명에는 매우 어려움이 있어서 옛 것을 그대로 답습하여

종교 교의를 옹호하는 유일한 방법으로 변하였다. 미덥지가 않다면 중국의 예를 더 들어보자. 가령 『墨子』「天志篇」에서는 이러한 '노예 근성적 논리'의 좋은 예를 찾아볼 수 있다. 만약 지금 한 기독교도가 여기에 있어서 너의 말이 만일 하나님의 意旨와 일치한다면 옳은 것이고 하나님의 의지와 일치하지 않는다면 그릇된 것이라고 우리들에게 말했다고 해보자. 그렇다면, 우리들은 반드시 그가 聖敎라고 추측해 말할 것이다. 墨子는 명백히 '天志'를 가지고 모든 일을 측량해 갔고, 명백히 하나의 대전제를 정하여 우리들의 언담과 사상의 표준으로 삼았다. 이제 우리들은 그가 삼단 논법을 응용하여 '천지'가 의로움을 바라고 불의를 싫어하는가에 대해서 어떻게 증명하고 있는지를 한 번 보도록 하자. 그는 말하기를(「天志上」),

(대전제) "천하에 의로움을 얻으면 살고 의로움이 없으면 죽으며, 의로움을 얻으면 부하고 의로움이 없으면 가난하며, 의로움을 얻으면 다스려지고 의로움이 없으면 어지럽다."("天下有義則生, 無義則死; 有義則富, 無義則貧; 有義則治, 無義則亂.")
(소전제) "그러므로 하늘은 사람이 살기를 바라고 죽이는 것을 싫어하며, 부하기를 바라고 가난한 것을 싫어하며, 다스려지기를 바라고 어지러운 것을 싫어한다."("然則天欲其生而惡其死, 欲其富而惡其貧, 欲其治而惡其亂.")
(결론) "이것이 내가 하늘은 의로움을 바라고 불의를 싫어한다는 것을 알게 된 까닭이다."("此我所以知天欲義而惡不義也.")

사실 이러한 삼단 논법은 삼가 생각할 수가 없다. 왜냐하면, 그것의 대전제는 반드시 믿을 만한 것이 아니기 때문이다. 만약 어떤 이가 하늘이 꼭 사람이 살기를 바라고 죽이는 것을 싫어하지만은 않는다는 것을 찾아낼 수 있다면, 곧 묵자의 결론은 성립할 수가 없게 되고 만다. 뿐더러, 모든 삼단 논법이 그 대전제가 모두 반드시 근거가 명확한 것은 아니기 때문에, 그 결과 역시 때때로 오류가 발생하기 쉽다. 예로 韓愈의 이른바 "뿔은 내가 그것이 소임을 알게 한다."라는 문장을 대전제로 해서 삼단 논법으로 그것을 서술해보면, "이 짐승은 뿔을 가지고 있기 때문에 이 짐승은 소이다."라는 말이 되고 만다. 이것은 분명히 크나큰 독단이 아닐 수 없다. 그러나 종교적 방법은 확실히 이러이러해야만 비로소 성립할 수 있는 것이다.

그렇지만, 연역법 속에서도 긴 발전의 역사가 있다. 바꾸어 말하면, 종교 방법 그 자체 또한 논리적 필연 법칙에 따라서 진화하는 것이다. 그러므로 종교 방법-연역법-속에서도 동일하게 '연역적 연역법'은 진정한 '종교적 종교' 시대를 형성하고, '변증적 연역법'은 '철학적 종교' 시대를 형성하고, '귀납적 연역법'은 '과학적 종교' 시대를 형성한다. 더 나아가서 '직관적 연역법'은 '예술적 종교' 시대를 형성한다. 이제 이 순서에 의해서 종교 자체의 역사적 발전을 한번 서술해 보고자 한다.

5

본래 종교문화사의 발전을 연구하고자 하면 먼저 종교의 본질적 고찰이 선행되어야 한다. 이렇게 되면 꼭 종교형이상학, 종교심리학, 종교사회학 등이 연구되어야 하고, 그 다음으로 또한 종교의 분류적 연구가 이루어져야 한다. 예를 들어서 슐라이어마허(Schleiermacher, 1768~1834)가 종교를 분류한 것을 보면, 그는 진화 단계에 따라 종교를 拜物敎, 多神敎, 一神敎의 세 단계로 나누었고, 더욱이 횡적 측면에서 동일 단계 중 또한 感美的 종교와 목적적 종교 두 종류로 나누었다. 아울러 헤겔이 종교를 분류한 것에 의하면 그의 철학 체계에 따라서 '자연', '정신적 개성' 및 '절대 정신' 셋으로 나누었고, 종교의 진화 단계를 다시 (1)자연 종교, (2)정신적 개성적 종교(혹은 윤리적 종교), 및 (3)절대 종교로 나누었다. 이것 외에도 이른바 사회학적 종교 분류가 있다. 예컨대 일반적으로 민족적 종교와 세계적 종교로 나눈다거나 혹은 부락적 종교, 민족적 종교, 세계적 종교로 나누는 3大 구별이 있다. 또한 하늘의 계시적 견지로부터 종교를 나누는, 즉 하늘의 계시적 종교와 신화적이고 허위적인 하늘의 계시 종교 등등으로 나누는 것이 있다. 단지 시간 관계상 자세히 서술할 겨를이 없다. 내가 세밀한 분석과 연구를 기울일 시간을 못 내었다고 하기에 앞서서, 나는 먼저 일본의 호아시 리이치로(帆足理一郞)가 저술한 『종교철학 개론 』 중 제3편 「종교의 사적 고찰」 제1장 '종교의 역사적 種別'에서 그가 나누었던 것을 채용하여 종교사 연구의 표준으로 삼고자 한다.(이 책은 800여 쪽의 큰 저작으로서 일독할 가치가 있다.) 그의 견해에 의하자면 모든 종교는 다섯 가지 유형하에 포괄될 수 있다고 했다. 즉,

(1) 원시 종교;　　　　(2) 추장 종교;　　　　(3) 민족 종교;
(4) 예언자 종교;　　　(5) 교회 종교.

　실제로 그는 종교의 사적 발전을 서술할 때에 단지 민족 종교로부터 말하기 시작한다. 이른바 원시종교, 추장종교는 모두 원시 민족종교의 한 제목하에 포괄될 수 있다. 그러므로 내 생각엔 종교 문화의 사적 발전은 간단하게 다음 열거한 큰 제목으로 요약할 수 있을 듯하다. 이를테면,

(1) 고대 민족종교
　・이집트의 종교 – 동물 숭배 – 태양신 숭배 – 死者 숭배 – 이집트 후기의 종교.

· 희랍인의 종교 – 가족의 종교 – 도시 국가의 종교.

· 로마인의 종교 – 로마공화국 종교 – 로마제국의 종교.

(2) 예언자 종교

· 조로아스터교(Zoroastrism)

페르시아인의 특질과 그 종교 – 조로아스터교의 교리와 의식.

· 이슬람교(Mohammedanism)

아라비아의 종교 – 모하메드의 종교 – 정통파 신학의 발전 – 신비주의 – 교조, 의식 및 도덕.

· 불교

베다의 종교 – 바라문교 – 불교 – 대승 불교 – 중국 불교 – 일본 불교.

· 기독교(Christianity)

유태교(Judaism) – 추장종교의 유태교 – 민족종교 및 예언자 종교의 유태교.

기독교 – 예수(Jesus)의 종교 – 원시 기독교.

(3) 교회 종교

① 콘스탄티누스 대제로부터 종교 개혁 시대에 이르기까지(중세기의 기독교);

② 종교 개혁;

② 근대의 기독교.

이상은 '종교적 종교'의 발전에 대하여 말한 것으로, 사실 진정한 의미의 종교만을 되는대로 그 예로 제시한 것들이다. 우리들은 이를 통해서 그것이 모두 세 단계로 발전해 왔음을 간파할 수 있다. 예컨대 중국의 불교를 보면 제1기인 화엄종은 우주관적 종교이고, 제2기인 선종은 인생관적 종교이고, 제3기인 정토종은 사회관적 종교라고 할 수 있다. 아울러, 인도의 베단타교(吠檀多敎)와 같은 경우인즉슨, 제1기 창시자인 바다라야나(Bādarāyana, 婆陀羅衍)가 저술한 『베단타경』은 우주 대 원리인 '梵'(Brahman의 음역 – 역주)에 대해서 설명하고 있는데, 이것은 우주관적 종교임을 보여 주는 예라 하겠다. 제2기인 가우다파다(喬陀婆 陀, Gauḍapāda)가 저술한 『만두캬 카리카』(Mānḍūkya-kārikā, 曼陀括 耶頌)는 우리들 심성의 不變常住한 '我'에 대해서 설명하고 있는데, 이 것은 인생관적 종교임을 보여 주는 예이다. 제3기인 마하트마 간디 (Mahatma Gandhi)는 종교적 성향의 정치 영수로서 비협력 운동을 제 창했는데, 이것은 사회관적 종교임을 보여 주는 예이다. 마지막으로 기 독교의 발전을 예로 보면 기독교 자체도 문화 분기의 원리에 따라서 발전한다는 사실을 더욱 쉽게 이해할 수 있다. 이제 기독교를 주체로 삼아서 서양 종교 문화의 발전을 네 시기로 나누어 보도록 하자.

 [제1시기] 종교적 종교: 종교의 유일한 취지는 곧 '신'의 존재이다. 종교 발달사가 우리들에게 전달해 주는 메시지는 '신'의 관념적 변천, 즉 종교적 신에서 자아적 신까지, 자아적 신에서 사회적 혹은 과학적 신에 이르기까지가 그것이다. 최초 기독교의 창립은 여호와를 숭배함이 었다. 그리고 『四福音』이 말한 기독은 만물이 하나님으로부터 만들어진 것이고 인류는 하나님으로부터 생겨난 것이므로, 우리들은 마땅히 구원 해 줄 하나님에게 복종해야만 비로소 영생을 얻을 수 있다는 점을 선 언한 것이다. 이처럼 진보적인 神的 사상은 1200년이 경과하도록 콘 스탄티누스 대제로부터 종교 개혁 시대에 이르기까지 전 세계는 모두 발광한 것처럼 이 인격적 하나님을 신앙함으로써 교황의 교권만능주의 를 형성시켜 왔다. 곧바로 1517년 10월 30일, 루터(Martin Luther)는 '95개조의 항의문'을 비텐베르크 대성당의 정문에 못으로 부착해 힐문 하였다. 이 새로운 教徒의 개혁 대운동을 거친 다음에야 新教의 신학 기초가 비로소 성립된 셈이다. 그리하여 하나님의 관념도 또한 초자연

적 세력으로부터 一轉하여 개인적 내재 체험으로 흘렀다. 루터는 다음과 같이 말한 적이 있다. "신을 만듦은 신의 진위에 관계없이 단지 信任과 신념일 뿐 별다른 것은 없다." 이렇듯이 이미 하나님이 신념인 이상에야 종교적 하나님(제1기) 역시 점점 자아적 하나님(제2기)으로 기운다고 하겠다. 때문에, 포이어바흐(Feuerbach)는 『장래철학의 근본명제』(岡村幸二 譯) 제1절에서 "근대 문제는 바로 신의 현실화와 인류화인데, 신학이 일전하여 인류학으로 융화되었다."라고 했다. 제2절에서는 다음과 같이 말하고 있다. "이러한 인류화의 종교적 혹은 실천적 방법이 바로 新敎이다. 인류의 신은 기독일 뿐이며, 오직 기독만이 신교의 신일 수 있음을 기독교는 주장한다. 때문에 신교는 이미 카톨릭교와 같다고 할 수 없다. 신이 무엇인가라는 질문에 대해서는 신은 인류의 입장에서 보아 어떠한 것이냐에 달려 있다. 이런 까닭에 신교가 카톨릭교와 같지 않은 이유는 사변적 혹은 명상적 경향이며, 신교는 그야말로 이미 신학이 아니라고 말하는 것이다. - 신교는 본질상에서 말한다면 단지 기독교, 즉 종교적 인류학일 뿐이다." 포이어바흐가 비록 극력 기독교를 반대하고 나섰지만, 이 일단의 역사적 서술은 사실 매우 간명하다고 하겠다. 실제로 신교 다음서부터 종교적 제1시기에서 종교적 제2시기로 모두 전환되어, 매우 농후한 '철학적 종교'의 색채를 띤다고 볼 수 있다.

[제2시기] 철학적 종교: 낭만주의자 슐라이어마허의 『종교 강연』은 당시 교육을 받던 모든 사람들에게 정신상의 매우 커다란 감동을 주었다. 이것이야말로 진정으로 종교의 제2기를 대표한다고 하겠다. 그는 신의 존재란 단지 감정 속에서 계시될 뿐이라고 주장한다. 직관과 감정이 합일되어 감정에 의해서 신의 존재가 확인되는데, 즉 직관에 의한 다음에야 직접적으로 神性을 감지할 수 있다는 것이다. 이 말대로라면

이른바 천당, 인격적 하나님, 최후의 심판 모두는 필요치가 않게 된다. 슐라이어마허 말고도 많은 대철학자들, 예컨대 데카르트, 말브랑슈 (Malebranche), 스피노자, 라이프니츠(Leibnitz), 칸트, 피히테, 셸링, 헤겔 등은 하나의 신비하고 불가사의한 존재를 '신'이라고 불렀다. 이 신을 어떤 이는 심적 지위로(말브랑슈), 어떤 이는 도덕적 존재로(칸트) 생각했다. 또, 어떤 이는 보편적 자아로(피히테), 어떤 이는 세계를 구성하는 통일적 절대 관념으로(헤겔) 생각했다. 특히 스피노자와 라이프니츠는 가장 완전한 신학 체계를 건설했다. 스피노자는 그 본질의 신앙이고 라이프니츠는 그 玄元의 신앙인데, 모두 자아적 종교 신앙이다. 이것은 모두 제2기인 '변증적 연역법'으로부터 획득돼 나온 종교적 정신으로서, '연역적 연역법'에 의거한 순수 종교, 즉 예수, 모하메드의 종교와는 서로 크게 다르다고 하겠다.

[제3시기] **과학적 종교**: 종교의 제3시기는 사회적 과학을 기초로 삼고 있기 때문에, 제2시기의 종교가 관념론을 기초로 삼고 있는 것과는 또한 크게 다르다. 그래서 제3기는 새로운 종교를 제창했던 것으로, 가령 오언(Owen), 푸리에(Fourier)와 같은 이들은 동시에 사회주의자이기도 했다. 가장 저명한 이들로는 다음과 같다. 즉, 콩트는 여전히 人道 敎를 세우고자 했음은 물론, 헤켈(Haeckel)은 일원적 종교를 세우고지 했다. 그리고 톨스토이(Tolstoy)는 '노동'(labour)과 '사랑'(love)을 종교로 삼고자 했다. 그들은 모두 종교를 사회적·과학적인 데에 적용하려고 했을 따름이다. 이것 외에도 자칭 기독교 과학자(Christian Scientist)라고 했던 일파가 있다. 그들은 과학상에서 종교를 건립하고자 했다. 반면에 또 한 파가 있다. 말하자면, 슈트라우스,(Strauss, 『낡은 신앙과 새로운 신앙』을 지음.) 포이어바흐(『그리스도교의 본질』을 지음.) 등은 기독교에 대해서 새로운 과학적·역사적 비판을 사용했다.

혹은 헉슬리(Huxley), 스펜서(Spencer) 등에게서 불가지론(Agnosticism)
이 출현하기도 했다. 더욱 철저했던 것은 사회주의의 노동자들로서 그
들은 완전히 무종교적 그 자체이다. 하지만, 어떤 이는 거기에다가 '마
르크스교'라는 명칭을 덧붙이기도 했다. 이렇게 볼 때에 제3기의 종교
신앙은 단지 무종교적 종교일 뿐이고, 하나님은 物力, 에테르임은 물론
허무맹랑한 것에 지나지 않는다. 그렇다면 오히려 무슨 종교라고 하겠
는가? 그러나 무종교적 교의인 이 세력이 사람들에게 깊이 파고들면,
과거 시기의 종교와 또한 차별이 없게 되고 만다. 때문에, 여전히 사회
적 혹은 과학적 종교라고 부를 수 있는 것이다. 『理想』 제20호 "현대종
교문제호"에는 후루노 키요토(古野淸人)가 지은 「사회적 신비주의의
이론」이라고 하는 한 편의 논문이 실려 있는데, 여기서 어떤 이가 레닌
을 비판한 것에 대해 언급하고 있다. 이를테면, "레닌의 웅변은 시종
논리적으로 이루어져서, 이미 꾸미지 않고 사람들을 감동시키는 힘 또
한 없다. 하지만, 그의 모든 것은 그 형언할 수 없는 일종의 신비적 영
혼과도 같아서 마치 종교의 주문을 읽고 있는 느낌이다." 또 고리키 역
시 비평하기를, "그의 신념의 꿋꿋함은 청중으로 하여금 조금이라도 의
혹의 여념을 남기지 않는다. 이것은 그가 열광적인 신념을 소유하고 있
기 때문이다. 하지만, 그것은 형이상학적 혹은 신학적 믿음에서 온 것
이 아니라, 과학적 믿음에서 온 것이다." 이 때문에 작자는 다음과 같
이 단정했다. 즉, "레닌은 민중 심리를 엿보아 가장 깊이 있게 이해한
사람이다. 그의 역량은 사실 마르크스주의에 대한 종교적 신앙으로부터
출발한 것이다. 그는 있는 힘을 다해서 이른바 신성적인 존재를 부정하
려 했지만, 그 스스로 무산 계급의 해방을 위해서 융통성 없는 헌신적
인 태도를 취하였다. 이 점이 오히려 일정 부분 성자의 모습을 닮았다
고 할 수 있다. 그리하여 저 러시아에 있어서 아니! 그는 그야말로 전
세계 무산계급의 아버지, 집단적으로 숭배 받는 우상, 만국 공산주의의

상징이 된 것이다. 이처럼 레닌 속에는 실제로 우리들에게 일종의 종교적 존재로 반영되고 있다. 사실 그의 사진은 벌써부터 마르크스의 사진과 동일시되었고, 正敎 聖像의 대체물이 되어 사람들을 굴복시킴은 물론 그의 묘지는 성소가 된지 오래다. 그의 주검은 종전의 기독교의 성자와 같아서 수많은 사람들에게 참배와 숭배의 대상이 되었다." 이 문단의 말에 비추어 보면 마르크스교라고 하는 명사 역시도 성립될 수 있음을 증명해 주는 것이 아니겠는가? 때문에, 나는 이전에 『역사철학』(190쪽)에서 그것으로써 종교를 대체하고자 한 제3기에 해당된다고 했는데, 역시 그 이유가 없는 것이 아니다. 비록 마르크스파의 한 신도가 나의 『역사철학』을 비판할 적에 황당무계하기 짝이 없는 소리로 치부하기도 했지만,(靑銳 譯, 「歷史哲學・序」에 보임.) 나 역시도 그와 논쟁할 겨를이 없다. 이른바 과학적 종교란 역사의 자연적 발전에 비추어 보면, 이런 종류의 종교라는 것도 '어떤 시대의 가치'에 불과하다고 나는 생각한다. 시대가 이미 지나게 되면 새로운 제4시기의 종교가 발생하여 그것을 대체하지 않을 수가 없는 것이다.

[제4시기] 예술적 종교(일명 생명의 종교): 현대의 종교 중 가장 분명히 드러난 것은 신기독교(Neo-Christianity)의 운동이다. 그리고 제임스(James)는 신앙의 의지를 제기하여 종교를 각 사람들의 생명에 대한 전체 반동으로 간주했다. 베르그송의 철학은 신비의 옷을 입고서 신을 끊임없는 생명, 쉼 없는 동작, 영원한 지속으로 간주했다. 특히 오이켄(Eucken)의 종교 사상은 이 시기를 대표한다고 할 수 있다. 그는 신을 절대적 정신생활로, 그리고 종교를 "인류가 정신생활을 체득하는 일종의 행위"로 여겼다. 더군다나 기도, 예배, 기적, 삼위일체의 잘못된 말들을 폐기하는 한편, 기독교는 인류가 정신 실재와 불후의 가치를 표현한 하나의 새로운 세계임을 그는 굳게 믿기도 했다. 그의 생각에 의하

면, 종교 목적의 첫 번째는 정신을 보존하는 데에 있고, 두 번째는 새로운 세계로 귀향하는 데에 있다. 그리고 세 번째로는 인생 표준을 확정하는 데에 있다. 이처럼 생명 활동을 품고 있는 종교 신앙은 바로 가장 근대적인 종교의 새로운 경향이라 하겠다. 그런데, 여기서 내가 특히 서술하지 않을 수 없는 것이 있다. 나의 스승 蔡元培 선생이 "美育으로 종교를 대신하자"(以美育代宗敎)고 주장했던 설이 바로 그것이다. 채선생의 학설(선생『언행록』, 203~213쪽.)에 따르자면, 종교는 근본적으로 이미 과거의 쓸모없는 존재인 것이다. 그러므로 말하기를,

"무릇 종교란 저 유럽 각국에서는 이미 과거의 문제가 되어버렸다. 대개 종교의 내용은 이제 모두 經學者가 과학적 연구로써 그것을 해결한다. 우리들이 유럽을 유람할 때에 비록 예배당이 촘촘히 널려 있고 수많은 일반 사람들이 거기에 들어가서 예배를 올리는 모습을 볼 수 있지만, 이것은 일종의 역사상의 습관일 따름이다. 예컨대, 前 시대인 淸의 袍褂는 民國에서는 본래 적합하지가 않다. 하지만 그 쌓아둔 것이 너무 많아서 훼손하기가 아깝기 때문에, 일종의 예복으로 정하여 계속 사용하고 있는 사정을 단지 옳지 않다고만은 할 수 없다. …유럽인이 종교 의식의 구습을 좇는 것도 이와 같을 따름이다."

위의 내용은 과학 시대에 종교란 이미 형태만 남은 존재임을 말한 것이다. 그런데, 蔡선생이 비록 종교를 반대하고는 있지만, 사실 "미육으로 종교를 대신하자"고 제창함은, 바꾸어 말해서 '美育'을 실행하기만 한다면 종교를 가지고 있음과 진배없다는 의미인 것이다. 그는 말하기를,

"종교와 가장 밀접한 관계를 지닌 것은 오직 情感 작용 즉 이른바 美感이다. 무릇 종교의 건축물들은 대부분 산수가 가장 좋은 곳을 선택하는데, 사람들이 천하 명산에는 많은 스님들이 차지하고 있다고 말한 것이 그 좋은 예이다. 그 사이에는 항상 고목과 아름답고 이름난 꽃들이 있어서 시

인의 붓으로 전파된다. 이처럼 모두 자연의 아름다움을 이용해서 사람들을 감동시킨다. 그 건축물에는 또한 항상 준수한 탑, 웅장하며 깊고 고요한 전당이 있다. 그리고 이것은 정치한 조형과 유달리 아름다운 벽화로 꾸며져 있음은 물론 선명하지 않은 광선과 미묘한 음악이 이를 돕는다. 찬미자는 반드시 저명한 가사를, 연설자는 반드시 웅변의 소양을 갖추고 있다. 무릇 이러한 모든 것들은 전부 미술 작용이기 때문에 사람을 황홀한 경지로 이끌게 된다. 만약 이상의 갖가지 시설들을 모두 내버리게 한다면 아마도 제 역할을 할 수 없을 것이다. 그러나 미술의 진화사는 사실 종교를 벗어나는 추세이다. …종교를 버리고 순수한 미육으로 바꾸는 것이 더 나을 법하다. 순수한 미육은 우리들의 감정을 도야시켜주고 고상하고 순결한 습관을 갖도록 하기 때문이다. 그리고 타인과 나라는 견해, 자신의 이익만을 도모하고 남에게 손해를 끼치는 생각은 그야말로 점점 사라지게 할 것이다. …"

내 생각에는 종교와 예술은 모두 문화유형 중의 하나로서 어떤 것이든 그것을 대신할 수는 없다. 그러므로 종교가 형식상에 있어서는 비록 예술과 밀접한 관계 즉 소위 美感을 갖추고 있지만, 종교에 이러한 미감 작용이 제거된다고 하더라도 아직 기타 해탈적 요구는 남아 있게 마련이다. 이것은 예술과 결코 서로 다른 특징이 구비된 탓이다. 그래서 채 선생이 종교를 과거의 것으로 인식한 것은 맞는 말이다. 만일 종교를 뿌리째 없애고자 한다고 하더라도 종교는 여전히 사라지지 않을 것이다. 뿐만 아니라, 반드시 더욱 높은 형식으로 변하여 표현될 것이다. 이를테면, 이른바 '미육'으로 종교를 대신한다는 설은 바로 제4기인 '예술적 종교'의 의견 다름 아니다. 아울러 이러한 '예술적 종교'만이 종교 발전에 있어서 가장 높은 산물에 해당된다. 뿐더러, 즉 미육이 종교를 대신할 수 있다고 가정한다면, 미육 역시 철학을 대신할 수 있다. 예컨대, 이탈리아의 철학자 크로체, 바로 그의 철학적 관심은 미학사의 여러 문제라고 하는 색채로 물들여져 있다. 그의 가장 위대한 저작은

146

바로 1902년에 이루어진 『미학』이다. 게다가, 일생 미국에서 살았던 산타야나(Santayana, George), 그의 첫 철학 논문 역시도 『미감』(1896)이다. 이후 모든 철학 체계 또한 시인, 예술가가 우리들에게 부여한 미적 유혹과 진리의 외침들이 그 전부였다. 더욱이 미육이 철학을 대신할 뿐만 아니라, 과학 역시도 대신할 수 있다. 미래 과학은 반드시 예술과 서로 결합하여 매우 아름다운 예술로 변할 것이다. 기계 공장, 굴뚝도 모두 사라질 것이고 단지 매우 정교한 공구만이 존재하여 인간을 위해서 일할 것이다. 요컨대, 문화사의 제4기는 사실 미육이 그 중심이 됨은 물론, 종교, 철학, 과학에도 영향을 미치게 될 것이다. 때문에 채선생이 "미육으로 종교를 대신하자"고 주장할 수 있을 뿐더러 우리들도 똑같이 미육으로 철학, 과학을 대신하자고 하는 주장이 가능한 것이다. 그러나 말이 비록 이와 같다고는 하지만, 미육은 여전히 미육이고, 종교, 과학, 철학은 여전히 종교, 철학, 과학일 뿐이다. 그런 까닭에 문화철학적 안목으로 보자면 종교의 역사적 발전이 비록 "미육으로 종교를 대신하는 것"으로 귀착점을 삼기는 하지만, 이러한 예술적 종교는 단지 종교사의 제4기일 따름이다. 그리고 종교의 한 문화 유형이라는 사실은 여전히 근본적으로 변하지 않는다.

6

나는 종교에 반대하지 않을 뿐만 아니라 내 자신이 하나의 泛神主義의 신도임을 선언하는 바이다. 이를 뒤집어 보면, 즉 '직관적 연역법'을 기초로 해서 '예술적 종교'의 선전을 주장한다는 말이다. 나는 니체처럼 종교는 "국민의 아편 연기"라고 감히 말하지는 않겠다. 마찬가지로 나는 또한 슈펭글러처럼 "모든 문화는 종교적이다"라고도 생각하지 않는다. 내가 보기엔 종교는 문화유형학 상에서 단지 많은 유형 중의 그 하나라고 할 수 있다. 그리고 문화사에 있어서도 다만 한 시기의 중요한 위치를 차지하다가 때가 지나면 종교는 곧 수구적 존재로 변하여 강자가 다수 사람들을 노예로 만드는 것을 돕는다. 그러므로 우리들의 과학 시대에 있어서 '반종교적 운동'을 제창함도 옳다고 하겠다. 하지만, 종교가 종교다운 까닭은 필경 그것의 본질적 존재를 가지고 있기 때문이다. 종교 형식이 비록 점점 바뀌고 소멸할 수 있을지라도 종교가 종교다운 까닭의 본질은 도리어 영원히 존재할뿐더러 불멸한다. 종교적 종교는 철학적 종교, 과학적 종교, 더 나아가서는 예술적 종교로 점점 바뀔 수 있다. 그러나 철학이든 과학이든 예술이든 물론 다 좋지만, 가장 밑바닥의 한 층까지 밀고 나가 보면 결국은 신앙이 그 바탕이 된다. 바꾸어 말하면, 즉 종교가 그 기초가 된다는 것이다. 그런 까닭에 종교 시대로부터 철학 시대, 과학 시대, 예술 시대에 이르기까지 문화 진화의 매 층에 있어서 그 상층은 반드시 그 아래의 한 층 혹은 여러 층을 기초로 삼는다. 그리고 최고층에서 최저층에 이르기까지 모두 최저의 한 층에 포함된다. 이것은 곧 일체 문화는 그 내포상에서 말한다면 모두 종교가 그 밑바탕이 되지 않을 수가 없는 것이다. 그렇다고 한다면 우리들은 종교적 문화에 대해서 마땅히 제3기의 선입견을 내팽개치고, (참된 과학자는 응당 어떠한 선입견도 갖지 않는다.) 그것의 참된 의미와 참된 가치를 새로이 추정해야 하지 않을까?

제5장 철학적 문화 개념

1

철학적 문화 개념을 자세히 논하기에 앞서 철학에 대해서 먼저 하나의 명확한 견해를 가져야만 한다. 일반 철학 교수들은 처음부터 본체론, 인식론을 말하면서 이 이해하기 어려운 문제를 철학의 法寶라 하여 즐긴다. 나는 이러한 모습을 바라지 않는다. 이러한 그들의 태도는 사람들이 철학에 대해서 마침내 '현묘하고도 또 현묘한 것'(玄之又玄)으로 보게 함으로써 인류의 행위와 하등 관계가 없는 것으로 여기게 만든다. 이것은 정말로 크나큰 잘못이 아닐 수 없다. 사실 예로부터의 철학은 모두 그 사회 공공행위의 사상적 표현임은 물론, 철학자는 모두 그 사회 공공행위의 사상적 대변인이었다. 그러나 공공행위의 사상은 변동적이고 진화적이기 때문에, 철학적 측면에 있어서도 비록 어느 한 시대에는 매우 적합한 공공행위의 사상이었다고 하더라도 시대가 지남에 따라서는 역시 아무것도 아닌 게 되고 만다. 철학사가 우리에게 훈시해 주는 점은, 예를 들어 서양철학의 인식론은 인류 지식의 근원, 성질, 얼마나 큰 가치가 있는가를 토론하고자 한 것이다. 이것은 사실 사람의 이성적 권위를 모두 암시하며, 당시 혁신 운동에 대해서 매우 큰 영향을 주었다. 그러나 오늘날에 인식론은 점점 문제가 되지 않는다. 참으로 로체(Lotze)가 "칼을 갈아 자르지 않는다."라고 비방한 것과 같다고 하겠다. 한 가지 예를 더 보면, 인도 철학에는 원인(因) 속에 결과(果)가 있는가, 없는가? 원인과 결과는 같은가, 다른가? 이러한 토론은 현재에 어느 누구도 관심을 가지지 않는다. 하지만 이 문제는 그것이 해결되지 않으면 생활해 나갈 수 없을 정도로 당시 사람들에게는 중대했다. 요컨대, 인류의 행위는 해결하기 곤란한 문제에 대처하는 것이며, 이처럼 해결하기 곤란한 문제에 대처해 가는 종합 학문이 바로 '철학'인 것이다. 그러므로 매 시대의 철학사상은 모두 그 시대 사회의 보편적 생기 활동을 충분히 대표할 수 있다. 이것은 하나라도 예외가 있을 수 없다. 다름 아닌 실험주의자들이 절대 불필요하다고 여기는 형이상학이 우주 본체 문제를 연구하고 그 시원을 관찰하고자 함도 그 사회적 산물인 것이다. 다 알다시피 그리스 최고의 형이상학 사상은 민중이 자연에 대한 경의에서 비롯된 것으로, 소크라테스와 그 철인들에 의해서 이루어진 각지 학술 강연은 어떤 사람을 막론하고 모두 듣고 있었던 상황이었다. 근세의 계몽 시기에 이르러서는 정부와 민간 그리고 위아래 할 것 없이 모두 철학을 다반사로 여겼음은 더욱이 말할 필요도 없다. 그리고 헤겔의 변증법은 유명하고도 매우 오묘하지 않은가? 러시아에서 종전의 허무당 운동에 마침내 영향을 주어, 가령 바쿠닌(Bakunin), 헤르첸(Herzen)은 거의 하나라도 그 영향을 받지 않음이 없었다. 보건대, 이상 소개한 철학은 물론하고 본질상에서 볼 것 같으면 철학은 모두 사회 공공 사상의 표현이라고 말하지 않을 수 없다. 독일의 관념론 철학은 독일 민중을 대표하고, 중국의 儒家는 중국 민중을 대표한다. 심지어 명말, 청초 학자들이 空疎無用한 것으로 지적해 비판했던 王學派 역시도 당시에는 모두 민중 철학이었다. 胡盧山은 양명의 제자 중에는 호주가, 벙어리(『明儒學案』, 권22)도 있었다고 서술했다. 더구나 心齋 부자의 문하를 보면 나무꾼, 도기 만드는 사람, 농부 등이 있었다고 한 것으로 보아 이를 더욱 알 수 있다.

철학은 즉자적 관념 형태이기 때문에 표면상으로 보면 철학과 민중은 마치 무관한 듯이 보인다. 심지어 이른바 철학자는 모두 성격이 괴팍하고 광인적인 의식의 부류로 취급당하기 일쑤다. 실제로 언제 이러한 적이 있었던가? 철학자에게는 도처에 '나'라고 하는 말이 등장하기 때문에, 처음에는 마치 사회의 집단 신앙에 이반되는 듯이 보일 수도 있다. 하지만 기실 이반되는 것은 단지 집단의 옛 신앙일 뿐, 그 제창하는 바는 오히려 집단의 새로운 신앙에서 발원한다. 그러므로 철학은 바로 민중의 새로운 신앙의 선전자이기 때문에, 민중에게 부지불식간 영향을 미쳐서 사회사상의 어떠한 측면에 있어서도 널리 퍼지게 할 수 있다. 오로지 철학이 존재해야만 비로소 민중의 마음에 잠복되어 있는 생각을 '체계화'할 수 있는 것이다. 이런 이유로 수많은 철학에 대한 오해, 즉 은연중 마음속에 품고 있는 '단순 추상적 철학관'은 근본적으로 하나의 착오임을 알 수 있다. 철학은 어느 시대를 막론하고 항상 필요함은 물론, 뿌리 깊도록 인류의 심리 속에 요구되어 왔다. 한 가지 예로 중국은 수년 전에 이른바 '과학과 인생관'(1923년 張君勵가 淸華大學에서 인생관에 대하여 강연했는데, 丁文江이 『努力週報』에서 비판한 것으로부터 논쟁은 시작된다. 주제는 玄學이냐? 科學이냐? 과학과 인생관의 논쟁이다. -역주)이라고 하는 논전이 발생한 적이 있었다. 그때 철학을 없애야 할 것처럼 야단들이었지만 철학을 없앤다는 것 역시도 일종의 '과학적 철학'을 요구하는 표명, 즉 실증철학의 표명에 불과한 것이었다. 실증주의 시대에 있어서 철학은 스스로를 부정하는 경향이 있었던 것은 사실이다. 그러나 주의 깊게 한번 연구해 보면 콩트가 비록 형이상학을 부정하기는 하였지만, 일찍이 스스로 실증적 철학 체계를 건립하지 않았던가? 과학과 인생관의 논전에 있어서 인생관론파는 더 말할 필요도 없다. 바로 과학측을 옹호하는 입장에 섰던 胡適之는 北大의 철학 교수임과 동시에 틀림없는 방법론 철학자라는 사실을 누구나 다 안다. 현재의 상황은 다르다. 마르크스파는 단지 陳獨秀와 경험비판파뿐인데 그들은 변증법을 이해하지 못한 탓에 철학에 반대하는 것이다. 기타 플레하노프, 레닌, 데보린 학파가 자처한 것은 철학에 대한 흥미가 강하다는 것인데, 진실로 '일찍이 없었던 것을 획득했다.'라고 말할 만하다. 레닌은 카우츠키(Kautsky)가 철학 문제에 무관심한 태도에 대해서 일찍이 책망한 적이 있다. 그리고 데보린은 『헤겔저작집』, 1권(川內唯彦 譯, 『변증법－헤겔 논리학 비판』.)에서 가장 위대한 자연 연구자는 현재에 자연과학과 철학이 가장 밀접한 동맹을 결성해야 한다고 마침내 크게 외쳤다. 이에 철학은 또한 크게 위세를 떨칠 것이라고 했다. 유물변증법! 헤겔 연구회! 마르크스의 철학! 유물론사! 레닌의 철학 저작집! 등은 이미 한 시대를 풍미한 신흥 철학이다. 이로 볼 때에 철학은 또 하나의 새로운 단계에 이르렀음을 알 수 있다. 그리고 여태껏 철학 타도의 구호를 외쳤던 사람들조차도 결국은 공공연히 '과학도 자연철학이다'라고 선언하기를 서슴지 않는다. 시대가 한창 철학을 중시하는 때에 나는 꼭 철학적 문화 개념을 가지고 말하려 하니 이상한 일일 수도 있다. 하지만 응당 몇 마디 분명히 밝혀야 할 점이 있다. 내가 문화철학적 체계상에 서서 철학을 말함은 당연히 유행하고 있는 현대적 철학과는 다른 것이다. 나는 철두철미하게 견지해 문화 분기의 역사법을 응용함으로써 철학이 철학다운 까닭을 명백히 설명하고자 한다. 그러므로 여기서는 먼저 철학 관념의 변천 실마리를 가지고서 한 차례 연구를 진행해야만 한다.

2

원래 나는 철학을 연구할 때에는 '철학의 역사 연구법'에 주의를 가져야만 한다고 주장해 왔다. 물론 철학 개론 과 철학사 성질은 같지 않거니와 철학사는 우리들에게 시대정신과 사상 방법의 점차적인 발전 경로를 이해하도록 정보를 제공해 준다. 철학 개론은 철학의 조직적 연구, 즉 무수한 철학 문제에 대해서 전반적인 통일적 설명을 가하는 데에 응당 편중해야 하는 것처럼 보인다. 그렇다면 철학을 연구하는 것은 마치 역사 방법을 응용할 필요가 없는 듯도 하다. 그러나 이전의 어느 한 시

기, 즉 헤겔과 하르트만(Hartmann) 시대에는 마침내 "철학사는 곧 철
학이다."라고 하였다. 이 말은 해답을 찾기가 어려운 것처럼 보이지만,
실제인즉슨 철학 연구 역시도 단지 역사의 진화 방법을 응용하여 철학
문제를 연구한다는 의미일 뿐이다. 그리고 그것에 전체적이고 종합적인
해석을 가하기 때문에, 철학을 연구한다는 것은 역사적 연구법 외에 달
리 다른 방법이 없다. 만약 우리들이 철학의 역사적 과정을 연구하지
않는다면 철학 상의 문제를 정당하게 이해한다는 것 또한 매우 쉽지가
않다. 때문에 나는 지금 철학적 문화 개념을 말하기에 앞서 반드시 철
학이라고 하는 이 관념을 역사 진화적 방법에 적용시켜 그것의 변천 실
마리를 한 차례 연구해야만 한다. 내 생각인즉슨 철학 관념의 변천은
문화 분기의 원리에 따라서 그것을 몇 시기로 나눌 수 있다고 본다.

(첫째) 종교적 철학 관념 시기 - Philosophy를 우리들은 철학이라고
번역한다. 이것은 고대 그리스에서는 '지혜를 사랑함'(愛智)이라는 의미
로 사용되었고, 소크라테스에 와서야 진정한 의미로 채용되었다. 그러
나 실제 철학사상 연구의 기원, 즉 Philosophy라는 이 학문은 사실 그
것의 명칭보다 더 일찍 발달되었다. 철학 속에 포함된 사상은 철학보다
도 훨씬 전에 이미 존재했던 것이다. 원래 철학이란 처음에는 세계(존
재의 전체)의 근저에 존재하는 근본 원리를 밝혀내는 것이었다. 쇼펜하
우이가 이에 대해서 이주 절묘하게 우리들에게 알리고 있다. 그가 말한
바를 보면 다음과 같다. "인류 이외의 존재는 자신의 존재에 대해서 어
떠한 불가사의함도 느끼지 않는다. 그들은 모두 자신의 존재를 당연한
일로 여긴다. 하지만, 인류는 의식과 이성이 발달한 까닭에 종국에 가
서는 이 존재라고 하는 큰 문제를 고려하지 않을 수 없다. 특히 존재의
곁에는 소위 '사멸'이 있다. 아무리 고된 사업일지라도 결국 잠깐이나마
숨이 끊기면 모든 것은 수포로 돌아가는 것을, 우리들은 무엇 때문에

이처럼 불안하고 고난 많은 세상에 와서 사는 것일까? 이것은 참으로 사람의 주의를 끌게 하는 큰 문제가 아닐 수 없다. 이러한 심정과 의심스러운 생각으로부터 비로소 인류 특유의 철학적 필요(혹은 형이상학적 필요, need of metaphysics)가 환기되는 것이다. 이런 까닭에 고대의 아리스토텔레스의 저서인 『形而上學書』를 펴 들면, '고금을 막론하고 사람들은 모두 놀람으로 인해서 철학 학문을 시작한다.'라는 말이 있다. 플라톤도 놀람이 철학의 특유한 성질이라 했다. 그리고 인류를 가장 경이롭게 하는 것은 바로 생사 문제라 하지 않을 수 없다. 고금의 철학자 혹은 종교가 치고 영혼 불멸을 제창하지 않은 이는 하나도 없다. 즉 사후에 오히려 생존을 계속할 수 있다는 교의를 말해 온 것이다. …때문에 철학이란 여기에서는 어떠한 사람도 필요를 느끼는 존재, 숙고해야만 하는 존재가 된다. …진정한 철학이란 예로부터 이미 사람들의 심성과 서로 결합되어 있었다." 이상의 철학기원설을 근거로 해서 그의 견해대로 말한다면 철학은 사실 놀람에서 발생한다고 할 수 있다. 놀람으로부터 의심스러운 생각이 환기되고, 의심스러운 생각에서 해석이 촉발된다. 그래서 플라톤과 아리스토텔레스는 모두 철학은 놀람에서 비롯되고 세계에서 가장 명백하면서도 가장 이해하기 어려운 것으로 생각했다. 다름 아닌 우리들이 존재하고 사멸하는 일, 바로 그것이 곧 철학이 필요하게 되는 근본 원인이라 하겠다. 철학사상은 '철학'의 명칭과 '철학'이라는 학문이 아직 존재하지 않았던 이전에도 이미 '종교적 철학 관념'으로서 훤히 드러나 있었다. 이것은 전혀 이상한 일이 아니다.

그렇지만 단지 놀람만으로 철학사상의 유래를 설명하는 것은 오히려 부족한 감이 든다. 철학사상은 진실로 놀람에 기인하여 가일층 사물의 진상을 밝혀냄은 물론, 하나하나의 사실로부터 일반적 성질을 찾아내고자 한다. 사람들은 설사 철학자가 아니라고 할지라도 항상 개개의 사실로부터 일찍이 일반적 견해로 나아가고자 시도한다. 이러한 개괄 작용은 지력이 낮은 사람에게서는 심지어 겨우 한두 개의 사실을 가지고도 결론을 내리게 된다. 밥을 배불리 먹은 사람은 '세계는 즐거운 것'이라고 개괄해 말한다. 몸이 약간 불편한 사람은 또한 신음하면서 '세계는 큰 고통'이라고 말한다. 이 낱낱의 사실을 가지고서 일반적 결론을 내리는 성향은 그야말로 인류의 천성이라고 말할 수 있다. 이러한 천성과 놀람의 결합이 바로 최초에 사람들을 철학적 사색의 길로 들어서게 이끈 것이다. 이 때문에 어떤 이는 '사람'을 형이상학적 동물이라고 일컬었는데, 이 말은 매우 사실과 부합된다고 할 수 있다. 사실을 말하자면 최초의 철학이란 '종교적 철학', 즉 놀람의 생각에 억눌려 일반 도리를 구하는 철학 바로 그것이었다. 이를테면, 지식이 약간 진보한 민족 속에서도 '여전히 신화 혹은 속담이 존재함'으로써 인심을 위로해 준다. 그 신화란 우주 현상을 신들이 활동하는 큰 무대로 모작한 것이며, 속담인즉슨 인류 사회의 시비와 선악을 신성화한 것이다. 이와 같은 '민중의 철학'이야말로 진정한 제1기의 철학에 해당된다. 그러므로 쇼펜하우어는 '종교'를 민중의 형이상학이라 했고, '속담'을 민중의 지혜라 했다. 이 민중의 철학은 가장 심오하고 가장 비통하며, 또한 가장 재밌는 곳에서 보면 모두 생사 문제와 관계가 있다는 점을 알아야 한다. 자! 이제 시험 삼아 저 철학자들의 철학서들을 던져 버리고 고대의 민중 철학을 한번 보기로 하자! 솔로몬의 『전도서』에서 이르기를, "헛되고 헛되며 헛되고 헛되니 모든 것이 헛되도다. 해 아래에서 수고하는 모든 수고가 사람에게 무엇이 유익한기." 만약 번민이 없었다고 한다면 철학의 장막 역시 열 수 없었을 것이다. 다시 인도 철학 중 가장 수준이 낮은 『維摩詰經』의 다음 말을 한번 보자.

"어진 이들이여! 몸은 무상하고, 강함과 힘 그리고 견고함이 없으니 속히 썩는 법이어서 믿을 수가 없다. 이것은 고뇌가 되니 온갖 병이 다 모인다. 어진 이들이여! 이처럼 몸을 분명히 아는 자는 몸을 믿지 않으며, 이 몸은 모였다 사라지는 거품과 같으니 쥘 수도 만질 수도 없다. 이 몸은 물

거품과 같으니 오랫동안 서 있을 수 없다. 이 몸은 불꽃과 같으니 渴愛로
부터 생한다. 이 몸은 파초와 같으니 가운데가 견고함이 없다. 이 몸은 幻
化와 같으니 전도된 견해로부터 일어난다. 이 몸은 꿈과 같으니 허망한 견
해가 된다. 이 몸은 그림자와 같으니 업의 인연으로부터 나타난다. 이 몸
은 메아리와 같으니 모든 인연에 속한다. 이 몸은 뜬구름과 같으니 잠깐
사이에 변하여 사라진다. 이 몸은 번개와 같으니 찰나 생각하여 조금도 머
물지 않는다. 이 몸은 주인이 없으니 땅과 같다. 이 몸은 자유자재한 我가
없으니 불과 같고, 이 몸은 수명이 없으니 바람과 같고, 이 몸은 외부의
사람이 없으니 물과 같다. 이 몸은 실하지 않으니 四大(불교에서의 地·
水·火·風을 말함.-역주)가 집이 된다. 이 몸은 空하니 我와 我所를 떠
난다. 이 몸은 지혜가 없으니 초목이나 기왓장과 같다. 이 몸은 작용이 없
으니 바람의 힘으로 움직인다. 이 몸은 청정하지 않으니 더러운 것이 가득
하다. 이 몸은 거짓이니 비록 씻고 입고 먹지만 반드시 마멸로 돌아간다.
이 몸은 재앙이니 백 한 가지 병이 생한다. 이 몸은 마른 우물과 같으니 늙
고 핍박을 받는다. 이 몸은 정해진 것이 없으니 반드시 죽게 된다. 이 몸은
독사와 같고 원수나 도적과 같으며 빈 마을과 같으니 陰(5蘊)·界(18계)·
入(12處)이 합하여 이루어진 것이다. 어진 이들이여! 이것은 두렵고 싫어
할 만한 것이니 마땅히 부처님의 몸을 좋아해야 한다."(『維摩詰經』, 卷1.)

이처럼 큰 의혹이 있었기 때문에 해탈을 목적으로 하는 많은 인도철
학이 발생할 수 있었던 것이다. 많은 형이상학의 문제는 表面상으로 有
元論, 無元論, 一元論, 二元論 그 어떤 것이든 모두 인생 실제와는 아무
상관이 없는 문제처럼 보인다. 하지만 실제로는 대부분 생사의 수수께
끼로부터 기점이 되고, 어떤 경우에는 존재의 驚疑로부터 기점이 되기
도 한다. 의혹이 존재하기 때문에 실재에 대한 인식이 생기고, 일상의
견문과 경험의 세계를 인정하지 않기 때문에 진일보하여 사물의 근본
원인을 탐구하고 근본적인 해결을 구한다. 더 나아가서는 현실이 無常
하기 때문에 하나의 변함없는 본체를 엮어 찬함으로써 그 귀결점을 삼
음은 물론, 현실이 복잡다단하기 때문에 하나의 통일적 본체를 찾아내

어 설명하는 것이다. 이를 가장 의미를 넓혀 말하자면 모두 종교적 철학 관념이다. 고대로부터 유럽의 중세기에 이르기까지는 더욱 전적으로 종교 시대 혹은 신학 시대로서, 당시 철학은 단지 종교적 부속물 내지는 종교 신앙의 해설일 따름이었다. 그러므로 제1시기에 있어서 철학과 종교의 관계는 매우 밀접한 것이어서 철학의 형이상학 관념과 종교의 신학 관념은 그야말로 일정부분 거의 나눌 수가 없다고 하겠다.

  (둘째) 자아적 철학 관념 시기 ─ 지금까지 '철학 개론'을 말할 때에는 항상 堆積的 견해에 편중해 왔다. 기원전 3세기 초에서부터, 즉 아리스토텔레스의 사후 얼마 되지 않아서 이른바 '철학의 3분법'이 유행하였다. 이 3분법이란 논리(Logic), 물리학(Physics, Metaphysics를 포괄함), 윤리학(Ethics)으로서 그것이 堆積的 分法임은 말할 필요도 없다. 최근에 대단히 유행하고 있는 '철학의 新 3분법'은 철학을 (1)형이상학; (2)인식론; (3)윤리학(요즘에는 가치론 즉 미학을 더한다)으로 나누고 있지만, 실은 단지 퇴적적 철학관을 대표할 뿐이고 진화적 철학관은 아니다. 만약 진화적 철학관에서 본다면 형이상학은 철학 제1기의 관념 형태를 대표한다. 인식론은 철학 제2기의 관념 형태를 대표하며, 광의적 윤리학(철학 개론에서는 정치, 법률, 경제, 사회 문제를 모두 윤리학의 제목 아래에 놓고서 연구해 나간다)인즉슨 철학 제3기의 철학적 관념 형태를 대표한다. 만약 그 위에 미학(예술철학)을 더한다면 역시 제4기의 철학적 관념 형태를 대표하게 된다. 그러나 모든 철학 개론에서는 결국 이러한 역사의 분석적 연구법의 응용을 분간해 낼 수가 없다. 그래서 과거의 철학 개론에 대해서 나는 새로이 개조할 필요가 있음을 역설해 온 것이다. 이제 먼저 제2기 철학적 관념에 관해서 말해 보면, 제2기는 종교철학 시기로부터 개인 실체의 근본 원리를 인정하는 '이성 자아'로 전환된 연구 시기라 하겠다. 이 시기에는 전부 '인식론' 철학의 연구, 인생철학(인격 혹은

심성 철학은 넓은 의미의 윤리철학이 정치를 兼讀하는 것과는 다르다.)
의 연구에 집중됨으로써, 철학은 곧 '인식론의 철학' 혹은 피히테가 말한
바와 같이 "한 사람이 어떤 철학을 선택하는가는 그 사람이 어떤 종류의
사람인가에 달려 있다."에 동의했다. 철학을 완전히 관념론적 인생관의
기초 위에 배치했는데, 이것이 바로 제2기 철학의 가장 큰 특색임과 동시
에 바로 철학이 철학다운 까닭의 가장 큰 특색인 것이다. 종전에 제1기
철학은 신의 문제, 우주의 문제를 연구해야만 비로소 철학이라 생각되었
다. 하지만, 여기에 이르러서는 모두들 고개를 돌려서 자기에게로 생각이
미쳤다. 방향을 바꾸어 그 자신을 연구함으로써 기점을 삼은 것이다. 사
람이 '이성'적 한 개인임을 알려면 반드시 인간의 '이성적 빛'을 끌어올려
서 그로 하여금 일체를 초월하게끔 해야 한다. 때문에 이 시기의 철학은
이성주의만이 철학으로 간주한다. 철학사란 무엇인가? 철학사는 역시 절
대 이성의 실현일 뿐이다. 이성을 중시함과 동시에 자유사상의 비판 정
신을 중시하기 때문에 이 시기의 철학은 또한 비판주의여야만 철학이라
말할 수 있다. 요컨대 제1기의 철학관이 '종교적 철학'의 철학관인 관계
로, 제2기의 철학은 비로소 진정한 의미의 '철학적 철학'의 철학관이 된
다. 제1시기의 철학 형태가 이론상 '몰자즉자적'인 까닭에 경전적이고 독
단적이고 복종적이다. 제2시기의 철학 형태가 논리상 '즉자적'인 까닭에
철학도 또한 주관적 비판적 낭만적 반항적이다. 한 마디로 말하자면, 헤
겔이 저술한 『철학 개론으로서의 정신론』(이것은 헤겔의 아홉 장의 편지
로서 『철학서설』에 수록되어 있다.) 제2절에서 말한 바와 같다고 하겠다.

　　"철학 개론이 정신을 과학화하려면 그 경험된 갖가지 성정과 활동을 관
　찰하지 않을 수 없다. 자기 인식, 이러한 정신의 각종 성정과 각종 활동으
　로부터 이룩된 일종의 필연 관계가 아마도 하나의 과학을 형성하게 되는
　것이다."

이 말에 따르자면, 만일 오늘날 헤겔에게 요청해서 『철학 개론』을 설명하라고 한다면, 반드시 '철학'을 '정신철학', '자신이 정신을 인식하는 인식론철학'으로 말할 것이다. 그리고 만일 헤겔에게 철학사를 설명할 것을 요청하면 반드시 철학사를 '자아 절대 정신의 발전사'라고 말할 것이다. 이것은 철학의 제2기가 완전히 인식론 철학의 관념을 대표하고, 종전의 민중 형이상학, 즉 종교적 철학의 철학관과는 근본적으로 다르다는 점을 보여 준다. 인식론 철학은 헤겔에 와서 이미 최고 수준에 도달했기 때문에, 엥겔스는 그야말로 철학이 헤겔에 이르러서 그 정점에 달했다고 선언한 것이다.

(셋째) 실증적·과학적, 유물사관적 철학 관념 시기 – 나는 앞에서 다음과 같이 말한 적이 있다. 철학은 시대의 변동과 함께 변동할뿐더러, 만약 시대가 변천하면 철학의 관념 또한 변천한다. 심지어는 철학사에 대한 대사상가의 사상적 해석 역시도 변천할 수 있다. 가장 명백한 예로 지금 학자들이 우리들에게 언제나 말하기를, "철학은 쓸모없는 물건이다. 과학은 증거를 내놓을 수 있지만 철학은 근본적으로 증거가 없다. 이렇게 과학이 좋기만 하다면 철학으로 오히려 무엇을 하겠는가?" 이것은 흡사 수년 전 '科玄論爭' 당시에 매우 많이 들었던 소리인 듯하다. 하지만, 주의할 점은 이 파가 이미 사상을 안고 있으므로 그들의 사상은 일종이 철학인 셈이다. 그들이 증거도 없이 터무니없는 생각을 한다거나 심성을 말하는 관념론을 원하지 않았다는 사실은, 그들이 어느 정도는 별도로 그 자신의 철학을 가지고 있음을 말해 주는 것이라 하겠다. 이러한 철학이 바로 '실증철학', '종합철학',(이것은 과학적 근거가 없는 철학을 원하지 않고, 각종 과학으로부터 종합한 철학을 원한다는 말이다.) 혹은 '실증주의철학',(이것은 실제 효과를 가지고 있는 철학이거나 李季가 '唯利是視'라고 비판했던 철학을 말한다.) 더 나아가서는

마흐(Mach) 등이 제창한 '과학 비판적 철학', '경험 비판적 철학'이다. 이것은 하나의 유파로서 대표적인 영미의 한 부류에서 가져온 철학관이라 할 수 있다. 그러나 여기에는 최근의 철학 관념을 대신할 수 있는 전체적인 의미가 여전히 없으므로, 다시 가장 현대적인 마르크스주의자에게로 가서 한담을 나누어야 한다. 만약 그에게 철학이 무엇이냐고 묻는다면, 그는 거침없이 마르크스가 어떻고 변증법이 어떻고 하면서 매우 유행적인 말을 장황하게 늘어놓을 것이다. 뿐만 아니라, 『포이어바흐論』, 『유물론과 경험비판론』 혹은 데보린의 저술과 같은 많은 것들을 말할 것이다. 어떻게 우리들에게 알려주겠느냐고 하면 그는 "철학이란 다른 것이 아니라 바로 변증법적 유물론의 철학을 가리킨다."라고 말할 것이다. 그는 독일의 전통 철학인 칸트, 피히테, 헤겔로부터 포이어바흐까지 손꼽고, 더 나아가서는 마르크스, 엥겔스, 플레하노프, 레닌을 손꼽을 것이다. 당연히 그는 철학의 담론을 매우 좋아하는 사람으로서 실증파와 같이 그렇게 구두로 철학을 거절하지는 않겠지만, 마음속으로는 도리어 일종의 경험론적 철학을 품고 있는 듯하다. 이 선생은 그 변증법적 유물론의 철학을 실컷 이야기하려 한다. 그러나 냉정하게 말해서 이 변증법적 유물론의 철학 역시 그들 자신의 일종의 철학 관념이라고 생각할 수밖에 없다. 즉, 그들은 자기도 모르는 사이에 이미 문화 분기의 원리에 따라서 제2기의 철학 관념을 던져 버리고 제3기의 철학 관념을 신봉한다고 할 수 있다. '철학적 철학'의 철학관을 버리고 '과학적 철학'의 철학관으로 나아간 것이다. 이와 관련해서 데보린이 『헤겔저작집』, 1권에서 가한 헤겔 비판에 관한 1절을 한번 펴보는 것이 좋다. 그러면 여기서 자연과학과 철학에 관해 토론한 말들을 접할 수 있을 것이다. 이것은 제3기 철학 관념의 다른 일파, 즉 독일·러시아파의 철학관을 대표한다고 하겠다. 그러나 실제로는 독일·러시아파와 영미파는 매우 신선한 것 같지만, 사실 이미 무척 낡은 철학 관념인 것이다. 지금의 가장 새로운 철학적 견해는 철학을 이미 '과학'으로 여기지 않음은 물론, '철학'을 '예술' 즉 '예술적 철학'의 철학관으로 간주하는 것이다. 철학이 예술로 변해야만 비로소 생명을 가질 수 있다. 예컨대 변증법적 유물론의 철학 속에 무슨 생명이 깃들어 있다고 말할 수 있겠는가? 이뿐만 아니라, 제3기의 철학은 실증적 과학적 세계, 즉, 공간적 세계에 너무 편중되어 있다. 공간이란 천성적으로 고요함이 많고 움직임이 적으며, 퇴적의 때가 많고 진화의 때는 적다. 다시 말해서 공간이란 물질적 확장성만이 존재할 뿐이고, 역사의 지속성은 결핍되어 있다고 말할 수 있다. 때문에, 제3기의 철학이 비록 역사를 중시한다고는 하지만, 단지 '물질의 확장성의 생산사'일 뿐이다. 바꾸어 말하면 '양적 역사'이고 완전히 시간을 기초로 하는 '질적 역사'는 아니라는 점이다. 시간이 존재해야 역사성이 존재하고, 시간이 존재해야 생명성이 존재하고, 시간이 존재해야 예술성이 존재함을 반드시 알아야 한다. 그런 까닭에, 제3기인 공간 중심적, 물질 중심적, 과학 중심적 철학 관념에 대해서는 이미 과거의 것이라고 인식하지 않을 수가 없다. 이제 '철학'을 말하지 않으면 그만이지만 한번 말하려고 한다면, 반드시 철학을 시간 중심적, 생명 중심적, 예술 중심적 철학으로 말해야만 한다. 이 생명적, 시간적, 예술적 철학 관념은 시간이 존재하면 역사도 존재하는 까닭에, 역사성역시도 제4기 철학의 특색이 된다. 생명주의적 역사철학, 문화철학이이 시기에 얼마나 중요한지는 더 이상 말할 필요도 없다고 하겠다.

3

이상 철학 관념의 변천을 논한 바는 대략 그것을 네 시기, 즉 '종교적 철학 시기', '철학적 철학 시기', '과학적 철학 시기', 그리고 '예술적 철학

시기'로 나눈 것이지만, 철학이 철학다운 이유인 '철학적 철학'에 관해서
는 아직 언급하지 않은 상태이다. 이것은 어떤 방법을 사용해야 할까? 더
나아가서 '철학적 철학'이 변해서 '종교적 철학', '과학적 철학', '예술적 철
학'으로 됨은 무슨 방법을 쓰기 위함일까? 간단히 말해서 나는 철학적 방
법은 곧 '변증법'이라고 생각한다. 철학 시대는 '변증법'을 완성시킨 헤겔
에 이르러서 최고의 수준에 달하였다. 그렇지만, 변증법은 또한 일단의
길고도 매우 복잡한 역사를 가진다. 변증법의 역사적 발전은 실제인즉슨
철학의 역사적 발전과 병행한다. 앞에서 이미 지적한 바와 같다.

- 연역적 변증법-------------------------------종교적 철학시기;
- 변증적 변증법-------------------------------철학적 철학시기;
- 귀납적 변증법-------------------------------과학적 철학시기;
- 직관적 변증법-------------------------------예술적 철학시기.

   이제 한 번 '변증법' 즉 철학 방법에 관해서 연구해 보도록 하자. 변증
법과 연역법은 신앙에 의해서 성립된 듯하지만, 내 생각에는 변증법인즉
슨 '반성'에 의해서 성립된 것이다. 그 특색은 모든 사상의 변동과 대립물
의 통일에 주의를 기울이는 데에 있다. 엄격하게 말해서 관념론적 변증법,
즉 변증법적 변증법만이 변증법의 본래 모습이며, 유물론적 변증법은 변
증법의 제3시기, 즉 귀납법적 변증법의 한 형태이다. 이제 먼저 변증법의
성질을 한번 말해 보도록 하자. 변증법은 당연히 헤겔이 말한 것이 그 정
통이 되어야 한다. 그가 말한 바를 보면, "정신의 본질은 자기 활동의 성
과이고, 정신의 활동은 직접성의 초과, 직접성의 부정, 그리고 자기 내부
로 향한 복귀이다."(『역사철학 개론 』, 87쪽.) 논리적 술어로 표현하자면,
'즉자적', '대자적', '즉자대자적'의 변증법적 역정, 즉 二度의 부정에 의해
서 정신을 최초의 의식으로 복귀시키는 것이다. 이처럼 정신이 최초 의식

에 복귀하는 활동 형식이 바로 변증법의 일반적 성질의 다름 아니다. 그러므로 변증을 헤겔의 입장에서 보면, 또한 "정신 자체를 제거해 버리면 어떠한 다른 물건도 존재할 수 없다." 변증법은 단지 정신 자체가 갖춘 '활동의 법칙'일 따름이다. 물론 마르크스파가 이러한 변증법은 관념론적 변증법에 불과하다고 하겠지만, 관념론적 변증법이야말로 진정으로 최고 수준의 철학 방법이라 할 수 있다! 자, 다시 변증법적 역사를 연구해 보도록 하자. 즉 변증 방법의 발전을 알게 되면 동시에 철학사상의 발전을 알 수 있다. 최초 변증법의 기원은 한편에서는 제논의 '靜學的 변증법'으로부터 소크라테스의 '산파술'로 발전하였고, 플라톤, 아리스토텔레스를 거쳐서 탈하이머(Thalheimer)의 이른바 '횡적 변증법'이 형성되었다. 또 한편에서는 헤라클레이토스의 '動學的 변증법'에 의한 것인데, 변증법을 가지고 운동의 실재를 증명하였다. 다 알다시피 "만물은 유전한다.", "有와 非有는 동일한 것이다.", "모든 것은 존재하기도 하고 존재하지 않기도 한다."는 대원리를 말한 것이다. 이렇듯이 모순과 그 발전에 의해서 만들어진 실재관은 사실 진정한 의미의 철학 방법의 비조라 할 수 있다. 탈하이머는 그것을 '종적 변증법'이라 부르기도 했다. 횡적 변증법과 종적 변증법은 문화사의 제1시대, 즉 종교 시대에 있었기 때문에 모두 종교 방법하의 지배를 받아 종교의 호신부가 되지 않을 수 없었다. 횡적 변증법은 항상 매우 농후한 '연역성'을 띠지 않을 수 없었기 때문에, 나중에 어느 정도까지 진보하든 간에 항상 신비한 색채를 띤다. 종적 변증법은 '신비의 겉껍데기 속에서 도리어 합리적 핵심을 발견함'에 있다. 왜냐하면, 종적 변증법은 즉 진정한 철학 방법이기 때문이다. 철학 방법은 어떤 때에는 종교의 한 호신부가 되는가 하면, 또 어떤 때에는 이끌어다가 과학적 방법으로 삼아서 해석을 가하기도 한다. 비록 양자 사이에서 흔들리는 면도 있지만, 그것 자체는 틀림없는 철학 방법이다. 원래 변증법의 역사 과정에는 두 측면의 변증법, 즉 한 측면은 '대립적 변증법'이고, 다른 한 측면은 '종합적 변증법'이 있음을 쉽게 간파할 수 있다. 만일 '我'를 변증법의 기점으로 세운다면, '아'는 '非我'와 '아'의 대립을 동시에 가져서 '아'의 부정이 된다. 또한, 만일 '有'를 변증법의 기점으로 삼게 되면, '유'는 '비유'와 '유'의 대립을 동시에 가져서 이것 역시 부정이 된다. 그러므로 변증법은 처음부터 우주 사이에 대립의 법칙이 존재함을 인정해야만 한다. 재차 이 대립적 법칙은 결과적으로 여전히 통일로 귀결되어야 하므로 그 사상이 반드시 두 개의 서로 반대되는 부분이 존재하든 관계가 없다. 이 두개의 상반된 부분은 그 뜻이 비록 반대되기는 하지만, 그 극점까지 규명해보면 상반되는 것도 서로 같은 점이 있음과 동시에 모두 존재하게 된다. 이런 이유로 모든 모순은 원활하게 융통되는 것이다. 그러므로 변증적 방법은 그 대립적 법칙에서 보면 혁명적 성질을 분별할 수 있고, 그 종합적 법칙에서 보면 보수적 성질을 띠고 있다. 변증법 그 자체가 원래 혁명적이면서도 보수적인 것처럼 이것은 하나의 모순적 존재라 하겠다.

　왜냐하면, 철학자 그 자체가 본디 두 파로 나뉘기 때문이다. 한 파가 소극적, 파괴적, 비판적, 혁명적인 데 반해서 한 파는 적극적, 건설적, 변호적, 보수적이다. 후자가 철학자로서 종교에 접근한 까닭에 사용된 철학 방법 역시 종교의 보수적 변증법에 가깝다. 전자는 철학자로서 유물적 과학파에 접근한 까닭에 사용된 철학 방법이 과학의 혁명적 변증법이 됨은 당연한 것이라 하겠다. 다만 이러한 점들이 다를 뿐이다. 이제 먼저 변증법의 보수적 성질에 대해서 서술해 보도록 하겠다. 『莊子』를 그 예로 함이 가장 좋을 것으로 보인다. 『장자』에 '兩行'이라고 하는 전문 명사가 등장한다. 그는 말하기를,

　　"聖人은 是非를 조화시키고, 자연의 균형(天鈞, 즉 萬物 齊同의 도리.－역주)에서 쉰다. 이러한 것을 兩行(대립된 두 쪽이 다 순조롭게 뻗어 나가는 입장.－역주)이라고 한다."(「齊物論」, "聖人和之以是非而休乎天均, 是之謂兩行.")

옳다는 의견(是)이 있으면 반드시 옳지 않다는 의견(非)이 있게 마련이다. '옳음'과 '옳지 않음'이 표면상 비록 극단적으로 반대되는 것 같지만, 실제로는 전혀 서로 다르지가 않다. 이른바 "사물에는 본래 그래야 할 것이 갖추어져 있고, 또 본래 좋다고 할 만한 데가 있어서 어떤 사물이든 그렇지 않은 것이 없고 좋지 않은 데가 없는 것이다."(「齊物論」, "物固有所然, 物固有所可, 無物不然, 無物不可.") (만물이 고르게 됨은) 어느 쪽의 입장에 서서 말하든 관계없이 시비는 모두 존재의 이유를 가지고 있다. 때문에 부득이 그 양행에 맡길 수밖에 없다. 왜냐하면, 시비란 단지 편견에서 생기는 까닭에 만약 전체적으로 보면 옳거나 옳지 않거나 한다든가 모두 옳거나 모두 옳지 않거나 하여, "헛되이 애를 써서 한쪽에 치우친 편견을 내세우면서 실은 모두가 하나임을 알지 못한다."("勞神明爲一, 而不知其同也.") 또, 장자는 '朝三'이라고 불리는 한 비유를 든다.

"조삼이란 무엇인가? 원숭이 부리는 사람이 원숭이에게 상수리를 나누어 주면서 '아침에 세 개, 저녁에 네 개다.'라고 했더니 원숭이들이 모두 화를 냈다. 그래서 '그럼 아침에 네 개, 저녁에 세 개다.'라고 하니까 원숭이들이 모두 좋아했다. 명칭(표현)도 내용(실질)도 변함이 없는데 기쁨과 노여움이 일게 되었다. 역시 자연 그대로의 커다란 긍정에 몸을 맡기고 있어야 한다."(「齊物論」, "何謂朝三? 狙公賦芧, 曰朝三而暮四, 衆狙皆怒. 曰然則朝四而暮三. 衆狙皆悅, 名實未虧, 而喜怒爲用. 亦因是也.")

'양행법'에서 보면 번갈아서 한번 옳고 한번 옳지 않으므로 양행이 끝이 없다. 즉, "옳음도 하나의 무한한 변전이며, 옳지 않음도 하나의 무한한 변전이다."(「齊物論」, "是亦一無窮也, 非亦一無窮也.") 이런 이유로 논쟁도 없게 된다. 그러므로 말하기를,

166

　　"옳다고 하는 의견과 옳지 않다고 하는 의견이 있고, 또 그렇다고 하는 의견과 그렇지 않다고 하는 의견이 있다. 그 옳다는 의견이 만약 참으로 옳은 것이라면, 옳다는 의견이 옳지 않다는 의견과 다를 건 두말할 필요도 없다. 또 그렇다고 하는 의견이 만약 참으로 그렇다면, 그렇다는 의견이 그렇지 않다는 의견과 다를 게 뻔하다."(「齊物論」, "是不是, 然不然, 是若果是也, 則是之異乎不是也, 亦無辯; 然若果然也, 則然之異乎不然也, 亦無辯.")

또 말하기를,(「秋水篇」)

　　"각기 큰 것에 대해 크다고 한다면 만물이 크지 않은 것이 없고, 각기 작은 것에 대해 작다고 한다면 만물이 작지 않은 것이 없게 된다."("因其所大而大之, 則萬物莫不大; 因其所小而小之, 則萬物莫不小.") …"각기 쓸모 있는 것을 쓸모 있다고 한다면 만물은 쓸모없는 것이 없고, 각기 쓸모없는 것을 쓸모없다고 한다면 만물은 쓸모 있는 것이란 없게 된다."("因其所有而有之, 則萬物莫不有; 因其所無而無之, 則萬物莫不無.") …"각기 옳은 것을 옳다고 한다면 만물은 옳지 않은 것이 없고, 각기 옳지 않은 것을 옳지 않다고 한다면 만물은 옳은 것이 없게 된다."("因其所然而然之, 則萬物莫不然; 因其所非而非之, 則萬物莫不非.")

　　변증법의 보수적 성질에서 보면 모든 크고 작은 것, 쓸모 있고 없는 것, 옳고 옳지 않은 것은 모두 이 때문에 소실된다. 이제 또한 이러한 방법의 응용을 보건대 가장 좋은 예는 바로 「逍遙遊」편을 들 수 있다. 이 편의 대의는 변증법으로써 그 소요 자득한 종지를 드러내는 데 있다. 다시 말하면, 상대적 차별 속에서 그 절대적 무차별을 나타내는 것이다. 흡사 차별상의 크기는 큰 것과 작은 것 이상의 예는 없는 듯하다. 하지만, 큰 것은 鯤鵬과 같고 작은 것은 매미, 비둘기와 같아서 모두 동일하게 소요 자득한다. 그러므로 "鯤의 크기는 몇천 리나 되는지 알 수가 없다. 이 물고기가 변해서 새가 되면 그 이름을 鵬이라고 한다. 붕의 등 넓이는 몇 천 리나 되는지 알 수가 없다. …붕이 남쪽 바다로

날아갈 때는 파도를 일으키기를 3천 리, 회오리바람을 타고 하늘 높이 오르기를 9만 리 …매미와 비둘기가 그를 비웃으며 말한다. 우리는 있는 힘껏 날아올라야 느릅나무나 다목나무에 머무르지만 때로 거기에도 이르지 못해서 땅바닥에 동댕이쳐진다. 그런데 어째서 9만 리나 올라가 남쪽으로 가려고 하는가?"(「逍遙遊」, "鯤之大不知其幾千里也, 化而爲鳥, 其名爲鵬, 鵬之背不知其幾千里也. …鵬之徙於南冥也, 水擊三千里, 搏扶搖而上者九萬里, …蜩與學鳩笑之曰, 我決起而飛槍楡枋, 時則不至而控於地而已矣, 奚以之九萬里而南爲?")라고 말한 것이다. 곤붕은 큰 것으로 자족하고 매미와 비둘기는 작은 것으로 자족한다. 큰 것과 작은 것이 비록 차별은 존재하지만 분방 자득함에는 동일하다. 이것이 바로 절대 무차별이다. 「변무편騈拇篇」에서 매우 적절하게 말하고 있다. "물오리는 비록 다리가 짧지만 그것을 길게 이어 주면 괴로워하고, 두루미의 다리는 길지만 그것을 짧게 잘라 주면 슬퍼한다. 때문에 본래부터 긴 것을 잘라서는 안 되며 본래부터 짧은 것을 이어 주어도 안 된다."(「騈拇篇」, "鳧脛雖短, 續之則憂; 鶴脛雖長, 斷之則悲; 故性長非所斷, 性短非所續.") 대소와 장단은 모두 저절로 그것의 소요에 존재하고, 만물은 모두 자기의 본성에 만족할 수 있음을 보여 준다. 이러한 점에서는 차별이란 조금도 존재하지 않는다고 할 수 있다. 재차 「제물론」 편을 보면 焦竑은 『莊子翼』 권1에서 다음과 같이 말한다. 즉, "齊物(세상의 모든 사물을 고르게 하는 논리.-역주)이란 상대와 내가 없고, 옳음과 옳지 않음이 같고, 완성과 파괴가 조화되고, 많은 것과 적은 것이 하나이고, 큰 것과 작은 것이 균일하다고 함에서 시작하여, 고금을 참고하여 삶과 죽음, 꿈과 깨어남이 동일하다는 것을 그 다음에 두었다."("齊物者, 始之以無彼我, 同是非, 合成毁, 一多少, 均大小, 次之以參古今, 一生死, 同夢覺.") 그의 말은 전편의 대의를 매우 관통했다고 할 수 있다. 章太炎의 『齊物論釋』과 같이 그렇게 견강부회할 필요는 없겠지만, 본편이 '양행'법을 견지해서 절대 무차별의 원리를 증명했다는 사실만은 이미 명백하다. 요컨대, 장자는 '양행'의 변증법으로써 우리들에게 상대적 원리가 결국은 '절대', 즉 서로 반대되면서도 일정한 조건 아래서는 서로 비슷하여 잘 어울린다는 원칙에 귀결됨을 알리려 했던 것이다. 이로부터 얻은 결론은 다음과 같다.

"천지의 유구함이 나와 함께 살아 있고, 만물의 다양함도 나와 함께 하나가 된다."(「齊物論」, "天地與我並生, 萬物與我爲一.")

이것은 보수 철학자의 마음속 최고의 경지 바로 그것이고, 또한 변증법 속에 보수적 성질이 갖추어져 있음을 보여 주는 것이라 하겠다. 다만 변증법 그 자체는 보수적 한 측면을 가지고 있음과 동시에 혁명적 한 측면도 가지고 있다. 왜 변증법은 혁명적 성질을 띠고 이른바 혁명적 변증법이 존재하는 것일까? 러셀(Russell)이 독일의 사회민주주의를 설명함에 있어서 (1)변증법은 한편 사물의 현상을 인정하는가 하면, 또 한편 결국 소멸로 돌아간다는 사실도 인정한다. (2)변증법은 역사상 진화의 사회 형식이 변동하여 고정되지 않는다고 생각하기 때문에, 그 과도적 성질을 헤아릴 수 있을뿐더러 그 일시적 존재도 헤아릴 수 있다. (3)변증법은 어떠한 사물도 그 자신에 가해지는 것을 원하지 않는다. 그 본질로 보면 비판적이고 혁명적이다. 이것은 변증법이 바로 '파괴적 공구임'을 보여 주는 것이 아니겠는가? 그러므로 헤겔의 논리학에서는 논리를 세 측면으로 나눈다. 즉, (1)추상적·오성적 측면; (2)변증적·소극 이성적 측면; (3)사유적·적극 이성적 측면이 그것이다. 이것은 논리학의 모든 체계 중에서 변증법은 소극 이성적 측면을 대표하는 데 불과함을 더욱 증명하는 것이 아니겠는가? 민 10년에 저술한 『혁명철학』에서 나는 일찍이 변증법의 혁명 방법론에 대한 공헌을 세 가지 점으로 파악한 적이 있다.(86~88쪽) 즉, (1)변증법은 반동적 사상을 일으킬 수 있다.

(2)변증법은 근본적으로 뒤엎도록 가르친다. (3)변증법은 혁명의 신조를 창조할 수 있다. 이러한 것들은 비록 젊었을 때의 사상이지만, 현재에 와서도 줄곧 변증법은 '혁명적 방법'임을 여전히 증명해 준다고 하겠다. 총괄하건대, 변증법 그 자체는 철학과 동일한 것으로, 어떤 때는 종교적 방법 쪽에 서기도 하고, 또 어떤 때는 과학적 방법 쪽에 서기도 한다. 말하자면, 이른바 학문의 최고봉에 이르렀다는 철학자 헤겔은 "그의 가장 큰 공적은 변증법을 제기하여 사상의 최고 형식으로 삼았다는 데 있다." 그리고 그의 변증법은 보수적인 것과 혁명적인 것, 이 두 성질을 동시에 구유한다. 보수적 측면은 다음과 같은 유명한 명제를 들 수 있겠다.

"현실적인 것은 이성적이요, 이성적인 것은 현실적이다."(『법철학강요』)

현실에 존재하는 모든 것을 신성시한다는 이 문구는 그야말로 이보다 더 보수적인 말은 없을 것이다. 하지만, 그의 변증법 자체대로 한다면 반대적 명제로 轉化될 수도 있다. 가령, 엥겔스는 『포이어바흐론』에서 지적하기를,

"모든 존재하는 것은 사멸할 만한 것이다."

그래서, 『포이어바흐론』에서 분명하게 우리들에게 말한다.

"누군가가 핵심을 헤겔의 체계상에 둔다면 그는 이 두 영역상―종교와 정치―에 있어서 보수주의자가 될 것이며, 누군가가 그의 변증적 방법을 주요점으로 한다면 그는 종교상 및 정치상에 있어서 극단적인 반대자가 될 것이다."

철학은 일종의 '즉자적' 즉 주관적 학문이기 때문에, 철학자의 주관 경향에 따라서 종교에도 접근할 수 있고 동시에 과학에도 접근할 수가

있다. 철학적 방법 즉 변증법에 관해서 말하자면, 어떤 때는 종교의 보수적 측면에 접근하는가 하면, 또 어떤 때는 과학의 혁명적 측면에 접근하기도 한다. 그런 까닭에, 마르크스파는 "이 신비한 겉껍데기로부터 합리적 핵심을 발견해 나갔던 것이다." 그렇다면 관념적 변증법 즉 변증법적 변증법 역시 전화해서 유물변증법 즉 과학적 변증법이 될 수 있다. 변증법의 역사는 내 연구 결과에 따르면 중세 이후 변증법적 발전은 크게 네 단계로 나누어 볼 수 있다.

제1단계	종교적 변증법	Proklo 중세 제2시기의 辨證家 신학자는 다음과 같다. Justinus 저, 『大辯證書』 『小辯證書』 Lactantius 저, 『신의 법칙』 Augustinus는 『하나님의 城』에서 신의 정치는 항구 불변함을 극력 변증하였다.
제2단계	철학적 변증법	Rousseau Kant, Fichte, Schelling, Hegel.
제3단계	과학적 변증법	Feuerbach, Marx, Engels, Plechanow, Lassalle, Dietzgen, Lenin, Deborin.
제4단계	예술적 변증법	Bergson, Croce, Nicolai Hartmann, Dilthey, Kroner.

그 자세한 상황은 내가 『헤겔주의와 콩트주의』 속에서 논한 「辨證法史」節을 참고하기 바라며 지금은 그 자세한 서술은 피하기로 하겠다. 다만 여기서는 '종교적 변증법'이 형성시킨 '종교적 철학'을 간파할 수가 있다. 엄격하게 말하면 '철학'이 아닌 단지 '종교'일 뿐이다. 그 사용된 변증법 역시 종교 방법의 부속품일 따름이며, 진정한 변증적 변증법 즉 진정한 의미의 철학 방법은 아니다. 진정한 철학 방법은 오직 관념론적 변증법

즉 변증법적 변증법뿐이고, 진정한 철학은 오직 독일 전통파의 철학, 즉 칸트, 피히테, 셸링에서부터 헤겔에 이르기까지의 철학밖에는 없다고 하겠다. 제3단계인 이른바 '과학적 변증법' 즉 '유물론 변증법'으로 말하면, 실제로는 단지 철학 방법과 과학 방법의 종합일 따름이다. 과학 시대는 원래 특수한 과학 방법인 '귀납법'을 가진다. 유물변증법은 귀납적 방법을 취하여 그 기초로 삼는가 하면, 또 변증법의 혁명적 성질을 취하여 형이상학적 체계를 벗어나기도 한다. 그런 까닭에 유물변증법은 엄격하게 말해서 단지 과학 방법의 일종이고 철학 방법 그 자체는 아니다. 제4단계에 이르러서 크로너(Kroner)는 변증법 속에서 '환상적 직관'을, 그리고 하르트만(Hartmann, Nicolai)은 변증법의 신비성과 예술성을 꿰뚫어 보았다. 크로체는 헤겔과 베르그송의 직관법을 결합시켜서 하나로 삼고자 하였다. 사실을 말하자면, 이 제4단계의 변증법은 철학적 변증법이 아니라 예술적 변증법에 해당된다. 그것이 형성시킨 새로운 철학 역시도 철학적 철학이 아닌 예술적 철학인 것이다. 그러므로 결국은 관념적 변증법만이 진정한 철학 방법이며, 관념론적 철학만이 진정한 철학이라 하겠다. 그리고 진정한 의미의 철학 방법은 한 마디로 말해서 '변증법'뿐이다.

4

이상 서술한 바에 의하면 종교적 변증법 즉 연역적 변증법은 '종교적 철학'을 형성시키고, 철학적 변증법 즉 변증적 변증법은 '철학적 철학'을 형성시킨다. 그리고 과학적 변증법 즉 귀납적 변증법은 '과학적 철학'을 형성시키고 예술적 변증법 즉 직관적 변증법은 '예술적 철학'을 형성시킨다. 같은 이치로 철학의 역사적 발전에 있어서도 이상 순서에 따라 네 시기로 발전하게 된다.

(1) 종교적 철학 시기------------------형이상학과 우주철학 시기;

(2) 철학적 철학 시기--------------------인식론과 자아철학 시기;

(3) 과학적 철학 시기-------------------사회론과 경험철학 시기;

(4) 예술적 철학 시기-----------------생명론과 신이상철학 시기.

서양철학의 역사를 가지고서 증명해 보도록 하자. 특히, 중세 시대 즉 역사가들이 일컬었던 '원시 모형(사회적 및 문화적)을 회복하는 시기'를 기점으로 하자면 서양철학은 아래 열거한 바대로 크게 네 단계로 나눌 수 있다.

		중요한 사상가
제1단계	우주철학 시기	신플라톤주의(Neo-Platonism) St. Augustine, Luther의 종교 개혁 Bruno의 범신론, 케임브리지 대학의 플라톤파 Descartes, Spinoza, Leibnitz
제2단계	자아철학 시기	Locke, Berkeley, Hume(영국) Voltaire, Rousseau, Diderot(프랑스) Kant, Fichte, Schelling, Hegel(독일)
제3단계	사회적·과학적 철학 시기	Schopenhauer의 비관론적 철학　　Darwio Hartmann의 무의식적 철학　　　　Spencer Max Stirner의 극단개인주의　　　Strauss Huxley의 생물적 염세관　　　　　Feuerbach St. Simon, Comte,　　　　　　　Marx, Engels Fourier, Louis Blane, Proudhon　Lassalle John Stuart Mill　　　　　　　　Haeckel 　　　　　　　　　　　　　　　Ostwald
제4단계	생명철학 시기	Nietzsche William James, F. C. S. Schiller, J. Dewey Eucken Bergson Windelband, Rickert Croce, Santayana

(설명은 졸저 『역사철학』, 제6장, 234~262쪽에 보인다.)

　위의 서양철학의 발전사에 비추어 보면 중세에서 문예부흥까지는 '우주철학 시기' 즉 '종교적 철학 시기'에 해당된다. 계몽 시기는 자아철학 시기 즉 '철학적 철학 시기'이다. 그리고 19세기는 '사회적·과학적 철학 시기' 즉 '과학적 철학 시기'이고, 현대는 생명 철학의 시기 즉 '예술적 철학 시기'에 해당된다. 물론 전체적인 진화의 입장에서 보면 제4단계인 '예술적 철학'이 최대 목표가 되겠지만, 철학이 철학다운 이유로 말하자면 오직 제2단계인 '자아철학 시기'만이 진정한 의미의 철학 시대라 할 수 있다.

　다음으로 중국철학의 역사적 발전을 가지고서 증명해 보도록 하자. 중국 문화는 원래 철학적 문화로서 인도가 종교적 문화를 대표하고 서양이 과학적 문화를 대표하는 것과는 결코 다르다. 梁漱冥 선생은 그의 저서 『동서 문화 및 그 철학』에서 중국 문화의 특질에 대해서 지적했다. 이를테면, 그 현학－형이상학이 적용되지 않은 곳이 없지만, 중국의 형이상학은 또한 완전히 변화를 말함(114~115쪽)으로써 절대로 靜體的이지 않다고 했다. 이것은 즉 중국 문화가 철학적 문화를 대표하므로, 그 사용된 방법 역시 완전히 변증법적 방법임을 말해 주는 것이라 하겠다. 인도철학의 방법이 종교에 접근하는 방법이고, 서양철학의 방법이 과학에 접근하는 방법인 것과는 오히려 조금 다른 점이다. 말이 비록 이와 같고 중국이 처음부터 철학적 문화이기는 하지만, 그 철학의 발전사에서 보면 그 제1단계는 변함없이 인도의 종교적 문화와 상통하고, 그 제3단계인즉슨 서양의 과학적 문화와 상통한다. 결국 제2단계만이 진정한 의미의 '철학적 철학'인 셈이다. 지금 이것을 도표로 나타내 보면 아래와 같다.

174

문화단계		발전 시대	중요한 사상가	중요한 저작	근본 관념	집대성 한 인물	연대의 표기 鄭師山 劉蕺山 孫中山
제1단계	우주철학 시기	송대	周濂溪, 邵康節, 張橫渠, 程明道, 程伊川, 朱晦庵	『太極圖說』, 『觀物內外篇』, 『正蒙』, 『易傳』, 『易本義』, 『太極圖說解』, 『通書解』, 『西銘解』 等.	범신적 우주관	朱晦庵	1017 周濂溪 A가 태어날 때부터 1353 년 鄭師山이 죽을 때까지.
제2단계	자아철학 시기	명대	陳白沙 王陽明 王龍谿 王心齋 王東崖 羅近溪 聶雙江 羅念庵	『白沙子集』, 『陽明集要』, 『王龍溪集』, 『王心齋集』, 『盱壇眞詮』, 『聶雙江集』, 『羅念庵集』 等.	쾌락적 인생관	王陽明	1428년 陳白 沙가 태어나 서부터 1643 년 劉蕺山이 죽을 때까지
제3단계	사회적 · 정치적 철학 시기	청대에서 현재까지	黃梨洲 顧亭林 王船山 顏習齋 李剛主 今文學派 譚嗣同 孫中山	『明夷待訪錄』, 『日知錄』, 『黃書』, 『噩夢』, 『存治』, 『蓼忘編』, 『平書訂』, 『擬太平策』, 『劉禮部集』, 『龔定庵集』, 『黙觚』, 『禮運注』, 『仁學』, 『中山叢書』 等.	민족, 민권, 민생적 정치관	孫中山	1613년 顧亭 林이 태어나 서부터 1925 년 孫中山이 몰할 때까지

　　원래 중국의 민족 문화 즉 '철학적 문화'는 시대의 요구와 그 사용된 철학 방법의 다름에 따라서 역사 진화의 각 단계로 표현된다. 예로, 제1 단계는 우주 철학 시기인데 고학 부흥을 제창한 때로서 유럽문예부흥의 상황과 매우 유사하다. 학자로는 周濂溪(敦頤), 邵康節(雍), 張橫渠(載), 程明道(顥), 程伊川(頤), 朱晦庵(熹) 등이 그 대표적이다. 이들은 가는 곳마다 문도들을 모아서 학문을 강의함으로써 생기라고는 조금도

없는 학술계를 새로운 우주 속에서 부활시켜 냈다. 그들의 학설은 '新宇宙의 발견', 곧 일종의 '범신주의'라고 하는 하나의 공통점을 가진다. 그들은 모두 천지 만물을 저절로 그러함이라 여겨, "천지의 큰 德을 일러 生이라 하며, 천지가 상호 화합 작용하여 만물이 화생된다."고 했다. 이처럼 '우주의 생성'이 바로 그들의 가장 중요한 관념이었다. 뿐더러 그들은 사실 우주의 생성을 근거로 해서 '이 세계'의 찬미가를 고창하였다. 보라! 하늘과 바다는 광활하고 산은 우뚝 솟고 냇물은 흐르며 솔개가 날고 고기는 뛴다. 이 우주 안에 가득 차서 활기와 봄날의 화창한 기운 아닌 것이 없다. 오로지 "사계절이 운행되고 만물이 자라난다."고 할 뿐이다. 이러한 생명의 철학은 사실 철학사에 있어서 제1단계의 특색이다. 宋에서 元까지는 우주철학으로부터 자아철학에 이르는 과도기이다. 이때를 거치면 곧 明代인데, 응당 陳白沙, 王陽明이 그 대표적인 인물이 된다. 양명은 良知를 제기하여 인생 행위의 표준으로 삼았다. 그 이후에 드디어 인식론적 차이로 인해서 갖가지의 다른 학파가 일어났다. 다시 말해서, 각종 다른 유형의 인생 문제에 대한 해결 방법이 환기되었다. 가령 좌파는 動을 위주로 하고, 우파는 靜을 위주로 한다. 좌파인 王龍谿, 王心齋가 본체는 工夫임을 주장했던 까닭에 頓悟에 가까웠고, 우파인 聶雙江, 羅念庵은 공부에 의해 본체에 도달함을 주장했던 까닭에 漸修에 가까웠다. 이제 좌파만을 가지고 말해 보도록 하자. 그들의 의견에 따르면 인생은 오로지 쉬지도 않고 멈추지도 않는 오롯한 몸과 영혼의 '움직임(動)'임은 물론 생명의 움직임이다. 또한 노력하면 할수록 삶의 흥취가 있고 자기 본심의 유쾌함을 체험할 수 있다. 따라서 그들 이 파의 근본 철학은 다름 아닌 인생―쾌락적 인생이고, 이것은 철학사의 제2단계의 특색에 해당된다. 다만 우리들이 주의할 것은 제2기의 철학은 개인을 중시하기 때문에 주관적 명상은 중시되지만 객관적 고찰은 소홀히 다루어진다는 점이다. 당시 사회 정치적 상황에 대해서 너무 어두워 그들의 정치사상 역시도 너무 취약하지 않을 수 없었다. 백사의 일파는 대개 모두 부귀에 뜻을 두지 않았고 완전히 철학자적 태도를 견지하였다. 왕양명의 가르침은 사람들이 절박하게 심체의 회복 즉, '致良知'하는 데 있었다. 그 역시 정치를 이야기하는 것을 원하지 않았고, 정치를 한다는 것은 단지 一心의 전환에 있을 따름이라 했다. 이처럼 단지 修身만을 문제 삼았고 치국평천하는 말하지 않았다. 이러한 사실들은 일종의 매우 훌륭한 '자아철학'으로서는 성공할 수 있었지만, 실제에 이용(致用)할 수 없었다는 점에서는 매우 고통이 뒤따랐음을 보여 준다. 따라서 양명 이후 明末에 와서는 자연히 반동이 일어나 '東林學派'가 발생하게 되었다. 이 파의 중요한 인물로는 高涇陽(憲成), 高景逸(攀龍)을 들 수 있다. 그들은 양명학파의 공리공담과 나라의 그르침에 반대하는 한편, 학술 단체의 명의를 가지고서 정당식 활동을 실행하였다. 이것은 사실 철학사에 있어서 제3단계의 시작을 알리는 것이다. 더 나아가서 黃梨洲(宗羲), 顧亭林(炎武), 王船山(夫之), 顔習齋(元)는 일반적으로 명 말, 청 초의 '경세학파'에서 출현하였다. 이에 근대철학이 마침내 자아론 시기에서 완전히 일전하여 사회론 시기로 진입하게 된다. 이 시기의 사회정치사상은 대부분 치밀하고 철저했다. 특히 왕선산의 '민족주의', 황리주의 '민권주의', 그리고 안습재, 李剛主의 '민생주의'는 뒷날 孫中山의 '三民主義'의 근본이 되었다. 그렇지만, 매우 불행하게도 당시 滿淸 정부의 전제 하에서는 경세를 공부하고자 하여 입을 열면 곧 벽에 부딪치게 되어 있었다. 그랬던 탓에 乾嘉 시대에 이르러서 경세학파는 간판만 바꾸고 내용은 그대로 두는 식으로 그 격렬한 政論을 감추지 않을 수 없었다. 그들은 그들의 총명함과 재능을 가지고서 다른 형태의 과학을 연구해 나감으로써, 결국은 문헌상에 있어서 도리어 뜻밖의 공헌을 얻어 냈다. 이 이후로부터 今文學派가 존재하게 된 것이다. 그런데 이때는 청대 정치가 극심하게 부패한 상태여서 새로이 '經世致用'적 관념이 환기되기에 이른다. 그 예를 들자면 劉逢祿의 『春秋公羊經傳』, 『何氏釋例』, 龔自珍의 『五經大義終始論』, 魏黙深의 『黙觚』, 戴望의 『論語注』가 그것이다. 그들은 모두 『公羊傳』의 「張三世」, 「通三統」, 「絀周王魯」, 「受命改制」 등 설을 응용하여 당시의 전제 政體를 비판하였다. 다스림의 종지를 논하자면 대체로 대동주의에 경도되었는데 그들은 '太平世'라고 불렀다. 譚嗣同의 『仁學』 下卷과 康有爲의 『大同書禮運注』는 春秋 三世의 뜻을 가지고 사회 정치를 이야기한 것이다. 그러나 강유위의 밑바탕은 단지 保皇黨과 반혁명적이고 반공화적인 復辟黨일 뿐이었다. 그는 大同이며 小康이며 하는 식으로 분별하고자 하였다. 대동을 공자의 이상 정치로 인식하는가 하면, 한편 되는 대로 위조하여 소강이라는 한 절을 끌어다가 반동사상의 근원으로 사용하였다. 그러므로 이 점에서 오직 손중산(삼민주의)에 와서야만 이 진정한 의미의 제3단계를 대표하는 사상가라 할 수 있다. 그는 경세학파의 근본 관념, 가령 왕선산의 민족주의, 황리주의 민권주의, 顔李學派의 민생주의를 받아들였다. 뿐만 아니라, 그는 사실 2,000년 동안 썩어 빠진 선비의 근거가 되었던 소강 사상을 근본적으로 뒤엎고 국민혁명에서부터 세계 대동까지를 대담하게 제창할 수 있었다. 그래서 나는 『역사철학』(353쪽)에서 다음과 같이 말한 적이 있다. 즉 "손중산 선생은 삼민주의를 선전하여 전국에 영향을 끼쳤다. 이 위대한 정치 체계는 그로 하여금 사회정치철학을 집대성한 대표적인 사상가로 성공하도록 만들었다." 그렇지만, 중국 철학의 발전은 제3단계에 와서 완결된 것은 결코 아니다. "나는 현재가 바로 중국철학의 종합 시대라 생각한다. 다름 아닌 송대의 우주관, 명대의 인생관, 청대에서 오늘에 이르기까지의 정치철학을 하나로 융합시켜서 생명의 철학 시대를 이룩하도록 도와야 한다."(354쪽) 그리고 이 시기는 응당 양수명의 『동서 문화 및 그 철학』이 그 시작인 것처럼 보인다. 나의 사상인즉슨 완전히 공맹에

直接하는 한편, 송·명·청 철학의 세 단계 체계를 받아들여서 집대성에 종사하는 일인 것이다.

　지금까지의 연구 결과에 따르면 철학의 역사적 발전은 서양과 중국 두 방면 모두 네 시기로 발전한다는 사실을 알 수 있다. 중국이 철학 문화를 대표하기 때문에 당연히 전망이 더욱 특별하고 중요한 발전적 희망이 있는 것이다. 상세한 토론은 「문화의 지리상 분포」에 있는 중국 문화를 진술하는 장으로 넘기기로 하겠다.

5

　끝으로 철학이 종교, 과학, 예술과 갖는 각 문화적 관계를 서술해 보도록 하자. 먼저 철학 문화의 특수한 성질에 관해서 분명히 말해야 할 것이다. 철학과 종교의 관계에 대해서는 본서 제4장의 「종교적 문화 개념」에서 이미 매우 상세하게 설명한 바 있다. 그리고 철학과 과학의 관계에 대해서는 나는 민 10년에 저술한 『혁명의 철학』, 제5장에서 이미 철학과 과학의 차이를 다음과 같이 지적한 적이 있다. 즉, (1)과학은 현실적이지만 철학은 이상적이다. (2)과학은 연구가 중심이지만 철학은 비판이 중심이다. (3)과학은 서술적이지만 철학은 해석적이다. (4)과학은 일반적인 법칙이 존재하지만 철학은 자유의지적이다.(원서, 74쪽.) 지금 간단히 말하라고 한다면 철학은 '즉자적' 관념 형태이고 과학은 '대자적' 관념 형태라고 대답하겠다. 민 14년에 張君勱 선생이 淸華大學에서 강연을 하면서, 인생관과 철학의 다섯 가지 차이점을 제시하였다. 실제로 그 이른바 '인생관'이란 '철학'의 다른 이름에 해당된다. 거론된 다섯 가지 차이점 역시도 철학과 과학의 다섯 가지 차이점을 말한 것이다. 장군매가 인생관과 철학을 동일시했기 때문에 "인생관은 과학이 될 수 없다", 즉 "철학은 과학이 될 수 없다"고 말한 것이다. 이 말은 당연히 옳다고 하겠다. 任叔永은 『인생관적 과학 또는 과학적 인생관』(人生觀的科學或科學的人生觀)에서 "과학 자신도 일종의 인생관을 만들어 낼 수 있다."는 점을 증명하고자 했다. 바꾸어 말해서 과학 자신도 일종의 '과학적 철학'을 만들어 낼 수 있다는 것이다. 이 말 역시도 물론 옳다고 하겠다. 그러나 순수한 철학 개념에서는 '즉자적'이 됨은 물론, '과학적 철학'은 도리어 단지 '대자즉자적'이 될 뿐이다. 철학은 '즉자적'이기 때문에 '주관적', '양심의 자발성에서 발생되는 것', '종합적', '자유의지적', '인격의 단일성에서 발생되는 것'이다. 또한 과학은 '대자적'이기 때문에 '객관적', '논리적', '방법에 지배되는 것', '분석적', '인과율적', 그리고 '대상의 서로 같은 현상에서 발생되는 것'이다. 한마디로 말해서 철학의 중심점은 '我'이지만, 과학의 중심점은 '非我'이다. 그 '我'인 까닭에 철학자 간에는 피차 관찰점이 다르고 의견 역시도 같지가 않다. 철학은 지금껏 일치된 진리와 일정한 정론이 없었다. 이것이 바로 철학이 '즉자적' 문화 개념임을 분명하게 보여 주는 것이라 하겠다. 이와 반대로 과학인즉슨 '비아'로부터 출발하여 모든 일을 객관적 관찰에 근거를 둔다. 마치 투르게네프(Turgenev)의 詩 속에서의 '대자연'과 같이 그것은 벼룩의 다리 하나에 대해서 천재의 창조성에 대한 고통처럼 똑같이 대한다. 그러므로 과학이 획득한 결론은 추상적 개괄이면서 일반적인 규칙을 탐구할 수 있다. 하나의 일반적 규칙은 그것을 세계에 미루어 본보기로 삼을 수 있으므로, 일종의 발명임과 동시에 전 세계에 적용할 수가 있다. 이것은 과학이 '대자적' 문화 개념임을 분명하게 보여 줌이 아니겠는가? 더 나아가서 철학과 예술의 관계를 말해 보면, 철학은 '즉자적' 관념 형태이고 예술은 '즉자대작적' 관념 형태이다. 양자 모두 '즉자적'이 그 내용이 되기 때문에 흡사 서로 같은 것처럼 보인다. 그러나 철학에 있어서의 '즉자적' 관념 형태는 자아의 인식이고, 예술의 '즉자대자적'은 자아가 목소리, 모양 등에 근거하여 자아를 표현하는 것이다. 전자가 內省의 변증법이라고 한다면 후자는 抒情의 직관법이다. 물론 철학 발전상 제4시기에의 철학은 소위 예술적 철학이고 예술 발전상 제2시기에의 예술도 소위 철학적 예술임을 감안해 볼 때에, 철학과 예술은 매우 밀접한 역사상 관계가 있음을 알 수 있다. 하지만 말이 비록 이와 같다지만 철학은 여전히 예술과 서로 같을 수는 없다. 현대의 철학자들은 사물의 절대적이고 가장 보편적인 원리를 알기 위해서 어떤 때는 직관적 방법에 의존하지 않을 수 없다. 이로써 정신을 사물의 내면에 교유케 하여 그 절대 비할 바가 없고 말로 표현할 수 없는 본체와 직접 하나로 융합된다. 그러나 이러한 철학의 직관은 예술적 직관과는 여전히 같을 수는 없다. 이것이 바로 철학이 철학다운 이유인 문화 유형의 하나의 큰 특징이라 할 수 있다.

제6장 과학적 문화 개념

1

물질과학과 정신과학의 분류 문제는 과학과 인생관의 논전 중에 이미 제기되었다. 이른바 『과학개론』이라고 하는 교과목 속 첫머리에서도 반드시 '지식적 분류와 과학적 범위'를 토론하고자 했지만, 이 문제는 해결되지 않은 듯해서 과학의 지위와 과학 지식 종류의 대요는 역시 이해하기가 쉽지 않다. 사실 지식의 분류는 처음 보기엔 매우 쉬운 것 같지만 실제로는 가장 어려운 문제이다. 왜냐하면, 지식의 정확한 분류는 반드시 지식이 최고의 정도에까지 발달해야만 하기 때문이다. 즉, 지식 분류 문제에 관한 역사로 보면 시대의 차이에 따라서 또한 많은 변천이 있게 마련이다. 만약 시대가 변천한다면 지식의 분류 역시 항상 변천될 수밖에 없다. 그리스 시대는 결코 16세기 이후의 지식 분류를 만들어 낼 수 없다. 이와 동일하게 16세기 시대에는 또한 19세기, 20세기의 과학 분류를 만들어 낼 수 없다. 때문에 지식의 분류는 역사적 발전에 근거해서 몇 단계로 나눌 수가 있다. 이를테면,

제1단계	제2단계	제3단계	제4단계
신학의 지식 분류	철학의 지식 분류	과학의 지식 분류	문화학의 지식 분류
Aristoteles Hugo	Bacon Descartes Wolff	Coleridge Bentham Whewell Comte Spencer Pearson Thomson Kroeber	Wundt Windelband Rickert Croce
圓心式	樹枝式	段階式	層創合式

첫째, 신학적 지식분류설: 그리스 학술의 전성시대에 아리스토텔레스는 지식을 다음과 같이 분류한 적이 있다. 그는 각종 학문을 세 종류로 나누었는데, 이론적, 실제적, 그리고 응용적이 그것이다. 이른바 이론적 지식은 제1철학 또는 신학, 수학, 자연과학으로, 실제적 지식은 윤리학, 경제학, 정치학으로, 응용적 지식은 응용학, 미학, 수사학으로 각각 나뉜다. 이와 같은 분류법은 제1철학 또는 신학을 모든 각종 학문 위에 두었는데, 이것만 보더라도 그의 취지가 어디에 있었는가를 알 수 있다. 아리스토텔레스 이후로부터 천여 년 동안 이러한 분류의 표준은 기독교의 발달과 함께 변화되지 않았다. 중세기의 經院派 학자들은 자연 지식과 계시 지식 두 종류로 나누어서 철학을 자연 지식에, 그리고 신학을 계시 지식에 귀속시켰다. 그러나 그들의 사상은 여전히 아리스토텔레스와 달라진 모습을 찾아보기는 힘들다. 서기 1141년에 이르러서 法僧 위고(Hugo of St. Victor)가 시도한 지식의 분류를 보면 예전의 것보다 많은 발전이 있다. 하지만, 대체로 아리스토텔레스의 주장에서 여전히 벗어나지 못했다.(W. Libby, 『서양과학사』, 46쪽, 참조.)

이론		실용(도덕)	공예	논리
신학 자연철학 (물리학)	算學	도덕학, 즉 私德 경제학, 즉 家德 정치학, 즉 公民學	紡織, 縫紉; 毛蔴 등 공업 建造－軍器, 船艦, 木工, 石工, 金石. 航運 農業	演說 文法 方言 修辭
	算術			
	음악 (諧音의 연구) 幾何天文		佃獵, 捕魚, 食物 醫藥 遊藝－戲劇, 音樂, 運動 等	

여기서 가장 주의할 점은 그가 이론을 중요시하고 공예를 경시한 경향이다. 그는 말하기를 "사람들은 항상 지식의 효용을 중시하고 그 자

체는 소홀히 한다. 예컨대 축목, 방직, 회화 등의 공예가 만일 그 제품이 쓰임에 부적당하다면 그것은 결코 가치가 없다고 생각한다. 이것을 근거로 해서 하나님의 지식을 논한즉, 창조된 만물이 창조자에 비교되면 더욱 귀중하지 않겠는가?" 이 때문에 위고의 지식 분류는 여전히 신학이 그 귀착점이 된다고 하겠다.

둘째, 철학적 지식분류설: 신학적 지식 분류는 유럽 사상계를 천여 년에 걸쳐서 오랫동안 지배해 왔다. 그러다가 13세기 영국의 베이컨(Roger Bacon, 1214~1293?)에 이르게 되었다. 그가 비록 어떠한 분류의 의견도 발표하지는 않았지만, 그의 철학 명저인 『大書』(Opus Majus)에서 거론한 가장 중요한 다섯 종류의 학문은 사실 가장 초기의 학술 범위에서 이미 벗어나 있었다. 더군다나, 16세기의 베이컨(Francis Bacon, 1561~1626)이 출현하고서야 비로소 경원파가 지식을 원의 반경으로 삼아 圓心에 집중시켜서 각종 과학의 관계를 매몰시키는 것에 대해 반대하고 나섰던 것이다. 그는 나뭇가지(樹枝)의 갈라짐과 같은 分法을 주장하여 모든 지식의 관계를 나뭇가지가 하나의 줄기에 연결된 것처럼 만들어야 한다고 했다. 이와 같은 분법의 장점은 심리 작용을 표준으로 삼아 사람의 힘으로 자연을 제압하는 데 그 큰 의미가 있다. 다만 이러한 이유 때문에 역사학이 한 종류가 되어 기억에 속하고, 詩學이 한 종류가 되어 상상에 속한다. 또한 철학 혹은 과학이 한 종류가 되어 추리에 속한다. 매 부류는 또한 몇 개의 세목으로 나뉜다. 아래의 도표에 나열한 바와 같다.(상동, 46쪽, Pearson의 『科學規範』, 上冊, 261쪽, 참조.)

원시철학 즉 지혜					
철학 또는 과학 / 추리	자연철학	인류	인문철학 (正義의 표준)	交際商業政治	
			인체철학 (인체학)	신 체	의학 운동 등
				영 혼	修辭學 / 도덕학
		자연계	이 론	물리학(물질 및 상대 원인) / 형이상학(형식 및 최후 원인)	구체적, 추상적 / 구체적, 추상적 ‖ 算 學
			실 용	공 예 / 순수 마술	
	신학	하나님	자연신학, 귀신본원		
			계 시		
想象 / 詩詞		故事的 또는 영웅적 / 戲劇的 / 비유적(寓言)			
역사 / 기억	문화	정치(文化本史)	비 석 / 古 迹 / 正 史		
		문 학	학 문 / 예 술		
		종 교			
	자연	부자유적(다른 사람의 제한을 받음)	예 술	공예적 / 실험적	
		誤謬的(異常)	超時代(怪物)		
		자유적(正常法則)	시 대	天文物理學 / 地文學 / 物理學 / 有機物種	

이것으로 볼 때에 베이컨의 분류는 완전히 주관적 기억, 상상, 추론 등에 근거하여 각종 지식을 구별하고 있음을 알 수 있다. 역사학이 비록 기억을 중시하지만 추리 작용이 없을 수 없고, 철학 혹은 과학이 비

록 추리를 중시하지만 기억 없이는 추리 역시도 진행될 수 없음을 그는 알지 못했다. 뿐만 아니라, 그는 그의 분법에 비추어 보면 철학과 과학을 나누지 않았고 물리학과 형이상학도 나누지 않았다. 그러기에, 피어슨(Pearson)이 그를 비판해 말하기를, 그의 정밀하고도 투철한 안목이 비록 중세기의 경원파 학자들의 폐단을 간파해 냈지만, 여전히 그 전철을 밟지 않을 수가 없었다고 했던 것이다. 동시에 데카르트(1596~1650)는 그의 저서 『철학원리』에서 철학을 표준으로 삼아 모든 정밀한 지식을 포함시켰다. 그의 생각에 의하면 철학은 3대 부문이 있다고 했다. 하나는 무형 세계를 논한 것으로 형이상학이라 불렀고, 둘은 유형 세계를 논한 것으로 물리학이라 불렀다. 그리고 셋은 지식 응용에 속한 것으로 응용학이라 불렀다. 윤리학, 기계학, 약제학은 모두 세 번째 유에 속한다. 그는 그야말로 철학 이외에는 지식이 없는 것으로 생각했던 탓에 이러한 분류법은 자연히 너무 편협한 것이었다. 그 후 점점 확장된 분류가 출현하게 된다. 예컨대, 19세기의 볼프(Wolff, 1679~1754)는 지식을 세 종류, 즉 역사적(경험적·과학적), 철학적(합리적), 수학적(형식적)으로 나누었다. 역사는 정확한 사실을 서술하고, 철학은 사물의 원인을 연구한다. 그리고 수학은 사물 분량의 관계를 규정한다. 철학은 또한 몇 가지 세목으로 나뉘는데 아래와 같다.

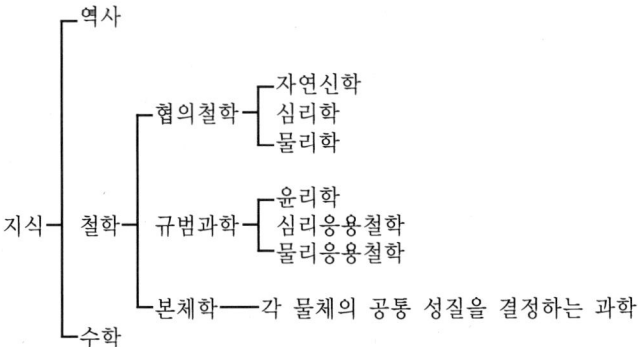

이러한 분류의 장점은 철학을 인식하는 것 외에도 더욱이 기타 지식의 영역을 가진다는 점에 있겠지만, 자세히 내용을 대조해 보면 여전히 과학 즉 심리학, 물리학을 협의의 철학 아래에 두고 있다. 과학(수학과 역사는 제외)은 이미 철학에 종속되어 있어서 당연히 진정한 의미의 과학을 표준으로 한 지식의 분류설이라고는 할 수 없다.

셋째, 과학적 지식분류설: 진정한 의미의 과학적 분류는 19세기 초에 시작되었다. 콜리지(Coleridge, 1772~1834)는 과학의 객관적 표준을 경시하고, 심지어 형이상학, 신학과 심적 사상에 의해 구성된 과학, 즉 논리학, 수학을 순수과학 안에다가 함께 포함시켰다. 하지만 비록 그렇다고 하더라도 그는 사실 훗날 과학적 분류법에 하나의 단서를 열어 주었다. 그는 무질서하게 과학을 다음과 같이 분류했다.

```
       ┌순수과학┬형식적 ─문법학, 논리학, 수사학, 수학.
       │        └실재적 ─형이상학, 윤리학, 신학.
       │
       │혼합과학─기계학, 水動學, 기압학, 천문학.
과학─┤
       │응용과학─실험철학, 열학, 電磁學, 광학, 화학, 음악학, 기상학, 측량학, 미술학.
       │
       └복잡과학─역사, 지리, 사전학 등.
```

그러나 이 시기에는 오히려 객관 사물을 근거로 해서 표준으로 삼는 분류법이 존재했다. 이것이 바로 영국의 철학자 벤담(Bentham, 1748~1832)과 프랑스의 수학자 앙페르(André Marie Ampére, 1775~1836) 등이 과학을 물질과학과 정신과학으로 나누었던 분류이다. 이러한 분류는 뒷날 많은 사람들에 의해서 채용되어졌다. 벤담의 생각에 따르자면 물질과학 속에는 천문학, 지질학, 물리학, 화학, 생물학 등을 넣어야 하고, 정신과학 속에는 역사학, 언어학, 법률학, 경제학 등을 넣어야 한다고 했다. 이러한 분류의 장점은 대상 연구가 분류의 표준이 되는 것 외에 더욱이 과학의 범위를 역사, 언어 등 학문 분야에 확대하는 데 있다. 그러나 단점도 존재하는데 이 분류는 사실 물질과 정신의 대립적 분법에서 벗어나지 못한다. 순수 과학자의 입장에서 보았을 때는 다소 현학의 혐의가 있어서, 일종의 더욱 새로운 과학 분류가 존재하게 된다. 그것은 연구의 대상을 중시할뿐더러 과학 체계의 일관과 그 진보의 層序에 더욱 주의를 기울인다. 이러한 태도는 영국의 훼엘(William Whewell, 1794~1866)이 『귀납과학의 철학』(The Philosophy of the Inductive Sciences, 1837)에서 제창한 분류법 바로 그것이다.

훼엘측은 베이컨과 같이 심리적 작용을 표준으로 삼았고, 데카르트와 같이 수학을 모든 과학의 기초로 간주하였다. 그는 과학을 일곱 가지로 나눈다. 앞에서 쭉 뒤에 이르기까지 반드시 앞의 것 외에 별도로 물질 혹은 심리적 능력을 더했다. 그리하여 비로소 새로운 과학이 되도록 했다. 리스트는 아래와 같다.

수　학--------------------------------시간 공간, 그리고 수량.

기계학--------------------------------(수학 ＋) 세력, 운동.

화　학--------------------------------(기계학 ＋) 친화력.

생물학--------------------------------(화학 ＋) 생명.

심리학--------------------------------(생물학 ＋) 감정, 의지.

역사학--------------------------------(심리학 ＋) 역사적 원인.

신　학--------------------------------(역사학 ＋) 시간 공간.

이와 같은 분류는 각 과학의 상호 관계에 충분히 주의를 기울였다고 하겠다. 비록 아직도 콩트(Comte, 1798~1857)의 '단계식' 분류처럼 그렇게 조리 있고 뚜렷하지는 않지만, 과학 분류의 역사에서 볼 때에 이미 독창적 정신이 매우 풍부하게 깃들어 있다. 프랑스의 콩트는 『실증철학강의』에서 과학은 보편에서 특수로, 간단한 것에서 복잡한 것에로 이른다고 했다. 때문에 그는 각종 과학은 모두 하나의 자연적 순서에 따른다고 생각했는데, 다름 아닌 보편성의 크고 작음에 의한 대상의 종속 관계라는 것이다. 보편성이 큰 것으로부터 보편성이 작은 것에 이르기까지의 이러한 절차에 비추어서 각 학문을 아래와 같이 규정할 수 있다.

천문학--------------------관찰법.
물리학·화학-------------- (관찰법 +) 실험법.
생물학 -------------------- (관찰법 + 실험법 +) 비교법.
사회학--------------------(관찰법 + 실험법 + 비교법 +) 역사법.

콩트는 이 각종 학문은 발전상 선후의 순서가 존재함은 물론, 앞의 과학이 뒤에 오는 과학의 기초가 된다고 생각했다. 사실, 이 점은 더할 나위 없이 정확하다고 하겠다. 그러나 이 분류 역시 결점은 존재한다. 孫本文은 『사회학의 영역』(社會學的領域)에서 그를 다음과 같이 비판했다. (1)천문학을 물리학·화학과 함께 병렬시키는 것은 매우 적절치 못하다. 왜냐하면 천문학은 물리, 화학의 특수과학에 불과하기 때문이다. (2)이미 천문, 물리, 화학을 병렬시켜 놓으면서, 그 외에 단지 생물학만을 열거시키고 심리학은 없다. 이처럼 심리학을 생물학 내에 포괄시키는 것 역시 적절치 못하다. 왜냐하면 물리, 화학을 이미 분열시킨 이상 생물학과 심리학도 분열할 필요가 있기 때문이다.(92쪽) 이 비판에 대해서 나 역시 옳다고 생각한다. 전체적으로 보았을 때 콩트의 분류는 완전히 진화의 법칙에 의거하고 있다. 종전의 훼엘의 분류법과 비교해 보면 과학 체계에 더욱 부합된다고 말하지 않을 수 없다.

스펜서(Herbert Spencer, 1820~1903)는 마치 일부러 콩트와 상이한

견해를 견지한 것처럼 보인다. 그는 과학을 세 종류로 나눈다. 그 첫째가 抽象科學으로서 논리학, 수학이 그것이다. 둘째는 具體科學으로서 천문학, 지질학, 생물학, 심리학, 사회학이 그것이다. 셋째는 양자의 사이에 끼여 있는 것으로서 추상구체과학이라 부르는데, 역학, 물리학, 화학 등이 그것이다. 그는 여기에서 역학, 물리학, 화학을 동일하게 구체과학 내에 포함시키지 않음으로써 콩트와 다르다는 점을 분명히 표시하고자 했다. 그러나 각종 과학의 순서로부터 보자면 또한 언제 콩트의 암시를 받지 않은 적이 있었던가? 루이스(Arthur Lewis)는 그의 저서 『社會學導論』에서 콩트의 분류를 스펜서의 그것과 다음과 같이 비교한 적이 있다.

콩트의 분류	스펜서의 분류
(1) 천문학	(1) 천문학
(2) 물리학	(2) 지질학
(3) 화 학	(3) 생물학
(4) 생물학	(4) 심리학
(5) 腦생물학	(5) 사회학
(6) 사회학	(6) 윤리학
(7) 윤리학	

  위의 나열된 바에 의하면 과학 분류의 마지막 부분에는 윤리학이 첨가된다. 전체적으로는 쌍방 모두 천문학에서 출발하고 있는데 이 점만은 거의 비슷하다는 사실을 알 수 있다. 그러나 스펜서의 의견에 의하면 이러한 것들은 구체과학일 뿐 과학의 전체는 아니다. 그런 까닭에 그가 중요하게 생각한 것은 그래도 樹枝式의 세 가지 분류인 것이다. 밀(Mill)이 그를 비판하기를 "이러한 분류법은 사물의 관계와 성질을

그 출발점으로 하지 않고서, 단지 사물을 관찰하는 방법의 차이에 근거하여 분류했기 때문에 그다지 타당하지가 않다."라고 했다.

자, 초기 과학자의 분류로부터 다시 현대 자연과학자의 분류로 옮겨가 보자. 여기서는 먼저 피어슨(Pearson, Karl)의 『과학규범』(The Grammar of Science)을 거론할 수 있겠고, 그리고 톰슨(J. A. Thomson)이 『科學導論』(Introduction to Science)에서 제시한 과학적 분류법이 그 대표적이라 할 수 있다. 피어슨의 주장에 의하면, 과학은 추상과학과 구체과학의 두 종류로 나눌 수 있다. 추상과학은 문자학, 논리학, 수학, 통계학, 기하학 등을 포괄한다. 또한 구체과학은 물리과학과 생물과학으로 나눈다. 물리과학은 無機現象 중 모든 과학을 포괄함은 물론, 다시 정밀적인 것과 개요적인 것으로 나뉘고 또다시 수종으로 세분할 수 있다. 생물과학을 보면, (1)생물지리학은 생물의 분포를 연구하며 공간적인 것에 속한다. (2)생물진화론은 생물의 발육과 변화를 연구하며 시간적인 것에 속한다. (3)협의생물학은 차례대로 형태적, 발생적, 기능적 세 종류로 나눌 수 있고, 그 속에서 다시 세분된다. 『과학규범』에 열거된 바에 비추어 각각 간단하게 나타내면 다음과 같다.

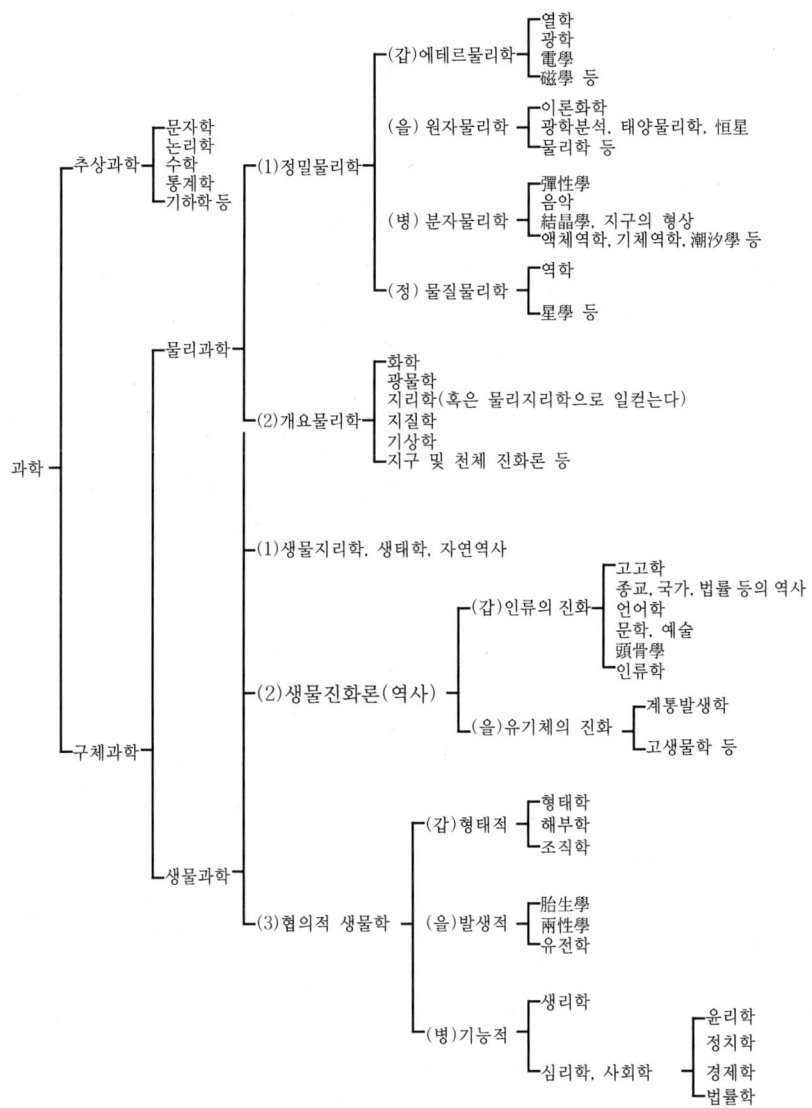

피어슨의 분류는 각종 과학의 상호적 관계를 분명하게 나타냈을 뿐
만 아니라, 또한 운동의 법칙을 가지고 모든 유기적 현상을 설명하려
했다. 이것은 일반 과학자들에게 중시되는 점이다. 더군다나 그는 무슨

정신과학이니 물질과학이니 하는 식으로 나누지 않았다. 이러한 점이 제3기가 과학이 지식 분류의 표준적 참정신이 됨을 더욱 알게 해 주는 것이다! 피어슨 외에 또한 우리들이 주목할 것이 바로 톰슨의 분류법이다. 그의 생각에 따르자면 과학의 분류는 응당 사실에 의거해야 한다는 것이다. 사실의 종류에는 세 가지가 있다. 즉 무생계, 생물계, 그리고 사회계가 그것이다. 물리학·화학이 근본과학에 의해 연구되는 것은 물질세계이다. 생물학은 생물의 생명을 연구하고, 사회학인즉슨 인류 사회와 그 행위를 연구한다. 그중에서도 물리학과 화학은 분리될 수 없고, 생물학과 심리학도 단지 생명의 두 측면을 대표할 뿐이다. 사회학에 관해서는 군중의 사회 현상을 연구하는 학문이다. 이 다섯 종류의 근본과학을 순서대로 배열하자면 다음과 같다.

사회학(5)	심리학(4)	생리학(3)	물리학(2)	화학(1)

이 표 속에는 생물학이 중앙의 위치에 끼여 있어서 한편으로 물리학과 화학을 기초로 삼는가 하면, 또 한편으로는 심리학과 사회학의 기초가 되기도 한다. 이 점에서 생물학자의 한 사람인 톰슨이 어디에다 중점을 두었는지를 우리는 간파해 낼 수가 있다. 그러할 뿐만 아니라, 이러한 배열법은 설령 그가 스스로 인정하지 않더라도 여전히 콩트 분류법의 영향을 받은 것임을 알 수 있다. 그렇지만, 톰슨도 다른 특수한 공헌은 있다. 말하자면 그는 단계식 외에 더욱이 일종의 좌표식 분류법을 채용했다. 이것은 바로 각종 과학을 격자도표로 배열하여 일종 혹은 수종의 서로 유사한 과학이 각각 특수한 한 격자를 점유하도록 한 것이다. 종적 방향에서는 이 과학의 성질이 보통과학에 아니면 특별과학에 속하는지, 합성과학인지 아니면 응용과학인지를 알 수 있다. 횡적 방향에서는 피차간의 상호 관계를 알 수 있다. 그는 피어슨과 동일하게

먼저 과학을 추상과학과 구체과학 두 종류로 나누었다. 구체과학은 또한 다시 4대 부문으로 나눌 수 있다. 이를테면, (1)보통과학, (2)특별과학, (3)합성과학, (4)응용과학이 그것이다. 각 보통과학은 모두 그 분과의 세목이 있는데, 그 소속된 특별과학을 포괄한다. 가령 생물학은 식물학과 동물학을 포함하고, 천문학의 대부분은 응당 물리학에 포함된다. 그리고 광물학의 대부분은 응당 화학에 포함되는 등이 그 예이다. 게다가 합성과학은 수종의 과학적 방법과 관념을 응용함으로써 하나의 특별과학을 이룬다. 가령 지질학, 지리학, 인류학 등이 이것이다. 거듭해서 이른바 응용과학이 존재한다면 많은 보통과학의 실제상에서의 응용인 것이다. 가령, 공예기술 중 농학, 의학, 工程學 및 비교적 새로운 교육학에 관한 것 등이 이것이다. 이제 분명히 이해하기 위해서 그 과학지식의 統系圖를 기록해보면 아래와 같다.(『科學大綱』, 제38편, 103～105쪽, 『科學導論』, 제4장, 85쪽, 참조.)

추상과학	형이상학(玄學)	논리학	통계법 및 도표법		수학
보통과학	사회학	심리학	생물학	물리학	화학
특별과학	인종학	미학	동물학 · 식물학	천문학 · 기상학	광물학
합성과학	역사학	인류학	생물사	지질학 및 지리학	태양계사
응용과학	정치학 · 경제학	윤리학 · 교육학	의약학 · 삼림학	항해학 · 공정학 · 건축학	冶金學 · 농학

任鴻雋이 이런 분류는 어떤 특별한 주장도 없다고 하면서 그를 비판하고 나섰다. 허나, 내가 보기에는 이것은 좌표식을 사용하여 모든 지식의 위치와 관계를 표명한 것으로, 사실 더할 나위 없이 간결하고 명료하다. 그런데 톰슨의 분류는 상세한 항목 상에서는 아무래도 뒤섞인 부분이 여전히 남아 있다. 예를 들어 경제학을 응용과학에 속하게 함은 아마도 많은 사회과학자들의 반대를 불러일으키기에 충분하다. 더구나,

형이상학(현학)을 추상과학으로 인식한 것 역시도 토론할 만한 가치가 있는 문제이다. 그러기에 요즘 문화사회학자로서는 마땅히 언급해야 할 크뢰버의 분류를 다시 한번 더 연구할 필요가 있다.

크뢰버는 우주 사이의 만사만물을 네 등급의 현상으로 나누었다. (1) 無機界의 물질 현상, (2)有機界의 생명 현상, (3)유기계의 정신 현상 혹은 심리 현상, (4)超機界의 현상 혹은 사회 현상이 바로 이것이다. 각 界마다 현상의 성질이 다른 계의 현상과 같지 않기 때문에 과학은 응당 네 가지의 큰 종류로 나누어야 한다. 또한, 네 가지의 큰 종류 속에는 매 종류의 성질마다 분석적과 서술적이라는 차이가 존재한다. 더군다나 각기 두 종류로 나뉘어서 도합 여덟 가지의 다음과 같은 큰 종류를 이룬다.(孫本文,『사회학의 영역』, 94쪽)

현상 구별	분석적 과학	서술적 과학
(1) 물질 현상	물리학, 화학	천문학, 지질학
(2) 생명 현상	생물학	자연사
(3) 심리 현상	심리학	傳記史
(4) 사회 현상	사회심리학	문화사

이와 같은 분류법은 중국에 매우 큰 영향을 주었다. 이를테면, 許仕廉은 1920년에 저작한『문화와 정치』(文化與政治) 중 특히 「과학의 새로운 분류와 사회학」(科學之新分類與社會學)편에서 거의 전적으로 크뢰버의 견해에 근거하고 있다. 하지만 그 역시 약간의 결점은 있다. 예를 들면 심리 현상을 하나의 독립 현상으로 보는 것은 비판을 면할 수가 없다고 하겠다. 孫本文이 그를 두고 말하기를, "매 등급 현상은 각자 독립적이어서 서로 침범할 수 없다고 생각했다. 사실 심리 현상은 생물 현상 및 사회 현상과 분리될 수 없는 것이다."(같은 책, 95쪽) 이

로 볼 때 크뢰버의 새로운 분류법을 세심하게 연구해 보면 또한 불만
족스럽다는 것을 알 수 있다.

넷째, 문화학적 지식분류설: 위의 과학 분류에 의하면 콜리지, 훼엘
은 물론하고 피어슨, 톰슨에 이르기까지 모두 과학을 위주로 하여 철학
을 자연과학 속에 두었다. 그리고 과학이 더욱 진보하면 여태까지 형
이상학에 속했던 우주가 과학에 의해 탈취당한다고 생각했다. 이것은
과학과 인생관의 논전 중에 丁文江에 의해 가장 잘 묘사되었다. 그는
"…다윈은 『종의 기원』을 지었다. …생물학 또한 과학으로 변화되었다.
19세기의 하반기에 이르러서는 형이상학자(현학자)가 추종자로 여겼던
심리학조차도 독립을 선언했다. 형이상학은 이리하여 근본철학으로부터
본체론으로 도망쳤다."(『과학과 인생관』, 상, 16쪽.)고 했다. 그러나 우
리들이 망각하지 말아야 할 것은 그가 이처럼 차가운 조소와 신랄한
풍자를 퍼부은 뒤, 머지않아서 장군매는 여기에 대해서 곧 항의를 제기
했다. 그는 "학식이 얕은 나의 소견, 그리고 세계의 과학자들과 철학자
들치고 과학이 분류될 수 있음에 동의하지 않은 이는 없다."라고 했다.
그렇다면, 분트(Wundt) 논리학 속의 분류법에서 소재를 취하여 정신과
학과 물질과학의 분별을 인정했던 것이다. 따라서 철학과 과학의 대립
또한 매우 충분한 이유를 가진다고 해야 하지 않을까?(상동, 7~8쪽.)
사실도 이와 다를 바 없다. 녹일의 심리학자 분트(1832~1920)의 논리
학은 사실 지식분류설의 하나의 새로운 시대를 충분히 대표하고도 남
는다. 그의 출현 이후로부터 철학상 하나의 중요한 문제가 되었다. 바
꾸어 말하면, 문화철학 상에서 이처럼 여태껏 해결되지 않은 문제의 해
결을 요구하고 나섰다는 의미이다. 이제 분트의 분류를 리스트로 작성
해 보면 다음과 같다.

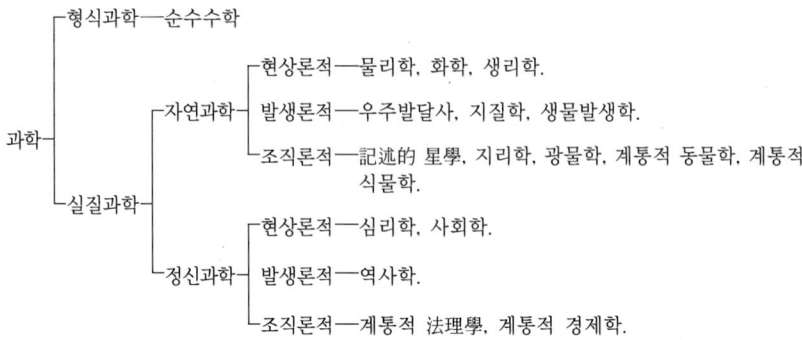

분트의 분류는 이후 신칸트학파 중 서남학파의 빈델반트, 리케르트 등의 개정을 거쳤고, 분트의 정신과학은 문화과학(리케르트)적 분류로 수정되었다. 田邊元의 『과학개론』에 비추어 표를 작성해보면 다음과 같다.

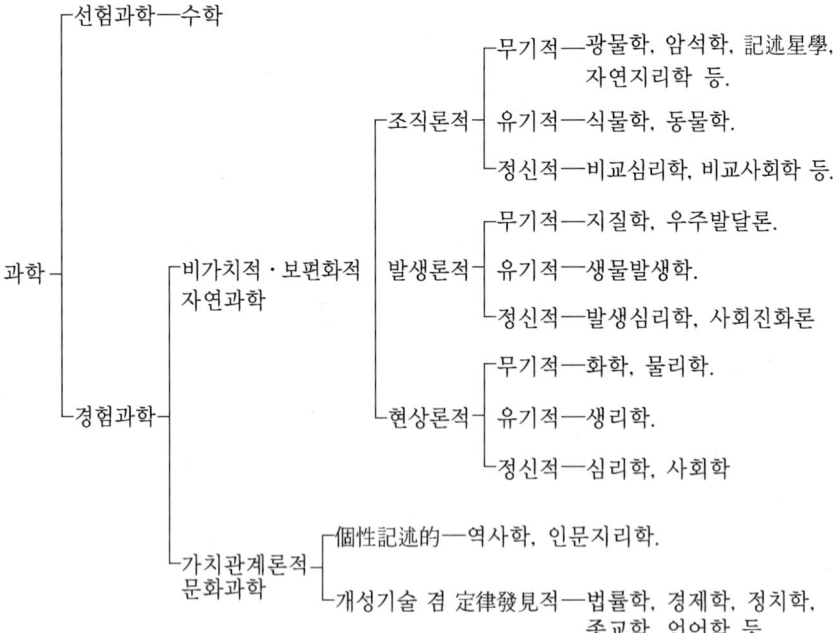

리케르트의 유명한 분류법은 문화과학과 자연과학을 대립시켜 문화과학이 가치적 의미를 함유하는 것으로 여겼다. 그러므로 마땅히 개성을 존중함은 자연과학이 定律(법칙)을 존중하는 것과는 다르다고 하겠다. 이른바 정률이란 모종의 동일한 원인에 의해서 모종의 동일한 결과가 발생됨을 이르는 것이다. 그리고 역사상 모든 사실들은 결코 중복되는 일이 없다. 이미 동일한 원인이 발생될 수 없는 이상, 동일한 결과도 발생될 수 없다. 그러니, 자연과학과 당연히 같지 않다고 하겠다. 이와 같은 리케르트의 분류는 이후 많은 사람들, 즉 바르트(Barth), 카씨어(Carsirer), 릴(Riehl), 프리샤이젠-쾰러(Frischeisen-Köhler) 등에게 옳지 않다고 비판을 받았다. 내가 지금 제기하여 사람들에게 주목하도록 하려는 것은 바로 지식 분류에 있어서 문화의 가치를 그 표준으로 삼아야 할지의 여부, 가치철학이 곧 지식 분류의 문제를 충분히 해결할 수 있는지의 여부이다. 나의 대답은 '거부'일 뿐이다. 이처럼 결과를 도리어 원인으로 여기는 착오(본서의 「서언」을 참고하기 바란다)는 리케르트 등의 서남학파가 범한 매우 큰 과실이라 하겠다. 이것은 크로체가 지식의 분류를 토론할 때에 "나무만 보고 숲은 보지 못한다."는 결함을 가졌다고 내가 늘 말해 온 것과 또한 동일한 것이다. 그는 그의 저작 『정신의 철학』에서 네 개의 가치 명사를 사용하여 심령 생활을 대표하는 네 방면을 공공연히 주장했다.

(1) 美----   -------------------------------------미　학
(2) 眞---논리학
(3) 用---경제철학
(4) 善---도덕철학

(1)과 (2)는 이론적 활동이고, (3)과 (4)는 실제적 활동이다. 이 네 개의 가치 명사를 통해서, 즉 정신생활의 내용을 예술, 철학, 경제, 도덕 네 방면으로 분별할 수 있다. 하지만 크로체는 가치를 표준으로 한

것 외에, 또한 심리적 작용에 주의를 기울였다. 가령 이론적 활동은 그 작용이 지식 즉, 직관과 개념이 되며, 실제적 활동은 그 작용이 의지 혹은 행위가 된다. 이로써 리케르트의 一派가 오로지 가치 명사를 중요시한 것과 비교해 보면 대단히 진보한 듯이 보인다. 하지만, 문화철학의 입장에서 보면 지식의 진정한 분류를 찾기 위해서는 이처럼 형식만 있고 내용이 없는 분류법은 반드시 파기되어야 한다.

위의 서술한 지식의 분류사에 의하자면 시대의 전후에 따라서 네 시기로 나뉜다. 이를테면, 제1시기는 신학적 지식 분류로서 신학(종교)이 그 주가 되고 철학은 신학에 속한다. 제2시기는 철학적 지식 분류로서 철학이 그 주가 되고 과학은 철학에 속한다. 제3시기는 과학적 지식 분류로서 과학이 그 주가 되고 미학은 특별과학에 속한다.(톰슨) 제4시기는 문화학적 지식 분류로서 비로소 미학(예술)을 특별히 제기하여 과학과 대립시켰다.(크로체) 이것은 다음과 같은 사실을 보여 준다고 하겠다. 즉, 지식의 분류사에 있어서 이미 지식은 종교, 철학, 과학, 예술의 네 유형에 따라서 순서대로 발전하는 것임을 알 수 있게 해 준다. 물론 제3시기에 우리들은 과학적 분류법에 의해서 지식을 자세하고 더욱 훌륭하게 나누어야만 한다. 그렇게 함으로써, 과학 범위의 확대에 비추어 피어슨, 톰슨의 분류가 어떻게 스펜서의 분류와 다른가를 매우 용이하게 간파할뿐더러 엄밀하고 계통을 지닌 과학 체계에 더욱 부합되게 할 수 있다. 그런데 제4시기에서 보면 이러한 분류는 여전히 인류의 모든 문화 유형, 즉 종교, 예술 등을 다 포괄할 수 없기 때문에 단지 과학적 분류법일 따름이고 지식적 분류법이라고는 말할 수 없다. 이와 반대로 지식적 분류법인즉슨 분류는 일시적이고 시간상의 가치만이 존재한다고 인정되는 탓에 역으로 지나치게 복잡하다든지 분리를 강요한다든지 할 필요는 없다. 단순하게 문화유형학에 따라서 지식을 종교, 철학, 과학, 예술 네 종류로만 나누면 그만이다. 그리고 각종 지식은 각자 하나의 독립 체계를 이루면서 그에 합당한 방법과 그에 합당한 학문 분야를 제각기 가진다. 환언하면 매 종류의 지식은 모두 그 신앙, 원리, 과학, 예술에 적합한 각 학문 분야를 가진다는 말이다. 그러나 단순히 과학적 분류로만 말하자면 톰슨과 크뢰버 같이 과학을 부문별로 나누는 것은 이미 매우 완비된 견해라고 할 수 있다.

2

위에서 지식 분류를 설명한 것 중 주의할 만한 점은 바로 일반 학자들이 지식 분류를 대하는 태도이다. 어떤 학자는 '방법'을 중시하여 방법을 배열의 표준으로 삼는가 하면, 또 어떤 학자는 '대상'을 중시하여 대상을 표준으로 삼기도 한다. 내 견해를 말하자면 전자에 더 무게를 두어서 방법을 지식 분류의 표준으로 할 것을 주장하는 바이다. 지식 배열의 전후가 같지 않음은 일종의 지식을 완성함에 사용된 '방법'이 같지 않은 데에 있다. 이와 동일하게, 대상은 과학, 철학, 더 나아가서는 예술, 종교가 될 수도 있다. 그러나 그 각종 다른 지식이 되는 원인인즉슨 완전히 방법의 문제에 속한다. 피어슨이 이를 잘 표현하고 있다. 말하자면 "과학의 본체는 그가 사용한 방법에 달려 있지, 취한 자료가 어느 것인가에는 상관이 없다."고 했다. 이로써 과학이 과학다운 원인은 과학의 방법을 응용하는 데 있음을 알 수 있다. 과학의 방법 즉, 귀납법은 과학의 뼈대인 것이다. 만일 귀납법에 숙련되면, 자연의 모든 것이 과학의 대상이 된다. 이와 동일한 이치로, 종교가 종교다운 원인은 종교의 방법 즉 연역법을 응용하기 때문이라고 말할 수 있다. 철학이 철학다운 원인은 철학의 방법 즉 변증법을 응용하기 때문이다. 아울러, 예술이 예술다운 원인은 예술의 방법 즉, 직관법을 응용하기 때문이다. 그러나 이 견해 역시 어떤 불변의 진리는 아니다. 내가 앞의 두 장에서 나열한 각 지식의 관계표는 곧 과학의 진정한 과학 방법의 운용은 '과학적 과학' 시기에만 해당됨을 알아야 한다. 만약 '종교적 철학' 시기라면 귀납법 말고도 연역법이 겸용된다. 철학적 과학 시기에는 또한 변증법이 겸용된다. 그런데 과학에 대해 언급하자면 항상 과학적 특수 방법이 없을 수가 없다. 같은 이치로 종교, 철학, 예술 역시 이와 같다. 종교 방법의 완전한 운용은 단지 '종교적 종교' 시기에만 존재하고, 철학 방법의 완전한 운용은 단지 '철학적 철학' 시기에만 존재할 뿐이다. 게다가 예술 방법의 완전한 운용은 단지 '예술적 예술' 시기에만 존재한다. 그러므로 앞에서 말한 하나의 방법이 하나의 지식을 형성한다고 한 것 역시도 상대적이고 非絕對的인 견해일 따름이다. 거듭해서 즉, 똑같이 하나의 방법 속에서는 또한 세분할 수가 없다. 만일 과학을 그 예로 하자면, 과학적 내용에 따라서 각종 방법을 세분할 수는 있을 듯하다. ─물리학적 방법, 수학적 방법, 화학적 방법─ 그렇지만 이러한 상세한 구분은 편리해서 설치하면 좋을 것 같지만 각 과가 하나의 방법, 하나의 학문으로 획분됨은 그다지 적절하지 못할 것으로 생각된다. 왜인가? 각종 과학이 비록 각자 그 독립된 특수 방법을 가지고는 있지만, 과학 연구의 진보에 의하여 물리학적 방법은 수학적 방법과 서로 통할 수 있고, 생물학적 방법은 결국 과학의 각 방면에 응용될 수 있기 때문이다. 이로써 과학이 과학다운 이유는 과학적 방법을 운용하는 데 있고, 과학 방법이 비록 여러 가지로 세분될 수 있지만, 이러한 세분은 독단적인 데로 흐르기가 가장 쉬워서 역으로 분류의 본의를 완전히 매몰시킨다는 사실을 알 수 있다. 그래서 나는 여기서 지식에 대한 간단명료한 방법론적 분류를 시도할 것을 주장할 따름이다. 즉, 각종 지식은 각종 다른 방법에 의해서 형성된다고 생각한다. 자세히 말하자면 연역법은 '종교'를, 변증법은 '철학'을, 귀납법은 '과학'을, 직관법은 '예술'을 각각 형성한다. 연역법과 변증법, 즉 종교적 방법과 철학적 방법에 관해서는 앞 두 장에서 이미 매우 철저한 서술을 하였다. 지금 우리들이 알고자 하는 것은 과학이 과학을 형성하는 원인인 특수 방법 - 즉 이른바 '귀납법'이다.

'귀납법'은 보통의 과학 방법으로서 관찰, 실험, 비교와 역사 통계적 방법에 의해서 성립된다. 이 방법은 베이컨(Francis Bacon)에게서 시작된 셈이다. 그는 그의 저작 『新工具』(Novum Organum)에서 다음과 같은 사실을 알리고 있다. 먼저 자연의 사물을 관찰하여 원리와 원칙을 탐구해야만 하며, 단지 주관의 이성에 의거하여 억지로 모든 사물과 매치시킴은 온당치 않다고 했다. 그는 이러한 형태의 진리 탐구 방법을 '귀납법'이라고 일컬음으로써 당시 한창 성행하고 있던 '연역법'과 대립시켰다. 그는 그의 책에서 알기 쉬운 예를 들고 있다. "갑이라는 물체에 중량이 있고, 을이라는 물체에 중량이 있다. 어떤 종류의 물체이든 모두 중량은 있다. 그러므로 모든 물체는 중량을 가진다." 이 방법은 특수한 사실로부터 보편적 원리를 추론한 것이다. 그 절차는 아래 나열한 세 항으로 간추려 볼 수 있다. (1) 모든 사실들을 그러모은다. (2) 모든 사실들을 취하여 분석하고 비교한다. (3) 연구해 얻은 현상의 원인을 발견하여 종합 개괄의 쓰임으로 삼는다.(『科學發達略史』, 105쪽, 참조.)

그는 또한 이성을 절대적으로 배척하지 않으면서 연역법을 완전히 무용한 것으로 여겼다. 특히 연역법은 단지 '거미의 방법'이라 하면서 마치 거미가 줄을 칠 때에 한 가닥 한 가닥 모두 뱃속에서 토해 내듯이 이미 존재한 것 외에는 아무것도 발명할 수가 없다고 했다.(사실상 인도의 『베다』, 즉 「曼特迦」에는 다음과 같은 비유가 있다. "한 마리의 거미가 실을 뽑아 그물을 치는 것처럼 세계가 눈부시게 펼쳐져 있지만, 여전히 즉 자신인 브라만에게서 나온 것이다." 이러한 종교적 교의는 바로 거미의 방법에 의해 응용된 결론이다.) 반면에 사실을 지나치게 중시하여 단지 지식만을 축적하고 이성의 안배를 가하지 않는다면, 또한 개미가 음식물을 채집하는 방법과 비슷하므로 이것은 '개미의 방법'이라고 말할 수밖에 없다. 베이컨은 그 자신이 '꿀벌의 방법'이라고 주장하는데, 이것이 바로 이른바 '귀납법'이다. 꿀벌은 花蜜을 채집하여 향기롭고 감미로운 산물을 빚어낸다. 귀납법은 흡사 수집한 사실에 대해서 조직하고 정리하려는 노력과 같다. 베이컨 이후, 콩트가 실증주의를 제창함은 물론 밀은 논리학 혁명을 실행하였다. 이리하여 과학 방법의 중요성이 점점 대중에게 받아들여졌다. 밀은 인과율을 근거로 삼아서 귀납의 규정 5조를 설명하였다. 이 때문에 드디어 귀납의 논리학이 크게 이루어졌다. 그 조목은 다음과 같다.

(1) 合同的 방법;　　(2) 正負合倂的 방법;
(3) 차별적 방법;　　(4) 同變的 방법;
(5) 잉여적 방법.(王星拱, 『과학방법론』, 53~69쪽, 참고.)

이 귀납적 논리학은 실제로는 과학 방법이다. 과학 방법은 그 이미 아는 많은 사실들을 열거하기만 하면 아직 모르는 큰 범위를 탐지할 수 있다. 뉴턴은 사과가 땅에 떨어지는 것을 보고 지구 인력을 깨달았다. 이는 그가 만유인력의 한 特例를 발견한 데 불과하다. 지구가 태양을 도는 것과 달이 지구를 도는 것, 그리고 조수와 석수의 이치는 동일한 원인이라 여겼다. 그러므로 만유인력 법칙의 발견은 변함없이 귀납적 방법을 성공적으로 응용한 것이라 할 수 있다.

그런데 말이 비록 이와 같다고는 하지만, 많은 학자들은 순수한 귀납법에 만족하지 못한다. 연역적 귀납법만이 과학적 방법이라 인정할 뿐이다. 이것 역시 매우 큰 이유가 있다. 예를 들어 이탈리아의 갈릴레이는 물체가 아래로 떨어지는 속도는 물체의 경중에 따라서 변한다고 한 아리스토텔레스의 가설을 부인하였다. 그리고 다른 어떠한 압력에 따른 간섭이 없다고 한다면 모든 물체가 무게와 상관없이 동일한 속도로 낙하한다는 사실을 발견해 냈다. 그는 사실 수학 연역법을 채용한 것이다. 또한,

뉴턴이 달이 지구를 도는 이유가 지구 인력 때문이라고 말하게 됨도, 먼저 연역적 추산을 사용한 뒤에 귀납법의 증명을 통해서 실증한 것이다. 이것이 곧 소위 '연역귀납법'(deductive inductive method) 다름 아니다. 크로포트킨(Kropotkin)은 그의 저작 『근대과학과 아나키즘』에서 변증법을 극력 배척하고 연역귀납법이 과학 방법임을 주장하였다. 그렇다면 진정한 의미의 과학 방법은 연역귀납법인가, 아니면 소위귀납법인가?

여기서 내가 독자들에게 주의를 기울이도록 부탁하고 싶은 것은 다음과 같은 사실이다. 많은 사람들은 수학 추산을 따르는 것이 바로 연역법이라고 생각한다. 하지만 근대 과학자인 포앵카레(Poincaré)가 저술한 『과학과 방법』이란 책에 따르자면, 수학적 발명 역시도 다른 것 속에서 같을 것을 찾고자 하는 귀납에 의지하고 있지 결코 연역적이 아님을 이미 증명하고 있다.(『과학방법론』, 75쪽에 보인다.) 『과학과 방법』이란 저서는 내 수중에 없지만, 포앵카레가 지은 『과학과 가설』이란 책은 이미 한문본이 있는 상태이다.(『萬有文庫』, 498쪽, 葉蘊理 譯.) 그는 매우 명백하게 말한다. 즉,

"수학추리의 성질은 무엇인가? 진실로 우리들이 보통 연역이라고 믿는 그것일까? 그것을 자세히 한번 분석해 보면, 철저하게 그렇지 않다는 것을 알 수 있다. 어떤 범위 내에서는 오히려 귀납추리의 성질을 띠고 있으며 그 풍부한 원인도 바로 여기에 있다."(314쪽)

알다시피 물리학적 방법은 귀납 위에 건설된 것이다. 그런데 또 수학을 왜 귀납적이라고 하는 것일까? 많은 사람들은 수의 과학, 그것의 명제는 줄곧 형식 논리학으로서 서로 끌어낼 수 있다고 생각하지만, 포앵카레는 다음과 같이 말한다. "수학은 크게 넘쳐나는 重複思想으로 어찌 변화되지 않는가? 삼단논법은 사람들에게 진정한 의미의 참신한 사물을 알려 줄 수가 없다. 이는 즉, 모든 것이 반드시 今等 원칙에서 나온다면

모든 것 또한 그 가운데에 포함시킬 수 있음과 같다. 그렇다면 많은 책 속의 定理는 장차 A는 곧 A라고 하는 각종 논법에 불과할 따름이다."(7쪽) 삼단논법의 결론 속에서는 결코 전제 이외의 다른 것은 찾아낼 수가 없다. 그러나 "수학 추리 그 자체에는 일종의 창조성이 존재한다. 이 때문에 그것은 삼단론과 사실 분별점이 있다."(8쪽) 그도 특별로부터 보편에 미치고자 한 것이다. 그러한 즉, 어째서 또다시 그것을 연역적이라 명명하는가? 이전에 라이프니츠가 이미 '2와 2를 더해서 4를 얻게 됨'을 증명하려 했다. 그의 증명법을 한번 살펴보도록 하자.

"나는 1이라는 수가 이미 정의를 가진다고 가정한다. 게다가, x + 1의 연산은 1이라는 단위를 x에 더한 것임을 안다. 이러한 정의는 어쨌든 추리와는 관계가 없다. 그 다음, 나는 2, 3, 그리고 4를 아래의 나열식을 써서 규정한다.

    (1) $1 + 1 = 2$ (2) $2 + 1 = 3$ (3) $3 + 1 = 4$.

똑같이 나는 아래의 나열식을 써서 x + 2를 증명한다.

(4) $x + 2 = (x + 1) + 1$	(정의 4)
$2 + 2 = (2 + 1) + 1$	(정의 2)
$3 + 1 = 4$	(정의 3)
그래서 $2 + 2 = 4$	(즉, 증명하려는 것)"

우리들은 이 추리가 순전히 분석적이라는 것을 부인할 수 없다. 그러나 만약 수학자에게 묻는다면, 그는 반드시 다음과 같은 정보를 알려줄 것이다. "이것은 참된 증명이 아니라, 일종의 對正에 불과할 뿐이다." 사람들은 단지 이 두 가지의 순수 公約性的 정의만을 하나의 비교로 삼아서 서로 같다고 알지만, 새로운 것에 관해서는 조금도 획득된 것이 없는 게 사실이다. 대정(Vérification)이 참된 證理와 차이가 생긴 까닭은 사실 그것이 순수 해석이고 전혀 효과가 없기 때문이다. 그것이 효과가 없는 이유는 그 결론이 삼단론적 두 전제의 한 譯語일 뿐이기 때

문이다. 이와 반대로 참된 증리는 매우 충만하고 풍부한 것이어서 그 결론의 의미는 전제와 비교해서 보편적이다. 하나의 특례인 까닭에, 가령 $2+2=4$라는 이 등식은 물론 딱 맞게(對正) 될 수도 있다. 그렇지만 수학이 만약 마침내 한 꿰미의 대정이 된다면 역시 장차 과학이 되지는 못한다. 반대로 사람들은 마침내 다음과 같이 말해도 좋을 것이다. 정확한 과학의 목적은 바로 우리들에게 이와 같은 직접 대정으로 가는 수고를 없게 하는 데 있다고 말이다.(같은 책, 참조.)

포앵카레는 수학적 귀납법을 소위 '廻環推理法'이라고 생각했다. 그것의 중요한 특성은 무수한 삼단법을 종합하는 데 있다. 유일한 공식 속에 넣어 모으면, 즉 형식적 논리학에 의거하면 얼마나 멀리 가든 수많은 삼단법이 있든 관계없이 끝내는 각종 숫자에 하나라도 적합한 보편 정리를 얻어 낼 수가 없다. — 오직 그것만이 과학의 목적으로 간주될 수 있다. 그러므로 실제로 수학 방법은 사실 통용되고 있는 귀납법과 매우 비슷한 곳이 있지만, 또한 매우 큰 차이점도 있다. 이를테면,

"물리과학 속에 있는 귀납법의 운용은 항상 불확실하다. 왜냐하면, 우주는 보편적 프로그램을 가진다는 믿음 위에서 그것이 건설되기 때문이다. 그런데 이 프로그램은 초인적이다. 이와 반대로 수학 귀납법 즉 廻還證明法은 우리들이 반드시 받들어 따라야 한다. 왜냐하면 그것은 정신의 주재를 긍정하기 때문이다."(21쪽)

그러므로 "수학 역시 다른 과학과 같다고 할 수 있어서 특별로부터 기인해서 보편으로 귀착된다."(21쪽) "수리적 회환추리와 물리적 귀납추리, 이 兩者의 기초는 비록 각기 다르지만 그것 양자는 오히려 평행 일치하여 한 방면으로 나아간다. 바꾸어 말해서 그것의 양자는 모두 특별로부터 기인해서 보편으로 귀착된다는 것이다."(22쪽) 이처럼 특별로부터 기인해서 보편으로 귀착함은 바로 귀납적 방법이 아니겠는가? 동일한 사실에

있어서 끝없는 횟수의 재현이 존재하는 까닭에, 수학적 귀납법이 비로소 성립하게 된다. 포앵카레는 심지어는 다음과 같은 말까지 하고 있다. "만일 수학적 귀납법이 없다면, 우리들은 진보할 수가 없다. 왜냐하면, 그것만이 우리들에게 신선한 사물들을 일러 줄 수 있기 때문이다. 만일 저 물리 귀납과 구별될 만큼의 똑같이 유효한 수학 귀납법의 협조가 없다면, 반드시 견고한 건축으로 과학을 창조해 나갈 수가 없을 것이다."(25쪽) 이것은 보통의 과학 방법이 책 속에서 말한 귀납법 외에 반드시 연역법이 있어야 함을 논한 것과는 다르다고 하겠다. 따라서 연역귀납법을 주장함은 동일한 이유를 가지지만 실은 비슷한 것 같으면서도 다른 것이 아니겠는가? 수학뿐만이 아니라 기하학도 역시 그러하다. 기하학은 포앵카레의 생각에 따르자면 경험 진리에 의거해서 이루어진 '公約'인 것이다.

"… 예를 들면 이 기하학의 도형은 고체물과 그 형태가 같기 때문에, 기하가 경험에서 도움을 받는 것은 사실인즉슨 고체의 성질과 같다. 빛의 성질과 그 직선의 전파에 의해서도 많은 기하의 명제가 도출된다. 특히 投影幾何가 그것이다. 이로 보건대, 사람들은 장차 度量的 기하 즉 고체의 연구, 그리고 투영기하 즉 빛의 연구를 말하려 할 것이다."(57쪽)

이 점에 관해서 나는 많은 인용을 원치 않는다. 이른바 과학적 방법은 오로지 귀납적 방법일 뿐이고, 이른바 수학 방법도 일종의 특별한 귀납법에 불과하다는 사실을 증명하고자 할 따름이다. 그러므로 과학 방법은 다름 아닌 귀납법이라고 말한 것이다.

귀납법은 사회과학상의 응용에 있어서는 즉, 歷史法 혹은 통계법에 해당된다. 이 점에서 가장 선명한 표현은 이른바 '역사학파'라고 할 것이다. 말하자면, 역사학파의 경제학자인 독일의 크니스는 그의 저작 『역사적 방법에 입각한 정치경제학』에서 다음과 같은 사실을 주장하였다. 즉, 경제학은 마땅히 그 이론을 세우는 기초를 역사적 생활 속에서 찾아

야 하며, 그것의 결론은 역사의 통계적 방법을 응용하지 않으면 안 된다
는 것이다. 경제학은 고전학파가 주장한 바와 같은 추상적 연역방법이
아니라, 마땅히 역사의 귀납적 연구 방법을 사용해야 한다. 만일 고전학
파가 소수의 자명한 진리를 원칙으로 삼아서 추상적이고 고정불변의 '경
제인'에게 출발하여 연역해 낸다면, 당연히 그 절대성을 본질로 하는 자
연법이 됨은 당연하다고 하겠다. 반대로 역사학파인즉슨 우리들이 경험
하고 있는 모든 실제적 사회의 사안에 입각해서 완전히 역사의 통계적
방법을 응용한 결과 경제생활의 역사적 진화를 자연히 중시하게 된다.
말하자면, 귀납법의 사회과학 속에서의 채용은 역사 진화 법칙의 견해
와 밀접한 관계를 가진다. 때문에 지드(Gide)는 『정치경제학』(Political
Economy) 13쪽에서 말하기를, "역사법이 채용된 결과, 고전학파가 생각
했던 자연법을 포함한 경제 현상의 보편성과 영구성은 함께 사라지고 말
았다." 물론 이처럼 사회과학 상에 귀납법을 응용하는 것에 대해서 많은
사람들은 항의를 제기하기도 한다. 예를 들어, 빌브란트(Wilbrandt)는
"그들의 입장에서 보면 유일한 역사적 방법만이 존재할 뿐이다."라 함으
로써 역사파를 조소하였다. 부하린은 그야말로 이 파를 지목하여, "모든
보편화를 막는 편협한 경험주의이다.", "이 학파의 극단적인 대표자들의
잠언은 구체적인 역사의 재료에서 수집된 것들이어서 보편화의 이론적
작업을 한없이 지연시킨다."고 했다. 더군다나 이 파의 특징은 "추상 이
론에 대해서 부정적인 태도를 취하는 섬이나. 이 학파는 질절하게 모든
추상적 연구를 혐오하고 그에 관해서 회의를 품은 나머지, 어떤 때는 이
러한 연구의 모든 가능성을 근본적으로 부인하기까지 한다. …역사적, 경
제적 내지는 통계적 연구의 도움에 의지하여, 이른바 경험적 법칙의 확
립에 완전히 동의하는 데 불과하다." 나는 이러한 비판들은 아직 역사학
파의 근본 방법에 대해서만큼은 결코 논박하지 못했다고 본다. 나는 역
사학파가 사회과학상에 공헌이 있다고 생각한다. 역사를 기술한 많은 저

작, 즉 가격, 임금, 신용, 화폐 등의 역사를 출판했을 뿐만 아니라, 이 역
사의 통계적 연구로부터 이른바 경험의 법칙을 확립시켰다. 이러한 태도
야말로 진정으로 사회과학적 방법을 응용한 것이라 하겠다. 사회과학과
자연과학은 모두 똑같이 귀납법적인 것을 사용하고자 한다. 그러나 귀납
법 속에는 또한 하나의 역사 진화적 단계를 면할 수는 없다.

· 고전학파-----------------------------------연역법적 귀납법 ;
· 마르크스파---------------------------------변증법적 귀납법 ;
· 역사학파-----------------------------------귀납법적 귀납법.

"우주의 법칙은 모두 먼저 사실이 존재한 다음에 비로소 언론이 발생
되기 때문에," 사회과학에서는 완전히 귀납법을 채용해야만 한다. 그리고
많은 종류의 재료를 모으는 것이 바로 사회과학의 이론을 건립하는 그
첫 번째 단계가 된다. 마르크스파인 로자 룩셈부르크(Rosa Luxemburg)
와 같은 이는 『고전파, 속물 역사학파 및 마르크스파의 경제학』이란 글
에서 마르크스파는 변증법을 경제학상에 응용한 것이라고 시인하였다.
변증법은 또한 역사적 형태를 중시하지 않는다고는 할 수 없지만, 이러
한 역사 형태의 파악은 철학 방법(변증법)이 사용되지 과학 방법(귀납통
계법)이 사용되지는 않는다. 이와 반대로 진정한 의미의 과학 방법은 자
연과학 방면에서든 아니면 사회과학 방면에서든 막론하고 귀납적 방법을
사용한다. 오직 귀납 방법만이 진정한 의미의 과학 방법인 것이다.

3

다시 방법론적 문제에서 一轉하여 과학의 역사를 관찰해 보도록 하

자. 과학은 對自的 학문이기 때문에, 모든 과학은 귀납적 방법, 즉 관찰, 실험, 비교와 역사 통계에 의한 방법이 사용되어야 한다. 그런데 다른 측면에서 보면 귀납 방법 그 자체는 일단의 발전적 역사를 가진다. 이를테면, 귀납법의 발전은 연역적 귀납법부터 변증적 귀납법까지, 변증적 귀납법부터 귀납적 귀납법까지, 다시 귀납적 귀납법부터 직관적 귀납법까지가 그것이다. 이상의 순서에 따르면 과학사의 네 시기가 된다.

(1) 종교적 과학 시기----------------------------연역적 귀납법:
(2) 철학적 과학 시기----------------------------변증적 귀납법:
(3) 과학적 과학 시기----------------------------귀납적 귀납법:
(4) 예술적 과학 시기----------------------------직관적 귀납법.

종교와 과학은 인류의 문화생활에 있어서 원래 같은 부류였다. 하나는 과학은 있고 종교가 없는 시대로서, 이것은 실제로 아직 존재한 적은 없다. 이와 동일한 선상에서 또 하나는 종교는 있고 과학이 없는 시대로서 역시 결코 존재하지 않았다. 때문에 문화사의 제1시기 즉, 종교 시기에 있어서 또한 종교와 과학이 서로 영향을 미치고 있음을 볼 수 있다. 이것이 이른바 '종교적 과학'이다. 이 종교적 과학은 자연을 연구하고자 함이 아니라, 사람들에게 자연을 내적 종교의 힘으로써 설명하고자 함이다. 예를 들면 그리스의 피타고라스와 같다. 그가 등장함에 따라서 과학이 약간 진보했다고 해야겠지만, 그는 여러 가지의 견해를 추론하여, '1'은 만물의 근원이고, '4'는 가장 완벽하고, '5'는 빛의 근원이고, '7'은 영혼·건강·광명이고, '8'은 우애의 근원이라 했다. 이처럼 부연된 논조는 중국이 五行으로써 五方, 五色, 五倫, 五腑를 설명했던 각종 부회와 무엇이 다를 게 있겠는가? 그리고 아리스토텔레스는 전체적으로 보아서 대과학자인 셈이지만, 그는 일찍이 개구리가 풀이 변한 것이라고 주장한 적이 있다. 이것은 중국 고대에서 "썩은 풀이 개똥벌레로 변한다."라고 했던 것과 똑같은 오류 관념인 것이다. 이 작은 예를 통해서도 증명되다시피 최초의 과학은 종교의 기초상에서 발생된 것임이 매우 분명하다. 믿기 어렵다면 黃凌霜이 저술한『서양지식발전사강요』(138~143쪽)를 한번 읽어볼 것을 권하고 싶다. 그는 과학사의 제1시기를 어떻게 생각해야 하는지를 말해 주고 있다. 말하자면 "존재하는 모든 자연과학을 이용해서『성서』의 말과 외부의 현상을 조화시킨다.", "자연과학…그 가치는 하나님이 인류에게 부여한 길을 드러내 주는 데 있다. 마술은 비교적 유용하다. 왜냐하면 그것은 미래를 예언함은 물론, 병을 고치고 금을 만들 수 있기 때문이다." 敎父派 시기에 있어서 일반적으로 과학은 사람들에게 하나님의 길을 설명해 주는 것을 제외하고는 사실 진정한 과학에 대한 흥미는 조금도 없었다. 그래서, 생물학의 생물에 대한 해석은 완전히 기괴하고 허황되어 일종의 유신론적 생물학의 산물이 되고 말았다. 화학은 야금술과 보석에 대한 서술이 대부분이고 그것들의 마술적 의미만을 설명한다. 천문학은 대다수가 점성술과 미신뿐이다. 지리학은 더욱이 下流의 이름에 관해서 역시나 항상 신비적 혹은 마술적 해석을 가한다.(이상은 앞의 책, 139~140쪽을 참고해서 인용한 것이다.) 이와 같은 종교적 과학은 다름 아닌 중세 시대의 과학적 주요 상태를 관통했다고 말할 수 있다.『서양지식발전사강요』에서는 대략 그것을 세 가지로 나누고 있다.(204~224쪽)

1. 점성학 − 점성가의 근본 관념은 신이 존재하는 하늘의 운행과 인류가 존재하는 땅의 變更이 서로 응한다고 생각하는 것이다. 이 때문에 점성학은 개인의 길흉을 예언할 수 있을 뿐만 아니라, 천체와 국가의 운명이 어떻게 될 것인가를 예언할 수 있다고 했다. 이런 종류의 지식은 최초에 바빌로니아에서 발생하여, 대략 기원전 350년에 그리스로 수

입되었고 역시 기원전 150년에는 로마로 수입되었다. 아울러 예수교도에게 채용되어져 마침내 이 사이비의 과학은 중세 시대에 있어서 하나의 매우 중요한 위치를 차지하게 되었다.

2. 연금술 - 매우 오랜 시간에 연금술은 거의 일종의 종파로 변화되었다. 그들은 금속 변질의 관념에 근거하여 금속에 모종의 재료를 가함으로써 최고의 금속으로 변화시킬 수 있다고 생각했다. 그 가장 중요한 재료가 곧 위대한 長生藥(213쪽) 바로 그것이다. 이 기술은 어쩌면 이집트에서 기원했을 것이다. 그리스인은 이 연구를 확대하였고 로마인은 이 기술에 대해서 비상한 관심을 기울였다. 그리고 중세 시대에는 많은 교도들이 참가하여 또한 실험실을 만들기도 하였다.

3. 마술 - 마술은 매우 장구한 시기에 걸쳐서 유럽의 지식계를 지배하였다. 제사의 神跡에서부터 기타 성전, 村婦의 의술에 이르기까지 모두 마술의 흔적을 꿰뚫어 볼 수 있는 것들이다. 뿐더러, 마술을 사용하는 사람들은 마귀와 교통함은 물론 병을 고치는 효능을 가져오기도 했다. 마술은 중세 때에는 매우 일반적인 것이었다. 『지식발전사』, 제5장, 12절인 「예수교의 귀신론과 巫術」을 참고하기 바란다.

종교적 과학이 비록 현재에서 보면 단지 과학의 장애일 뿐이지만, 과학의 발전사로부터 보면 사실 진정한 '과학적 과학'의 기원이 되는 셈이다. 그러므로 점성학은 천문학의 어머니 격이고, 연금술은 화학의 어머니 격이다. 마술 역시 의학의 어머니라고 하지 않을 수 없다. 그런데 우리들이 더욱 주의를 가져야 할 것은, 종교적 과학 시기로부터 과학적 과학 시기에 이르기까지 그 중간에 사실 하나의 과도 성질의 철학적 과학 시기를 거친다는 점이다. 이것이 『서양지식발전사』, 제6장의 소위 「현대 과학 정신의 탄생」 시기 바로 그것이다.

원래 과학 정신의 탄생기는 마빈(Marvin)이 『유럽철학사』(傅子東 譯,

제21장.)에서 말한 바로 '발견 시대'인 것이다. 발견 시대는 14, 15, 16, 17 네 세기를 포괄한다. 마빈이 제시한 바에 의하면 중요한 발견은 다음과 같이 여러 가지가 있다. (1) '문예부흥' 혹은 그리스와 로마의 고대 문화의 발견; (2) 로마법의 발견; (3) 지리학의 발견; (4) 천문학의 발견; (5) 수리학의 발견; (6) 물리학·화학·생리학의 발견; (7) 심리학 및 정치와 사회과학의 발견.(339~356쪽)

'문예부흥'은 산실되어 버린 고대 저술의 필사본과 고대 저술가의 교정본을 발견할 뿐만 아니라, 전체 유럽을 모두 점차로 교권에 반항하고 고대 과학을 이해토록 하는 경향으로 나아가게 했다. 로마법의 발견은 서술하지 않고 제외시키더라도, 가령 지리학의 발견 즉, 신세계의 발견과 구세계-아시아-에 이르는 새로운 노선의 발견은 학자들에게 지구의 형상, 크기, 정황, 그리고 그 주민에 대한 지식을 나날이 증진시키도록 했다. 또한 이러한 자극 아래에서 지식의 경계선을 확대시킴은 물론 연구 토론의 정신을 신장시켰다.(『서양지식발전사』, 335~345쪽) 그런 나머지 종래의 프톨레마이오스(Ptolemaic, 天動說)적이고 교부파적인 지리 개념을 근본적으로 뒤엎었다. 그 다음으로 천문학의 발견은 태양이 우주의 중심임을 증명한 코페르니쿠스(Copernicus, 1473~1543)와 갈릴레이(Galilei, Galileo, 1564~1642)가 등장하여 근본상에서 하나의 새로운 우주관으로 전환시켰다. 마치 세계가 별안간 광활한 형태로 변하는 것과도 같았다. 케플러(Kepler, 1571~1630)는 1609년에 천체 운행의 제2법칙을 발표하였고 또한 1619년에 제3법칙을 발표하였다. 뉴턴(Newton, 1642~1727)은 케플러와 갈릴레이의 옛 업적을 정리하여 1686년에 이른바 '뉴턴 운동 법칙'(같은 책, 329~331), 즉 만유인력의 법칙을 확립시켰다. 그 다음 즉, 수리학의 발견은 16세기 이전에는 오로지 그리스와 아라비아의 수리학만이 존재했고, 16세기에 이르러서야 비로소 근대적 수학이 시작된 것이다. 간단히 말해서, 1600년 이후로부터 19세기 순수 수리학의 큰 발달에 이르기까지 그 중간에는 사실 네 단계를 거친다. 즉, (1) 해석기하학의 발명 -1637년에 데카르트에 의해서 발명되었다.; (2) 미적분학의 발명 -1666~1674년에 뉴턴과 라이프니츠에 의해서 발명되었다.; (3) 일종의 정확한 수리 과학적 역학의 발명 -호이겐스(Huygens)와 뉴턴에서 시작되어 좀 늦은 18세기에 와서 라플라스(Laplace)와 라그랑주(Lagrange)에 의해 만들어졌다.; (4) 수리학적 물리학의 발달 -호이겐스와 뉴턴의 빛의 학리에서 시작되었다. (마빈, 같은 책, 350~351쪽, 참조) 다음인즉슨, 물리학·화학·생리학의 발견, 특히 물리과학의 대발견이다. 이를테면, 1789년 라부아지에(Lavoisier)는 질량 불변의 화학 법칙을 발명하였고, 1802년에는 마이어(Mayer, Rabert)가 物力 불변의 물리 법칙의 근저를 수립하였다. 같은 시기에 줄(Joule, James Prescott)은 이와 동일한 연구를 발표하였다. 독일의 유명한 생리학자인 헬름홀츠(Helmholtz, Hermann, 1821~1894)는 물력 불멸 법칙과 뉴턴의 운동 법칙을 집대성하여 공통의 물리학적 기초를 정립시켰다. 이때에 있어서는 매우 뚜렷하게 중요하다고 생각되는 기타 발견들을 아직도 뽑아낼 수가 있다. 마빈이 말한 바에 따르면, (같은 책, 352~354쪽.) (1) 뉴턴 역학과 인력 천문학; (2) 혈액 순환의 발견 및 이것과 관련된 포유동물 안의 혈맥과 腺의 발견; (3) 지극히 微小한 유기체의 발견; (4) 빛이 통하는 통로의 발견; (5) 빛은 정해진 속도로 진행한다는 사실의 발견; (6) 빛의 파동실의 빌건; (7) 흰 광선 組合의 발견; (8) 磁氣와 電氣 간 관계의 발견; (9) 빛의 電磁說; (10) 원자설 등, 이 무수한 발견들은 당연히 많은 科學史의 전문가가 그것을 설명해 나가도록 할 수밖에 없다. 맨 마지막은, 즉 심리학 및 정치와 사회과학의 발견이다. 이 일은 16, 17, 18 세 세기에는 아직 완성되지 않다가 곧바로 19세기에 와서야 비로소 비교적 적절하게 과학 연구의 범위로 진입했다. 그런 까닭에 여기서는 언급하지 않는 것이 가장 바람직할 것으로 보인다. 다만, 주의해야 할 것은 이른바 '발견 시대'란 사실인즉슨 일종의 과도 성질의 철학적 과학 시기를 대표한다는 점이다. 말하자면 과학사의 제2시기를 대신할 뿐, 아직은 진정한 의미의 과학적 과학 시기라고는 할 수 없다. 그래서 마빈은 그의 原書 제23장에서 매우 명백한 비평의 말을 남기고 있다.

"실험적 연구는 17, 18 두 세기 동안에 급속하게 유럽 과학의 전설로 변화되었을 뿐더러, 점차적으로 이 연구의 범위에서 저 연구의 범위로 전파되어 갔다. 그렇지만, 설사 그렇다손 치더라도 우리들은 즉시 다시 말을 이어야 할 것이다. 즉, 이것은 과학 중에서 단지 일종의 유력한 조류의 시작일 뿐, 그것의 결말은 될 수 없다고 말이다. 많은 유럽의 사상가들은 변함없이 근본상 상이한 철학과 방법을 견지하고 있었다. 더군다나, 그 당시에 사색하는 매우 많은 사람들은 우주의 목적, 그리고 착오 없는 지식이 머지않아 이룩될 것이라 믿었다. 그들이 비록 아리스토텔레스주의를 공격하고 나섰지만, 그들 자신은 여전히 아리스토텔레스파였다. 그들은 발달되고 성공적인 수리학과 수리학적 동력학의 영향하에서 장차 빠르게 세계에 대해서 공헌하고, 하나의 연역적이고 보편적인 것은 잘못된 과학일 수가 없기를 간절히 희망했다. 간단하게 요약하자면 그들은 극단적으로 이지적 낙관주의자들 다름 아니었다."(같은 책, 376~377쪽.)

여기서의 이른바 "연역적이고 보편적인 것은 잘못된 과학일 수가 없다."라고 한 것을 바꾸어 보면 즉, '철학적 과학'이지 과학적 과학은 아니라는 말이 된다. 그러나 이와 같은 철학 사색적인 과학의 가설이 존재한 다음에야, 계속해서 점차 참된 자연과학이 출현할 수가 있는 것이다. 때문에 과학사의 제2시기 역시 매우 중요하다고 하겠다. 과학은 숫자·형체·추상적 개념에서 구체적 물체로 진행한다. 마빈이 말했던 것처럼 과학은 사실 날로 실증적 혹은 실험적 경향으로 연구하도록 만든다. 이 때문에 제3기의 과학은 이론을 중요시하지 않고 과학적 사실을 더 중요시한다. 예로 다윈의 진화학설은 더욱이 제2시기에서 제3시기로 옮겨가는 사이에 발생된 것이므로 철학상의 학설로 보아야 할 듯도 하다. 하지만 생물 진화의 사실을 증명하고자 하고, 형태학, 발생학, 생물 분포, 생태학, 화석, 생물 화학 상에서 여러 가지 사실들을 연구하고 고찰하고자 한다면, 이것은 비로소 제3기의 과학 정신이 된다고 하겠다. 뿐더러 이 시기 동안에 과학의 대발명은 많은 실제적 응용으로 이어진다. 내가 비록 기계에 대해서는 문외한이지만, 확실히 기계는 현재의 '전기 시대'로 끊임없이 진보해 왔다. 하늘의 비행기, 해상의 기선, 육상의 기차 등은 극도로 근대 과학을 이용한 것들이다. 이는 사실 꿈에도 상상하지 못했던 그야말로 사람들로 하여금 찬탄을 금치 못할 정도로 매우 가치가 있는 것들이라 하겠다. 본 시기에 이르러서 과학의 중요한 발전은, 실험과학 중 물리학, 화학, 지질학 등은 그것이 工程學상에서 응용되었고, 혹은 관찰과학 중 동물학, 식물학, 미생물학 등은 그것이 농학·의학상에서 응용되었다. 전자는 張國仁의 『세계문화사대강』 하책(543~551쪽)에 게재된 「근대 과학자의 공헌」과 「최근 60년 동안의 중요한 발명품과 발명가의 성씨표」를 참고하기 바라며, 후자는 黃凌霜의 『서양지식발전사강요』 (504~513)에서 논한 「공업 진보는 진리의 발견에서 근원한다.」와 「농업과 위생은 진리의 발견으로 인해서 진보한다.」 두 절을 참고하기 바란다. 전체의 절은 지면을 고려해서 여기서는 언급하지 않기로 하겠다. 다만 과학사의 제3기에 있어서 자연과학이 크게 신선되었다는 깃 말고도, 더욱이 본 시기의 특색 중 하나가 바로 사회과학이 성립되었다는 사실이다. Sociologic이란 글자는 콩트가 처음으로 만들어 낸 것으로, 사회의 생물적 고찰로부터 차례대로 심리적 고찰, 통계적 고찰에 미쳤으므로 『사회심리학』 등이 모두 출현하게 되었다. 그러므로 제3기는 과학사에 있어서의 황금시대임과 동시에 바로 '과학적 과학 시대'인 것이다. 그 과학의 만능을 구가했던 사람들이 대체로 보아 성공을 거둔 셈이었다. 그러나 제1차 세계대전 이후, 결국 '과학의 파산'이라는 아우성이 일기 시작했다! 이 함성은 과학이 신기원으로 진입한다는 신호탄으로서, 바로 제4기의 새로운 과학의 건설을 의미하는 것이다. 말하자면, 최근의 진보적인 과학자, 마흐(Mach), 피어슨, 포앵카레 등은 지금껏 불변의 진리로 알았던 과학 법칙을 모두 일시적으로 적용되는 가설에 불과하다고 여겼다. 그 파급 효과는 역대로 공인되어 왔던 유클리드기하학(Euclidean Geometry)이 非유클리드기하학(non- Euclidean Geometry)으로 변화되도록 영향을 미쳤다. 이러한 정황을 통해서, 과학이 근본적으로 동요하여 다른 경로, 즉 종교철학과 합일하는 종합과학의 추세로 진행됨을 우리는 짐작할 수 있다. 예를 들어, 포앵카레는 그의『과학의 가치』라는 저술에서 철저하게 자연과학의 발판을 벗어나지 않은 상태에서 그 기초가 되는 형이상학을 주장하였다. 로체는 유명한 물리학자로서 저서『사람과 우주』에서 과학과 종교의 일치를 힘써 주장하였다. 또한 하나의 가장 저명한 현상은 바로 인류의 신비하고도 불가사의한 정신 현상을 연구하고자 함이다. 이른바 靈學이란 선입관을 갖지 않는 과학자 - 톰슨과 같은 학자 - 에게서도 그것의 가치가 인정되고 있다. 심리학 측면에서는 영국은 잠재의식학파가 생겨났고, 독일은 화학자 오스트발(Ostwall), 이탈리아는 법의학자 롬브로소(Lombroso), 프랑스는 천문학자 플라마리온(Flammarion), 영국은 화학자 크룩스(Crookes), 이 모두가 정신적 측면에서 과학을 연구한 학자들이다. 그들은 한편으로 흡사 신비적 성질을 가지고 있으면서 또 한편으로는 확실히 과학 연구의 결과로 보인다. 이것은 아마도 자연의 가장 신비하고 가장 심오한 부분에 진입하기 위한 새로운 과학을 탐색하는 하나의 시작이라 해야 할 것이다.

이상 자연과학의 역사적 발전을 통해서, 자연과학의 발달사를 네 시기로 구분할 수 있다. 즉 종교적 과학에서 철학적 자연과학에 이르기까지, 철학적 자연과학에서 과학적 자연과학으로 나아가기까지, 또한 과학적 자연과학에서 더욱이 예술적, 즉 종합적 자연과학으로 나아가기까지가 바로 그것이다. 그러나 이것은 오히려 자연과학의 발전의 한 측면만을 가지고 말한 것으로, 만약 사회과학의 역사를 한 번 더 관찰해 보면 역시 필연적으로 그렇게 되기 마련이다. 사회과학의 역사적 발전에 관하여 '경제학', '역사학'의 역사적 발전 略表를 그 예증으로 들어 보면 다음과 같다.

(A) 경제학의 역사적 발전표(졸편, 『역사학파경제학』, 74~75쪽, 참조.)

시간 / 경제 사조	학파	중요 학자	중요 저작	근본 개념	시대 구분
제1시기 / 종교적 경제학 시기	기독교파	Thomas Aquinas Thomas More	『신학집성』 『유토피아』	(1)數, 衡, 度는 바로 하나님이고 그것에 의하여 만물의 공구를 분배한다. (2)자선과 빈민 구제	중세기
제2시기 / 자본주의 경제학 시기	영국의 고전학파	Quesnay Adam Smith Malthus Ricardo John Stuart Mill	『경제표』 『국부론』 『인구론』 『경제학과 과세원리』 『경제학원리』	(1)자유 쟁취. (2)개인 이기심으로 출발점을 삼음. (3)보편 절대적 경제 법칙.	18세기
제3시기 / 윤리적 · 과학적 사회주의 경제학 시기	역사학파	List Roscher Hildbrand Knies Schmoller Brentano Büchcr Wagner	『정치경제학의 국민적 체계』 『역사 방법론에 근거한 국가경제학 강의 요강』 『현재 및 장래의 국민경제학』 『역사적 방법에 입각한 정치경제학』. 『국민경제학개론』 『사회정책연구』 『국민경제하이 성립』 『사회주의 사회』 『민주주의』 『강단과 국가사회주의』	(1)경제생활의 역사적 통일적 형성관. (2)경제 법칙의 상대성. (3)사회의 여러 현상이 서로 관계되어 있다는 인식.	19세기
	마르크스파	Marx Engels Rosa Luxemburg Hilferding Lenin Bucharin	『자본론』『경제학비판』『공산당선언』 『가족사유재산과 국가의 기원』 『경제학입문』 『금융자본론』 『자본주의 최후단계의 제국주의』 『轉形期의 경제학』 『금리생활자의 경제학』(『有閑계급의 경제 이론』)	(1)자본주의 사회의 발생 운동과 몰락 법칙의 이론적 설명. (2)상품 생산의 분석에서 이론 경제학을 건립함	

(B) 역사학의 역사적 발전표

(1) 이야기 (故事)의 역사				서사시와 신화, 이집트 사학(피라미드 碑), 바빌로니아 사학(창세와 홍수 이야기), 앗시리아 사학, 성경 사학(우주 개벽의 역사, 유태 법제, 헤브루 민족과 유태 왕국의 역사), 호머의 서사시, 說書家 시대(cadmus of miletus 등) Hecateans, Herodotus.
(2) 교훈의 역사				Thucydides, Xenophon, Polybius, Posidonius, Strabo, 로마史學, Cicero, Cato, Asellis Caesar, Sallust, Livy, Tacitus, Plutarch, Suetonius.
	제1기	종교식 문화사		Origen의 상징주의, Julius Africanus, Euebius, Augustine, Orocius, Gregory of Tours, Bede, Adam of Breman, Otto of Freising Lambert, Illynius, Baronius.
	제2기	철학식 문화사	(1)唯理主意	Machiavelli, Guicciardini, Pufendorf, Grotius, Clarendor, Marians, Thuanus, Gibbon, Voltaire, Hume, Robertson.
			(2)낭만주의	Tnierry, Barante, Michelet, Leo, Carlyle, Froude, Motley, Macaulay.
			(3)국가주의	Maurers, Waitz, Freytag, Droyson, Treitschke, Sybel (독일), Fustel de Coulanges, Michand, Lamartine, La Gorce(프랑스), Freeman, Stubbs, Froude, Seeley, J. R. Green(영국), Burgess, Lodge, Maham, Van Holst(미국).
	제3기	과학식 문화사	(1)고증파	Ranke, Mommsen, Waitz, Eduard Moyer, Ritter, Oncken(독일), Guizot, Maspero, Diehl, Monod, Seignobos, Sorel, Langlois(프랑스), Creighton, Oman, Rose Fisher, Bury, Pollard, Gooch(영국), A. D. White, H. C. Lea, Osgood, Fling, Haskins, A. Johnson(미국).
			(2)종합사학파	Lamprecht, Weber(독일), Henri Berr(프랑스), Marvin, Zimmern(영국), Robinson, Shotwell, Terggart, Barnes (미국).
			(3)사회사 · 경제사와 과학사파	

　　상세한 설명은 전자는 나의 『역사학파경제학』 74~88쪽을, 그리고 후자는 나의 『문화역사학』 제3장 「史學의 역사」를 각각 참조하기 바란다. 경제학, 역사학은 이와 같을 뿐만 아니라, 그것을 사회학, 정치학, 법률학, 그리고 기타 사회과학에 미루어 보면, 모두 문화 분기의 단계적 발전에 따라서 발전해 왔음이 드러난다. 아울러, 사회과학 역시 이와 같을 뿐만 아니라, 모든 자연과학, 바꾸어 말하면 모든 대자적 학문은 문

화의 기타 유형과 동일하게 분기의 원리에 따라서 발전한다. 그러나 과학의 역사적 발전 가운데 있어서, 제1기의 종교적 과학은 엄밀하게 과학이 아님은 물론, 제2기의 철학적 과학 또한 진정한 의미의 과학은 아니다. 오로지 제3기의 과학적 과학만이 비로소 진정으로 귀납적 귀납법을 응용한 것으로, 진정한 과학 그 자신이라고 할 수 있다. 말하자면, 진정한 의미의 '과학의 시대'인 것이다.

<h2 style="text-align:center">4</h2>

마지막으로, 문화 진화에 있어서 그 과학적 의의를 우리들은 매우 명확하게 인식해야 한다. 현대는 '과학 시대'로서 우리들은 과학적 문화를 제창해야만 한다. 그리고 만약 스스로 과학사가로 자처한다면 더욱이 과학사의 선전에 극력 종사해야 할 것이다. 왜냐하면 이것은 우리들에게 부여된 시대적 책임이기 때문이다. 앞에서 열거한 역사학의 역사적 발전표에 의거하자면, 문화사의 제3시기는 사회사와 경제사의 발전인 한편, 과학사와 공예학사의 발전이기도 하다. 쏭웰(Shotwell)은 일찍이 과학사의 문화 임무에 대해서 지적한 적이 있고, 사턴(Sarton)인즉슨 과학사에 관한 문화 임무를 뉴휴머니즘(New Humanism, 新人文主義)이라 일컬었다. 그러나 일반 역사가들은 지금까지도 정치사에만 주의를 가져왔지, 문화사, 특히 과학사에는 등한시해 왔다. 즉, 사상사와 문화사에 관심을 갖는 전문가들이 종교사와 철학사에 대해서는 매우 큰 공헌을 했지만, 과학사의 중요성에서만큼은 소홀히 대하는 형편이다. 반스(Barnes)는 그 저서 『新史學과 사회과학』(The New History and the Social Studies, 406~407쪽, 董之學 譯, 404쪽.)에서 매우 침통한 말을 담고 있다. 여기에 인용함으로써 본 절을 마치고자 한다.

"과거의 학자들은 거대한 역량과 가치 있는 문장을 소모하여 우주의 목적과 실현성에 관해서 여러 가지를 모색하고 연구해 왔다. 이른바 철학사가 그것이다. 더욱이 인류가 자연을 극복하고자 연구하여 자연의 각종 잘못된 方法史가 제공되어 쓰이게 되었다. 특히 종교사를 전문적으로 논한 거대한 書帙들은 대단히 풍부하다. 대개 그 주요 방법은 종교에 기대어 신의 힘으로써 자연의 동력을 제어하고자 한 것이다. 이것은 – 과학 연구와는 꼭 상반된다.…우리들의 말이 여기에 미쳐서는 마땅히 과학사의 중요성을 알아야 하고, 과학사가 비교적 등한시되고 있음을 알아야 한다. 진리를 찾기 위해서, 특히 과학 방법의 사용은 인류의 가장 높은 활동과 노력으로서, 오직 인류만이 능히 그것을 할 수 있다. 그런데 지금의 역사가들이 과학사를 소홀히 대하는 것은 역시 이상한 일이 아닐 수 없다."

원래 문화사의 발전에 관해 말하자면, 종교사 시대로부터 철학사 시대에까지, 다시 철학사 시대에서 과학사 시대로 나아가기까지가 그것이다. 현대는 과학 시대이기 때문에, 학술계에서는 시대의 안목을 갖추어 과학사에 대해서 모두 점차로 흥미를 갖게 되었다. 그리하여, 급기야 현대 문화가 바로 과학적 문화임을 인정하기에 이른 것이다. 예컨대, 봉건의 보루 또는 중세의 예배당이 한 시대의 상징인 것처럼, 쏭웰은 증기기관이 바로 우리 시대의 상징이고, 문화사에 있어서 과학의 위치 또한 자세히 증명할 필요도 없이 자명하다고 생각했다.

제7장 예술적 문화 개념

1

무엇이 예술인가? 이러한 문제는 고금의 수많은 사상가들에 의하여 각양각색으로 그 해답이 제시되어 왔다. 그러나 끝내는 예술의 보편적 정의를 포괄할 수 있는 대답은 없었다. 예술을 사랑하는 일부 보통 사람들과 평범한 예술가들은 "예술은 바로 건축, 조각, 그림, 음악, 그리고 각종 시이다."라고 말한다. 매우 쉽고 분명한 것처럼 보인다. 하지만, "건축 가운데는 흔히 예술의 대상이 되지 못하는 단순한 건물도 있고, 그런가 하면 또 그밖에 예술의 대상이 되려는 의도를 가진 건물이면서 실패로 돌아간 보기 흉한, 그래서 예술의 대상으로 인정받을 수 없는 건물도 있지 않은가 하는 의문이 나올 수 있다. 그렇다면 예술품의 특징이란 어디에 있는 것일까?"(『예술론』, 13쪽.)라는 톨스토이의 말에 의심할 것도 없이 많은 사람들은 "예술의 기본 관념이 근거하는 것은 '美'이다."라고 말할 것이다. 하지만, '미'는 또한 무엇인가? 종교적 예술가에게는 미란 자신이 하나님의 가슴속에 존재하는 것이고, 철학적 예술가에게는 미란 순수하게 개인의 주관에 의존하여 존재하는 것이며, 과학파적 예술가에게는 미란 객관 독립해서 존재하는 것이라 생각될 것이다. 그런 까닭에 자연이 곧 미이고, 미는 곧 자연계 속에서 나온다고 하겠다. 그러나 만일 당신이 진정한 예술가라면 대답은 서로 같지 않을 것이다. 당신은 초현상계의 예정된 모형을 모방할 필요도 없다. 왜냐하면 그것은 단지 종교적 예술일 뿐이기 때문이다. 당신은 또한 완전히 내심의 유희에 기대어 그것을 표현해 내지 않을 수 없다. 만일 그렇게 한다면 철학적 예술이 될 따름이다. 당신은 당연히 자연계를 잊을 수 없겠지만, 자연계는 결코 순수 미적인 것은 아니다. 그래서 어떤 사람은 "사실파는 가장 추악한 것을 극히 아름다운 것으로 삼아서 모두를 기만함에 지나지 않는다."라고 비판했던 것이다. 톨스토이로 말하자면 미적 감각을 즐거움으로 생각하여 미를 예술 밖으로 쫓아내었다. 더욱이 이를 통해서 과학적 예술이 어떻게 반예술적 경향을 함유하고 있는지를 알 수 있다. 그렇다면, 진정한 예술적 미란 무엇인가? 아래의 전문가의 말을 참고해 보도록 하자.(林文錚, 『무엇을 예술이라고 하는가』.)

"예술은 결코 자연계를 모방할 수 없다. 예술은 담담하게 반사하는 석양빛과 가냘픈 메아리와 같은 자연의 妙品이 아닐뿐더러, 더 나아가서는 자연보다 더 사람을 즐겁게 할 수 있다! 그것에 매혹당한 사람은 심지어 단순히 예술만을 사랑하게 되고 자연계는 망각하게 된다. 간단히 말해서, 음악은 무엇을 모방하도록 사명되어졌을까? 물론 자연의 소리, 즉 바람 소리, 바다 소리, 수풀 소리, 샘물 소리는 아닐 것이다. 예술은 자신이 그 본래의 미를 가지고 있고, 外物의 미와는 분리된다. 외물은 예술의 제목에 불과할 따름이다."

"예술이 사람을 미화할 수 있는 원인은 그것이 자연계에는 없는 것, 즉 인성적인 것을 간직하고 있기 때문이다. 만일 예술에 이러한 장점이 결핍되어 있었다면, 사람을 감동시킬 수 없음은 물론 역시 존재할 이유도 없게 될 것이다. 어떤 측면에서든 관계없이 멀리 실제에는 미치지 못한다. 예술이 구유한 훌륭한 점은 완전히 사람에게 더해져 진행된다. 미의 정서는 사람이 창조하고 예술 속에 간직된다. 솔직하게 말하면, 오직 사람만이 미를 통해서 예술 속으로 꿰뚫고 들어갈 수 있다. 미의 정서는 오직 사람의 마음속에서만 생겨난다. 예술품은 실제적으로 작가가 자연에 대해서 感印해 얻어 낸 미의 정서로부터 출현하며, 예술의 가치 역시 여기에 전부 있다고 하겠다."

"미란 예술품의 본질이고 예술품 또한 미의 정서로 그 원소를 삼는다. 이로 보건대, 예술가가 평범한 사람과 다르게 된 이유는 전부 그 감각이 매우 민감하고 비공리적인 데 있기 때문이라는 사실을 알 수 있다. 그들이 모종의 사물과 우연히 한 번 접촉하기만 하면, 곧 악기의 줄이 진동하는 것처럼 마음이 선동되어 겹겹이 나타나서 끝이 없게 된다. 대체로 진정한 예술가라면, 필연적으로 정서가 움직이기 쉬운 사람이고, 또한 정서가 아름다운 사람일 것이다. 이를테면, 모든 비천하다고 할 수 있는 공리 관념에서 벗어났다고 말할 수 있다. 예술이 비록 肉慾을 가지고 있지만, 육욕 속에는 여전히 靜觀的이고 쉽게 감동하는 정서를 잃지 않는다."

"예술은 작가 개성의 정감 표현이기 때문에, 성질상 순수 이상적이어서 예술은 결코 그것에 의하여 반드시 실제를 교정하지는 않는다. 하지만, 어느 측면에서 중시하든 관계없이 그것은 '사람이 자연 위에 더해지는 것'(Homo additus naturae)이다. 그러므로 예술은 미화된 자연, 즉 아름다운 정서를 받아들인 적이 있는 감화라고 말할 수 있다."

"예술 세계는 현세를 뛰어넘어 존재하는 미의 세계로서 인류의 감각적 창조이다. 인류는 뜻대로 자연을 변화시킬 수 있다. 바꾸어 말하면, 자연계는 인류 중 가장 민감한 자 - 예술가 - 의 지휘를 받아야만 한다."

위의 말을 통해서 보면 예술이 비록 자연을 소재로 하지만 자연을 초과하고 있음을 알 수 있다. 예술과 자연의 차이는 즉 예술과 과학의 차이인 것이다. 전자가 '이상화'를 가지고서 예술가의 자유 활동으로 삼는다면, 후자는 '현실화'를 가지고서 과학자의 필연 활동으로 삼는다. 전자는 근본적으로 정서적 충동이고 후자인즉슨 理智의 結晶이다. 양자의 차이를 알면 과학이 왜 '대자적'이고 예술이 '즉자대자적'인지의 그 이유를 이해하게 될 것이다. 톨스토이는 그의 『예술론』에서 당대 예술에 대해서 몇 가지로 비판을 가하고 있다. 그 중 한 가지를 보면, "예술은 그 참된 것(眞)을 잃어버리고 상상과 추리로 변하였다."(94쪽)고 했다. 그는 '眞'이란 과학의 무상 가치이지, 예술의 무상 가치가 아님을 알지 못했다. 또한, '진'이란 '善'에 도달하는 방법 중의 하나이고, 선은 인생의 영원한 최고의 목적이라고 그는 생각했다. 그리고 미와는 극단적으로 합치되지 않는다는 것이다. 그것은 '선'이 철학(도덕)의 무상 가치이지, 만약 예술이라면 完善을 목적으로 삼을 필요가 없음을 알지 못한 소치이다. 그래서 그림, 조각 속에서는 반드시 완선한 인물을 표현하는 것은 아니고, 시가나 소설 중의 걸작은 더욱 대다수 도덕과는 완전히 관계를 끊고 있다. 와일드(Wild)가 이에 대해 적절하게 말하고 있다. "모든 예술은 부도덕적이다. 그 일부 하류적인 것이 오로지 사람을 이끌어 선을 행하게 하거나 악을 행하게 하는 육욕적 혹은 교훈적 예술을 제외하고는." 이 말이 비록 약간 극단적이기는 하지만, 그 도덕적 표준으로서 예술을 비판하는 사람들과 맞서기에는 참으로 이보다 더 적합한 말은 없을 듯하다. 예술은 단지 예술일 뿐이기 때문에 선을 그 목적으로 하는 윤리학이 이미 아님과 동시에 '진'을 그 목적으로 하는 과학도 아니게 된다. 예술은 '미'의 정서로 근거를 삼는 것이고 미의 정서란 곧 예술의 영혼, 예술 그 자체이다. 이 때문에 이탈리아의 크로체는 그의 『미학』에서 차라리 예술을 취하고 철학과 과학을 버렸던 것이다. 그는 심령 생활은 네 측면이 있다고 했다. 이를테면, (1)美, (2)眞, (3)用, (4)善은 매우 분별적이다. 진에 관한 것은 논리학이 있고, 用에 관한 것은 경제철학이 있고, 선에 관한 것은 도덕철학이 있다. 그리고 미에 관한 것인즉슨 미학이다. 미 그 자체 곧 일종의 순순한 심령 활동은 미감 활동적 심령 활동으로서 진, 용, 선의 생활 내용과 근본적으로 서로 같지가 않다.

예술이 각종 문화가치와 다르다는 점을 이해한 후라야 훨씬 진일보해서 예술적 문화 개념을 이야기할 수 있다. 구별해 보면 다음과 같다.

(1) 생명 예술: 예술 세계의 기본 요칙은 바로 '진실한 감정의 흐름 (眞情之流)'이라고 말할 수 있다. 진실한 감정의 흐름, 이 모든 표현을 넓은 의미에서 말하면 모두 미감 활동이고 모두 예술이라고 할 수 있다. 그러나 보통의 일반인들이 인정하는 예술이란 단지 인류 정신의 감정적

표현을 가리켜서 말한 것이기 때문에, 좁은 의미로 말하면 예술의 원천은 진실한 감정의 큰 흐름으로부터 나와서 문학, 희극, 회화, 음악, 무용, 건축, 조각이라는 일곱 가지의 다른 분파로 집대성된다.(고대의 예술은 본래 아홉 종류로 나뉘었다. 아홉 명의 문예 여신이 그 일을 관장했는데, 중간에 천문과 역사가 이미 독립한 까닭에 다만 일곱 종류만 남게 되었다.) 潘梓年 선생의 『문학개론』을 보면 내가 하고 싶은 말이 담겨져 있다.

"사람들의 생명은 하나의 흐름으로 끊임없이 영원을 향해서 흘러간다. 때로는 큰 바다에 이르러 파도가 세차게 일어 하늘에 닿을 듯도 하고, 때로는 작은 하천을 이루어 느리고 낮은 소리로 노래한다. 어떤 때는 태양을 받아 금빛을 토해 내기도 하고, 밝은 달을 대면해서는 항상 미소 짓기도 한다. 더욱이 어떤 때는 구름과 안개가 끼여 처량하고 비참한 색채를 드러낸다. 그러나 결국은 흐름으로서 영원히 끊이지 않는 생명의 흐름인 것이다. 이 흐름은 소리에 반영되어 음악을 이루고, 色線에 반영되어 회화를 이루고, 형체에 반영되어 조각을 이루고, 동작에 반영되어 무용을 이루고, 문학에 반영되어 곧 문학을 이룬다."

이것은 간단한 말이지만 이미 예술의 원천을 우리들의 눈앞에 나타나도록 만들게 한다. 예술의 원천은 바로 '진실한 감정의 흐름'으로서 음악의 활동체라고 한 이 점은 마치 우리들의 매우 신선한 발견처럼 보이지만, 사실상 유명한 '고민의 상징'을 노래한 작가가 이미 우리들에게 일러준 "생명이 억압을 받아서 생긴 고민과 괴로움은 문학의 근저가 된다."는 말이 아니겠는가?(20쪽) 이것은 "가장 넓은 의미상의 생명력적 돌진과 도약이다." 바로 생명의 큰 흐름이 아니겠는가? 예술은 다름 아닌 생명의 흐름을 표현하는 것이기 때문에, 진정한 예술가는 마땅히 대담하게 자신을 자유롭게 표현해야 한다. 그리고 그들이 진실한 감정이 燃燒하고 있음을 느낄 때에는 그들은 곧 진실한 감정의 불을 환경에 흩뿌리는 충분한 능력을 가진다. 그들은 표현하고 그들은 창조한다. 그들은 끝없는 情火의 광명을 예술 방법으로 사용하여 세계를 눈부시게 비춘다. 이것은 예술이 바로 생명의 상징임을 증명하는 것이 아니겠는가?

(2) 종합 예술: 생명의 흐름은 그것으로부터 음악적 운율로 전파해 나오고, 음파가 반복되고 굽이치는 곳에서는 도리어 회화적 가상을 이루어 표현된다. 음악은 동적이고 시간 감각을 사용한다. 한 곡절 한 곡절 '참된 시간'ㅡ진실한 감정의 흐름상에 이어지기 때문에 '시간 예술'이라고 부른다. 회화는 정적이고 공간 감각을 사용한다. 하나의 형태와 빛깔로 평면적 공간상에 반사되기 때문에 '공간 예술'이라고 부른다. 표로 열거해 보면 아래와 같다.

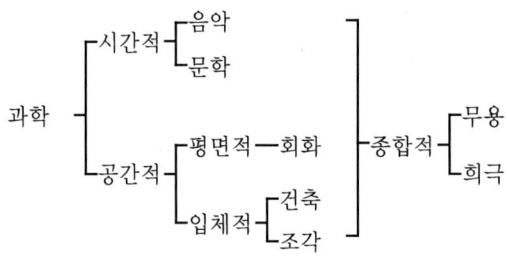

이 표에 비추어 보면 시간 예술은 음악과 문학 두 종류로 나누어짐을 알 수 있다. 예를 들어 무용, 희극은 시간으로 날실(經)을 삼고 공간으로 씨실(緯)을 삼는다. 그런 까닭에 또한 시간의 예술파가 태어난 것이라 말할 수 있다. 시간파가 탄생시킨 것은 반드시 시간 예술인 음악을 수반해야 하고, 반드시 음악적 리듬과 운율을 완전하게 갖추어야 한다. 뿐더러, 예술 전체에서 보면 오직 시간 예술만 존재하고 공간 예술은 존재하지 않는다. 이른바 공간 예술은 실제로 변천 역정인 '참된 시간' 속에서 반드시 합쳐지고, 잠재된 시간 예술이 되어야만 비로소 가치를 갖는다. 그래서 근대 회화 즉, 후기 인상파에 있어서 그들 역시

시각에 기만당하지 않고, 오히려 아주 고요한 생명의 소리를 들으려고
했다. 흘러가는 시간상에서 일종의 희열을 느끼고 있었던 것이다. 構圖
主義인 칸딘스키(Kandinsky, 1866~1944)의 그림에 있어서 완전히 물
상을 초월한 그 추상 표현은, 작곡가가 작곡을 하는 것처럼 일종의 선
과 색채를 사용하여 음악적 효과를 얻어낸 것이다. 미래파는 동적, 시
간적, 감각적 표현을 더욱 힘써 주장하였다. 그리고 조각 방면에서는
가령 영적 사실주의인 로댕(Rodin, 1840~1917)은 또한 조각을 생명으
로 전환시켰다. 그는 일종의 겉모양(현실적 공간)을 사용하여 미지의
경지로 돌진해 신비한 유실수 위에서 지저귀는 새의 소리를 듣고자 했
다. 이렇게 되면, 새롭게 일어난 회화와 조각은 모두 어찌 시간 예술로
이미 화한 것이 아니겠는가? 나는 아예 대담하게 말하는 게 좋겠다. 이
제는 어떠한 예술이든 막론하고 모두 음악과 부합되는 곳이 있어야 한
다. 심리학 방면에서 '색채 청각'이라 일컫는 것, 즉 색과 음의 감각적
교착이 바로 내가 위에서 말한 공간 예술(色)과 시간 예술(音)의 전이
인 그것이다. 현재 각종 예술의 경계는 융합되어, 그 오로지 문예만을
관장했던 일곱 여신은 합해져서 하나가 되었다. 이른바 문학, 희극, 회
화, 음악, 무용, 건축, 조각은 모두 함께 조화된다. 그리고 소리와 빛이
서로 통하고 감각 기관이 교차하여 정감을 표현해 내고 위대한 예술
세계를 창조함도 바로 음악 세계이다. 영국의 문학 비평가인 페이터
(Walter Pater)는 『文藝再生集』 중, 그의 名文 「조르조네 획파」(The
School of Giorgione)에서 "회화, 조각, 시가와 기타 일체 예술은 모두
음악의 원리와 상태 쪽으로 기울어지고 있다."고 말한다. 현대 예술이
음악과 종합적 예술의 경향임을 알 수 있다.

　위를 통해서 보면 예술적 문화 개념은 생명적 그리고 종합적 개념임
이 드러난다. 그래서 문화사의 제4시기인 예술 시기는 즉 생명 시기이고
또한 종합 시기라 이름 붙이는 것이다. 더 나아가서 그 나머지인 종교,

철학, 과학의 상호 관계에 관해서 말하자면, 이른바 생명 철학 시기, 종합 과학 시기, 이러한 명사 역시 그것에 기인해서 성립된다. 비록 이와 같다고는 하지만, 여기서의 이른바 생명·종합적 예술의 개념은 제4시기인 예술적 예술 시기의 입장에 서서 예술 문화를 이야기한 것이다. 실제로는 예술적 예술 개념의 성립 이전에 마땅히 과학적 예술 개념이 또한 존재해야만 한다. 그리고 이 과학적 예술 개념은 순수 예술적 문화 개념과 서로 합치될 뿐만 아니라, 또한 극단적으로 서로 반대된다. 톨스토이의 『예술론』으로 그 예를 들어보자. 그는 즉 이른바 과학적 관점에 서서 종합 예술을 반대했다. 그는 바그너(Wagner)를 비판하기를,(182~183쪽)

"바그너는 오페라를 개혁하여 음악이 시의 요구에 따르며 그것과 합류하도록 하고자 했다. 그렇지만 어느 예술이나 각기 일정한, 다른 예술과 합류하지 않고 다만 접촉할 뿐인 영역을 가지고 있으며, 따라서 다른 여러 예술은 차치하고 그저 연극과 음악의 두 예술의 경우라도 이것을 하나의 완전한 표현 속에 통일하려고 하면 다른 한편의 예술의 요구를 충족할 수 없게 되어 버린다. 이것은 연극 예술이 음악 예술에 종속되고 있다기보다는 오히려 양보하고 있는 보통의 오페라에 있어서 언제나 일어나고 있는 것과 같은 것이다. 그러나 바그너는 음악 예술이 연극 예술에 종속되게 하여 양자가 다같이 온 힘을 발휘하도록 시도하고 있다. 하지만 그것은 불가능한 일이다. 그것은 어떤 예술 작품이나 그것이 만일 진정한 예술 작품이라면 완전히 독자적인, 다른 어떤 것과도 닮지 않은, 예술가의 마음속에서 우러난 감정의 표현이기 때문이다. 음악 예술이고 연극 예술이고 간에 그것이 만일 진정한 예술일 경우에는 마찬가지다. 따라서 어떤 예술 작품이 다른 예술 작품과 합치되려면 불가능한 일이 일어나지 않으면 안 된다. 즉 영역이 다른 두 예술 작품이 이전에 있었던 어떤 것과도 닮지 않은 독특한 것이 되어야 하지만, 그것이 합치될 경우라면 서로 아주 유사한 것이 되어야만 한다. 그런데 그러한 일은 있을 수 없다. 그것은 두 사람뿐만 아니라 한 나무에 달린 두 개의 잎사귀도 완전히 똑같은 것일 수 없는 것과 같다. 마찬가지로 전혀 다른 두 예술, 음악 예술과 언어 예술이 완전히 똑같은 것일 수는 없는 노릇이다. 만일 양자가 합치된다고 하면, 그것은 한쪽은 예술적 작품이고 다른 쪽은 모조, 그렇지 않으면 양쪽이 다 모조일 경우이다. 살아 있는 두 나뭇잎은 서로가 완전히 닮을 수 없다. 닮을 수 있는 것은 두 나뭇잎이 인공적으로 만들어졌을 때뿐이다. 예술 작품의 경우도 역시 마찬가지이다. 그것이 완전히 합치될 수 있는 것은 그 어느 한쪽이 예술이 아니고 머리로 생각해 내어진 예술의 모조품일 경우에만 국한된다."

이처럼 종합 예술에 반대하는 논조는 예술적 문화 개념에 대해서 완전히 이해를 못했다고 말할 수 있다. 도리어 제3기를 대표하는 예술 문화 개념을 가져다가 썼다는 사실은 예술적 문화 개념이 또한 일단의 매우 긴 변천의 역사를 가졌음을 말해 주는 것이라 하겠다. 그러나 어쨌든 예술 문화를 말하지 않으면 그만이지만 예술 문화를 말하려고 한다면, 제3기의 과학적 견해를 버리고서 제4기의 예술이 예술적 문화 개념 되는 이유에 머뭇거리며 돌아보지 않을 수 없다. 가령, 베르그송이 본능과 개성으로부터 예술을 설명했던 것, 니체가 예술은 즉 생활이라고 제창했던 설, 더 나아가서는 카펜터(Carpenter)가 그의 저작 『천사의 날개』 속에서 다룬 「생명 예술」의 장은 예술이 예술다운 까닭의 진수에 대해서 모두 자못 분명하게 나타내고 있다. 그렇듯이, 우리들이 예술의 자기 시대를 완성하기 위해서는 백척간두에서 다시 진일보하여 그 가장 높은 이상향에 존재하는 예술적 문화를 철저하게 더욱 선양해야만 하지 않겠는가?

2

예술적 방법은 '직관법'으로 표현에 의해 성립된다. 이탈리아의 크로체는 모든 표현은 예술이고 예술은 '抒情的 직관'이라고 알리고 있다. 사람들은 진실한 감정의 흐름이 충만할 때에, 좋으면 자연히 웃고 싶어지고 고통스러우면 자연히 울고 싶어진다. 이러한 희로애락의 표현이 직관적 표현이고 소리, 언어, 신체에 의해서 표현된다. "즉, 소리에 의해서 음악이 만들어지고, 언어에 의해서 시가가 만들어진다. 신체에 의해서 무용이 만들어지고, 기타 건축, 회화, 연극 등도 감정 표현에 의해서 설명될 수 있다." 문학을 그 예로 들어 보자. 현대 표현파의 비평가 스핀건(J. E. Spingarn)은 『예술은 표현이다』에서 표현은 각 파 비평의 공통적 관념이라고 설명한 적이 있다. 그는 말하기를, "19세기 초엽 스탈 부인(Mme le Staël) 등은 일찍이 하나의 관념을 창립하여 문학을 '사회적 표현'이라고 생각했다. 빅토르 쿠쟁(Victor Cousin)은 '예술을 위한 예술'적 파를 창시하여, 더욱이 '표현은 예술의 지고한 규율의 하나의 근본 법칙이다.'라고 선언했다. 그 후에 생트 뵈브(Saint-Beuve)가 문학은 인격의 표현이라고 하는 학설을 제창했고 또한 설명을 가하였다. 더 뒤에, 자연과학적 영향 하에서 텐(Taine)은 헤겔에게서 암시를 얻어 문학은 종족 시대 및 환경의 한 표현이라고 주장하였다. 극단적 인상파인즉슨 예술은 인생의 미세한 활동의 감각 혹은 인상의 정교하고 아름다운 표현에 대한 것이라 생각했다. 하지만, 이 일체의 비평가와 이론가에 있어서는 문학은 항상 모두 하나의 존재적 표현이 된다. 혹은 경험의 표현이거나 정서의 표현이거나 외물의 표현이거나 내심의 표현이거나 그 사람 자신의 표현이거나 그 사람 자신 이외의 존재적 표현이 된다. 한마디로 말해서 모두 문학을 일종의 표현적 예술로 여긴 것이다."(『근세문학비평』, 269~276쪽, 傅東華는 L. Lewesohn이 편집한 A Modern Book of Criticisms에서 번역했다.) 문학이 이러할 뿐만 아니라, 모든 예술은 표현에 의해서 성립된다. 가령, 제2기의 철학적 예술이 정서적 표현이고, 제3기의 과학적 예술이 경험적 표현이라면, 제4기의 예술은 바로 직관적 표현에 의해서 성립된다고 해야 할 것이다. 직관적 표현이 매우 높으면 높을수록 더욱 예민해져서 곧 한층 예술적

예술로 표현된다. 따라서 심령적 秘奧, 몽환적 장면 그리고 예술적 삼
매경으로 사람들을 이끌어 들어가도록 한다. 베르그송은 여기에 눈이
닿았기 때문에, 『창조진화론』 중 「생명과 의식」 절에서 다음과 같이 말
하고 있다.(『李石岑論文集』 중 「예술론」 참조.)

"인류는 보통의 지각 외에 또 審美的 능력을 갖추고 있다. 우리들의 눈
은 유기적으로 생물체를 볼 수 없다. 단지 기계적으로 그것을 보는 데 불
과할 따름이다. 생명의 의도 - 즉, 생물의 각종 부분과 형체를 관통하여 결
합시키고 또한 의미를 부여하는 純一운동 - 는 결코 우리들의 눈에 영사될
수 없다. 하지만 저 예술가들은 이와 같은 의도를 항상 파악하고자 한다.
'예술가는 직관의 힘에 의해서 저것과 저것의 모형 사이에 끼어 있는 장
벽을 깨뜨릴 수 있고, 일종의 감응에 의해서 대상의 이면에 꿰뚫고 들어
가서 그 내부 생명을 파악해 낼 수 있다."

예술의 방법은 원래 직관적 방법임을 알 수 있다. 그러나 철학자였던
베르그송으로서는 여전히 이지적 요소가 아무래도 다분했던 까닭에, 비
록 앎(知)이 심미적 직관을 가졌다고 하더라도, 특히 철학적 직관을 중
시했던 것이다. 그는 『형이상학 서론』에서 다음과 같이 말한 바 있다.

"철학자들이 대상을 인식하는 방법에는 두 파가 있다. 하나는 외면에서
선힉하는 것이고, 하나는 대상의 내부를 향해 들어가는 것이다. 전자가 視
點을 기반으로 해서 기호를 사용해 표시한다면 후자는 이러한 것들을 사
용하지 않는다. 전자의 인식이 상대적이라면 후자의 인식은 절대적이다."

"예컨대, 어떤 한 물체가 공간 운동에 있고, 내가 만일 하나의 시점에
의거하여 또한 그 운동의 경과를 각종 기호를 사용해서 표시해 냈다고 한
다면, 이것은 내가 완전히 이 대상 밖에 서 있는 꼴이 되므로 상대적인
것이 된다. 만일 나의 상상력이 이 운동하는 물체 속에 침입했다면, 그것
의 움직임은 바로 나의 움직임이 된다. 움직임의 각종 상태를 내가 모두

감각할 수 있지만, 시점에 의지하는 것은 아니다. 또한 기호를 번역할 필요도 없기 때문에 절대적인 것이다."

"또한, 예컨대 소설 속에서는 하나의 인격을 묘사할 때 갖가지의 언어와 행위를 가지고서 그의 특성을 나타내 준다. 내가 다 읽고 나서도 끝내는 이 사람을 직접 본 느낌과는 같을 수가 없다. 소설에서는 내게 많은 시점과 기호를 제공하여 내가 다 읽은 다음에도 그의 각종 언어와 행동은 모두 다른 사람이 공유하는 성분이라고 생각하기 때문에 상대적이 된다. 만일 내가 직접 이 사람을 보고서 그의 인격과 완전히 융합했다면 그제야 절대가 되는 것이다."

그렇다. 인식 절대는 오로지 직관법만을 사용해야지 분석적 방법을 사용해서는 안 된다. 직관은 일종의 지적 同情이라서, 대상의 내부에 도달할 수 있음은 물론 저 형언할 수 없는 유일한 상황을 체인할 수 있다. 그렇지만, 직관 가운데 베르그송이 본 것은 단지 '無表現'적 직관일 뿐이고 '有表現'적 직관은 아니다. 바꾸어 말하자면, 철학 방면의 단지 내성적 직관(또는 이지적 직관)일 뿐이고 예술 방면의 서정적 직관은 아니다. 이와 반대로 서정적 직관은 반드시 표현을 가지는(有表現) 까닭에, 이 점에서 나는 저 "직관과 표현은 일치한다."고 주장했던 크로체의 미학설을 채용해서, 직관이 예술의 유일한 방법임을 주장하지 않을 수가 없는 것이다. 『미학』에 담겨져 있는 다음의 말들을 한번 살펴 보도록 하자.

"지식의 형태는 두 가지이다. 상상력을 통해 획득되어지는 직관적 지식과 지성을 통해 얻어지는 논리적 지식이 그것이다. 전자는 개별자, 즉 개별적인 사물에 관한 지식이며 후자는 보편자, 즉 개별적인 사물간의 관계들로 구성된 지식이다. 그러므로 지식은 이미지를 만들어 내거나 개념을 만들어 낸다."

그렇다면 예술이란 어떤 종류의 지식 방법을 사용하는 것일까? 크로체는 우리들에게 말하기를, "비평가가 예술상의 작품을 판별할 때는 반드시 예술적 추상 이론을 배척해야 하고 직관적 지식을 순수하게 견지해야 한다.", "우리들이 하나의 아름다운 예술품을 감상할 때, 그것은 결국 우리들에 의해서 표현된 자신의 직관인 것이다."라고 했다. 그러므로 예술은 창작자, 감상자, 비평가를 막론하고, 예술이라면 모두 직관적 표현일 따름이다. 예술의 오묘함은 그 작품 속에 무수한 논리 개념이 충만해 있는가에 달려 있는 것이 아니라, 그 작품이 개념을 얼마나 포괄하는가에 관계없이 결국 하나의 직관에 달려 있을 따름이다. 반대로 철학상의 의론은 직관을 얼마나 포함하는가에 관계없이 결국은 여전히 하나의 개념에 그칠 따름이다. 이것이 바로 철학적 작품과 예술적 작품 간의 차이이고, 또한 理知 방법을 운용하는가 아니면 직관 방법을 운용하는가의 차이인 것이다. 『미학』 제1장 「직관과 표현」에서 그는 다음과 같이 말하고 있다.

"직관 활동은 스스로가 표현하는 만큼의 직관만을 가지고 있다. 이 명제가 역설적으로 들리는 이유 중의 하나는 일반적으로 '표현'이라는 단어에 너무 제한된 의미가 주어져 있기 때문이다. 표현은 보통 언어적 표현만을 의미하는 것으로 국한된다. 그러나 선, 색, 소리와 같은 비언어적 표현도 또한 존재한다. 따라서 우리의 주장은 이런 것들에게까지 확대되어야 하며 웅변가로서, 음악가로서, 화가로서, 또 다른 어떤 것으로서 인간의 모든 종류의 표현을 포함하는 것이어야 한다. 그러나 그것이 회화적이건 문자적이건 음악적이건 어떠한 형태로 나타나건 간에 그 형태의 한 요소로서 직관을 결여하고 있는 표현은 있을 수가 없다. 실제로 표현은 직관의 분리할 수 없는 한 부분이다. …그러므로 감정이나 인상은 단어를 수단으로 해서 영혼의 불분명한 영역에서 관조적 정신의 밝음으로 옮겨간다. 이런 인식의 과정 중에 직관과 표현을 분리하기란 불가능하다. 직관은 표현과 동시에 나타난다. 그들은 둘이 아니라 하나이기 때문이다."

직관이란 바로 표현인 까닭에 직관적 모든 표현은 아름다움을 느끼는 활동이고 예술인 것이다. 이를 다음과 같이 표현할 수 있다. 즉, "소리에 반영되어 음악을 이루고, 색선에 반영되어 회화를 이루고, 형체에 반영되어 조각을 이루고, 동작에 반영되어 무용을 이룬다. 그리고 문학에 반영되어 문학을 이룬다." 모든 예술은 서정적 직관일뿐더러 직관과 표현이 일치된 경지이다. 그러므로 우리들은 한점 의심도 없이 예술을 예술이게끔 하는 방법은 바로 직관이며 직관 없이는 예술도 존재하지 않는다는 사실을 단언할 수 있다.

　직관이 예술의 유일한 특수 방법임을 깨달은 연후에야 비로소 문화사의 제4시기, 즉 예술 시기인 모든 종교, 철학, 과학의 예술화적 의미를 잘 이해할 수가 있다. 제4시기의 종교는 예술적 종교인 까닭에 종교가가 사용하는 신비적 직관을 채용해야만 한다. 이를테면, 슐라이어마허가 비록 '철학적 종교가'이기는 하지만, 일정 부분은 현대적 종교 정신을 대표할 수 있다고 본다. 즉, 그의 주장에 따르면 신의 존재란 단지 감정 속에서 계시될 뿐이고, 직관과 감정이 합일되어 감정에 의해서 신의 존재가 확인되는데 즉, 직관에 의한 다음에야 직접적으로 신성을 감지할 수 있다는 것이다. 또한, 산타야나는 종교는 마땅히 그 미신과 독단을 버리고서 자신을 詩에 맞추어야 한다고 주장했다. 이렇게 되면 이른바 종교란 예술과 매우 가까워지게 된다. 그리고 이와 같은 종교적 직관은 사실 종교의 第一義인 이른바 예술적 종교를 대표한다고 하겠다. 다음으로 제4시기적 철학은 가령 베르그송과 같은 이는 전적으로 직관적 방법을 채용하여 생명의 지속을 직접 체험하였다. 그는 말하기를, 생명은 흡사 한 줄기의 큰 흐름과 같아서 쉬는 때도 없고, 중복될 수도 없고, 그리고 부분적이지도 않다. 오직 그것은 계속 전진하는 부단한 '생의 충동'임은 물론, 일종의 '참된 시간'일 따름이다. 이 참된 시간의 인식은 이지 작용에 의지해서는 안 되고 내재적이고 동정적인 방법에 의지해야 한다. 그럼으로써, 물적 내면에 遊神하여 절대 비할 바 없고 형언할 수 없는 그 본체와 직접 융합해서 하나가 된다. 이것이 바로 '직관'인 것이다. 직관이란 누구나 다 가지고 있기 때문에, 그는 다음과 같이 말했던 것이다. 즉, "적어도 동일한 진실이 존재하는데, 우리들은 모두 분석을 사용하지 않고 직관을 사용한다는 점이다. 그리고 안으로부터 획득된 것이 바로 우리들 자신의 인격이다. 거기에서 흘러 시간을 관통하며 우리들의 '나'란 거기에서 지속된다." 그래서 그는 자아의 부단한 창조를 주장했고 기계론과 목적론에는 반대했다. 뿐만 아니라, 우리들의 생명은 자유 의지적이고 우리들은 다름 아닌 생명 전체의 표현이라고 극력 제창하였다. 이와 같은 내성적 직관 혹은 철학적 직관은 사실 철학의 제일의를 대표하는 것으로 이른바 '예술적 철학'의 다름 아니다. 거듭해서, 제4시기적 과학 역시 직관적 방법을 응용하기를 요한다. 포앵카레는 그의 저술『과학의 가치』제1장「수학의 직관과 논리」에서 수학자 중에는 본래 논리를 전적으로 중시하는 이들과 직관을 오로지 믿는 이들, 이 두 파가 존재한다고 말했다. 전자는 일반적으로 解析派라고, 후자는 幾何派라고 불리며, 이것은 학자뿐만 아니라 학생 역시 그러하다고 했다. 논리파의 학생들은 문제를 해결할 때에 보통 해석 방법을 사용하기를 좋아하는 반면에, 직관파의 학생들은 기하 방법을 어디서나 모두 사용한다는 것이다.(9~13쪽) 하지만, 이른바 수학적 귀납법은 실제로 직관에 크게 의탁하고 있다. 즉 직관에 기인된 후라야 수학적 귀납법은 비로소 성립될 수가 있다. 이로써 직관인즉슨 가장 근대적 과학에 있어서도 또한 중요한 위치를 차지하고 있음을 알 수 있다. 이러한 과학이 과학의 제일의라고 말할 수 있고, 이것은 이른바 '예술적 과학' 다름 아니다. 요컨대, 문화사의 제4시기 즉 예술 시대는 종교, 철학, 과학을 막론하고 이미 직관적 방법을 모두 채용하고 있다. 이것은 직관적 방법이 바로 예술이 예술이게끔 하는 유일한 방법임을 더욱 보여 주는 것이라 하겠다.

3

예술의 역사적 발전을 통해서 예술이 예술이게끔 하는 유일한 방법적 발전, 즉 직관법적 발전을 간파할 수 있다. 대략적으로 말하자면, 즉 직관법은 타 방법과의 관계에 따라서 예술사의 네 시기를 형성한다. 즉,

(1) 종교적 예술 시기----------------------------연역적 직관법;
(2) 철학적 예술 시기----------------------------변증적 직관법;
(3) 과학적 예술 시기----------------------------귀납적 직관법;
(4) 예술적 예술 시기----------------------------직관적 직관법.

예술의 유형으로 말하자면 종교적 예술 시기는 조각이 대표가 되고, 철학적 예술 시기는 회화가 대표가 된다. 과학적 예술 시기는 건축과 소설, 희곡이 대표가 되고, 예술적 예술 시기는 음악, 문학이 대표가 된다. 그러므로 예술의 역사적 발전은 아래의 순서에 따라서 말할 수 있다. 즉, 첫째는 조각 시대, 둘째는 회화 시대, 셋째는 건축 시대, 넷째는 음악 시대가 그것이다. 만약 문학을 또한 그 속에 포괄시켜서 오로지 문학만을 가지고 말한다면, 문학의 역사적 발전은 제1기가 서사시 시대, 제2기가 서정시 시대, 아울러 제3기가 희곡·소설 시대인 것이다. 다만 희곡을 그 예로 들어 보면, 단테(Dante)가 쓴 『신곡』(Divine Comedy)이 제1기이고, 괴테(Geothe)가 쓴 『파우스트』(Faust)가 제2기이다. 그리고 입센(Ibsen)이 사회 문제를 대상으로 하여 사회극을 쓴 것이 제3기이고, 마테를링크(Maeterlinck)의 독창적인 『靜劇』이 제4기에 해당된다. 소설의 발달은 미국의 매튜스(Brander Mathews) 교수가 4기로 나눈 것에 따르면, 첫째는 고대의 황당무계하여 전연 불가능한 일을 쓴 것이고, 둘째는 있을 수 없는 시대를 쓴 것이고, 셋째는 실제로 가능한

시대를 쓴 것이고, 넷째는 어느 사건의 필연적 결과로서 반드시 이러한 성질이어야 하는, 즉 불가피한 시대를 쓴 것이다. 여기서 말하는 제1기는 실제로 문예사에 있어서의 고전 시대이고, 제2기는 낭만주의적 작품이고, 제3기·제4기는 사실주의, 자연주의에 상당한다고 하겠다. 소설의 발달 역시 그 역사 진화의 조류를 여전히 잃지 않고 있음을 볼 수 있다. 이제 문학을 그 예로 해서 예술의 전 역사 시대를 반영토록 해보자. 본래 문예의 역사적 발전은 비록 유동하고 변화하는 중에 있을지라도 여전히 그 하나의 지속적 조류는 잃지 않는다. 하지만, 우리들이 주의해야 할 것은 이 끊임없는 조류 가운데는 대체로 보아 두 개의 다른 경향이 있다는 사실이다. 그 하나는 도취적, 열렬적, 정서 주관적 조류이고, 또 하나는 각성적, 냉정적, 이성 객관적 조류이다. 전자의 특색이 美를 탐구하는 높은 이상이라면, 후자의 특색은 眞을 탐구하고 미를 드러내는 여실함인 것이다. 전자가 감정 자아를 위주로 한다면 후자는 이지 감각을 위주로 한다. 전자가 예술로 예술을 삼는다면, 후자는 예술로 인생을 삼는다. 전자가 낭만주의, 신낭만주의, 유미주의, 상징주의, 미래주의, 표현주의에 속한다면, 후자는 고전주의, 사실주의, 자연주의에 속한다. 이른바 문예 세계는 이 두 조류의 상대적 교류이지만, 하나는 順流이고 하나는 逆流라는 점이 다를 뿐이다. 순류는 시간적 유전과 같고 '시적 세계'이다. 우리들은 그것을 '生流'라고 부른다. 왜냐하면 그것은 '진실한 감정의 흐름'과 같은 흐름이기 때문이다. 역류는 공간적 개척과 같고 산문적 세계이다. 우리들은 그것을 '旁流'라고 부른다. 왜냐하면 그것은 운율의 물결과 배치되기 때문이다. 문학을 말하지 않으려면 그만이지만 문학을 말하고자 한다면, 반드시 낭만파, 신낭만파, 표현파가 문예의 본류임을 시인해야 할 것이다. 그리고 고전주의, 자연주의를 하나의 방류로 생각해야 한다. 이제 문예의 역사 발전을 리스트로 작성해 보면 다음과 같다.

시기 \ 문예사조	작가	작품	비평가	제재	내용	시대 구분
제1시기	고전주의	Dante Shakespeare Milton Moliére Lessing 등	『신곡』 『햄릿』 『베니스의 상인』 『실낙원』 『재치를 뽐내는 아가씨들』 『賢者 나단』 등	Boiteau	고대적	(1)이성 존중 (2)예술 교양 (3)인간성의 탐구 　-Nitse and Dargan	17세기
제2시기	낭만주의	Goethe Schiller Byron Shelley Keats Hugo Alexandre -Dumas Alexandre -Dumas fils 등	『파우스트』 『젊은 베르테르의 슬픔』 『군도』 『빌헬름 텔』 『맨프렛』 『카인』 『종달새에 부쳐』 『서풍의 노래』 『나이팅게일에게』 『노트르담 드 파리』 『레 미제라블』 『앙리 3세와 그 궁정』 『삼총사』 『춘희』 등	Arnold	중세적	(1)주관중심 (2)회화적 취미 (3)반항정신 Phelps說	18세기
제3시기	사실주의 자연주의	Flaubert Maupassant zola Turgenyev Tolstoi Dostoevskii Gorki Ibsen Hauptmann Sudermann 등	『보바리 부인』 『人心』 『水上』 『멋진 친구』 『목로주점』 『아버지와 아들』 『新時代』 『전쟁과 평화』 『부활』 『죄와 벌』 『인형의 집』 『민중의 적』 『沈鐘』 『해뜨기 전』 『직조공들』 『고향』 『憂愁夫人』 등	Saint Beuve Taine	현대적	(1)비개인적 혹은 몰인격적 (2)과학의 존중 (3)무감각 Brunetiere說	19세기
제4시기	신낭만주의 유미주의 상징주의 미래주의 표현주의	Maeterlinck Hardy Baudelaire Verlaine Mallarme France Wilde Dowson G. D'Annunzio Brenner 등	『파랑새』 『몬나 바나』 『악의 꽃』 『화려한 향연』 『오늘과 옛날』 『완전한 시』 『홍백합』 『테스』 『죽음의 승리』 『珊瑚』 『인류』 『새벽부터 한밤중까지』 등	Pater France Symons Spingarn	미래적	(1)신비적 혹은 상징 경향 (2)사기 숭배 (3)사회생활에 대한 이상주의가 매우 발전 (4)모든 문학은 음악적 상태를 동경 　-Jockson과 Nordon說	20세기

위 문예의 역사 발전을 통하여 이 진화의 조류 중 제1시기와 제3시기는 그 영향의 결과에서 보면 모두 정서 주관이 충실히 조절되게 하고, 문예의 본류 즉 제2시기와 제4시기가 가장 완미한 경지에 이르도록 이끌고 있음을 알게 해 준다. 따라서 이 두 시기는 문예사의 도정에 있어서 반드시 거쳐야 하는 단계이다. 비유를 들어 보면, 문예의 본류는 '음악'적 세계이고, 제1시기와 제3시기가 표현하는 것은 반대로 회화적 세계라고 말할 수 있다. 헤지(F. H. Hedge)는 낭만파와 고전파의 차이가 음악과 조형 예술의 차이와 같다고 언급한 적이 있다. 전자가 정감적이라면 후자는 지식적이고, 전자가 描示的이라면 후자는 암시적이다. 고전파뿐만 아니라, 사실파의 가장 중요한 소설은 더욱이 스탕달(Stendhal)이 말한 바와 같이 "소설은 길을 따라서 과거로 걷는 거울이다."라고 함이 아니겠는가? 이는 그야말로 사진과 비슷해서 고전파보다 훨씬 더 외적 세계에 의지해 있다고 하겠다. 때문에, 내 생각에는 고전파와 사실파는 마땅히 한편에 서서 그들의 문예를 눈으로 보여 주어야 하므로, 자연히 문학의 정통이라고는 할 수 없다. 반면에, 저 제2시기와 제4시기의 각 파가 문학의 정통이 되어야 한다. 그런데 같은 주정적, 음악적, 시적 문예 본류 중에서도 제2시기는 음악적 회화와 비슷하고, 제4시기에 와서야 음악적 음악이라고 할 수 있다. 좀더 분명히 말하자면, 낭만파는 繪畵美的 기호이고, 유미파, 상징파, 표현파는 音樂美的 기호이다. 문학 비평가 펠프스(Phelps), 비틀러(K. Butler) 등과 같은 이들은 모두 낭만주의적 특징을 중세기의 무한한 낭만 정신에 대한 자료적 매혹에서 일찍이 드러낸 적이 있다. 그리고 이러한 자료와 예술 형식은 모두 '회화적'이라는 말로 표출되기 때문에, 철저하게 낭만주의를 고전주의, 사실주의와 서로 비교해 보면 낭만주의는 '음악적'이라고 말할 수 있다. 유미주의, 상징주의, 표현주의, 미래주의를 낭만주의와 서로 비교해 보면 낭만주의는 또한 '회화적'이라고 말하기가 쉽다.

진정한 의미의 음악적 문학이란 제4기 유미주의의 원조인 앨런 포(Allan Poe)로부터 시작한다고 해야 할 것이다. 그가 『시의 원리』에서 이 음악 문학의 서론을 발표한 이후로부터 영향이 점차로 커지기 시작했던 것이다. 서구에서 매우 분명하게 드러난 때는 두 파가 그의 주장을 실현한 데서부터이다. 하나는 영국의 유미파이고 또 하나는 프랑스의 상징파이다. 다시 돌아서 다름 아닌 독일의 표현파와 이탈리아·러시아 양국의 미래파가 그것이다.

다음으로는 음악의 역사적 발전에 대해서 서술해 보도록 하겠다. 근대 음악의 아버지 바흐(Bach, 1685~1750), 헨델(Handel, 1685~1759)에서부터 하이든(Haydn, 1732~1809)과 천재적인 음악가 모차르트(Mozart, 1756~1791)에 이르기까지는 모두 종교 음악으로 그 명성을 떨쳤던 이들이다. 바흐에 의해 만들어진 가장 장엄하고 가장 성스러운 성가와 성악, 즉 『마태 수난곡』(St. Matthew Passion), 『요한 수난곡』(St. John Passion), 『루가 수난곡』(St. Luke Passion) 들은 모두 종교적 분위기로 충만해 있다. 헨델은 만년에 성공한 성악 작가였다는 사실은 더 말할 필요도 없을 것이다. 1719년부터 많은 찬미가를 창작하였는데, 런던에서의 최초 영문 聖劇인 『에스테르』(Esther)는 당시에 이미 새로운 취향을 지닌 새로운 악극본으로 공인되었다. 죽음에 이르러서도 여전히 지휘를 하였고, 그의 마지막 성악 士師記(Jephthah)를 연주하였다! 하이든은 바로 헨델의 神劇에 감동을 받은 음악가로서, 이때의 감동을 계기로 헨델의 작품을 모델 삼아 오라토리오를 작곡한다. 이것이 바로 일대의 신극 걸작인 『천지창조』와 『사계』 두 곡인 것이다. 모차르트가 순수하고 사랑스런 음악을 만들기는 하였지만, 위대한 명곡을 완성한 때는 그 역시 임종 최후인 다름 아닌 『진혼곡』을 작곡한 시기였다. 이 곡은 종교 음악 중 가장 뛰어난 것이다. 이 외에도 미사(15), 독일찬미가(2)가 있다. 이상은 모두 종교 음악의 대표적인 작품이라고 할

수 있다. 제2기인 낭만 음악의 개창자 베토벤(Beethoven, 1770~1827)
은, 그 역시 초기에는 아무래도 하이든, 모차르트의 영향을 받은 나머
지 『올리브 산의 그리스도』를 짓기도 하였다. 하지만, 그는 결국 프랑
스 혁명 시대에 살았던 인물인 까닭에, 『영웅교향곡』 이후부터는 음악
적 낭만주의를 완전히 성공시키기에 이른다. 그는 개인적 감정을 충분
히 음악화했던 것이다! 『영웅교향곡』에서 세계의 이상 속에 존재하는
영웅(나폴레옹)을 충심으로 찬미했지만, 이 영웅은 나중에 결국 그를
전적으로 실망시키고 말았다. 베토벤은 이후 음악계에서 낭만주의
의 영수가 되었고, 베버(Weber, 1786~1826), 슈만(Schumann, 1810~
1856), 옌센(Jensen, 1837~1879), 브람스(Brahms, 1833~1897)는 모두
'주관음악'의 조류를 대표할뿐더러, 그들은 모든 음악은 단지 사람들의
정감에 기초할 뿐이라고 여겼다. 그렇지만, 리스트(Liszt, 1811~1886)가
'객관음악'을 제창한 이후로부터 '주관음악'의 공격에 대한 풍조가 무턱
대고 일어났다. 신진인 볼프(Wolf, 1860~1903), 슈트라우스(Strauss,
1864~)는 어떠한 음악이든 막론하고 모두 반드시 묘사적 객관주의를
지녀야만 한다고 주장하였고, 이것은 음악 진화의 제3기에 해당한다고
할 수 있다. 오직 바그너(Wagner, 1813~1883)만이 제3기 음악과 제4
기 음악의 교량으로서, 그가 제창한 객관 묘사로부터 보면 리스트와 별
차이가 없는 듯하다. 그러나 그는 스스로 시를 짓고 악보를 제작하여
시가, 음악, 회화, 건축을 종합해서 내규모의 가극으로 집성하였다. 이
것은 바로 제4기의 종합적 정신을 대표한다고 하겠다. 하지만 현재 新
派 중의 신파로 불리는 것은 그래도 오스트리아의 쇤버그(Shönberg,
1874~)의 표현주의로 미루어 볼 수 있을 것이다. 그는 그렇듯이 규율
표현을 타파했던 탓에, 내가 보았던 새로운 음악 중 자연스럽게 가장 근
대적이라고 하겠다.

거듭해서 회화의 역사적 발전에 대해 살펴보도록 하자. 회화는 문

예부흥 시대에 그 회화의 구상은 순전히 종교적이었다. 미켈란젤로(Michelangelo, 1475~1564), 라파엘(Raphael, 1483~1520), 다비드(David, Jacques Louis, 1748~1825) 등까지가 그 대표이다. 이 파의 畵題는 그리스・로마 등 옛 역사의 신화에서 취한 것이 많고, 그 전통적 미 관념도 존중한다. 이것이 바로 제1기에 해당한다. 이 뒤를 이어서 浪漫畵派(Romantic School)의 운동이 일어나게 되는데, 가장 저명한 작품은 들라크루아(Delacroix, 1798~1863)의 『단테의 작은 배』가 그 대표적인 회화이다. 그 표정의 열렬함과 시적 색채감각은 낭만적 정신을 간파하기에 매우 용이하다. 이것이 제2기이다. 그런데 낭만파 가운데 후인상파 화풍의 선구자로서는 특별히 풍경화가인 밀레(Millet, 1814~1875)를 손꼽을 수가 있다. 그가 그린 『만종』, 『씨뿌리는 사람』, 『이삭줍기』를 보면, 모두 농민들의 모습을 가지고서 그렇듯 풍경에 의해 고취된 정서를 표현했음을 알 수 있다. 낭만화파에 대한 반동적 운동에 관해서 말하자면, 그래도 저 사실주의, 인상주의를 주장했던 일반적인 사람들에게 있다고 하겠다. 가장 대표적인 인물은 쿠르베(Courbert, 1819~1877), 마네(Manet, 1832~1883), 모네(Monet, 1840~1926) 등이다. 이 파의 회화 논리는 광학에 근거할뿐더러 또한 빛의 濃淡조율에 의해서 여실한 찰나적 인상을 화면 위에 담아내는 것이다. 그러기에 과학적이라 할 수 있다. 신인상주의 화가인 쇠라(Seurat 1859~1891), 시냐크(Signac, 1863~1935)에 이르러서는 더욱 과학상에서 극단적인 데까지 밀고 나아가, 일종의 點描 방법을 제창하여 광선 효과를 최고도로 발휘하고자 했다. 이것이 제3기라 하겠다. 이에 또한 입체주의(Cubism)가 출현하게 된다. 그들은 외면의 묘사에서 벗어나 화가 심리 속에서 저 물상을 원인으로 하는 자유 창조에 종사한다. 그들 중 어떤 이는 입체삼각형 등의 형체를 빌려 와서 일종의 추상적 형태를 표현하기 때문에 또한 기하학파라고도 불린다. 하지만, 반면에 물질세계에서 새로운 미를 발견

할 것을 주장했던 저 미래파(Futurists)의 화가들은 또한 주관적 표현
을 그 주요 목적으로 삼는다. 그들은 완전히 동적이면서 감각적인 표현
을 다루어야만 비로소 회화상의 量的 문제를 해결할 수 있다고 주장한
다. 이러한 動感派的 사조가 사실 제4기와 서로 가장 부합되는 것으로
보인다. 하지만, 제4기의 화파를 가장 잘 대표하는 것으로는 후기 인상
주의(Past Impressionism) 즉, 표현주의(Expressionism)라고 하겠다. 그
들의 대표적 화가 세잔느(Cézanne, 1839~1906), 고갱(Gauguim, 184
8~1903) 고흐(Gogh, 1853~1890)는 모두 그들의 예술인 바로 정감적
상징을 표현하는 데 열중하였고, 아울러 물상의 생명과 접촉하고자 하
였다. 이 외에 정교하게 제4기의 시대정신을 화면상에 반영했던 이들은
또한 상징주의 화가인 르동(Redon, 1840~1916), 구도주의 화가인 칸딘
스키가 있다. 이들은 모두 회화를 순수한 상징적 표현으로 간주함으로
써 작곡가가 작곡하는 것과도 같았다. 특히 르동의 『암굴의 성모』는 마
치 음악처럼 사람들에게 모호하고 끝없는 세계 속에서 마음을 노닐게
만든다. 이것은 물론 제4기 회화 중 가장 아름다운 것이라 하겠다. 이
밖에도 조각, 건축의 발달 경로는 예술의 자매 관계에 있는 회화와 대
략 같다. 예컨대, 프랑스의 조각 대가인 로댕의 영적 사실주의, 건축계
의 바그너(Wagner, Otto, 1841~1918)의 구조주의, 그리고 분리파는 모
두 예술사 중 제4기의 신경향을 대표한다고 함은 자세히 설명할 필요
도 없다.

　오직 중국 예술의 역사적 발전에 관해 말하자면 서구 예술의 발달
경로와 서로 비슷해서 몇 단계로 나누어 연구해 볼 수가 있겠다. 음악
을 그 예로 들어 보면, 어느 한 中國音樂史는 중국 근대 음악이 진화해
온 세 단계에 대해서 말해주고 있다. 송대가 제1단계에 해당한다. 예컨
대 朱熹는 "음률은 단지 氣일 뿐이다."("音律只是氣.")라 했고, 蔡元定은
『律呂新書』에서 "분촌의 수는 聲氣의 元에 갖추어져 있다."(『本原』一,

"分寸之數, 具於聲氣之元.")라 했다. 아울러, 『史記』, 「律書」의 말을 인용해서 말하기를, "細는 기와 같고 微는 소리와 같다. 성인은 신에 근거하여 존재케 한다. 비록 아름답지만 반드시 모방하므로, 黃鐘(전통음악에 사용되는 律名으로, 12율의 첫째 율이며 陽律에 속한다. ─역주)은 성기의 원에서 비롯된다고 말한다."("細若氣, 微若聲, 聖人因神而存之, 雖妙必效, 言黃鐘始於星氣之元也.") 또 말하기를, "백세 후에 백세 전의 음률을 구하고자 하는 자는 그 역시 그것을 성기의 원에서 구해야 한다."(『證辨』 一, "百世之下, 欲求百世之前之律者, 其亦求之於聲氣之元.") 또한 『册府元龜』, 王仁裕의 『論樂』에서 말하기를, "신은 보이지 않게 존재하고 聲數의 사이에 처한다. 그러므로 음으로써 밝히고 셈으로써 합치게 한다. 음으로써 주인을 정하고 셈으로써 상을 구하여, 귀에 부딪쳐 마음에 관통하게 한다. 이로 인해서 알게 되는 것이다."("神無形而有, 處乎聲數之間, 故昭之以音, 合之以算, 音以定主, 算以求象, 觸於耳而徹於心, 由是而知也.") 이처럼 樂, 聲, 數의 이치를 논함이 바로 음악사조의 제1기에 해당된다고 하겠다. 명대의 王廷相, 劉濂, 季本, 何塘이 출현함에 이르러서 제1기 사조에 대한 하나의 커다란 반동이 일어났던 것이다.(朱載堉, 『樂律全書』 卷5, 「候氣辨疑」 第8.) 왕정상은 "사람의 소리에 근본하여 정악의 도구로 삼는다."(『王氏家藏集』, "本之人聲而爲正樂之具.")라고 주장했고, 劉濂은 "음악의 소리가 노래를 모방하는 것이지, 사람의 노래가 음악을 모방하는 것은 아니다."(『樂經原義』, "樂聲效歌, 非人歌效樂.")라고 했다. 이처럼 사람의 소리(人聲)가 주가 되어야 한다는 제의는 명대의 樂理學家에게 있어서는 모두 이의가 없는 사항이었다. 가령, 李之藻는 "사람의 중성은 천지의 중성과 응한다."; "팔음은 율려를 따르고, 더욱이 사람의 소리를 표준으로 삼는다."(『頻宮禮樂疏』 卷7, "人之中聲, 與天地之中聲應."; "八音從律, 尤以人聲爲準.")고 했고, 邢雲露는 "그 마음을 가라앉히고 그 기를 화평히 하며, 천천히

人聲의 고하를 들으며 상하로 고증하여 그 중성을 구한다.”(『古今律曆考』, “平其心, 易其氣, 徐聽人聲之高下, 上下考之, 以求其中聲.”)고 했다. 그리고 唐荊川은 “반드시 사람의 소리로 주를 삼아 관을 잘라 그것을 모방한다.”(『荊川稗編』 卷42, 「樂」 7, “必以人聲爲主而截管以效之.”)고 했다. 朱載堉은 『律呂精義外篇』에서 “사람의 소리로 율려의 표준을 삼는다면, 비록 백세 뒤라도 알 수 있다.”(“以人聲爲律準, 雖百世可知也.”)고 했는데, 이 말 속에는 완전히 제2기의 음악 사조가 그 안에 모두 포괄되어 있다고 하겠다. 청대의 毛奇齡은 음악 사조의 제2기에서 음악 사조의 제3기로 넘어가는 인물이다. 그는 “음악의 소리는 人聲이 주가 되어야 한다.”(『竟山樂錄』 卷1, 또한 『定聲錄』 卷1, 「竟山」의 말 인용, “樂之聲以人聲爲主.”)고 극력 주장하는 한편, 자신의 생각을 스스로 행하고 고인을 공박하여 그의 九聲七調의 새로운 설을 주장하였다. 물론 西河(모기령의 호. - 역주)의 새로운 설은 후대에서 보면 아무런 가치도 없는 게 사실이다. 하지만, 이렇듯 한번의 소용돌이를 겪은 다음부터는 器數의 옛 음악을 祖述한다는 식의 형태가 점차로 줄어들기 시작했던 것이다. 게다가 康熙가 손수 편찬한 『律呂正義』 5권에는 비록 律數에 대해 언급되었던 탓에 후대 사람인 錢漑亭이 근거한 바가 되었지만,(凌氏는 전개정이 우연히 가진 소견은 모두 『律呂正義』에서 취한 것이라 했다.) 그의 가장 큰 공헌은 오히려 서양의 五線譜를 소개하여(卷5, 續編.) 오선보가 중국에 처음 수입되게 한 점에 있을 깃이다. 乾隆은 이를 계승하여 『律呂正義後編』을 지어 주재육을 매우 공격하였다.(권118 『樂問』, 또한 『詩經樂譜』 역시 동일한 논조가 있다.) 그들은 모두 평민 음악의 새로운 경향을 제창했던 까닭에, 工尺字譜(중국 고유 음악의 음계 부후로 표시된 악보. - 역주)를 매우 중시하였다. 모서하는 말할 필요도 없겠는데, 『竟山樂錄』 첫머리는 공척의 一夢에 근거한 것이다. 그의 구성칠조도 마침 근대 악기상에 사용되고 있다. 李光地가 지은 『古

樂經傳』에는, "元人의 사와 곡은 마치 옛날에 노래하며 악기를 탐에 떨
어지고 합쳐지는 듯한 遺意와 같다."(卷5, "元人詞曲, 猶彷彿乎古者歌笙
間合之遺意.")라는 말이 있다. 건륭은 더욱 분명하게 "공척의 설은 진
실로 쓰임에 적합한지라 비록 큰 뜰에 시행되더라도 좋을 것이니, 구태
여 옛날이 옳고 지금이 그르다고 할 필요가 있겠는가!"(『律呂正義後編』
卷118, "工尺之說, 苟適於用, 雖施於大庭可也, 而何必古之是而今之非
哉!")라고 했다. 이로부터, 즉 江愼修의 저작인 『律呂新義』(4卷, 正覺
樓叢書本.), 『律呂新論』(2卷), 『律呂闡微』(10卷), 그리고 胡竹軒의 저작
인 『樂律表微』(8卷)이 비록 많은 곳에서 舊傳派的 사상을 벗어나지는
못했지만, 그들은 도리어 약속이나 한 듯이 일제히 평민 음악 -俗樂-
의 중요성을 발견해 냈던 것이다. 강신수가 "소리는 자연히 흘러서 변
하기 마련이다."("聲音自有流變")라고 한 말이 가장 적합하다고 하겠다.
이를테면 "옛 음악이 새로운 소리로 바뀜은 또한 옛 예절이 속된 습속
으로 바뀌는 것과 같아서 그 형세가 반드시 그렇지 않음이 없다. 오늘
날의 사람이 옛 예절을 행함에 있어서 마음에 편치 않음이 있은즉, 옛
음악을 들음에 또한 어찌 귀에 조화될 수가 있겠는가? 그러므로 옛 음
악이 회복되기 어렵고 아울러 억지로 회복한다 함은 허용되지 않는 것
이다."(『律呂新論』卷下, "古樂之變爲新聲, 亦猶古禮之易爲俗習, 其勢不
得不然; 今人行古禮有不安於心者, 則聽古樂亦豈能諧於耳乎? 故古樂難復,
亦無容强復.")라고 했던 것이다. 강신수는 평민 음악의 가치를 알았던
까닭에, "속악은 아악에서 찾을 수 있다.": "악기는 반드시 옛 것을 고
집할 필요는 없다."(같은 곳, "俗樂可求雅樂."; "樂器不必泥古.")고 주
장했다. 뿐더러, 매우 대담하게 "학사, 대부는 工師의 설을 능가할 수가
없다."(『律呂新義』卷4, "學士大夫不能勝工師之說.")고 제창하였다. 호
죽헌은 비록 考亭을 추앙했지만, 그는 도리어 崑山調를 노래한 명가이
다. 그가 시가와 속악을 논한 것을 보면, 또한 음악 진화의 단서를 이

해할 수 있다. 程瑤田이 『詞塵』에 「序」를 지어 말하기를, "악기는 후세에의 것이 그 상고에의 것과 다르지 않으며, 후세의 공인이 사용하는 악기는 상고의 성인이 만든 율려와 다르지 않다."(樂器之在後世, 無以異於其在上古也, 後世工人所用之樂器, 無以異於上古聖人所造之律也.) 자연히 方成培가 『香研居詞塵』(5卷, 嘯園叢書本, 第6函.)에서 "공척이 곧 율려이고 악기는 고금이 없다."("工尺卽律呂, 樂器無古今.")라고 한 주장은 제3시기 음악 정신을 더욱 표현한 것이라 하겠다. 더욱이, 가령 徐新田이 胡씨의 뒤를 계승하여 지은 『律呂臆說』, 『管色考』와 苟勗의 『笛律圖注』 등의 책이 있는데,(正覺樓叢書本) 속악이 아악보다 우월하다는 사실을 가장 투철하게 발휘한 것들이다. 그는 적절하게 다음과 같이 말하고 있다. "음악은 본디 율려를 중하게 여긴다. 하지만 오직 삼대 이상에서만 쓰일 수 있을 뿐이다. 지금의 黍尺(고대의 길이 단위의 하나, 즉 100개의 기장 알맹이를 늘어놓은 길이.-역주)은 믿을 수 없고, 葭灰(갈대청을 태운 재, 즉 옛날에 이 재를 律管안에 두어 기후의 변화를 측정했음.-역주)도 검증할 수가 없다. 음악을 논하는 자는 단지 五聲을 이해하면 그만이지 六律을 헛되이 논할 필요는 없다. 일찍이 隋·唐 이후에 속악이 아악을 능가했다고 말해진다. 속악은 통속적이지만 음악으로서 알맞으며, 아악은 우아하기는 하지만 음악이 되지는 못한다."(『管色考辨異』一條, "樂固以律爲重, 然惟三代以上可用, 今黍尺難憑, 葭灰不驗, 論樂者祇宜理會五聲, 不必空談六律, 嘗謂隋唐以後俗樂勝於雅樂, 俗樂雖俗, 不失爲樂, 雅樂雖雅, 乃不成樂.") 그렇지만, 우리들이 마땅히 주의를 가져야 할 것은 제3기의 음악이 비록 똑같이 평민적, 사회적, 진화적 사조 아래에 있기는 하지만, 분명히 두 파의 분별이 있다는 사실이다. 말하자면, 한 파는 管笛을 주로 하여 이론을 내세웠다. 대표적인 인물은 江永(愼修), 胡彦昇(竹軒), 方成培(仰松), 徐養原(新田)이 그들이다. 더구나 錢塘(溉亭)은 현재의 피리를 가지고 위로 율려를 고증하였으니 역시 이 파하에 있는 인물이라 하겠다. 또 다른 한 파는 龜玆蘇祇婆 琵琶七調를 주로 하여 이론을 내세웠다. 대표적인 인물은 凌廷堪(次仲), 江藩(鄭堂), 陳澧(蘭甫)가 그들이다. 徐灝가 비록 비파를 주로 하지는 않았지만, 晉十二笛에 대해 더욱 반대하였던 탓에 이 파 안에 부속시킬 수 있다. 이 두 파는 제3기의 음악 사조에 있어서 동일 한 가치와 동일한 연구의 필요성을 가진다. 이것 또한 역사 분기의 원 리에 비추어 보면, 중국 음악 사조의 발전 역시 바로 3단계의 법칙에 의해서 발전하고 있음을 알 수 있다.

음악뿐만 아니라 회화 역시 그러하다. 중국의 회화는 본래 文人畫가 그 정통이 되어야 하고 문인화의 역사적 발전은 매우 분명하게 3단계 로 나눌 수 있다. 첫째는 인물화 시대이다. 漢의 武帝가 甘泉宮 안에 천지, 太一, 여러 귀신의 형상을 그린 데서부터 시작하여 宣帝가 기린 각에 12공신의 초상을 그린 것은 이후 인물화의 기원이 된다고 할 수 있다.(潘天授, 『中國繪畫史』, 12~13쪽) 한대 화공의 가장 저명한 이로 말하자면, 예컨대 毛延壽는 인물의 老少와 美醜를 자유재재로 능숙하게 그린 그의 그림을 전하고 있다. 魏·晉 이후, 불교의 영향을 받았던 까 닭에 일종의 종교화가 널리 전파되었다. 당시의 대표적인 화가, 즉 衛 協, 荀勗, 張墨 등은 모두 인물, 道釋으로 유명하다. 위협은 일찍이 七 佛을 그리고 나서 그것이 날아가 버릴까 봐 근심한 나머지 눈동자를 그려 넣지 않았다고 하는 설이 전한다. 순욱은 大列女, 小列女 등의 그 림이 있고 장묵은 維摩詰像이 있다.(22~23쪽) 더 나아가서 六朝의 삼 대 畫聖으로 일컬어지는 顧愷之, 陸探微, 張僧繇에 대해 말해 보자. 개 지가 그린 인물, 가령 불상, 제왕, 장상, 궁녀는 모두 더없이 훌륭한 것 으로 일컬어지고 있다. 李嗣眞의 『後畫品』에 이르기를, "顧·陸의 인물 의관은 확실히 걸작으로 유명하고 나머지는 아직 보지 못했다. 張公으 로 말하면 강직하고 굽히지 않는 기개가 특이하고 사표로서 굉원하니,

어찌 여섯 가지의 화법만을 겸비했겠는가. 사실 또한 다방면에서 모두 훌륭하다."(顧陸人物衣冠, 信稱絕作, 未睹其餘, 至於張公骨氣奇偉, 師模宏遠, 豈惟六法兼備, 實亦萬類皆妙.)라고 했다. 이처럼 인도의 暈染法에서 脫化한 종교 인물화는 더할 나위 없이 가치가 있음을 알 수 있다. 장승요에서 隋의 鄭法士로 전해지는데, 『宣和畵譜』(중국 北宋의 徽宗內府의 수장품을 분류하여 해설한 화보. - 역주)는 그 일을 "법도와 풍격은 그 사람을 취하여 모방하고 흐르는 물과 뜬구름 같아서 대체로 정해진 태도가 없다."("儀矩風度, 取象其人, 流水浮雲, 率無定態.")라고 했다. 이것 역시 인물화의 기법을 전한 것이라 할 수 있다. 이 외에도 인도 승려 拔摩의 작품인 十六羅漢像이 있다. 이것 역시 한 시기의 작자가 제1기의 회화에 매우 큰 영향을 준 것이라고 하겠다. 곧바로 당 초기로 내려가자면 閻立本 일가가 있다. 역사는 그 화풍을 일컫기를, 궁녀를 그린 것만 보더라도 굽이진 눈썹, 포동포동한 볼, 그리고 풍모가 살아 있는 듯하며, 붓을 놀리는 법 또한 매우 고상하고 질박하다고 했다. 가장 훌륭한 것은 응당 吳道玄(중국 당나라 때의 화가로서 어렸을 때의 이름은 道子인데 玄宗이 道玄이라고 고쳐주었다고 한다. - 역주)의 인물화라고 하겠다. 張孝師는 지옥도를 잘 그려서 사람들을 전율케 할 정도였고, 오도자는 地獄變相圖를 그리기도 했다. 한때 두드러지게, 神鬼를 그렸던 화가(伊琳, 王韶應), 말 타고 사냥하는 모습을 그렸던 화가(曹元廓), 그리고 용모를 묘사했던 화가(殷聞禮, 殷仲容)가 있었다. 그렇지만, 모두 오도자의 『吳帶當風』의 새로운 기법에는 미치지 못했다. 그의 제자인 盧稜伽 역시 불타를 그리는 데 뛰어났다. 더욱이 楊庭光은 道像, 眞仙, 요리사 등을 그렸고, 談皎는 큰 상투와 넉넉한 옷, 그리고 태도가 윤이 나고 아름답게 인물을 화폭에 담았다. 張萱은 미녀도에 능숙했다. 그는 표정과 태도를 남김없이 자세히 묘사하여 대부분 깊은 생각에 잠기게 한다. 요컨대, 우리들이 지금 『선화화보』를 한번 펼쳐 본다면 당 이전의 명화는 모두 인물이 그 중심을 이루고 있음을 곧 알게 될 것이다. 인물 또한 궁정과 불상이 그 중심을 이룬다. 송의 郭若虛는 『圖畫見聞誌』에서, "근대를 옛날과 비교해 보면 대부분 미치지 못하거나 지나침 또한 있기 마련이다. 만약 道佛, 인물, 처녀총각, 마소를 논한다면 근대는 옛날에 미치지 못한다."("近代方古, 多不及而過亦有之, 若論道佛人物, 士女牛馬, 則近不及古.")고 했는데, 회화의 제1시기는 다름 아닌 인물화의 시기임을 여기서 볼 수 있다. 그러나 인물화는 오도자에 이르러서 이미 최고의 수준에 도달했던 까닭에, 그 뒤를 이어 바로 제2기인 山水畫의 시대가 열린 것이다. "당 이전의 산수화는 인물화의 배경에 불과해서 여전히 분리 · 독립되지 않았다. 그러다가 곧바로 中唐 초년에 이르러서야 비로소 이러한 배경에서 벗어나 스스로 하나의 類를 이루었다."(55쪽, "在唐以前的山水畫, 不過爲人物畫的背景, 還沒有分離獨立, 一直到中唐初年, 纔脫去這種背景, 自成一類.") 이를테면, 王摩詰(중국 당나라의 시인 · 화가인 王維를 일컬음. - 역주)은 "무릇 산수를 그리는 데는 뜻이 붓보다 앞서야 하고, 장 단위의 산, 척 단위의 나무, 촌 단위의 말, 두 단위의 사람, 이것이 모양의 표준인 것이다."("凡畫山水, 意在筆先, 丈山尺樹, 寸馬豆人, 此形法也.")라고 했다. 이 말은 자아적 정신 즉, 제2시기의 회화사 중 낭만적 정신을 충분히 표현한 것이라 하겠다. 그러나 똑같은 산수화 가운데서도 오히려 남 · 북이라고 하는 두 유파(二宗, 南宗畫와 北宗畫를 가리키는 것으로 북종화가 畫員이나 직업적인 전문 화가들을 중심으로 경직된 선묘를 사용하여 그린 장식적이면서도 工筆의 그림을 의미하는 데 반하여, 남종화는 대체로 인격이 고매하고 학문이 깊은 사대부가 餘技로 수묵과 淡彩를 사용하여 그린 簡逸하고 온화한 그림이다. - 역주)가 존재한다. 李思訓은 北宗의 시조로서 섬세하고 아름다운 화풍을 창조하여, 즉 金碧山水 · 靑綠山水로 신국면을 개척했던 것이다. 이에 송의 趙幹, 趙伯駒, 趙伯驌으로 전해져 馬遠, 夏珪로 이어졌다. 왕마힐은 南宗의 시조로서 또한 문인화의 정통이다. 그는 수묵·담채의 산수화를 창시하여 세상에 널리 전하였다. 이후 張璪, 荊浩, 關同, 董源, 巨然, 郭忠恕, 米家父子(米芾과 米友仁－역주)를 거쳐서 元末 四大家(黃公望·倪瓚·吳鎭·王蒙－역주)로 이어진다. 장조의 長松石에 대해 唐의 『名畫錄』은 일컫기를, "돌이 뾰족하여 떨어질 것만 같고, 샘물은 분출하여 울부짖는 것 같다. 그 가까이에서는 한기가 몸에 사무치는 것 같고, 그 멀리서는 極天의 다함과 같다."("石尖欲落, 泉噴如吼, 其近也若逼人而寒, 其遠也若極天之盡.") 형호는 산수에 능숙했음은 물론, 구름 속의 산꼭대기와 百丈의 가파른 봉우리를 즐겨 그렸다. 관동은 스승을 능가하여 가을 산과 겨울철의 잎이 떨어진 숲을 그려서, 감상자로 하여금 마치 자신이 灞橋(陝西省 長安의 동쪽에 있는 다리로, 옛날에 장안을 떠나가는 사람을 여기까지 전송하여 이별을 슬퍼했다고 한다.－역주)의 눈바람 속에 있는 것처럼 느끼게 할 정도였다. 비평가는 그를 두고 "붓이 간략하면 할수록 기운은 더욱 왕성하고, 경치가 절묘하면 할수록 뜻은 더욱 뛰어나 보인다."("筆愈簡而氣愈壯, 景愈妙而意愈長.")고 평하였다. 송대에 이르러서 산수화는 더욱 회화의 주제가 되었다. 뿐더러 인재가 특히 많이 배출되어 고금을 통해서 견줄 곳이 없다고 말할 만하다. 당시 董源, 李成, 范寬 三家가 병립하여 화풍의 영향이 이후로 적지 않았다. 그 중에서도 李·董 二家가 가장 세력을 떨쳤고, 또한 곽충서는 삼가와 똑같이 유명했다. 이성 一派가 그린 樹木과 雪景은 그야말로 고금을 막론하여 독보적이라고 칭송되며, 그들의 화풍은 '高遠', '平遠', '深遠'으로 표현된다. 그리고 동원 일파인즉슨 '수수하여 꾸밈이 없고, 품격이 높아 비할 바가 없는 것.'('平淡天眞, 格高無比.')으로 표현된다. 그의 화법을 전하는 이로는 승려 거연 등이 있다. 이 외에 곽충서 일가는 먹물을 뿌려서 스미게 하여 특별히 기괴한 경관을 얻어냈다. 米氏 일가는 묵의 짙음과 옅음

속에서 變幻無窮한 묘미를 담아냈다. 이상의 각 대가들, 더욱이 董·巨 일파의 그 화풍의 여운은 원대의 黃公望, 倪瓚, 吳鎭, 王蒙 사대가에게 영향을 끼쳤다. 비록 비평가의 이른바 "만약 子久가 웅혼하다고 한다면, 雲林은 간소하다고 하겠다. 제각기 극도로 정통한 바가 있겠지만 그것을 그림에 시행해 보면 끝내는 黃鶴에게는 뒤떨어지는 듯하다."(『六研齋二筆』, "若子久渾厚, 雲林疏簡, 雖各極所擅, 而施之圖, 似終遜黃鶴.") 라는 말이 있기는 하지만, 나는 倪雲林의 『天眞幽淡』과 같은 것은 결국 모방할 수가 없다고 생각한다. 산수화는 여기에 이르러서 이미 최고조를 이루었다고 할 수 있다. 때문에 원에서 명까지 오히려 董其昌이 남파를 계승 발전시켰지만, 필묵이 쇠퇴해 이미 살아 움직인 듯한 氣韻은 소실되고 말았다. 청대의 三王(王時敏, 王鑑, 王翬)인즉슨 옛것을 그대로 답습하는 데 지나지 않는다. 이처럼 모방하는 식의 작품은 시대를 대표하기엔 부족하다고 하겠다. 그런 까닭에 회화사의 발전은 제2기 산수화의 뒤를 잇는 그야말로 제3기의 花鳥畫 시대로 접어들게 되었다. 본래 먹으로 그린 매화나 대나무(墨梅·墨竹)는 송대에 이미 시작된 것이라 할 수 있다. 그림 중의 사군자인 매화(梅), 난초(蘭), 국화(菊), 대나무(竹)는 원·명·청 시대에 더욱 많은 문인과 高士들이 언제나 그것에 의지해서 자신의 고결함이나 탈속적인 정취를 표현하였다. 원의 사대가 중 吳仲奎(鎭)는 竹木에 뛰어나서 절품으로 칭송된다. 명대에 이르러서는 화조화가 크게 성행하여, 천태만상으로 극치에 달해서 작품이 마치 생동감이 넘치는 듯하다. 간단히 말하자면 삼대 유파가 있다. 첫째는 邊文進, 呂紀 등의 아름답고 정교한 院體派이고, 둘째는 徐渭, 林良 등의 寫意派이다. 그리고 셋째는 周之冕의 勾花點葉體의 일파가 그것이다. 그 중에서도 임량의 꽃과 과일 사생은 지극히 정교하다. 가령, 그의 수묵화에 오리와 기러기가 안개로 뒤덮여 아득히 넓은 곳, 그 한복판에 있다고 해도 오히려 조용하면서도 말쑥하고 멋스럽게 보이는 그 모습이야말로 극찬할 만하다. 청대에는 전대의 구화점엽체(즉, 沈銓 등)와 사의 일파(즉, 顧卓 및 關秀, 李因 등)의 발전 말고도 더욱이 이른바 '純沒骨體'가 특별히 창조되었다. 그리하여 화조화의 기술이 더일층 정교하게 보이도록 했던 것이다. 이 파는 鉤勒(윤곽을 선으로 묶고 그 안을 색으로 칠하는 화법 - 역주)의 細線을 사용하지 않고 순 몰골화의 완성을 주장하여 화조화의 새로운 국면을 개척하였다. 그 대표자는 王武, 惲壽平, 蔣廷錫 등 삼가로서, 특히 운수평(南田)은 사생적 정파가 된다고 하겠다. 더군다나 건륭 때에는 揚州八怪라고 불리우는 여덟 명의 괴짜 화가들, 즉 金農, 羅聘, 鄭燮 등이 있었다.(이 외에도 李鮮, 汪士愼, 黃愼, 高翔, 李方膺이 있다. 모두들 개성을 중시하고 감흥의 솔직한 발현을 목표로 하여 기성의 형식이나 기교를 버리고 자유분방하게 붓을 휘둘렀다. 반전통적인 제작 태도로 선적인 묘사보다 면적인 표현을 취했으며 고전적 절도를 무시하고 짙은 먹색과 화려한 색채, 강한 필세와 격한 붓처리를 하였다. - 역주) 이들은 江湖野逸하는 기형적인 학자들로서 독창적인 새로운 주장을 펼침으로써 화조화계에 하나의 신기원을 열었다. 또한, 石濤, 八大山人 등 유명한 화가의 작품들이 있는데, 그 도량이 넓어 구속받지 않는 기운은 사람의 마음을 눈부시게 한다. 비교적 최근 인물인 吳昌碩은 금석 문자의 선을 십분 섭취하여 새로운 길을 열어 놓았다. 이것은 특히 중국회화사 제3기의 일대 특색이라 하겠다. 요컨대 회화사 제3기, 더욱이 청대 화조화는 다른 것에 비해 보다 성과가 있었다고 말해도 꺼릴 것이 없다. 그러므로 나의 벗 반천수 선생은 그의 저서 『중국회화사』 상(187쪽)에서, 청대는 화조화 분야가 근대인에게 우아하게 완상되어 藝苑의 보루로 유지됨에 불과하다고 한 것이다. 일컫기를, "우리나라 회화의 단서상에서 바로 온갖 푸른 빛을 띠는 것 중 홍일점의 색채와 같다."라고 했다. 이 말은 진실로 더할 나위 없이 합당하다고 하겠지만, 역시나 제3기 회화의 특색의 소재를 알 수 있다.

　이상으로 서양과 중국 예술의 역사적 발전을 명백히 말해 보았다. 이를 통해서 예술도 그 시대성을 지님을 우리들은 분명하게 알 수 있다. 종교적 예술 시대에는 모든 예술은 종교 신비화되고, 철학적 예술 시대에는 모든 예술은 철학 自我化되고, 과학적 예술 시대에는 모든 예술은 실증과학화된다. 오직 예술적 예술 시대가 된 연후에야 모든 예술은 비로소 완전히 예술화가 될 수 있는 것이다. 이처럼 예술화적 일체 예술만이 진정한 의미의 예술적 이상향이라고 하겠다. 예술의 최대 이상은 예술인 자신의 예술 시대를 창조하는 데 있다. 이 시대의 예술인은 이미 저렇듯 과학적이고 이지적인 냉정한 예술을 주장하지 않는다. 이것은 일종의 퇴폐적이고 평범한 예술 표현에 지나지 않는다고 여긴다. 이 시대의 예술인은 사회와 세계를 개조하기 위해서, 이제 더 이상 자신의 진심이 마비되는 것을 원치 않으며 문화사의 제4시기에는 그 완전한 책임을 지려고 한다. 시대를 대표하는 우리들의 예술가는 물론 역사의 음률 속에서 미켈란젤로, 베토벤, 바그너, 괴테, 바이런, 그리고 현대의 미래파, 표현파…에 도취되기도 하지만, 예술의 세계는 어떤 파가 존재해서 일을 완결시키는 것은 아니다. 예술인은 마땅히 그 자신을 예술적 시대에 철저히 실행하여 예술이 예술이도록 하는 이유의 시대를 창조해야 할 것이다.

4

　지금 예술이 갖는 종교, 철학, 과학과의 관계를 필요 이상으로 언급하고 싶지는 않다. 하지만 학자들이 주의를 기울여야 할 점은 바로 예술과, 종교·철학·과학의 확실한 구분이라고 하겠는데, 사실 쓰이는 각종 방법의 차이로 응당 구분되는 것이다. 만약 종교 방법 - 연역법 - 을 통해서 연구해 낸 것을 최후까지 분석한다면 모두 종교라고 할 수 있다. 같은 이치로 만약 철학 방법 - 변증법 - 을 통해서 연구해 낸다면 모두 철학이라고 할 수 있다. 과학 방법 - 귀납법 - 을 통해서 연구해 낸다면 모두 과학이라고 할 수 있다. 그리고 예술 방법 - 직관법 - 을 통해서 연구해 낸다면 또한 모두 예술이고 할 수 있다. 왜냐하면, 종교, 철학, 과학, 예술이 종교다워지고, 철학다워지고, 과학다워지고, 예술다워지는 이유는 그 자료의 차이에서 오는 것이 아니라, 바로 그 방법의 특이함에서 오는 것이기 때문이다. 예컨대, 王星拱이 『과학방법론』(「引論」, 5쪽.)에서 "우주 사이의 자료는 언제나 천지자신, 초목금수, 정교풍속, 애증고락 등등에서 벗어나지 않으며, 바로 비과학적 학술(문학, 종교와 같은 부류) 속에서 사용되는 것도 이러한 자료들인 것이다."라 말한 바와 같이, 즉 방법론으로 각종 문화 유형을 구분하는 것이 실제로 가장 올바르다는 사실을 알 수 있다. 이러할 뿐만 아니라, 우리들은 또한 헤겔 논리학상의 전문 용어를 채용하여 재차 방법론적 해석을 가할 수가 있다. 이를테면, 종교적 방법 - 연역법 - 은 몰자적 방법이고, 철학적 방법 - 변증법 - 은 즉자적 방법이고, 과학적 방법 - 귀납법 - 은 대자적 방법이다. 그리고 예술적 방법 - 직관법 - 은 바로 즉자대자적 방법인 것이다. 더 나아가서 지식의 체계로 논하자면 몰자적 방법은 막스 쉘러가 말한 바대로 '해탈적 지식'을 형성하고, 즉자직 빙법은 '본질적 지식'을 형성하고, 대자적 방법은 '실용적 지식' 혹은 '정복적 지식'을 형성한다. 그렇다면 저 즉자대자적 방법은 어떠한 지식을 형성하는 것일까? 나는 응당 '감상적 지식' 혹은 '표현적 지식'일 것이라고 생각한다. 더구나 이상의 지식적 진화는 또한 각종 방법이 마구 뒤섞인 결과에 의한 것이므로, 매 방법은 모두 문화 영역의 전부를 점령한 적이 있다고 하겠다. 현대는 의심할 것도 없이 과학적 시대이므로 모든 종교, 철학, 예술은 귀납법적 색채를 띠지 않을 수는 없다. 하지만 문화 진화는 도리어 과학 시대라고 해서 완결된 것은 아니다. 역사의 단계적 발전에 따라서 과학 시대 역시 시대적 가치를 지니는 데 불과하다고 하겠다. 장래에는 새로운 예술 시대가 그것을 대신할 것이다. 말하자면, 장래의 모든 종교, 철학, 과학은 반드시 한 시기에 존재하여 모두 직관법적 색채를 띠게 될 것이다. 이는 결코 허황된 이상이 아니며, 문화사의 경험에 의해서 능히 추측해 낼 수 있다.

제8장 문화의 지리상 분포(상)

1

헤겔의 『역사철학』 제2편 「특수적 서론」에는 '세계 역사의 자연 관계, 즉 지리적 기초'라는 장이 있다. 여기서의 그의 생각에 따르면, 세계 역사 속에서 매 세계 역사적 민족은 줄곧 하나의 형태만이 존재할 뿐인데, 이것이 바로 민족적 자연 의지, 혹은 민족의 주관적 본성이라는 것이다. 그렇지만, 그 측면에서 이러한 성질 규정은 다름 아닌 특수적 외부적 자연으로서 존재하고, 이러한 자연적 존재는 그 각종 정신 형태의 관통 중 정신 원리의 정신 원리가 되는 까닭과 서로 부응한다. 그는 더욱 분명하게 우리들에게 말하고 있다.

"외부적 자연성은 가장 가까운 표상에 따라 말하자면, 밖의 모든 자연적 지리적 방면에 속한다. 따라서 우리들이 응당 고찰해야 할 것은 자연의 각종 구별이다. 그런데 이 자연의 구별은 먼저 정신이 발생하기 위한 특수한 가능성으로도 보아야 할 것이며, 그런 의미에서 자연의 구별이야말로 여기서 말하는 지리적 기초가 아니면 안 된다. 그러나 그렇다고 해서 다만 외적인 지리석 위지로서의 도지에 관한 것을 배우는 것이 우리들의 문제는 아니다. 우리들의 문제는 그 토지에서 발생된 민족의 유형과 성격에 밀접하게 관계하는 지리적 위치의 자연적 유형을 정밀하게 배우는 데 있다."

위의 문화지리학의 형이상학적 이해에 의하면 자연은 매우 비판할 만한 가치가 있다. 하지만 대국적으로 말하자면 하나의 세계 문화적 민족은 반드시 하나의 특수적, 외부적, 지리적 기초를 가진다는 사실만은 부정할 수 없다. 헌팅턴과 쿠싱(E. Huntington and S. W. Cushing)이 저작한 『인생지리학원리』(제1편, 제1장, 「문화」.)에서 다음과 같이 언급한 적이 있다. 즉, "어떠한 집단을 막론하고 모두 일종의 정치, 교육, 과학, 종교 그리고 예술을 가진다. 어떤 의미에서 이러한 사물들은 마치 지리와 무관한 듯이 보인다. 그러나 그들이 채택한 방침, 그들이 의지해 유지하는 재원, 그리고 그들이 발전시킨 能率高下는 오히려 모두 지리 환경에 의지한다." 그들은 또한 아래의 다섯 가지 매개자를 제시한다. 이를테면, (1)인구의 밀도; (2)풍요의 정도; (3)고립의 정도; (4)각 지방의 재원 혹은 이익의 차이; (5)精力의 정도가 그것이다. 이것을 통해서 지리 환경과 문화적 관계를 밝히고 있지만, 가장 중요한 것은 그래도 인류 문화와 지형, 그리고 기후의 관계라고 우리들은 생각한다. "한대와 열대는 인류가 일종의 자유로운 운동에 도달할 수 없게 하고, 더 높은 정신을 향한 흥취와 활동의 풍부한 수단을 획득하지 못하게 한다." 때문에 한대와 열대는 모두 세계사 민족의 지반이라고는 할 수 없다. 다시 말해서 세계 문화의 민족적 지반일 수는 없고, 세계 역사의 출연 무대 즉, 세계 문화의 출연 무대가 될 수 있는 것은 원래 오직 온대밖에 없다. 특히 북온대는 남온대와 비교해서 대략 그 크기가 여섯 배나 되기 때문에 인구의 밀도 역시 크다. 그런 까닭에 결국 세계 문화의 발원지가 된 것이다. 더 나아가서 지형학적 측면에서 말하자면, 헤겔은 "역사에 있어서 중요한 문제가 되는 자연 특성의 보편적 관계는 바다와 육지의 관계이다. 육지에 관해서 말하자면 세 개의 기본적 구별이 있다."라고 했다.

첫째, 넓은 황무지와 들판으로 이루어져 있는 물 없는 고지.
둘째, 큰 하천이 관류하고 관개의 편의가 있는 협곡 지대, 즉 과도의 지대.
셋째, 해안과 직접적인 관계를 갖는 연해 지방.(253쪽)

간단히 말해서 고원, 평원, 그리고 연해지로 정리된다. 그러나 고원은 엄격한 의미에서 높은 산과 험한 고개에 제약을 받는 탓에, 문화가 발생되기엔 그렇게 용이한 곳은 아니다. 가장 일찍 문화가 발생된 곳은 반드시 풍부하고 넉넉한, 비교적 넓은 低地이다. 그 좋은 예가 바로 인도이다. 인도의 지형은 천연적으로 고원에 가로막힌 형세인데, 북방과 서북의 일대는 거대한 고지가 존재한다. 특히 히말라야산이 西藏 고원과 등지면서 東向·東南向하여 많은 대산맥과 이어져 있다. 남부는 데칸 고원이 있고 동고츠산맥과 서고츠산맥이 양쪽으로 둘러싸고 있다. 이것은 사면이 모두 산과 같아서 고대의 교통이 불편한 때에는 문화가 존재하지 않음이 당연한 것이다. 그런데 매우 교묘하게도 온대선 내에 북부 고산과 남부 고원 사이에 끼어서, 도리어 그 일대의 면적이 넓은 저지, 이른바 갠지즈강(恒河) 유역이 가로놓여 있다. 갠지즈강 유역의 문화는 종전의 사람들은 단지 표면상에서 관찰했던 까닭에 그것이 고원 문화임을 알지 못했다. 실제인즉슨 이 분명한 인도식 문화는 바로 고원 문화의 變式的 표현을 대표하기에 충분하다. 고원 지대의 자연현상은 지나치게 단순하기 때문에 그것의 종교 신앙 또한 매우 열렬하다. 王益崖 선생의 지리학은 몽고의 라마교, 西南亞의 회교를 이끌어다가 그 예증으로 삼았다.(「고원과 인문」) 그리고 인도의 종교 문화는 특히 그 대표적인 예증이 된다.(즉 불교를 건립했던 석가모니는 그의 가정이 高山에 있었다.) 거듭해서, 고원 문화는 불변성을 지닌다. 인도의 종교 신앙이 시작된 이후로부터 비록 종파가 번창하기는 하였지만, 종교적 생활 방법인즉슨 지금껏 변화가 발생한 적이 없다. 그것들의 종교 관념은 처음부터 정체되어 앞으로 나아가지 못하고 있는 상태이다. 그러므로 일반적으로 말해서 인도는 지형의 첫 번째 요소를 대표한다고 할 수 있다. 말하자면 고지의 원리가 인도에서는 우세한 기초를 차지하는 셈이어서, 종교적 문화를 이룬다고 함은 또한 충분한 이유가 있다고 하겠다. 다음으로 평원의 문화를 서술해 보도록 하자. 헤겔이 말한 "큰 하천이 관류하고 관개의 편의가 있는 협곡 지대, 즉 과도의 지대"는 長江(양자강)과 大河(황하)가 형성시킨 평온한 골짜기의 유역이 그 가장 좋은 예인데 바로 중국이 여기에 해당한다. 중국 경내에는 세 줄기의 대하가 있다. 황하는 고지에서 아래로 빠르게 흘러 지나가는 지점으로 대체로 삼각주 성질의 평원이다. 장강은 세 줄기의 강 중 가장 큰 것일 뿐만 아니라, 고원을 벗어난 뒤 河床(강바닥) 또한 그것이 가장 길고 흘러 지나가는 지점은 구릉이 기복을 이루는 지구여서 중국의 가장 비옥한 지역이다. 珠江이 흘러 지나치는 유역은 하나의 양호한 내지 수로이다.(『史地關係新編』, 190쪽, 참조) 또한 지도상에서 그것은 위도 20에서 40도 이상에 위치하여 기온이 온난함을 알 수 있다. 인류가 안정되게 살기에 가장 적당한 거주지인 까닭에 인구 밀도가 가장 크고 문화 역시 가장 쉽게 발달하였다. 그러나 우리들이 주의를 가져야만 할 것은 이 문화는 높은 산과 험한 고개에 제약을 받는 '종교적 문화'(인도)와 이미 다름은 물론, 또한 연해의 생활과 교통의 발달이 이룩한 '과학적 문화'(서양)와 다르다는 사실이다. 중국 문화는 단지 그 평원의 문화를 이룰 뿐이다. 이를테면 헤겔이 설명한 지형의 두 번째 요소와 같다. 즉, "이 나라들에 살고 있었던 민족은 자신의 내부에 들어박혀 있었고, 또 해양의 원리를 체득하고 있지 않았기 때문에 - 적어도 그들의 문화의 초기에는 그랬었기 때문에 - 또 가령 그들이 바다를 항해하였다손 치더라도 그것은 아직 그들의 문화에 영향을 미칠 수 있는 정도의 것은 아니었기 때문에 그들이 다른 역사와 관련을 가질 수 있는 것은 오히려 (후대에 있어서) 그들 자신이 탐방당하고 발굴되어 연구되는 경우에만 한정된다. 이 중용의 원리는 아시아의 특징이고, 낮과 밤의 대립, 아니면 지리학상의 말로 나타내자면 즉, 협곡 평원과 산맥 지대의 대립은 아시아의 역사적 특성을 이루고 있는 것이다."(321쪽) 이 말을 통해서 중국 문화가 왜 단지 철학적 문화인지를 설명할 수 있다. 왜냐하면, 철학적 문화는 원래 오직 중용적 문화임은 물론, 낮과 밤, 협곡 평원과 산맥 대립의 변증적 문화이기 때문이다. 바다에 관해서는 "이 육지의 속박을 벗어나 바다를 타고 나간다는 요소는 아시아 여러 나라의 장엄한 건축물에는 결여되어 있다. 이를테면 중국과 같이 그 자체가 바다에 면하고 있을 경우에도 그렇다. 이들 나라에게는 바다는 육지의 중단에 지나지 않는다. 이들 나라는 바다에 대해 아무런 적극적 관계도 가지지 않는다."(262쪽) 심지어 海禁이 활짝 열린 이후에도 여전히 바다에 대한 문화는 한사코 거부당하였다. 하지만 유럽에서는 그렇지 않다. 유럽 문화는 이 지형의 세 번째 요소인 바다가 그 근본 원리가 된다. 바다가 불러일으킨 활동은 완전히 고유한 하나의 과학 활동인 것이다. 바다는 전적으로 독특한 문화 정신을 이룬다. 유럽에서는 마치 그렇게 고정적이고 고원적인 것과 같은 핵심이 없는 까닭에, 이러한 핵심은 유럽에서는 부차적인 것에 속한다. 다름 아닌 평원적 원리도 뒤를 향해 물러나야 한다. 유럽은 고원과 협곡 평원과 같은 그러한 대립은 없고, 오직 바다가 육지보다 더욱 중요한 교통의 요로가 되어왔다. 지중해, 흑해, 발트해, 북해, 영국해는 이러한 수로 교통의 시대에 있어서 지형상 유럽이 각 洲의 가장 알맞은 위치를 차지했다고 할 수 있다.(『인생지리학 원리』, 제2책, 18쪽.) 가령, 헤겔이 "그것과 바다의 관계는 그야말로 매우 중요하며, 이것은 유럽과 아시아 두 주 사이의 하나의 영원한 구별점이 아닐 수 없다. 유럽의 국가는 오직 그것이 바다와 관계를 맺을 때에만 비로소 진정한 의미의 유럽의 국가가 될 수 있다. 아시아의 생활에 결핍된 것, 모든 특유성에 대한 초월은 즉, 자신의 생활에 대한 초월인 바다에 있다는 것이다. 개별적 人身의 자유적 원리 때문에 유럽적 국가 생활이 된 것이다."(325쪽)라고 한 것과 같다. 유럽은 각 나라마다 거의 모두 자신의 해안선을 가지고 있기 때문에, 유럽의 문화는 바로 해양에 대한 관계가 낮은 문화인 것이다. 지구상에서 아득히 멀리 떨어져 있는 사람들은 모두 항행에 지장이 없으므로, 공업이 발달하고 상업이 넓게 지구의 곳곳에 퍼지게 하였다. 나쁜 측면에서 말하자면 제국주의가 식민지에 대한 침략을 일으켰고, 좋은 측면에서 말하자면 이른바 과학적 문화를 발생시켜 종교적, 철학적 문화를 대체시켰다.

위 문화의 지리적 기초에 따라서 대략 말하자면, 지형을 세 개의 기본으로 구별할 수 있다.

(1) 고지는 종교적 문화를 발생시킨다.-인도가 그 대표적인 예이다.
(2) 평원은 철학적 문화를 발생시킨다.-중국이 그 대표적인 예이다.
(3) 해양은 과학적 문화를 발생시킨다.-유럽이 그 대표적인 예이다.

가장 주의할 점은 이 지형상의 세 요소를 대표하는 인도, 중국, 유럽은 모두 구세계에 있어서 인구가 가장 많은 세 지역이다. 이 세 지역에 의해 발육된 세 종류의 다른 문화는 매 문화마다 세계 인구의 4분의 1에 영향을 준다.『史地關係新編』중 제14장에 하나의 그림이 실려 있다. 그 그림의 제목은 「구세계 중 인구가 많은 세 지면」(舊世界中三片人口衆多的地面)인데, 소개해 보면 다음과 같다.(滕柱 譯, 207쪽.)

（二）海洋及生什子的又化──以歐洲为代表
最可注意的就是代表这地形上之三个因素的印度，中国，欧洲，都正是旧世界上人口最多之三个区域；由此三个区域发育之三种不同的文化，每一种都影响了世界人口的四分之一，在非耳格林所著《史地关系新编》（滕柱译）中第14章载有一图，题为"旧世界中三片人口众多的地面"，试列之于下：

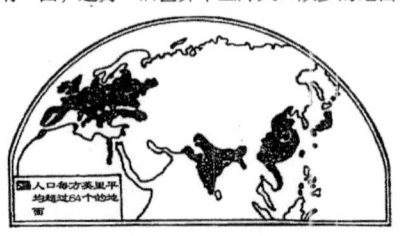

위의 그림이 보여 주는 대로 즉, 오로지 인구 밀도로 말하면 인도, 중국, 그리고 서구가 문화의 지리적 분포를 대표한다고 하겠다. 만약 문화 발전의 시간 순서로 말하자면, 인도의 종교 문화는 기원전 3000년에서부터 327년에 이르기까지가 문화사의 제1시대가 된다. 중국의 철학적 문화는 가령 春秋·戰國의 출발로부터 즉, 기원전 770년부터 1660년 明이 망하기까지가 문화사의 제2시대라고 할 수 있다. 서구의 과학적 문화는 엄격히 말해서 응당 중세기의 문예부흥과 종교 개혁 이후로부터 시작하여 현대에 이르러서야 비로소 매우 신속한 진보가 있었다. 이것이 문화사의 제3시대가 되는 셈이다. 만약 다시 문화 발전의 위치에서 말하자면, 인도 문화는 북위 30도의 南에서 발육되었다. 땅은 열대에 가깝고 세계의 중요 종교인 즉, "유태교와 기독교가 모두 乾旱한 땅에서 발생했고"(『인생지리학원리』, 제1책, 18~19쪽) 회교 역시 예외는 아니다. 중국 문화는 북위 40도의 남에서 발육되었고 그리스와 위도가 동일하다. 중국 문화의 정신 방면에 편중되어 있는 철학이 그리스의 철학사상과 상당부분 교묘하게 일치한다는 사실은 鄭壽鱗의 『고대 중국과 그리스 철학의 대조약표』(古代中國與希臘哲學對照略表) 즉 「중서 문화의 관계」(中西文化之關係)의 제6장에 보인다. 이상으로 볼 때 각종 문화의 본질과 진전은 기후 변천과 매우 큰 관계를 갖고 있음을 알 수 있다. 그러나 지금껏 서술한 문화 지리적 연구는 단지 구세계에 관한 것이다. 구세계는 본질상에서 우리들의 관찰 대상 즉, 세계 문회 역사의 무대이기 때문에, 구세계 속에 헤겔은 일부러 아프리카를 끼워 넣음으로써 고지의 원리를 대표하게 한 것 같다. 그리하여, 그의 이른바 三大洲의 '정신적 성격'의 학설이 이루어진 것이다. 그러나 내 생각엔 아프리카는 땅이 열대여서 우리들의 토론의 문제가 될 수 없기 때문에 마땅히 제외되어야 한다. 신세계의 아메리카와 오스트레일리아에 관해서는 그것이 유럽인에 의해서 발견된 까닭에 오늘에 이르기까지 아직 어떠한 독립적 문화도 존재하지 않는다. 즉, 아메리카주의 문화에 관해 말하자면 비록 새로운 세계의 문화를 창조하고 건설하느라고 한창 노력하고 있지만, 여태껏 서구의 과학적 문화의 범위를 벗어난 적은 없다. 그래서 여기서는 거론하지 않기로 하겠다.

2

　지금 매우 다급한 문제로 일반 학자들이 토론해야 할 것은 바로 동서 문화의 문제이다. 그런데 소위 동서 문화의 분파는 사실 꽤 많은 종류의 해석이 있는 형편이다. 어떤 사람은 유럽과 서아시아 대륙 중의 한 볼록한 땅(凸地)을 桌地(Table Land)라 하여 인류의 분포와 이동을 두 개의 큰 계통으로 나눌 것을 주장한다. 그 하나가 남도 문명이고 또 하나는 북도 문명이다. "중국의 중심부, 일본, 인도지나, 말레이 諸國, 발루치스탄, 인도, 아프가니스탄, 페르시아, 터키, 이집트 등은 남도 문명의 要路이고, 몽고, 만주, 시베리아, 러시아, 독일, 네덜란드, 벨기에, 덴마크, 스칸디나비아, 영국, 프랑스, 스웨덴, 스페인, 포르투갈, 이탈리아, 오스트레일리아, 발칸 반도 등은 북도 문명의 요로이다. 남도 문명은 동양 문명이고, 북도 문명은 서양 문명이다."(이대조, 『동서 문명의 근본적인 차이점』.) 어떤 사람은 오로지 "중국 문화는 동방 문화의 대표이고, 이른바 서방이란 도리어 보편적인 것으로 유럽의 여러 나라뿐만 아니라, 인도, 페르시아, 이집트 등도 여기에 속한다."(鄭壽麟, 『중서 문화의 관계』, 「서론」.)고 생각했다. 어떤 사람인즉슨 유럽과 아시아 두 대륙의 문화를 동서 문화로 구별한다. 전자는 중국 문화와 인도 문화가 양대의 갈래가 되고, 후자는 서양 문화가 그에 해당된다.(梁漱冥, 『동서 문화 및 그 철학』, 「서론」.) 어떤 사람은 또한 아시아 주 가운데 전체의

땅을 절반으로 구분하여 중국의 長城을 경계선으로 삼는다. "장성의 북
쪽은 아틸라(Attila), 티무르(Timur), 칭기즈칸이 태어난 아시아 洲이고,
장성의 남쪽은 예수, 석가모니, 공자가 태어난 아시아 주이다." 소위 동
방 문화는 아시아 주 문명의 최고의 성과이자 가장 아름다운 그야말로
장성 이남을 특별히 가리켜 말한 것이다.(Babbitt, 『유럽·아시아 두 대
륙의 문화론』.) 이상의 동서 문화에 대한 그 해석의 불일치를 통해서
이 문제를 해결하기 위해서는 선행적으로 무엇이 동방이고 무엇이 서방
인지 하나의 표준을 정해야 함을 알 수 있다. 내 생각에는 설명의 편리
를 위해서 일반적인 해석 즉, 중국, 인도가 동방 문화를 대표하고 유럽
이 서방 문화를 대표한다는 견해를 채용함이 좋을 성싶다. 그런데 동방
문화를 개괄적으로 말하여 어떤 이는 단지 중국 문화만을 위주로 하는
가 하면, 어떤 이는 인도 문화를 겸하여 논하기도 하는데 모두 일리가
있는 말이다. 다만 중국 문화와 인도 문화를 함께 섞어서 서구 문화와
비교하는 식의 생각은 근본적으로 틀렸다고 보지 않을 수 없다.

　물론 세계 문화를 말할 때, 이상 세 가지만을 가리킨다고는 할 수 없
을 듯하거니와 인류학자, 역사학자, 고고학자는 모두 세계 문화의 발원
지를 다섯 가지로 보고 있다. 하나는 인도, 둘은 이집트, 셋은 메소포타
미아, 넷은 중국, 다섯은 중앙아메리카(멕시코와 페루)가 그것이다. 陳
嘉喜 선생은 「동방 문화와 우리들의 큰 임무」(東方文化與吾人之大任)
란 글(『東西文化批評』, 下, 30~31쪽, 『東方文庫』, 第31種本.)에서 "中美
문화의 한 계통은 머지않아 중도에 단절되어 세계 문화에 그다지 영향
을 주지 못했던 까닭에 논할 거리가 못된다. 그 외에 이집트 문화, 메
소포타미아 문화는 사실 그리스 문화를 낳은 원천이다. 오늘날 유럽 각
나라의 문화도 사실 그리스 문화와 헤브루(Hebrew, 猶太) 문화가 혼합
되어 만들어진 것이다."라고 했다. 때문에 결국은 인도, 중국, 서양만이
세계 문화의 세 근본이 된다. 아울러 슈펭글러는 그의 저작 『서구의 몰

락』, 제2권에서 아홉 개의 고등 문화를 거론한 적이 있다. 즉, (1)이집트 문화; (2)바빌론 문화; (3)인도 문화; (4)중국 문화; (5)그리스·로마 문화; (6)아라비아 문화; (7)멕시코 문화; (8)서구 문화(혹은 파우스트 문화); (9)러시아 문화가 여기에 해당된다. 하지만 사실대로 말하자면, 동일한 이유에서 이집트 문화, 바빌론 문화(메소포타미아 문화)와 그리스·로마 문화는 똑같이 서구 문화의 원천이 된다. 러시아 문화인즉슨 서구 문화의 파생이고, 멕시코 문화는 말할 필요도 없이 아라비아의 종교 문화여서 또한 거의 같은 위도에 위치한 인도의 문화 속에 포괄시켜 말할 수 있을 법하다. 그러므로 결국에 가서는 인도, 중국, 서구만이 오직 세계 문화의 세 근본이 되는 셈이다. 뿐더러, 구세계 중 인구가 많은 세 지표로 말하더라도 중국, 인도, 그리고 서구만이 존재할 따름이다. 이를테면, 문화의 지리상 분포로 보자면 세계에 문화가 없는 민족은 하나도 없다. 심지어 생활 정도가 극히 저급한 민족, 가령 에스키모, 아메리카의 인디언조차도 문화는 존재한다. 오리노코(Orinoco)의 인디언들이 비록 옷은 입지 않을지라도, 만약 몸에 문신을 하지 않고서 길손과 마주치게 되면 수치스럽게 여긴다고 한다. 바로 이러한 것들이 그들의 문화라 하겠다. 그러나 고등 문화를 대표하는 유형에 관해 말하자면 오히려 중국, 인도, 그리고 서구만이 존재할 뿐이다. 더구나, 이러한 세 종류의 고등 문화는 사실 비교적 독립적인 각각의 문화이고, 세 종류의 다른 대등병칭적인 문화이다. 물론 문화의 역사적 발전상에서는 常乃惪이 『동방 문명과 서방 문명』에서 "중국이 비록 문명을 가지고 있기는 하지만, 이미 과거의 일에 속한다."라고 한 것처럼 동방 문화를 비난할 수도 있다. 하지만, 문화의 유형으로 말하자면 중국 문화, 인도 문화, 서구 문화, 바꾸어 말해서 동서 문화는 사실상 대등하게 위치할뿐더러 각자가 그 문화의 진정한 가치를 대표한다.

　최근의 문화 인류학자들의 문화 발전에 대한 연구를 다시 한번 고찰해보면 뚜렷하게 두 파가 존재함을 알 수 있다. 한 파는 모건, 타일러 등이 문화의 역사적 과정을 연구하면서 그 독립과 발전적 사실에 주목한 것으로 소위 고전진화론파가 그것이다. 또 한파인즉슨 독일의 지리학자인 훔볼트(Humboldt), 리터(Ritter), 라첼(Ratzel) 등의 문화분파설(diffusion theory)에 대한 견해를 계승함으로써, 그들은 문화 변천의 가장 주요한 지배자를 '분파' 혹은 각 민족 역사상의 접촉을 가지고서 설명할 것을 주장한다. 말하자면, 미국의 보아스(Boas), 위슬러(Wissler), 크뢰버, 로이(R. H. Lowie), 골든와이저(Goldenweiser) 등이 여기에 속한다. 이것이 이른바 '비평파'인 것이다.(Barnes, 『신사학과 사회과학』, 268~271쪽, 279~281쪽, 黃凌霜, 『사회진화』, 65~76쪽, 참조.) 이 두 파의 견해를 확대해서 동서 문화를 설명해 보면 결국 어느 말이 더욱 진리에 가까울까? 진화론파에 의하면 중국, 인도, 서구의 문화적 역정은 모두 마땅히 內在·生長的 현상이고 각자 독립·발전적이다. 발전 중에 비록 採借 혹은 분파가 있기는 하지만, 그들에게는 다만 우연한 특성으로서 별로 중시할 것이 못된다. 이와 반대로 비평파에 의하면 중국, 인도, 서양의 문화적 역정은 그 흩어짐(散布)과 합침(匯合)이 문화 생산의 類同(여러 사실을 해석하여 그 유사한 점을 찾아내어 어떤 현상의 원인을 찾는 것 – 역주)에 매우 중요하게 관계한다는 것이다. 그러므로 문화의 변천은 결코 어떠한 내재적 원칙에도 근거되지 않는지라, 마땅히 '채차', '분파' 혹은 '민족 접촉'의 개념으로써 이러한 문화의 연합, 互結, 아울러 類化를 연구해야 한다고 했다. 하지만, 우리들의 입장에서 보면 이 두 파의 견해는 모두 옳기는 하지만, 단지 한 면의 진리만을 본 것뿐이다. 왜 그러한가? 사실대로 말한다면, 각지의 문화는 독립과 발전의 현상을 지님과 동시에 또한 채차와 분파의 현상을 지닌다. 오래도록 서구에서 생활한 사람이 수에즈 운하를 거쳐서 홍해를 지나 곧바로 인도에 도착한다면, 그는 언뜻 딴 세계로 들어가는 듯한 느낌을

268

받을 것이다. 이것은 하나의 사실로서 문화의 발생은 독립과 발전이어
서 상호간 이해할 수 없음을 증명해 주는 것이다. 그러나 예컨대 역사
상 그리스 문화는 이집트 문화에서 취했고, 로마 문화는 그리스에서 취
했고, 일본 문화는 중국 및 서구에서 취했다. 이 역시 하나의 사실로서
문화의 발전은 채차 혹은 분파에 의한 것임을 증명해 주는 것이라 하
겠다. 문화는 원래 독립·발전과 분파의 두 종류의 현상이 다 존재하기
때문에 동서 문화는 서로 접촉하고 영향을 줄 수 있지만, 그 독립과 자
존의 문화적 가치는 여전히 잃지 않는다. 즉, 줄곧 문을 닫고 自守해
온 중국에 관해서 논하자면 단지 독립과 발전만이 존재할 뿐이고 소위
분파란 없다고 해야 할 것이다. 그러나 文化交通史 속에서는 적지 않게
기타 문화와 뒤섞인 흔적을 찾아낼 수가 있다. 예컨대 물질적 측면에서
는 기원전 2세기에 그리스의 식민지였던 아시아 서부로부터 포도와 수
박을 얻어냈다. 반면에 서구가 중국에서 얻은 것은 生絲, 柑子나무, 중
국에서 건너간 약재, 그리고 7세기에 아라비아의 상인들이 서방에 전파
한 종이, 나침반, 화약 따위가 그에 해당한다.(鄭壽麟,『중서 문화의 관
계』, 31~37쪽, 참조.) 정신에 속한 것들은 이루 다 말할 수 없다.(상동,
37~45쪽.) 向達은 그의 저작인『中外交通小史』(『萬有文庫』本, 2쪽.)의
「서론」에서 이를 가장 잘 표현하고 있다.

"중국의 문화는 결코 고립적이지 않다. 각 시대에 중국을 둘러싸고 있
는 기타 민족들은 중국과 교제하고 싶어 했다. 뿐더러, 다름 아닌 중국 스
스로도 끊임없이 즉, 어떤 이는 玄奘 법사의 '발분하면 끼니까지 잊고 위
험을 전혀 개의치 않으며, 만 번의 죽음도 가볍게 여기고 葱河를 건너 한
마디의 말을 거듭하면서 柰苑(절의 다른 이름.-역주)에 간다.'는 정신을
품고서 다른 나라를 찾아 들어갔다. 魏·晉 이후 인도의 불교는 중국 땅
으로 東來하여 처음에는 오히려 주객의 분별이 있었으나, 나중에는 뜻밖
에도 병립할 수 없는 지경에까지 이르러서, 불교 사상은 마침내 중국의
각 방면에 침입해 분간할 수조차 없게 되었다. 또한 隋·唐 이후의 중국

문화는 해동을 건너서 일본으로 전입되어 크게 감화·혁신시켰다. 그리하여 일본의 모든 것은 唐風을 모방하지 않은 것이 없을 정도였다. 六朝 및 遼·金·元 시대에 이르러서는 북방 민족이 중국에 동화되었던 까닭에, 중국 민족 속에서도 갑자기 적지 않은 타민족의 요소가 첨가·내포되어졌다. 더군다나, 元·明 이후에 중국은 서양과 서로 접촉하여 돌연히 오늘날의 형세를 가지게 된 것이다. 무릇 이것은 중국 문화가 사실 언제나 타민족과 관계를 가져왔음을 보여 주는 것이라 하겠다."

이 문단은 중국 문화의 분파설적 설명이다. 그러나 중국 문화는 그것의 분파와 민족 접촉이라는 측면을 지님과 동시에, 그것의 독립과 발전이라고 하는 외래의 영향을 받지 않은 다른 측면도 함께 지닌다. 이것이 바로 중국의 철학적 문화이다. 즉, 중국 문화가 중국 문화이도록 하는 이유의 그 지점인 것이다. 더 명확하게 말해보자! 매 유형의 문화는 모두 體와 用을 가진다. 만일 철학적 문화가 중국 문화의 본체라고 한다면, 인도 문화의 동래는 중국이 인도 문화를 흡수하는 꼴이 된다. 종교 문화와 철학 문화가 합쳐져서 종교적 철학 시대가 열렸다고 할 수 있다. 이것은 일종의 작용이다. 아울러, 明·淸 시기에 서양 선교사들이 잇따라 동래하여 전해 주었던 과학 지식과 최근에 들어온 더욱 진보된 과학은 중국의 철학적 문화와 합쳐져서 중국철학사의 '과학적 철학' 시대를 열었다. 이것도 하나의 작용인 것이다. 중국 문화를 예증으로 해보면 다음과 같은 사실을 알 수 있다. 즉, 문화의 작용적 측면이 비록 타민족의 문화 분파에 따라서 변천하기는 하지만, 문화의 본체적 측면은 도리어 불변적이다. 예를 들어 중국 문화는 여전히 중국 문화이고 이것은 불변적인 것이다.

문화 본체가 불변적이기 때문에 저 철학 문화를 대표하는 중국인이 과학 문화를 대표하는 서양인과 접촉하게 되면, 사상과 행위에 있어서 여러 가지의 차이점이 환히 드러나게 마련이다. 이와 동시에 도처에 중국 문화의 낙후된 현상도 드러나게 될 것이다. 이를테면 일반인들이 모두 알고 있는 중서 문화의 근본적인 차이점, 즉 하나는 비과학적 문화이고 하나는 과학적 문화라는 사실이 그것이다. 하나가 아직도 너절한 옷과 거친 음식으로 분수를 지키어 만족할 줄 알면 욕을 당하지 않는다는 식의 인생 태도라면, 하나는 기계와 과학을 사용하여 자연을 극복해 나가는 식의 인생 태도인 것이다. 胡適之 선생이 자유롭게 유람하면서 감상하던 중, 동서 문화의 경계선에 대해서 매우 재미있게 말한 적이 있다.(『文存』, 3집, 제1책, 52쪽.) 그는 하얼빈(哈爾濱)에 이르러 도로 안과 도로 밖의 구별을 보고서야 다음과 같은 사실을 알았다고 했다. 말하자면, "동서양 문명의 경계선은 인력거 문명과 오토바이 문명의 경계선일 뿐이다. 인력거가 대표하는 문명은 사람을 우마로 부리는 문명이고, 오토바이가 대표하는 문명은 사람 부리는 생각을 재능과 지혜로 기계를 제작해 내어 대체하는 문명이다." 이것은 참으로 그의 큰 발견이 아닐 수 없다. 중국 문화는 어떠한 관점에서 보든 간에 철학적 문화를 대표할 뿐이다. 철학적 문화는 문화 발전의 역사 단계에 있어서 어떠한 사실로부터 증명하든 간에 단지 문화사의 제2단계를 대표할 따름이며 문화사의 제3단계인 과학 문화적 단계는 아니다. 결국 중국 문화는 문화유형학 상에서 말하면 사실 하나의 특유한 독립 문화를 대표한다. 그리고 문화 분기의 원리상에서 말하면 중국 고유의 문화는 사실 일종의 낙후된 문화, 즉 문화의 '시대착오'인 것이다. 중국이 이러할 뿐만 아니라, 또한 인도의 종교적 문화는 그 역사 단계상 비교해 보면 더욱 낙후된 것이라 하겠다. 그러므로 냉정히 말해서 동방화와 서방화란 실제로 성질상 같이 논할 수가 없다. 常乃悳 선생이 말한 바와 같이 一古一今, 一前一後임은 물론, 하나는 아직 진보하지 못한 것이고 하나는 이미 진보한 것이다. 문화 분기에서 열거한 종교, 철학, 과학의 세 가지 연속된 시대에 따라 보면 확실히 이와 같을뿐더러 또한 부인할 방법이 없다. 그렇다면 이 전 단계인 古文化에 대해서는 도대체 어떤 태도를 취해야 하는가? 이것은 금후 우리들이 토론해야 할 문제이다.

이에 회답하기 이전에 사람들이 중국, 인도, 서구의 각 문화에 대해서 한층 심도 있는 과학적 연구가 이루어지도록 나는 차츰 주의를 불러일으켜야만 한다. 미리 나는 몇 마디 밝히고 싶다. 내 생각엔 각종 문화는 그 독립적인 관점에서 보면 모두 독립적이고, 그 상호 관련된 흔적으로부터 보면 모두 독립적이지 않고 상호 영향적이다. 매 문화는 필경 어느 정도까지는 그 다른 문화를 받아들일 수 있다. 이것이 양과 질을 받아들이는 법칙적 한계이다. 하지만 매 문화가 근본적으로 다른 문화를 소멸시키려고 한다면 그야말로 불가능한 일이 될 것이다. 더구나 각 문화는 모두 제각기 그 독특한 문화가치를 지니므로 제각기 독특한 역사 시대를 점유한다. 따라서 우리들은 종교, 철학과 같은 이러한 前 단계의 문화를 너무 낮게 평가해서는 안 된다. 종교, 철학의 문화적 발전 속에서 저 비종교, 비철학의 '과학적 문화'는 절대적으로 필요한 것이다. 종교, 철학적 문화이기만 하다면 그 종교됨, 철학됨의 문화를 유지하려고 한다는 말이다. 그렇지만 종교, 철학은 곧 그 자신에 철저하기 때문에 과학 문화를 흡수하여 자신의 반대물로 이동하게 된다. 이것이 바로 변증법의 이른바 "모든 유한적 존재는 바로 자신이 자신을 揚棄하는 존재이다"고 하겠지만, 결코 조금도 소멸하는 것은 아니다! 일종의 문화적 유형을 가지지 않는다면 소멸해 나갈 수도 있을 것이다. 그런 까닭에 종교적 문화는 변증법적 발선에 따라서 종교적 종교에서 과학적 종교로 진일보할 수 있고, 철학적 문화는 변증법적 발전에 따라서 또한 철학적 철학에서 과학적 철학으로 진일보할 수 있다. 그러나 문화의 역사적 발전 경로는 결코 여기에서만 그치는 것이 아니다. 종교, 철학이 독립적 悟性 규정을 고집스럽게 유지할 수만 있다면, 그것은 저절로 변증법의 내재적 초월 작용을 지닐 수 있다. 과학적 종교, 과학적 철학에서 더 나아가 예술적 종교, 예술적 철학이 되는 것이다.

예술 시대에만이 비로소 종교, 철학, 과학을 하나로 융합시킬 수가 있다. 이것이 바로 문화의 이상향이겠지만 이 문화의 이상향에 도달하고자 함은 말처럼 그렇게 쉬운 문제는 아니다. 우리들이 그 나라의 고유 문화를 스스로 훼손시키지 않으면서 큰 도량으로 그 시대의 문화를 받아들인다는 것은 말이 쉽지 실제로는 상당히 어려운 문제임에 틀림없다. 하지만 우리들에게는 이 길 아니고서는 '통행금지'인 셈이다.

3

위에서 서술한 세계 문화의 三元論은 사실 조금도 신선한 발명이라고는 할 수 없다. 쉘러는 그의 저서 속에서 이미 인류 지식에 대한 세 가지 基型을 제기해 놓았다. 이 세 기형의 지리상적 근거는 완전히 우리들의 견해와 일치한다.(關榮吉, 『문화사회학』, 10쪽, 참조.) 즉,

(1) 실용적 지식----------------- 서구의 자연 정복적 지식,
(2) 교양적 지식 또는 본질적 지식---중국 및 그리스의 지배 계급적 지식,
(3) 해탈적 지식----------------- 인도의 불교적 지식.

梁漱冥 선생은 「어떤 것이 동방화인가? 어떤 것이 서방화인가?」에 대답할 때, 인생의 세 갈래 길로부터 세 문화의 그 생활 문제 해결 방법의 차이에 대해 언급한 적이 있다. 말하자면,(『동서 문화 및 그 철학』, 24쪽, 53~55쪽.)

(1) 서양 문화는 의욕이 向前要求하는 것으로 그 근본정신을 삼는다.
(2) 중국 문화는 의욕이 自爲·調和·持中하는 것으로 그 근본정신

을 삼는다.

　(3) 인도 문화는 의욕이 反身向後要求하는 것으로 그 근본정신을 삼는다.

　여기서의 문화의 세 갈래는 실제로 쉘러의 지식의 세 기형에 해당한다. 의욕이 반신향후요구하는 인도 문화는 해탈적 지식으로서 내가 말한 '종교적 문화'이고, 의욕이 자위·조화·지중하는 중국 문화는 교양적 지식으로서 내가 말한 '철학적 문화'이다. 그리고 의욕이 向前要求하는 서양화는 실용적, 자연 정복적 지식으로서 내가 말한 '과학적 문화' 다름 아니다. 때문에 양선생의 소위 세 갈래 길(三條路)이란 서양, 인도, 중국이 그것을 대표하는 것으로, 사실상 그의 말에 매우 타당성이 있다. 물론 한편으로 말하면 사람들의 생리적 구조가 서로 같은 이상 그 근본정신 역시 그다지 큰 차이는 없는 것이다. 단지 사람이기만 하다면 모두 생명 본래의 길로 나아가지 않을 수 없는 까닭에, 서양이든 중국이든 인도이든 할 것 없이 모두 한 갈래의 길만이 존재할 뿐이다.─인류 생명의 창조 활동, 그리고 자위·조화를 그 근본정신으로 하는 것─이어야만 비로소 역사 진화의 탄탄대로일 수가 있다. 그런데 다른 한편에서 보면 생명 발전의 노정에 있어서 단순히 직선적 발전이라기보다는 차라리 나선 체계의 발전이라고 하는 편이 더 나을 법하다. 때문에, 반신향후요구의 종교적 문화 역시 그것의 위치와 그것의 문화가치를 지니므로 인도에서는 반드시 불교가 그 대표가 될 필요는 없다고 하겠디.

　이제 먼저 인도 문화를 서술해 보도록 하겠다. 인도 문화는 바로 '종교적 문화'이다. 쉘러의 용어로 나타내자면 '해탈적 지식'을 대표한다고 하겠다. 물론 이러한 지식은 유한자인 인류가 자신을 초월하기 위해서 더 위대한 무한자의 天性을 동경하는 데서 나온 것이므로, 종교가 없는 세계 민족은 하나도 존재하지 않는다. 그런데 어느 국민이건 얼마쯤 그 종교적 발달을 가진다손 치더라도, 국민의 타고난 성품과 역사 상황의 차이 때문에 어떤 민족은 철학에 능하고 어떤 민족은 예술에 뛰어남은 물론, 어떤 민족은 과학, 공업을 위주로 하기 마련이다. 이와 동일선상에서 종교가 발달하는 쪽으로 기운 민족도 있다. 전 세계에 있어서 종교에 치우친 국민을 들어보라고 한다면 무엇보다도 인도인과 유태인을 꼽을 수 있을 것이다. 시사끼 쇼우지(姉崎正治)는 『인도종교사』(서론)에서 다음과 같은 정보를 알리고 있다.

"이 두 국민의 역사는 거의 비슷하게 모두 종교적 역사이다. 그 사회적 정치적 활동은 모두 종교에서 나오므로 종교와 밀접한 관계를 가지지 않은 것은 거의 없다. 유태인의 종교는 자연숭배에서 국민적 최상신의 신앙으로 진일보함은 물론, 율법적 종교로까지 발전한 것이다. 더구나, 정의 관념과 불안하고 비참한 상황 사이에서 마침내 그리스도 구주의 위대한 종교가 창조된 것이다. 그 종교사는 사실 무궁무진한 흥미를 간직하고 있다. 즉, 오늘날 이 종교를 가진 유태의 국민들이 각처로 분산되어 살고는 있지만 여전히 그 율법적 종교상에서는 결합함을 볼 수가 있다. 흡사 우뚝 솟은 거대한 측백나무의 큰 줄기와 우거진 잎과 같이 기타 초목으로 하여금 그 풍모를 우러러보게 하기에 충분하다. 하지만 인도의 종교사와 한번 견주어 보면, 이 셈족 종교(Semitic)의 평평한 모래와 아득한 사막의 원주지가 설사 숭고하고 위대해 보일지라도 단조롭고 삭막한 느낌은 지울 수가 없다. 이와 반대로 인도·아리안(Aryan)족의 종교사에 있어서는 즉, 그 나라가 산이 높고 고개가 험하며 긴 강과 큰 강을 가진다. 그리고 초목과 화초가 울창함은 물론 진기한 금수가 그 사이에서 뛰놀고 비상한다. 그것은 그야말로 사람들에게 산천 경치가 너무 좋아서 눈코 뜰 새가 없도록 만드는 그런 기세를 지닌다고 하겠다."(1~2쪽)

뿐더러, 셈족의 종교와 그 종교 사상은 실제적인 것에는 가깝지만, 아리안족과 같은 종교적 상상과 철리에 비한다면 사실상 부족한 점이 있다. 그들은 인생의 일상적 필요에 충실할 줄만 알아서 자신의 종교를 중심으로 삼아 그 다른 모든 종교는 배척한다. 반대로 아리안족의 종교인즉슨 종교 사가들이 말한 바대로 신비롭고 고상한 운치와 아득한 詩想 속에 심원한 철리가 더해져 있다. 더구나 인도 종교는 특히나 아리안 민족의 가장 오래된 원시적 신앙을 보존하고 있다. 인도의 문화 역시 기타 아리안족의 문화와 비교해서 오래된 것이다. 일반적으로 학자들의 소견에 근거하면 인도 언어의 연구는 언어학의 기본이 된다고 한다.(유럽 각 국민의 언어와 인도·페르시아 두 국민의 언어는 언어 계통상에서 동일하다.) 이와 동일하게 인도 종교의 연구 역시 기독교가 하나밖에 없는 종교라고 생각하는 편견을 버리게 하여, 일반적인 종교 연구에 대한 흥미를 더욱 깊고 넓게 불러일으키도록 해줄 수 있다. 이를테면, 비교언어학적 결과에 기초하면 인도인이 페르시아인, 즉 이란 민족과 갖는 親緣(동일한 아리아인인데 하나는 인도로 갔고 하나는 페르시아로 들어갔다.) 관계를 설명할 수 있다는 것이다. 더욱이 인도, 게르만 민족의 친연 관계를 설명함은 물론, 같은 선상에서 그들의 원시 종교 상태의 상호 유사성을 알게 해 준다. 특히나 그리스·로마 신화와 고대 독일 민족의 민간 숭배는 하나하나가 모두 태고의 인도, 게르만 시대로부터 발생한 것이 분명하다. 그런 까닭에 인도 종교의 연구는 대체로 아리안족 종교 연구의 중심을 이룬다고 말할 수 있다.(『인도종교사』, 4쪽.) 이뿐만 아니라 더 나아가서 인도 종교의 영향에 관해서 말하자면, "인도 종교가 외국에 미친 영향 역시 매우 크다. 예를 들어서 그리스 후기의 철학인 신플라톤학파는 인도 종교의 감화를 깊게 받았다. 즉 분줄론, 윤회론은 모두 인도 사상에서 나온 것이다. 초기의 기독교 역시 그 범위를 넘어서지 않는다. 예수의 염세적 관념, 요한의 출세간적 고행은 모두 인도의 흔적임을 알 수 있고, 로마의 正敎 의식, 즉 염주, 剃髮은 결국 그 원천을 인도에서밖에 구할 수 없다."(상동, 4~5쪽.) 인도의 종교적 문화가 이와 같은 역사적 특질을 지니는 까닭에, 종교의 연구도 마땅히 인도의 종교사를 그 중심으로 삼아야 한다. 인도의 종교사는 대략 3,000여 년이고 땅의 넓이는 수

만 리나 된다. 그 속에 종교적 형식이 갖추어지지 않은 것은 하나도 없을
뿐더러, 종교적 견해가 들어있지 않은 것은 하나도 없다. 가령 시사끼 쇼
우지가 말한 바와 같다.(4~5쪽)

"인도의 종교사를 비교해 보면, 국토가 暖熱한 탓에 거기서 소산된 풍
성한 동식물들이 특히나 풍부하다. 인도 아리안 민족의 성질은 본디 종교
적이기 때문에 어떠한 일에 대해서도 모두 극단적인 형세에 흥미를 가짐
은 물론, 그 종교사의 경우에 순응하여 각각 극단적인 데로 나아간다. 이
때문에 교권을 가장 중요시하는 인도인들은 종교적 측면에 있어서 역으로
무궁한 변화를 가진다. 그들은 한편으로 가장 극단적인 금욕·고행을 행
하는가 하면, 또 한편으론 육욕의 방종을 일삼기도 한다. 師主를 가장 존
중하는 그들은 일면 유아독존적 사상을 또한 장려한다. 한편 브라만(婆羅
門, Brahman)을 양성하는 위대한 사상 체계를 내포하면서도 불법에 있어
서의 부처의 은혜가 두루 베풀어진다는 점은 내포하지 않는다. 또 한편인
즉슨 偶像·廢物에 대한 숭배, 그리고 禁壓·저주의 미신에 빠져 있으면
서도 그 까닭을 모른다. 인도의 종교는 종교의 모든 종류와 형식의 가장
완전한 진열 장소라고 말할 수 있다. 위대한 것, 천한 것, 건전한 것, 병적
인 것 등 없는 것이 없을 정도로 어떠한 신앙과 어떠한 의식이라도 웬만
한 것은 다 그 안에서 발견해 낼 수가 있다. 인도 종교의 연구는 바로 모
든 종교 연구의 단서이자 개론이라고 할 수 있음과 동시에 그것의 최후
귀결점인 셈이다."

이상의 말을 통해서 인도 문화가 '종교적 문화'임을 충분히 간파할
수 있겠고, 종교적 문화는 인도의 문화가 사실 그 대표가 된다고 할 수
있지 않을까? 다만 말이 비록 이와 같기는 하지만, 우리들이 인도 문화
가 '종교적 문화'라고 한 이상, 어째서 또 '철학적 문화'를 가진다고 물
어야만 하는가? 현재 각 대학의 철학과에는 '인도철학'이라고 하는 과
목이 개설되어져 있다. 예컨대, 유명한 학자들인 다카쿠스 준지로(高楠
順次郎), 기무라 다이켕(木村泰賢)이 공저한 『인도철학종교사』(總敍,

제3절, 37~38쪽.)에서 그들은 다음과 같이 말하고 있다.

"인도는 세계에서 비할 바 없는 종교의 나라임과 동시에 매우 희귀한 철학의 나라이다. 여기서 발생된 종교와 철학은 그 종류가 풍부하고 다채롭다. 참으로 사람을 놀라게 할 만하다. 우리들이 그 전체의 역사를 총괄적으로 보면, 그 안에서 세계의 모든 종교적 모형을 봄과 동시에, 그리스로부터 근세 서양철학의 중요한 사상에 이르기까지 모두 꿰뚫어 볼 수 있다. 특히 칭찬할 만한 것은 바로 인도에서의 종교와 철학은 처음부터 그 한 덩어리가 되어서 분리되지 않는 관계를 유지하면서 발전해 왔다는 점이다. 즉 인도에서의 종교는 그 자신의 합리적 기초를 가지려고 하는 까닭에 철학을 발생시켰던 것이다. 철학은 흡사 신앙을 위한 지침과도 같은 존재이다. 그러기에 종교는 여러 가지를 더욱 구성하여 발달해온 나머지, 양자는 마침내 긴밀해져서 떨어질 수 없는 관계가 된 것이다.…때문에 인도의 사상을 고찰·연구할 때에는 대체로 그것의 종교와 철학 양자를 엄격하게 구별할 수가 없다."

이상 서술한 바에 따르면 흡사 인도 문화는 바로 '종교적 문화'임과 동시에 '철학적 문화'인 것처럼 보이겠지만, 실은 절대로 그렇지가 않다. 양수명 선생은 『인도철학 개론 』, 제4장에서 「인도의 각 학파와 종교」(印度各家與宗敎)를 논급하면서 매우 명백하게 말하고 있다. 즉, "인도에는 한 사람 한 사람의 철학자는 없지만 하나하나의 종교는 존재한다. 이른바 인도의 철학자가 모두 그 종교에서 구한다는 말은 사람들의 격언인 것이다."(42쪽) 인도의 각 유파 중 『베다』(Veda, 吠陀)를 비난함으로써 종교의 한 반동이 되었던 順世外道를 제외하고는 그 나머지 베다가 전하는 갖가지의 宗計즉, 이른바 '六派哲學'은 사실 모두 '여섯 종파의 종교'라고 일컬을 수밖에 없다. 佛法 역시 예외일 수는 없다. 이제 육파철학과 『베다』의 관계를 기무라 다이켕이 말한 바에 근거해서 다음과 같이 나열해 보도록 하겠다.

(a) 『베다성전』에 근거하여 그 교의를 조직한 정통파:

 (1) 미망사학파(Pūrva, 前Mīmāṁsā, 彌曼差派・聲論派)-------자이
   미니(Jaimini, 闍彌尼),

 (2) 베단타학파(Vedānta, 吠檀多派 혹은 Uttara, 後Mīmāṁsā)---바
   다라야나(Bādarāyaṇa, 婆陀羅衍),

(b) 『베다』의 權證은 공인하면서도 『베다』의 사상은 직접적으로 계
승하지 않은 파:

 (3) 상키야학파(Sāṁkhya, 僧佉派・數論派)-----라(Kapila, 劫比羅),

 (4) 요가학파(Yoga, 瑜伽派)---------파탄잘리(Patañjali, 鉢顚闍梨),

 (5) 바이셰쉬카학파(Vaiśeṣika, 吠世史迦派・勝論派)-----카나다
   (Kaṇāda, 迦那陀),

 (6) 니야야학파(Nyāya, 尼耶也派・正理論派・因明論派)--가우타마
   (Gautama, 喬答摩)

이 육파는 교의적 성질에 의거해서 敎系의 조합을 이룬다. 어떤 것은
종전의 브라만주의를 직접 계승했고, 어떤 것은 개조했고, 어떤 것은
전연 독립하고자 했다. 하지만 이들은 여러 방면의 차이에도 불구하고
인도의 종교 문헌인 『네 베다典』(베다에는 『리그베다 Ṛg-Veda』, 『야
주르베다 Yajur Veda』, 『사마베다 Sāma Veda』, 『아타르바베다 Atharva
Veda』의 네 가지가 있다.-역주)에서 모두 발생한 것들이다. 그러므로
전부가 단지 종교일 뿐이고 철학은 아니다. 상키야학파(數論派) 중 이
른바 '無神數論'이 비록 창조와 주재의 위대한 신을 믿지는 않았지만,
그래도 三世輪廻 등의 설을 믿으면서 修行出世를 그 교지로 삼았다. 이
로 보건대 인도의 각 유파는 원래 종교에서 나왔을 뿐만 아니라 모두
진정한 출세간의 교임을 알 수 있다. 그들은 근본적으로 세간 생활에
반대했고 이른바 '斷滅'을 추구하였다. 6대 종파에서 각종 종계에 이르

기까지 모두 이와 같다. 그렇지만 양수명 선생은 오히려 그것을 그릇되
게 해석하여, "인도 종교는 그 세간을 이미 出離해 그 귀착된 바가 장
차 어디에 있는 것일까? 그것은 이내 철학 변증이 획득한 우주 본체에
있다고 하겠다. 베단타는 梵에 귀착하고 상키야는 自性神我의 부류에
귀착한다. 즉 彼土盛道의 還滅論(불교에서 수행을 쌓아 번뇌를 그치고
열반으로 돌아감을 이르는 말. - 역주)이 이것이다. 그러므로 인도 종교
는 철학적 종교라고 할 수 있는데, 그 종교가 철학에서 건립되었기 때
문이다."(『인도철학 개론 』, 45쪽에 보인다.) 사실 이 말 또한 완전히
뒤집어진 말이라고 하겠다. 인도의 종교는 종교적 측면에서 말하면 단
지 '종교적 종교'일 뿐이다. 진정으로 문화 유형의 원시적 종교 신앙을
대표하는 것이다. 다만 철학적 측면에서 말하면 역시 '종교적 철학'일
뿐이고 이른바 '철학적 종교'는 아니다. 인도교의 제2시기에 있어서, 즉
가우다파다는 그의 저술『만두캬 카리카』에서 뚜렷하게 일종의 일원론
적 관념론을 주장함으로써, "나의 정신은 자신의 환력으로부터 자신을
표현한다."(我神由自己幻力表現自己.)라고 했다. 이것은 아마도 종교사
의 제2시기인 이른바 '철학적 종교'를 대표한다고 하겠다. 만약 인도의
전체 종교사로 말한다면 이처럼 두루뭉술한 용어는 실제로 배치할 곳
이 없음은 물론 꼭 상반된다. 양선생이 『인도철학 개론 』제5장에서 「
인도의 각 종파와 철학」(印度各宗與哲學)을 논급하면서 인도철학은 단
지 종교적 철학일 뿐이라고 분명히 말하지 않았던가?

　"이른바 종교적 철학이란 그 철학이 종교로부터 나왔음을 말한 것이다.
　여기서 그 두 개의 항목으로 나누어 말해 보면, 방법이 종교로부터 나왔
　다는 것이 그 하나이고, 문제가 종교로부터 나왔다는 것이 그 둘이다.
　　인도 종교는 항상 일종의 출세간적 수양을 담지하고 있는데, 다른 지방
　에서 특히 두드러지고 본토에서 통행되는 것은 이른바 요가 즉 禪定이 그
　것이다. 이것은 순전히 종교의 모든 일로서 그 철학사상은 항상 여기에서

획득된다.(중략) …인도의 철학 사상과 그 선정은 서로 인과관계가 된다. 처음에는 이러한 사상에 따라서 일부러 선정을 닦는다. 나중은 사상이 이내 선정 중에 획득되고, 더욱 나중에인즉슨 사상의 高下가 선정으로 간주되고 선정의 고하는 사상으로 간주된다. 그러므로 그 철학은 종교에서 나왔다고 한 것이며, 이 所從出의 塗術인 이른바 선정은 그 특별히 관계된 방법이다. …

인도의 여러 유파는 앞에서 말한 바와 같이 모두 종교에 속한다. 즉 하나라도 출세간적 수행을 취하지 않은 것이 없다. 이로부터 그 사상상의 문제는 이러한 요구에 응하여 발생하지 않은 것이 없으니, 비록 그것이 종교로부터 나온 것이라고 거론해도 역시 옳지 않음이 없다. 하지만, 일반적으로 철학의 모든 문제는 끝내 많아지고 만다. 그 종교에서 나온 것은 수행·해탈에 관한 문제이다.…또한, 종교가 사람들에게 우주 최후의 귀착점을 보여주고자 한다면 상황은 반드시 우주 당초의 緣起를 말해야 한다. 인도의 각 유파는 이 문제에 대해서 전부 각자가 설을 가지고 있지만, 통상 철학은 전례적으로 이를 따져 묻지 않는다.…지식의 計究에 관해서도 인도는 상당히 이를 갖추었음은 물론, 聖敎量과 같은 종교의 모습을 견지하고 있다.…더군다나 인도는 有我·無我 문제를 지극히 정성을 들여서 토론하고 있는데 이 또한 종교에서 시작된 것이다. 아마도 불안한 느낌이 문득 이러한 의혹을 일으켜서 만일 귀착할 바를 얻지 못하게 되면 스스로 위안할 수가 없다. 종교는 마음의 위안을 그 본분으로 삼는 까닭에, 각 유파는 여기서 모두 각기 그 설을 가지게 된 것이다."(54~63쪽)

또 말하기를,

"불법을 철학으로 여겨 연구하게 되면 사실 그 본의는 상실되고 만다. 최초엔 그 본의란 철학이 주가 아니며 단지 철학의 亡, 즉 소위 말로 나타낼 수 없음과 출세간에 귀착하는 것이다. 상세히 설명하자면 철학의 임무는 知에 있고, 불법의 임무는 亡知에 있는 것이다. 이를테면 禪家에서 이른바 이 주둥이는 벽에 걸어 둘 수 있을 뿐이라고 한 것과, 생각이 일어나도 큰 차이가 생기는데 하물며 양 입술이 움직임에 있어서라야 함이 그것이다. 이것은 불립문자를 내세웠던 종파만이 그러할 뿐만 아니라 經

敎 역시 그러하다. …철학의 본성은 알 수 없는 데서 알 수 있는 방면을 향하여 확대해 가는 것이다. 위로부터 관찰하자면 불법이 비록 亡知處 (禪)로부터 사람들에게 지를 주어도 무방하지만, 그 본분은 사실 망지에 있지 지에 있지 않다. 때문에 불타의 철학은 전혀 철학의 성질을 다했다고는 할 수 없다. …아마도 불타는 본래 철학을 그 본분으로 하지 않았을 것이다. 즉 오늘날 소위 불타의 철학을 한다고 하는 이들 역시 다만 우리들을 위해서 불타가 유전해 내려온 종교 교훈에서 찾아 얻는다. 불타에게는 최초 이러한 것은 없었으며, 그것이 철리인가 혹은 非철리인가는 또한 정할 수 있는 문제가 아니다."(63~64쪽)

이처럼 매우 밝고 확실한 말은 우리들에게 인도의 각 유파와 불법이 모두 종교일 뿐이지 철학이 아님을 한층 더 알게 해 준다. 즉 철학으로 논하자면 오직 '종교적 철학'만이 있을 따름이지 '철학적 철학'은 아니라는 것이다. 그렇다면, 인도의 문화를 종교적 문화가 아니라고 또한 말할수 있겠는가? 아울러, "인도는 세계에서 비할 바 없는 종교의 나라임과 동시에 매우 희귀한 철학의 나라이다."라고 말할 수 있지 않을까? 인도 문화는 철학을 지침으로 하지 않고 종교를 귀결점으로 하고 있음을 안 연후에야 비로소 인도 문화의 역사를 잘 이야기할 수 있다. 또, 그런 다음에야 인도 문화가 중국 문화, 서양 문화와 갖는 차이점의 소재를 분명히 이해하여 두루뭉술한 주장을 품는 데 이르지 않을 것이다. 원래 인도 문화의 특색은 수위 '해탈적 지식'에 있다. 하지만, 이 해탈적 지식에는 사실 깊음(深)과 얕음(淺)이라고 하는 두 의미가 갖추어져 있다. 얕음으로 말하면 苦行外道와 같은 출세간주의는 그야말로 자살하려고 하는 것과 진배없다. 小乘의 『涅槃經』에 열거된 여섯 외도를 보면 다음과 같다.

1. 自餓外道: 음식을 탐내지 않고 굶주림을 장시간 참아 내는 것으로 수행을 삼는다. 이러한 고행을 통해서 결과의 원인을 터득할 수 있다고 여겼다.

2. 投淵外道: 추운 날 깊은 연못에 들어가서 몹시 추운 고통을 이겨 낸다. 이러한 고행을 통해서 결과의 원인을 터득할 수 있다고 여겼다.

3. 赴火外道: 항상 뜨겁게 몸을 달구어, 薰鼻 등의 뜨거운 괴로움을 감수한다. 이러한 고행을 통해서 결과의 원인을 터득할 수 있다고 여겼다.

4. 自坐外道: 항상 스스로 발가벗고 다니면서 寒暑에 구속받지 않고 빈 터에 앉아 수행한다. 이러한 고행을 통해서 결과의 원인을 터득할 수 있다고 여겼다.

5. 寂黙外道: 공동묘지 사이에 주거하면서 침묵을 지켜 말하지 않음을 수행으로 삼는다. 이러한 고행을 통해서 결과의 원인을 터득할 수 있다고 여겼다.

6. 牛狗外道: 소나 개의 흉내를 내어 천상에 태어나기를 바란다. 이러한 고행을 통해서 결과의 원인을 터득할 수 있다고 여겼다.

하지만, 이 외도뿐만 아니라 인도의 옛날 이른바 勒安婆 弟子, 尼乾子, 若提子 등의 유파들이 행한 저 출가적 생활은 실제로 인도의 종교적 문화를 대표하기에는 부족하다고 하겠다. 만일 이것 역시 인도 문화를 대표할 수 있다고 한다면, 인도는 훨씬 전에 인종 내지 문화라고 할 만한 것은 필시 사라지고 말았을 것이다. 그러나 현재 인도인이 그곳에서 여전히 생활하고 있는 것만 보아도 인도인을 대표하는 '해탈적 지식'은 결코 그렇지가 않다는 것을 알 수 있다. 소위 '해탈적 지식'은 곧 '출가주의'로서 반드시 더욱 높고 깊은 의미를 갖는다. 그들이 생활에 염증을 느껴 속세를 떠나려고 함은 사실 참 생명 즉, 죽지 않는 생명을 가장 심오하게 바라는 것이다. 종교적 문화란 사람들에게 자살을 가르치지 않는다. 오히려 초월적 희망을 품게 하여 스스로 안위를 찾아 계속해서 생활할 수 있도록 한다. 종교적 '沒我'는 반드시 개체를 단멸시키려고 하는 것이 아니라, 단지 개인을 원만한 無限 속에 융화시켜 '大我'를 실현해 나가는 데 있다. 그러므로 진정한 의미의 종교적 출가 경험의 인간형에 도달하여, 현존 세계 즉, 그의 정감을 편안치 않게 하는 현존 세계를 비록 벗어나려고 힘써 노력하지만, 현존 세계 이외의 세계 즉, 그의 정감을 편안토록 하는 초월 세계에 대해서인즉슨, 이 성과를 획득하기 위해서라면 비록 많은 희생의 피를 치르더라도 마다하지 않는다. 그들은 해탈을 바란다. 왜냐하면, 이 현존 세계가 사실 너무나도 고통스럽다고 생각하기 때문이다. 소승의『佛本行集經』은 부처가 왜 출가해 득도했는지를 서술하고 있는데, 종교의 참된 필요는 이처럼 슬퍼하고 비참한 마음이 절실한 '해탈적 지식' 속에서 온다는 것을 간파토록 하게 한다.

이제 불법의 '大解脫'에 대해 서술해 보도록 하자. 이 '대해탈'이란 일반 외도가 터무니없이 추구하는 해탈과는 다르다. 그 가장 깊은 의미는 이 우주가 곧 自性涅槃의 본래 해탈적인 것으로 인식하는 것이다. 해탈함이 존재하는 것은 곧 해탈하지 않음이 존재하는 것인 까닭에, 해탈함이 바로 해탈하지 않음이고 해탈하지 않음이 또한 해탈함을 얻는 것이다.『화엄경』이 이를 잘 말해주고 있다. 즉, "나고 죽음과 열반 이 둘이 모두 헛되며 어리석음과 지혜로움도 또한 이와 같아서 둘에 다 진실함이 없다."("生死及涅槃, 是二悉虛妄, 愚智亦如是, 是二皆非眞.") 만일 사람들이 이러한 궁극적인 진리를 통달할 수만 있다면, 우주 만물은 모두 허깨비와 같고 꿈과 같으며, 더 나아가서는 열반 역시 허깨비와 같고 꿈과 같음을 알 것이다. 그렇다면, 구태여 이러한 해탈을 버리고 더욱이 그처럼 터무니없이 해탈을 추구할 필요가 있겠는가? 만일 망령되이 해탈을 바라기 때문이라면, 더 나아가서 만일 일반 외도가 우주를 파기코자 한다거나 인생을 단멸코자 한다면, 이러한 모든 것은 단지 우둔하고 미련함이 전도되었다고 할 수 있다. 이처럼 정도가 심한 해탈에 대해서 부득이 하나의 邪見으로 여기지 않을 수 없다. 불법의 이른바 해탈의 묘처는 해탈함과 해탈하지 않음 또한 해탈하는 바가 없다는 데 있다. 이것이 바로 해탈인 것이다. 이런 종류의 해탈을 한마디로 말하자면 바로 '空觀'이라고 한다. 있는 바가 없고 얻을 수 없는 본성을 간파하기만 한다면 저절로 "대지와 산하에 전부 드러나서 王身으로 법할 것"이며, 저절로 일체를 초월하지 않으면서 이미 일체의 사물을 초월할 것이다. 그런데, 공관이란 무엇인가? 나는 『한 唯情論者의 우주관과 인생관』(一個唯情論者的宇宙觀及人生觀)에서 한차례 설명한 적이 있다.

"공관론자는 우주는 寂無하여 있는 바가 없고 얻을 수 없는 것이라고 생각한다. 우주 만물은 모두 '有'로 生을 삼고 '유'는 '無'에서 생한다고 말한다. 비록 현재 완연히 '유'인 것 같지만, 항상 필경은 '무'이다. 이 '무'란 始終도 없고 生滅도 없어 견해와 생각 속에 떨어지지 않는다. 그것을 '유'와 서로 비교해 보면 '유'라고도 '유'가 아니라고도 말할 수 없고, 또한 '무'라고도 '무'가 아니라고도 말할 수 없다. 그렇지만 또한 장애 없이 혼연히 만물과 동일체이다. 즉, 이 일체 만물은 모두 '무'이고 '무'란 만물 속에서 굳건하게 드러나 있다. 그런데 이 '무'란 말할 수 없는 존재를 말하지 못한 것으로서, '얻은 바가 없음'에서 얻었으니 어떻게 말할 수 있겠는가? 깊이 생각하는 경지를 뛰어넘었으니 어떻게 말할 수 있겠는가? 만약 말할 수 있는 존재가 모두 戱論(아무런 쓸모도 없는 일을 따지고 의논함.-역주)이어서, 단지 사람들이 절실하고 명확하게 일체를 초월할 수만 있다면, 그 體가 곧 虛無本相이고 더 나아가서는 하나의 미진도 모두 허무본상이다. 이에 모든 산하와 대지는 즉시 그에게 분쇄되어 모두 적무 속으로 가라앉게 된다. 그는 우주 현상을 논하면서 모두 바깥에 있는 존재가 아니라고 생각한다. 오직 자신의 망령된 마음이 일어날 때 비로소 많은 사물이 구분되어 나온 것이지, 사실 사물이란 본래부터 無物이라는 것이다. 만일 망령된 마음이 멸할 때면 곧 물질 역시 얻을 수 없으며 더욱이 아무런 크고 작음, 멀고 가까움, 그리고 動靜의 상태도 없음을 알게 될 것이다. 그러니 사물의 관념은 허구나 조작에서 온 것으로서 이 사물이라고 하는 것은 존재하지 않을 뿐만 아니라 즉, 사물의 관념(마음) 또한 존재하지 않는다. 더구나 사물에 나아가서 사물을 논하면, 또한 사물이란 자신의 성격이 없음을 알 수 있다. 왜냐하면, 사물의 존재는 완전히 인연에 속하기 때문이다. 인연으로 인해서 사물이 존재하는 까닭에 사실은 사물이 아니다. 물(水)을 그 예로 들어 보자. 다 알다시피 물은 수소와 산소 두 원소가 화합하여 이루어진다. 즉, 수소와 산소 두 원소의 화합은 '因'이 되고 冷縮은 '緣'이 된 후에 물이 된다. 이러한 사실을 통해서 수소와 산소 두 원소가 화합되기 전에는 결코 물이 존재하지 않음을 알 수 있다. 만약 그에 앞서 존재한다면 인연을 필요로 하지 않고도 먼저 물을 볼 것이다. 만약 그에 앞서 존재하지 않는다면, 비록 수소와 산소가 화합의 '인', 냉축의 '연'을 빌린다고 하더라도 역시나 물을 얻을 수 없다. 그리고 인연과 화합이 물을 생하는 것을 본다면 사실인 즉슨 물은 없다. 이처럼 일일이 깊이 파고들어가 보면 모든 사물은 하나라도 인연에서 생하지 않은 것이 없다. 즉, 아무것도 實有라고 말할 수 없기 때문에 사물은 사물이 아닌 것이다. 우리들이 물건을 보는 것은 물건을 보지 않은 것과 같다. 말을 하는 것은 말을 하지 않은 것이나 다름없다. 이것이야말로 진정한 의미의 깨달음이고 해탈인 것이다. 어떠한 것도 자신이 이와 같다고 말할 수 없기 때문에 모두 自性이 없다. 바꾸어 말하면, 자성이 본래 없다고 함은 바로 있는 바가 없고 얻을 수 없는 '무'를 가리킨다. 이렇다면 이 사물이라고 하는 존재는 無常한 까닭에 '무'이고, '무'에서 기인하는 까닭에 갖가지 사물은 전부 참된 것이며, 매 사물은 모두 있는 바가 없고 얻을 수 없는 것임을 알 수 있다. 이 자성이 없다는 의미인즉슨 눈앞에 보이는 이 일체의 사물이ᅳ바로 본래 적막하고 자성열반의 '무'임을 이해하는 것이다. 단지 生함도 없고 滅함도 없으며, 소종래도 없고 가야 할 행선지도 없다. 아울러 생하지만 생함이 없다. 이러할 뿐만 아니라, 이 '생함' 또한 전혀 얻을 수 없다. 만일 '생함'에 생함이 있다고 말한다면 이 '생함'이란 '아직 생겨나지 않은 것'(未生)이 생하는 것인지 혹은 '이미 생겨난 것'(已生)이 생하는 것인지를 묻는 꼴이 된다. 아직 생겨나시 않아서 체기 없는 것은 결코 생할 수가 없고, 이미 생겨난 것은 벌써 이미 생겨난 것인데 거기서 다시 생하기 시작한단 말인가? 바로 '이미 생겨난 것'과 '아직 생겨나지 않은 것'에서 벗어나 '지금 생겨나고 있는 것'(生時)을 가지고서 말해보자. '지금 생겨나고 있는 것'은 갑자기 멸해서 없어지므로 항상 生性을 얻을 수가 없다. 이 망망한 우주는 이루어져도 언제 이루어진 적이 있었으며, 무너져도 언제 무너진 적이 있었던가. 눈으로 보는 끝없이 생하고 멸함, 끝없이 있고 없어짐은 모두 단지 어리석은 자가 망령되이 스스로 헤아리는

것일 뿐이다. 만일 식견이 있는 사람이 본다면 이것은 본래 이와 같아서
움직여도 전혀 움직임이 없는 것이다.(物性이 空해서 움직임이 없다는 것
이지 각 性이 정지해 움직임이 없다고 함은 아니다.) 어떠한 것도 空寂하
지 않음이 없고 凝然히 항상 존재하지 않음이 없다. 이것이 바로 어떠한
것도 대해탈이 아님이 없다는 것이다."

이상은 비록 단지 불법 중의 한 종파인 空宗(有宗의 반대 개념으로
空敎라고도 하며, 空思想을 종지로 삼고 있는 불교 종파에 대한 통칭이
다. 모든 존재에 自性·실체란 없고 본질적으로 공이라는 입장을 취하
는 것이 공의 사상이다. - 역주)의 이치를 서술한 것으로도 생각할 수
있겠지만, 종교의 제일의가 사실 여기에 이르러서 완전히 간파된다고
하겠다. 소승경 가운데 가령 『불본행집경』은 부처가 처음에 왜 출가했
는지를 서술하고 있다. 그는 출가하기 전에 네 번 出遊한 적이 있다.
(四門遊觀·四門出遊 - 역주) 그 첫 번째는 城의 북문에서 중생의 고통
스런 생활 모습을 직접 보았고, 두 번째는 성의 동문에서 노인을, 세
번째는 성의 남문에서 병자를 조우하였다. 그리고 네 번째는 성의 서문
에서 죽은 사람을 목격하였다.(여기서 우리는 통상 '부처가 마지막으로
북문을 나가 출가 수행자를 보고 그 자신도 출가하여 해탈의 길을 찾
아야겠다는 마음을 먹게 된 것'으로 알고 있다. - 역주) 이러한 생로병
사의 세계가 그에게 삶의 고통과 무상함을 느끼도록 했던 것이다. 이에
그의 유일한 귀착방향은 바로 속세를 벗어나야 비로소 해탈을 얻는다
는 것이었다. 이뿐만 아니라 인도의 각 종교는 수행과 해탈에 관한 교
의가 매우 많다. 소승 불법이 더욱 그들과 서로 비슷했고 대승 불법에
이르러서는 완전히 다른 경지였다. 만약 우리들이 종교 문화가 해탈적
지식임을 받아들인다면 많은 해탈적 지식 중 위에서 서술한 것이 가장
지식에 탁월한 종교의 제일의라고 할 수 있다. 그러므로 인도 문화가
또한 종교 문화의 제일의를 대표한다고 말할 수 있는 것이다.

제9장 문화의 지리상 분포(하)

4

다음으로 중국 문화를 서술해 보면 중국 문화는 '철학적 문화' 다름 아니다. 쉘러의 용어로 표현하자면 '교양적 지식' 혹은 '본질적 지식'으로 대신할 수가 있다. 이러한 지식에 있어서 대단히 중요한 점은 적용되지 않은 곳이 없는 형이상학 방법으로서 종교와는 다르다는 사실이다. 그것을 佛家와 한번 비교해 보면 불가에는 '止 · 觀' 방법이 있다. 그 중 관은 不淨觀으로서, (1)觀身不淨(이 몸은 부정한 것으로 알라는 것. – 역주); (2)觀受是苦(감각적인 것은 모두가 고통스러운 것으로 알라는 것. – 역주); (3)觀心無常(이 마음은 떳떳함이 없어 끊임없이 변하는 것으로 알라는 것. – 역주); (4)觀法無我(모든 존재는 확정적인 我의 體가 없는 것으로 알라는 것. – 역주)가 이것이다.(이상은 불교의 四念處로서 몸과 감각과 마음과 법에 있어 마음을 모아 관하는 방법이다. 여기 '(3)觀心無常'을 주겸지는 '觀身無常'으로 하고 있는데 역자가 사념처대로 '身'을 '心'으로 바꾸었다. – 역주) 이러한 방법에 의해 발생된 특수한 우주관이라면 우주는 죄악으로 충만해 있고, 인간은 탐욕스러움은 물론, 성내고 어리석은 존재로 여겨질 게 뻔하다. 이와는 반대로 중국 문화를 대표하는 孔家인즉슨 형이상학적 관점상에서 '생명은 아름답다'고 인식한다. 예컨대, (1)『역』에서 "그 감응하는 것을 관찰하면 천지만물의 정감을 볼 수 있다."("觀其所感而天地萬物之情可見矣.")라고 했는데, 즉 '감각적인 것은 모두가 즐거운 것으로 알라는 것'(觀受是樂)이다; (2)"그 항구성을 관찰하면 천지만물의 정감을 볼 수 있다."("觀其所恒而天地萬物之情可見矣.")라고 했는데, 즉 '생명은 영구히 유행하는 것으로 알라는 것'-'이 마음은 항구성이 있는 것으로 알라는 것'(觀心有常. 여기서도 '觀身有常'으로 되어 있는 것을 역자가 '身'을 '心'으로 바꾸었다.-역주)이다: (3)"그 모이는 것을 관찰하면 천지만물의 정감을 볼 수 있다."("觀其所聚而天地萬物之情可見矣.")라고 했는데 즉, '모든 존재는 實有하는 것으로 알라는 것'(觀法實有)이다. 觀卦에서는 관에 광명찬란의 의미가 담겨져 있다고 말한다. 『역』의 「계사전」은 우리들에게 "변화의 도를 아는 이는 神이 하는 것을 안다"("知變化之道者, 其知神之所爲乎.")고 일러 준다. 하늘에서 현상(象)을 이루고 땅에서 형상(形)을 이룸이 곧 신이 하는 것임을 아는 것, 이것이야말로 '몸이 淨함을 아는 것'(觀身是淨)의 명백함이 아니겠는가? 이로부터 우리들은 종교와 철학의 방법이 뚜렷이 다르다는 사실 즉, 하나는 淨觀이고 다른 하나는 不淨觀임을 알 수 있다. 부정관은 우주와 인생의 허망함을 몽환에 비유하여 '환멸'과 '해탈적 지식'을 주장한다. 반면에, 정관은 생명의 진리를 존중하여 인생은 살아볼 만한 가치가 있다고 여기는 까닭에 '교양적 지식'을 주장한다. 이러한 有情 세계에 대한 염원(欣求)이 바로 중국 문화의 특질이라고 말할 수 있다.

물론 중국 문화에 종교가 없다고는 말할 수 없겠지만, 이러한 종교는 '철학적 종교'라서 허무하고 적멸함은 물론, 아득하기 그지없는 空論과는 다르다고 하겠다. 그들의 종교는 결코 우리들의 유정 속 현상 세계를 뛰어넘는 것이 아니다. 즉 이 유정 속의 현상 세계에 존재한다. 그러므로 엄격하게 말하여 종교가 아니라 철학이라 한 것이다. 나의 저작인 『주역철학』 속에는 본디 「범신적 종교」라는 장이 들어 있으므로 지금 대략 토론을 가하고자 한다. 『역경』에서 신을 논하는 말은 매우 많다. 가령 「說卦傳」에서는 "신이란 만물을 신묘하게 함을 말한 것이다."("神也者, 妙萬物而爲言者也.")라고 했다. 결국 신이란 것은 비록 자취가 없을지라도 사물에서 떨어지지 않는다. 만물의 가운데 나아가서

헤아릴 수 없을 정도로 현묘한 것이 신이기 때문에 "만물을 신묘하게
한다."고 말한 것이다. 또한 「繫辭傳」에서는 "신은 방소가 없고, 역은
형체가 없다."("神无方而易无體.")라고 했다. 말하자면, 신은 陰에 있기
도 하고 돌연 陽에도 있음은 물론, 양에 있기도 하고 돌연 음에 있기도
한다. 그리고 형체의 얽매임 없이 두루 흘러 퍼져서 운동하여 한 곳에
항상 머물지 않는다. "변화의 도를 아는 이는 神이 하는 것을 안다"란
말은 변화하는 사이에 신이 존재하지 않은 때가 없다는 것이다. "역은
생각도 없고 하는 것도 없어 고요히 움직이지 않다가 느끼어 드디어는
천하의 일을 통한다. 천하의 지극한 신비로움이 아니면 그 누가 여기에
참여할 수 있겠는가?"("易无思也, 无爲也, 寂然不動, 感而遂通天下之故,
非天下之至神, 其孰能與於此?")라고 했고, 또 "오직 신비롭기 때문에
빠르지 않고도 신속하고 가지 않고도 이른다."("惟神也故不疾而速, 不
行而至.")고 했다. 대개 『역경』 속에 있는 '신'이라고 하는 글자는 모두
완전히 변화를 말한 것이다. 여기서의 신이란 단지 끊임없는 생명, 운
동, 지속일 뿐이어서, 이것은 종교적 '신'과는 당연히 다르다고 하겠다.
『中庸』에서는 더욱 명확하게 밝히고 있다. 즉 "지극한 정성은 신과 같
다."("至誠如神."), "귀신의 덕이 성하기도 하다. 그것을 보려 해도 보
이지 않으며 그것을 들으려 해도 들리지 아니하되, 만물의 본체가 되어
있기 때문에 버릴 수가 없다. 천하의 사람으로 하여금 재계하고 깨끗이
하며 의복을 성대히 하여 제사를 받들게 하고는, 양양히 그 위에 있는
듯하며 그 좌우에 있는 듯하다. 『시경』에 말하기를 '신의 강림하심은
헤아릴 수 없는 것이어늘 하물며 꺼려할 수 있으랴.'고 하였다."("鬼神
之爲德, 其盛矣乎! 視之而弗見, 聽之而弗聞, 體物而不可遺, 使天下之人
齋明盛服, 以承祭祀, 洋洋乎如在其上, 如在其左右. 『詩』日, 神之格思, 不
可度思, 矧可射思?") 또한 『論語』, 「八佾」에서는 "공자가 제사를 지낼
적에는 조상이 앞에 있는 듯이 하였고, 신을 제사 지낼 적에는 신이 있

는 듯이 하였다."("祭如在, 祭神如神在.")고 했다. 여기 『중용』에서는 정성이란 곧 신이고, 오직 지극한 정성만이 비로소 지극한 신을 존재케 한다고 말한다. 朱子는 "'천자는 천지에 제사 지내고, 제후는 산천에 제 사 지내고, 대부는 五祀에 제사 지낸다.'고 하였는데, 모두 자기의 정신 이 마땅히 그것에 필적할 수 있어야 비로소 그것을 느껴서 부를 수 있 다."(『朱子語類』, 「鬼神」, 卷3. "'天子祭天地, 諸侯祭山川, 大夫祭五祀', 皆是自家精神抵當得他過, 方能感召得他來.")라고 했다. 이로 볼 때 '신' 은 단지 자기 정신의 산물임을 알 수 있다. 하여 자기가 있고자 하면 있게 되고, 자기가 없고자 하면 없게 된다. 北溪陳氏가 이르기를 "'범씨 는 그 정성이 있으면 그 신이 있고, 그 정성이 없으면 그 신은 없다.'고 했으니 이것은 가장 적절한 말이다. 정성이란 오직 진실무망으로서 비 록 이치로 말하고 또한 마음으로 말하더라도 반드시 이 實理가 있은 연후에야 그 誠敬을 이룰 수가 있고 實心에 부합되어야 비로소 이 신 이 있는 것이다."("范氏謂有其誠則有其神, 無其誠則無其神, 此說得最好. 誠只是眞實无妄, 雖以理言, 亦以心言, 須是有此實理, 然後致其誠敬, 而副 以實心, 方有此神.")라고 했다. 중국에는 결코 종교가 없는 것은 아니지 만, 오로지 이 '자기 정신'(自家精神)을 위주로 하는 '철학적 종교'만이 존재할 뿐이고, 진정한 의식적 종교는 오히려 존재하지 않음을 알 수 있다. 『論語』, 「述而」에서는 "공자는 괴이함과 용력과 패란의 일과 귀 신의 일을 말하지 않았다."("子不語怪力亂神.")고 했는데, 『皇侃義疏』에 는 李充의 다음 말을 인용하고 있다. 즉, "힘은 理에서 기인되는 것이 아니므로 괴력이고, 신은 바름에서 기인되는 것이 아니므로 난신이다. 괴력난신은 사특함에서 흥기하고 가르침에 무익하므로 말하지 않은 것 이다."("力不由理, 斯怪力也; 神不由正, 斯亂神也; 怪力亂神, 有興於邪, 無益於敎, 故不可言也.") 중국 문화의 내용에 있어서는 오로지 하나하 나의 철학은 존재할지라도 하나하나의 종교는 존재하지 않는다. 고대에 제사는 중시되었지만 종교는 없었다. 가령, 한의 불교, 당의 火敎, 景敎, 摩尼敎, 回敎는 모두 외부에서 수입한 것들이다. 남북조 때에는 도가의 부류가 철학을 바꿔 도교라 하여, 壇場을 설치하고 부적을 주고 齋醮(도교에서 단을 설치하고 기도하는 의식의 하나. 제물을 신에게 바쳐 복을 구하고 재앙을 면하도록 기원하는 것.-역주)의 의식을 행하였다. 하지만 모두 불교의 모방으로부터 유래된 것이므로 당연히 중국 문화를 대표하기에는 충분하지가 않다. 중국 문화의 참 가치는 사실 여기에는 없다고 해야 할 것이다. 루소는 중국 역사가 대대로 전해 주는 문화에 대해 논하면서 가장 중대한 특징이 세 가지가 있다고 했다. 그 두 번째가 "공자의 윤리를 표준으로 삼고 종교가 없다."는 것이다. 양수명 선생은 『중국민족 自救運動의 최후각오』(中國民族自救運動之最後覺悟)에서 "하나의 큰 종교를 대신하여 중국 사회의 문화 중심이 된 것은 공자의 교화이다."(60쪽)고 언급했다. 이로 볼 때, 중국 문화는 원래 '교양적 지식'일 뿐이고, 이른바 진정한 의미의 종교는 없음을 알 수 있다. 뿐더러, 공자가 종교로 취급될 수 없음은 자세히 말할 필요도 없이 자명하다고 하겠다.

그렇다면 중국 문화에는 과학이 없는가? 물론 존재한다. 하지만 이런 종류의 과학은 '철학적 과학'에 불과하고, 진정한 의미의 과학과는 상당한 차이가 난다. 가장 주의할 만한 것은 중국의 과학 사상은 철학 속에 존재한다는 사실이다. 張子高는 『科學發達略史』(附錄, 「科學在中國之過去與將來」에서 일찍이 다음과 같이 말한 적이 있다.

"서양철학은 자연의 현상과 우주의 구조에 대한 연구에 흥기되어 人事에 걸치게 된 것이다. 중국의 철학자인즉슨 인사 쪽에 치우쳐 간혹 자연의 현상에 말이 미치기도 하지만, 비유의 말이 대부분을 차지한다. 가령 '비유컨대 북극성이 제자리에 머물러 있으면 여러 별들이 그에게로 향하는 것과 같다.'(『논어』, 「爲政」, "譬如北辰, 居其所而衆星拱之.")란 말은 처음부터 천체의 운행을 토론하고자 한 것이 아니라, 政事를 행하는 도를 설명하는 데 불과했다. 그러므로 자연현상이 학술상의 문제를 발생시키기란 매우 드문 일이 아닐 수 없다. 대저 그 일이 이미 학자들에게 관심을 끌지 못하고 있는데 어찌 큰 발전을 기대할 수 있겠는가?"(245쪽)

서양철학은 진정한 의미의 철학이 아니고 바로 '과학적 철학'이다. 이와 동일하게 중국 과학 역시 진정한 의미의 과학은 아니고 바로 '철학적 과학'이다. 철학적 과학은 오로지 자연현상에 대해서 비유의 말을 할 뿐이고, 실제적 연구에 관해서는 본래부터 매우 관심이 적다. 때문에 기이한 철학서 중의 하나인 『역경』이 비록 그 자연 현상에 관한 관찰들을 고상하게 늘어놓고는 있지만, 그것이 사용한 사물을 나타낸 명사들, 즉 '陰', '陽', '乾', '坤'은 모두 추상적 의미이지 실물은 아니다. 양수명(『동서 문화 및 그 철학』, 116쪽.)은 『역경』에 대해서, "음, 양, 건, 곤이 단지 의미만을 나타낼 뿐만 아니라, 다름 아닌 구체적인 것, 예컨대 '潛龍', '牝馬'와 같은 유가 그 범위 안에 들어가게 되면 모두 추상적인 의미로 변한다. 만일 고지식하게 한 마리의 용, 한 필의 말로 여긴다면 대단히 큰 착오가 아닐 수 없다."고 자신의 의견을 제시한 적이 있다. 그리고 중국의 金, 木, 水, 火, 土인 五行 역시 모두 추상적 의미를 나타낸 것이므로 구체적 물질과는 절대로 서로 같지가 않다. 따라서 이것으로부터 발생된 중국의 과학은 당연히 참된 과학일 리가 없다. 周·秦 諸子 시대에는 학술이 분열되어, 듣건대 墨翟, 公輪班과 같은 유파는 실지로 기계 원리를 일찍이 응용했다고 하니, 과학사상의 황금시대라 할 만하다. 그러나 墨學은 결국 중국 문화의 主潮와 맞지가 않았던 탓에 덧없이 사라져서 그다지 영향을 미치지 못했다. 西漢·魏晉 시기에는 비록 天文, 曆數의 두 과학이 대단히 발전을 하였지만, 일반 학술계는 모두 음양오행과 災異術數說의 지배 아래에 있었다. 그들 시대를 대표하는 것은 張衡의 『靈憲說』이 아니라 董仲舒의 『春秋繁露』와

劉向의 『洪範傳』이었다. 남북조 및 당 시대에 이르러서는 많은 仙藥家, 바로 중국의 연금술가가 있었다. 다만 王璡이 『중국의 과학사상』에서 서술한 바에 따르면,(『과학통론』, 305~308쪽에 실려 있다.)

"陶宏景, 蘇頌과 같은 선약가들의 초목에 대한 연구가 있었기에, 중국의 본초학이 널리 성행하였다. 魏伯陽, 葛洪의 무리와 같은 선약가들의 금석에 대한 연구가 있었기에, 단약 제조의 학설이 있게 되었다. 연단설은 중국에 있어서 응당 그 화학의 발단이라고 해야 할 것이다. 왜냐하면, 그 기술은 서구 중세의 연금술과 극히 유사하기 때문이다. 만약 抱朴子의 『參同契』, 鍾呂의 『傳道記』 등 여러 책들을 한번 세밀하게 읽어 본다면, 선약가들의 금석에 대한 실험과 연구가 사실 상당히 소득이 있었음을 알 수 있다. …"

그렇다면, 이 시대 이후에는 마땅히 과학이 발생되었어야 했다. 유럽에서는 연금술의 시험으로부터 화학이 발생되었지만, 중국에서인즉슨 연금술이 실패한 이후에 여전히 도가의 미신이 세력을 떨쳤던 상황인지라, 진정한 과학의 발생은 없었다고 보아야 할 것이다. 이것은 무엇 때문이었을까? 지은이는 말하기를,

"대개 선약학설의 발원은 음양오행론에 기초했기 때문에, 그 결국에 가서는 여전히 음양오행론에 함몰되어 그 다른 새로운 영향은 주지 못했다. 선약가로서 조예가 비교적 깊다고 자처한 사람이 그것을 입수했을 때는, 그 목적이 돌을 건드려서 금으로 화하게 하는 데 있다고는 자인하지 않을 것이다. 금석으로 정제된 단약을 服食하면 장생의 효능이 있을 것이라고는 더욱이 인정하지 않을 것이다. 단약이 만들어질 것인지, 그리고 연단법이 맞는 것인지에 대한 그들의 시각에는 본디부터 간절히 바라는 뜻이 없었다. 그 연단 사업은 거의 중국 문인들이 향을 피우고 악기를 연주하고 장기나 바둑을 두는 것과 같이 일종의 소일하는 데 마음을 두는 행위였다. 그러므로 朱熹가 말하기를 '養生은 魂魄·水火(몸속 水火의 의미로 말

한 것이다.)가 서로 도와 떨어지지 않기 때문에 장수하는 것이다. 양생가가 많은 말을 다 사용해서 龍虎, 鉛汞, 坎離를 설명한다고 해도 그 방법은 단지 이와 같을 뿐이다.'라고 했던 것이다. 鍾呂는 『傳道記·鉛汞篇』에서 '참된 기는 사람의 內賢에 숨어 있는데 이른바 납(鉛)이 이것이다.'('眞氣 隱於人之內賢, 所謂鉛者此也.')라고 했고, 또 '心液 속에 正陽의 기가 있는데 이른바 硃砂가 심액인 것이다. 수은(汞)이란 심액 속 정양의 기이다.'('心液中有正陽之氣, 所謂硃砂者心液也; 汞者心液之中, 正陽之氣.')라고 했다. 이상의 논설을 살피건대, 저 선약가들은 鉛汞術을 대하기를 문인이 시부를 지을 때의 比興 의미 정도로 보았다. 그러기에 종지나 방법의 근본이 완전히 동요되어 실험의 필요성조차도 사람들에게 결국은 경시당하고 말았다. 이것이 바로 유럽의 연금술이 화학 연구의 선봉이 될 때 중국에서는 그 영향이 극히 미미하게 된 원인이다."

실제로 중국의 선약가들은 바로 철학 형식으로 과학사상을 표현했던 까닭에 당연히 여기에서는 진정한 의미의 과학이 출현할 수는 없었다. 宋儒가 格物(사물의 이치를 궁구함.－역주)을 말하고는 있지만, 이른바 '사물(物)'이란 항상 人事를 가리켜 말한 것이어서, 자연과학에 대해서는 당연히 어떠한 공헌도 있을 수가 없었다. 그래서 진정한 중국 과학의 발생인즉슨 사실 외래과학의 수입 이후에서부터의 일이다. 명말의 徐光啓가 서양의 선교사들과 함께 天算·水利에 관한 여러 책들을 譯述한 것이 제1기에 해당하고, 청의 강희 때에 마테오 리치(Matteo Ricci, 利瑪竇), 아담 샬(Johann Adam Schall, 湯若望) 등을 고용하여 曆象考成·儀象考成의 여러 책들을 편찬하게 한 것이 제2기에 해당한다. 그리고 同治 때에 曾國藩이 江南製造廠을 만들어 제조, 측량, 格致(청말에 물리·화학 등 자연과학을 총칭한 말.－역주), 병서 등을 번역한 것이 제3기에 해당한다. 이 이후로부터 중국은 비로소 소위 과학이라고 하는 것이 존재하게 되었다. 지금은 일반 학자들조차도 이구동성으로 크게 '과학!', '과학!'을 부르짖고 있지만, 이 과학이란 서양을 모방해 온 것으로 그 속에는 중국 그 자체의 문화를 충분히 대표할 수 있다!

그렇다면, 중국 문화의 그 본모습은 무엇인가?

내가 중국의 문화와 역사를 고찰한 결과에 의하면 중국 문화의 특질은 바로 '인생'에 있다. 중국은 진정한 종교도 과학도 존재하지 않으며 오로지 진정한 인생철학 즉, 일종의 '교양적 지식', '철학적 문화'만이 존재할 뿐이다. 문화의 분파 상에서 말하자면 중국의 종교는 인도에서 전래된 것이고, 과학은 서양에서 수입된 것이다. 진실로 중국이 독립적으로 발전시킨 문화라고 말할 수 있는 것은 오로지 철학적 문화만이 존재할 뿐이다. 물론 서양에 있어서는 많은 비판가들이 존재함도 사실이다. 가령 『로빈슨 표류기』의 저자인 디포(Defoe, Daniel) 등은 중국 문화에 대해서 공격과 경멸을 가하기도 했지만, 동시에 일부 비판가들은 중국의 인생 태도에 대해서 극단적으로 찬미하기도 하였다. 예컨대 영국의 틴달(Matthew Tindal, 1657~1733)이 바로 그 좋은 예라 하겠다. 그는 항상 공자의 "덕을 덕으로 갚아야 하지만, 결코 원한을 원한으로 갚지 말아야 한다."("以德報德, 然切勿以怨報怨.")는 가르침을 기독교의 "원수를 사랑하라"라는 가르침과 비교해서 보다 人情에 적합한 것으로 생각했다.(陳受頤, 「로빈슨의 중국 문화관」, 『嶺南學報』, 제1권, 제3기에 보인다. 참고.) 독일에서는 더욱 말할 필요도 없이 거의 같은 시기에 라이프니츠(Leibnitz, 1646~1718)가 『中國新事萃編』(1697)에서 일찍이 동서 문화를 비교한 적이 있다. 그는 말하기를,

"우리들은 종전에 이 세계에서 또한 우리들의 윤리보다 더욱 아름답고 원만함은 물론, 사회 처세의 도리가 더욱 진보한 민족이 존재하고 있음을 누구도 믿지 않았다. 그러나 이제는 동방의 중국이 우리들을 크게 각성토록 하고 있다! 동서 쌍방을 비교해 보니 …사색과 이론적 측면에서는 우리들이 비록 동방보다 한 단계 우위에 있지만, 실천 철학적 측면에서는 실제로 우리들이 그들보다 부족한 것으로 판단된다. 내가 여기서 지적하

고자 하는 바는 저들의 인류 생활 및 효용에 적합한 다름 아닌 윤리와 정치 학설인 것이다!"(「라이프니츠와 동서 문화」 중에서 인용, 『영남학보』, 제1권, 제1기에 보인다.)

그러나 이처럼 말한 것은 철학자뿐만이 아니다. 즉 과학자인 헤켈(Haeckel)과 같은 이는 그의 저서인 『一元哲學』 제19장 「一元倫理」 속에서 또한 공자의 가르침을 윤리학의 근본 법칙(황금의 윤리 법칙으로도 표현한다.)으로 여겼던 것이다. 그는 말하기를,

"孔夫子는 중국의 대철학자, 대종교가(不死의 영혼 및 인격의 신은 부인한다.)인데, 그리스도보다 500년 전에 '자신이 원치 않는 바를 남에게 시키지 말라.'('己所不欲, 勿施於人.')는 말을 남겼다."

이와 같은 도덕 격언은 나중에 그리스도의 "네 이웃을 네 몸처럼 사랑하라."고 하는 가장 큰 가르침의 근본이 된다. 전적으로 동방 문화를 찬양했던 이로 말하자면 러시아의 케이세를링(Keyserling)을 손꼽을 수 있다. 그는 그의 『한 철학자의 여행일기』라는 저서 속에서 이러한 중국인의 완벽한 윤리 문화는 유럽인이 꿈에도 생각하지 못한 것이라고 했다. 이를테면 "중국인의 혈액 속에는 마치 윤리의 원소가 들어 있는 것 같다. 이것은 아마도 공자의 윤리를 그들 하나하나가 모두 실행할 수 있어서 자기도 모르는 사이에 일종의 자연스러운 생활이 되었기 때문일 것이다." 이처럼 독일이나 러시아뿐만 아니라, 프랑스 학자의 중국 문화에 대한 인식 역시 결코 예외는 아니다. 볼테르(Voltaire)는 말하기를,

"유럽의 귀족과 상인이 동방을 만나서 발견한 것이 있다면 단지 재부를 탐할 줄만 아는 것일 것이다. 하지만, 철학자는 거기서 오히려 하나의 도덕적 신세계를 찾아냈다."(鄭壽麟, 『중서 문화의 관계』, 51쪽에 소개되어 있다.)

또한 케네(Quesnay)의 저작인 『중국의 정치』(1767)에서는,

　"중국 도덕 교훈의 방법을 당연히 각 나라의 모범으로 삼아야 할 것이
다."(상동, 51쪽)

　더 나아가서, 의기가 오만한 현대 영국인이 중국 문화에 관해서 심혈
을 기울여 고찰하려고 하지 않음은 사실이다. 하지만, 러셀(Russell)은
그의 저서인 『중국의 문제』에서 중국 인생에 대해 특히나 찬미해 마지
않았다. 그는 말하기를,

　"우리 문화의 특색은 과학 방법이고, 중국인의 특색은 인생 결말의 바르
고 곧은 개념이다. 중국이 발명한 인생의 도는 수천 년 동안 실행되어 왔
기 때문에, 만일 전 세계가 받아들이게 된다면 전 세계는 오늘날과 비교해
서 보다 행복해질 것이다. 우리들은 자신의 문화와 인생의 도가 다른 민족
보다 훨씬 우월하다고 깊게 믿고 있다. 하지만, 만약 중국과 같은 민족과
조우하게 되어 우리들이 저들의 가장 깊은 慈善의 행위에 대해서 저들로
하여금 우리들의 하는 바를 전부 본받게 하는 것이 낫다고 생각한다면 그
것은 크나큰 과오가 아닐 수 없다. 내 생각에는 평균적으로 중국인이 비록
심히 빈궁하기는 하지만, 영국 사람과 비교해서 더욱 행복하게 보인다. 그
중국에 있어서 인생의 즐거움이란 어디를 가도 없는 곳이 없다. 이것이 바
로 내가 중국의 문화를 찬미하게 만드는 하나의 큰 원인인 것이다. 움직이
기 좋아하는 서양인이 이러한 사회에서 생활하게 되면 거의 평상시의 태도
를 잃어, 지난날의 행위의 목적이 어디에 있었던가를 알지 못하게 될 것이
다. 그리고 무릇 점점 그 시기가 오래되면 될수록 중국 인생의 아름다움과
원만함이 얼마나 훌륭한가를 깨닫게 된다. 이런 까닭에 중국에서 가장 오
랫동안 거주한 외국인은 곧 가장 중국을 사랑하는 외국인이 되는 것이다."

　양수명 선생은 『중국민족 자구운동의 최후각오』(中國民族自救運動之
最後覺悟)에서 이를 인용함으로써, 러셀이 너무 지나치게 찬양하고는

있지만 무작정 역사 사실이 아니라고 우길 수만은 없다고 생각했다.(69 쪽) 즉, "현대 중국인이 비록 그들 선조의 위대한 정신을 상실하기는 하였지만, 수천 년 동안이나 물들어 왔던 유습 때문에 어쨌든 약간의 다른 점이 존재하는 것은 사실이다. 중국의 인생이란 다른 것이 아니라 단지 '自得'(자신의 노력에서 오는 자득)일 따름이다. 이것은 곧 동쪽으로 인도에 구별됨은 물론 서쪽으로는 서양과 다른 점이다."라 했다. 이로 볼 때 동방이나 서방 학자들이 거의 이구동성으로 중국 문화의 특질은 '인생' 즉 '교양적 지식'에 있음을 굳게 믿는다는 사실을 알 수 있다. 물론 이처럼 교양에 편중된 지식 문화는 오로지 심성만을 말할 뿐이어서 그 유폐는 타협적, 중용적, 수구적 습관을 조성하는 데 이르렀기 때문에, 개조와 진보를 바랄 수 없게 된 것이다. 따라서 크게 과학을 그르쳐 좌충우돌 '復古'라는 올가미에서 벗어나지 못한다. 하지만 세계 문화의 전체에서 보자면, 이같이 '낙후'된 문화는 문화사의 제3시기에 있어서는 비록 작고 세세하다는 취급을 받지만, 문화사의 미래 시기 - 제4시기 - 에는 결국 어느 날 중국의 인생 태도는 각 민족의 인생 태도로 변화될 것이다. 그때의 지구상은 뿌와브르(Poivre)가 『한 철학자의 여행기』(1769)에서 말한 바와 같이 광휘 찬란한 세계로 변화될 수 있다.

그렇다면, 중국의 인생 태도란 무엇인가?

원래 중국의 형이상학이란 '唯情哲學'을 말한다. 고대의 철인은 대자연의 현상 앞에서 넉넉하고 잠심해 노닐면서 이르는 곳마다 모두 존재하는 본체를 직접 탐구한다. 결국 본체란 다른 것이 아니라 이처럼 가는 곳마다 모두 존재하는 '情'임을 알 수 있다. 일체의 산천초목은 모두 정의 화신이다. 즉, 참된 情의 흐름(眞情之流)으로부터 유출된 것이다. 보라! 정말 하늘과 바다는 넓고, 달은 희고, 바람은 맑으며, 모든 동물은 자연 그대로 즐겁게 생활하고, 산은 우뚝 솟고, 냇물은 끊임없이 흐르지 않는가? 이렇듯이 이 우주 안에 충만하여 본체 아닌 것이 없다.

만일 사람들이 대자연 속에서 묵묵히 체득할 수만 있다면 감성으로부터 생겨나온 이 노래, 이 읊조림, 이 휘파람, 이 춤은 언제나 참된 정에 맡기지 않은 때가 없는 것이다. 즉 본체가 아닌 때가 없고 천지와 同流하지 않은 때가 없다. 종전에 程明道는 사람들에게 천지의 생물과 기상을 관찰하도록 가르쳤고, 陳白沙는 처한 환경에 따라서 천리를 체인토록 가르쳤는데, 모두 이 뜻인 것이다.(周茂叔은 창 앞의 풀을 제초하지 않았다. 왜냐하면, 그는 초목의 마음이 곧 자신의 마음이라고 생각했기 때문이었다.)『역경』에는 다음과 같은 내용이 들어있다.

"천지가 감응하여 만물이 화생하고, 성인이 인심을 감응시키어 천하가 화평하니, 그 감응하는 것을 관찰하면 천지만물의 '정'을 볼 수 있다."(「咸卦彖」, "天地感而萬物化生, 聖人感人心而天下和平, 觀其所感而天地萬物之情可見矣.")

"천지의 도는 항구하여 그치지 않는다. 그 항구성을 관찰하면 천지만물의 정을 볼 수 있다."(「恒卦彖」, "天地之道恒久而不已也. 觀其所恒, 而天地萬物之情可見矣.")

"췌는 바른 도로 모인다는 것이다. 그 모이는 것을 관찰하면 천지만물의 정을 볼 수 있다."(「萃卦彖」, "萃聚以正也. 觀其所聚, 而天地萬物之情可見矣.")

"큰 것이 장성한다는 뜻이다. 바르고 커서 천시의 징을 볼 수 있다."(「大壯彖」, "大者壯也. 正大而天地之情可見矣.")

이해했을 때는 사물이 곧 나고 내가 곧 사물이어서 온통 한 덩어리가 되어 모두 분별이 없어진다. 이것이 즉 본체를 보는 것이다. 본체란 다른 것이 아니라 우주 만물 사이의 '참된 정의 흐름' 이른바 "가는 것이 이 물과 같구나. 밤낮을 그치지 않는도다."("逝者如斯夫, 不舍晝夜") 와 같은 말 속에 보존되어 있다. 이 영원히 지속되고 창신되는 참된 정의 본체가 바로 종래의 중국 형이상학의 대상에 해당된다. 『역경』이 바로 이러한 대상을 본떠서 우주의 여러 사물과 그 발전 변화의 통칙을 탐구한 것이라 하겠다. 『역경』은 몇 가지의 기본 관념을 포괄하고 있다. 즉, (1)卦, (2)彖, (3)爻, (4)辭, (5)象이 그것이다. 그런데 이러한 기본 관념들은 모두 '참된 정의 흐름'을 명백히 말해 주는 자연 변화일 뿐이다. 때문에 말하기를,

  [卦]-괘를 만들어 '情'과 僞를 다한다. 비로소 팔괘를 만들어 신명의 덕을 통하고 만물의 정을 분류한다.("設卦以盡'情'僞. 始作八卦以通神明之德, 以類萬物之'情'.")
  [爻]-六爻가 발휘한다는 것은 널리 '정'에 통한다는 것이다.("六爻發揮旁通'情'也.")
  [彖]-효와 단은 '정'으로써 말해 준다.("爻彖以'情'言.")
  [辭]-성인의 '정'은 말에 나타난다.("聖人之'情'見乎辭.")
  [象]-성인이 천하의 '정'을 보고서 그 형용에 모의하고 그 물건에 마땅함을 형상하였다. 그러므로 상이라 이른 것이다.("聖人有以見天下之'賾'而擬諸其形容, 象其物宜, 是故謂之象." -釋文은 京房의 『周易章句』에서 '賾은 情'이라 한 것을 인용했다.)

  또한 "길흉은 정으로써 옮겨간다."("吉凶以情遷")와 "정과 위가 서로 감동하여 이로운 것과 해로운 것이 생겨난다."("情僞相感而利害生") 등의 말은 모두 『주역』 속 천언만어의 그 근본 관념이 이 '情'이라는 글자에 있음을 보여 주는 것이라 하겠다. 정이란 언제나 일정한 질서 변화를 따르기 때문에, 한 번 움직이고 한 번 고요하고(一動一靜) 한 번 닫고 한 번 엶(一闔一闢)은 물론, 더 나아가서는 剛柔, 往來, 屈伸은 모두 日月·寒暑의 순환·왕래와 같아서 변증적 법칙으로 발전한다. 그래

서 "한 번 陰하고 한 번 陽하게 함을 도라 이른다."("一陰一陽之謂道.")
고 말한 것이다. 그러나 우리들이 마땅히 주의를 가져야만 할 것은 바
로 이 중국 전통의 형이상학이다. 실제로는 또한 일종의 인생관을 기초
로 하는 단지 唯情 중심의 우주관인 까닭에, 성취의 측면에서는 여전히
인생관적 측면을 위주로 해야 한다. 그런데 이것이 이른바 '仁' 字의 학
설인 것이다. 중국 철학은 본래 천인합일을 주장해 우주에 충만한 것이
'참된 정의 흐름'이라 했다. 몸을 돌이켜 인생을 아는 것도 단지 이 '참
된 정'(眞情)일 따름이다. 그러므로 천지 인물은 원래 하나의 몸이고
하나의 '참된 정'일 뿐이어서, 같게는 하나이고 다르게는 萬類라고 말한
것이다. 예컨대 莊子가 "너무도 작게 보이는 까닭은 사람들 속에 있기
때문이다. 그러나 얼마나 큰가. 홀로 하늘에 노니는 것은."("眇乎小哉,
以屬諸人, 謷乎大哉, 獨遊於天.")라고 했듯이, 분명히 하늘과 사람을 둘
이라 하여 하늘을 너무 크게 보고 사람을 너무 작게 보고 있다. 이것은
孔家思想과 합치되지 않는다. 사실 사람이 천지와 같은 까닭은 완전히
이 '정'에 있다고 하겠다. 정이란 우주의 본체이고 사람을 낳는 命脈이
어서, 이 종자로부터 열매가 맺혀 바야흐로 사람이 된다. 그런 까닭에
내가 '정'임은 물론 모든 사람 역시 '정'이다. 그렇다면 천지만유는 모두
'情' 자이고, 또한 모두 '仁' 자, 이른바 "仁이란 천지만물을 一體로 삼
는다."("仁者以天地萬物爲一體.")임을 알 수 있다. 인간이란 다른 게 아
니라 바로 이 '정' 즉, 이른바 '인'에 해당한다. 때문에 인생에 대해 하
나의 정의를 내려서 다음과 같이 말하고 있다.

"仁이란 사람이다."(『中庸』, "仁者人也.")

맹자가 말하기를,

"인은 사람이다."(『孟子』, "仁也者人也.")

302

또한, 劉熙의 『釋名』에는

　　"사람은 仁이고, 仁은 만물을 낳는다. 그러므로 『易』에서는 '사람의 도
　　를 세워 仁과 義라 하였다.'라고 한 것이다."("人仁也, 仁生物也; 故『易』曰,
　　立人之道, 曰仁與義.")

이와 같이 '仁'을 가지고서 사람이 무엇인지를 명백하게 말하는 것은
인생에 마치 천 근이나 되는 힘을 보태 주는 것과 같다. 본래 사람의
온몸은 온통 이 '정'으로 이루어져 있기 때문에 만약 찌꺼기가 없다면
천지와 동체가 되어 잘 감응할 것이다. 이를테면 王陽明이가 말한 바와
같이, "어린아이가 우물에 빠지려고 하는 것을 보면 반드시 측은한 마
음이 일어난다. 그것은 그 인이 어린아이와 하나이기 때문이다. 어린아
이가 같은 인간이기 때문에 그렇다고 말하겠지만, 새나 짐승의 울음소
리를 들어도 또한 반드시 안타까운 마음이 생기지 않는가. 이것도 그
인이 새나 짐승과 하나이기 때문이다. 새나 짐승은 그래도 지각이 있는
존재이기 때문에 그러하다고 한다면, 초목이 마르고 꺾어진 것을 보아
도 연민의 마음이 생기지 않는가. 이것도 그 인이 초목과 하나이기 때
문이다. 초목은 그래도 생명이 있는 것이라고 한다면, 기와나 주춧돌이
무너져 있는 것을 보면 반드시 서글픈 마음이 생기지 않는가. 이 또한
그 마음의 인이 기와나 돌과 하나이기 때문이다."("見孺子之入井, 而必
有怵惕惻隱之心焉, 是其仁之與孺子而爲一體也. 孺子猶同類者也, 見鳥獸
之哀鳴觳觫, 而必有不忍之心焉, 是其仁之與鳥獸而爲一體也. 鳥獸猶有知
覺者也, 見草木之摧折而必有憫恤之心焉, 是其仁之與草木而爲一體也. 草
木猶有生意者也, 見瓦石之毀壞而必有顧惜之心焉, 是其仁之與瓦石而爲一
體也.")라 하겠다. 사람이 사람인 바는 이 감응을 따르는 정의 존재에
있다. 정이 존재하는 곳이 바로 인생의 의의가 존재하는 곳이다. 잠깐
이라도 정이 없다면 잠깐이라도 사람일 수 없다. 그러나 사람은 잠시라

도 정이 없을 수가 없기 때문에, 비록 극히 偏蔽될지라도 이것은 자연
적으로 靈根을 증식시켜 밝고 밝아서 어둡지 않게 된다. 이로서 사람의
몸은 비록 작지만, 이 정은 천지와 혼합되어 있는 것임을 알 수 있다.
다시 간단하게 말하자면 '仁' 자는 다름 아닌 '愛' 자인 것이다. 『易』의
「繫辭」에서는 "자리에 편안하여 仁을 돈독히 하기 때문에 사랑할 수
있는 것이다."("安土敦乎仁故能愛.")고 했고, 周子의 『通書』에는 "사랑
을 일러 인이라고 한다."("愛曰仁.")라 했다. 『논어』를 보면 "널리 사람
들을 사랑하되 仁한 이를 친히 해야 한다."("汎愛衆而親仁.")고 했고,
韓退之는 "널리 사랑하는 것을 인이라 한다."("博愛之謂仁.")고 했다.
그리고 『논어』에 "번지가 인에 대하여 묻자, 공자가 사람을 사랑하는
것이다."("樊遲問仁, 子曰愛人.")라는 대목이 나온다. 이상을 보건대,
'仁' 자가 곧 '愛' 자임을 알 수 있다. 사랑(愛)은 다른 사람의 고통을
느낄 수 있기 때문에 즉각 감정에 따라서 응하게 된다. 예컨대 뜻밖에
갓난아기(赤子)가 우물에 빠지려고 하는 것을 보면 스스로 두려워서
마음이 편안치 않음을 알게 되고, 堂 아래의 소가 두려워서 벌벌 떠는
것을 스스로 알게 된다. 어디서나 모두 살아있는 것임은 물론 仁의 실
현인 것이다. 그리고 이 '情'이 최고의 경지에 이르면 가는 곳마다 사랑
하고 즐겁지 않음이 없게 된다. 그래서 말하기를,

　　"자리에 편안하여 仁을 돈독히 하기 때문에 사랑할 수 있는 것이다."(『易』,
「繫辭」.)

　다만 있는 장소가 편안치 않다면 한 방 내에서 다른 생각을 견디지
못하게 될 것이다. 내가 너를 싫어하는 이상은 너 역시 나를 싫어함은
분명하다. 그러니 어떻게 仁에 편안하여 서로 친애할 수 있겠는가? 만
약 자리가 편안하다면, 어느 장소나 어느 사람이든 간에 모두 좋아 보

여서 가는 곳마다 사랑하고 즐거울 것이다. 이른바 "어진 자는 仁에 편안하다"(『禮記』, "仁者安仁.")고 한 말은 참된 정을 지닌 사람만이 情的 생활에 편안할 수 있어서 정을 낙으로 삼게 된다는 의미이다. "노인을 편안하게 해 주고, 벗에게는 신의를 지키며, 젊은이를 감싸 주고자 한다."(『論語』, "老者安之, 朋友信之, 少者懷之.")라고 한 것처럼 사람마다 모두 좋아 보인다면 어찌 걱정이 있겠으며, 어찌 즐겁지 않겠는가?("仁者不憂.") 원래 중국의 전통철학은 매우 많은 말로 사람들을 가르쳐 왔다. 하지만, 이 모든 것들은 '情', 즉 '즐거움'(樂)을 이해시키고자 한 데 불과하다. 이른바 "군자는 마음이 평정하여 넓고 너그러우며, 소인은 항상 겁내고 두려워한다."(『論語』, "君子坦蕩蕩, 小人長戚戚.")고 하겠다. 하나는 어디서나 각각의 사람들을 모두 호감을 가지고 대하기 때문에 군자가 된 것이며, 하나는 어디서나 각각의 사람들을 좋지 않은 감정을 가지고 대하기 때문에 일개 소인이 된 것이다. 바꿔 말해서 예컨대 孔子의 蔬飮, 顔回의 簞瓢, 曾點의 春風沂咏 즉 "늦은 봄에 봄옷을 만들어 입고 관을 쓴 벗 대여섯과 아이들 육~칠 명과 같이 기수에서 목욕하고 기우제 드리는 곳에서 바람을 쐬고 노래나 읊으며 돌아오겠다."("莫春者, 春服旣成, 冠者五六人, 童子六七人, 浴乎沂, 風乎舞雩, 詠而歸.")고 함이 그것이다. 이것은 참된 정이 충만해 마음이 침착하고 여유가 있어서 직접 천지만물과 상하로 同流하여 그 오묘한 곳을 터득했음이 분명하다. 이때에는 본래 천지와 서로 유통하므로 어찌 즐겁지 않겠는가?

위에서 서술한 바에 비추어 보면 여기가 바로 중국철학의 정화가 존재하는 곳이고, 또한 인생철학의 정화가 존재하는 곳이라고 말할 수 있다. 다만 아쉬운 점은 이와 같은 '人的 文化'가 현재의 치열한 생존경쟁 시대에 와서는 사실 볼품없게 보일 뿐만 아니라, 그 가치 또한 세상 사람들에게 인식되기에는 그다지 쉬운 일이 아니라는 사실이다. 만약 무리하게 남 앞에 내놓고자 한다면 그 결과는 역시 손해를 볼 따름이다. 그런 까닭에 중국이 비록 특수한 철학 문화를 가지고는 있지만, 이 철학 문화로 인해서 구원될 수는 없다. 이것은 그야말로 사실이다. 뿐더러, 문화란 앞을 향해서 진보하는 것이다. 우리들이 만약 분투해서 저 연발총, 대포, 두려울 게 없는 군함과 잠수정, 그리고 비행기의 시대를 따라잡는다면, 우리들은 우리들의 과거인 그 철학 문화를 말할 자격을 급기야 상실하게 되고 말 것이다. 아울러 우리들은 저 "한 그릇의 밥과 한 표주박의 물을 먹으며 누추한 거리에 사는 것을 남들은 그 괴로움을 참지 못하거늘, 회는 그 즐거움을 변치 않는다."("一簞食, 一瓢飮, 在陋巷, 人不堪其憂, 回也不改其樂.")고 했던 그 인생철학을 제창할 자격을 상실하게 될 것이다. 그렇다면, 우리들은 어떻게 해야 좋을까?

내 생각에는 중국의 철학적 문화는 한 측면에서 보면 이미 과거의 것임에 틀림없지만, 다른 측면에서 보면 즉, 全 문화 체계상 중국 문화는 오히려 '부흥'의 희망을 담지하고 있다. 문제는 바로 우리들이 철학적 문화를 파악하여 서양의 과학적 문화 속에 용해시킴으로써, 제4시기의 예술적 문화를 향해서 비약적으로 발전할 수 있을지에 달려 있다.

전 세계의 문화는 최후에는 모두 문화의 이상향인 '예술적 문화'로 경도될 것이다. 문화란 원래 예술이 그 이상향이 되기 때문에, 일체 개개의 문화는 모두 예술성과 생명성을 함유한다. 중국의 문화 역시 이 예에서 벗어나지 않는다. 예술 문화를 前 단계인 개개의 문화와 한번 비교해 보자. (1)전 단계인 개개의 문화가 개별적이라면 예술 문화는 전체적이다. (2)전 단계의 문화가 대립적(전쟁 중심적)이라면 예술 문화는 조화적(평화 중심적)이다. (3)전 단계의 문화가 민족주의적이라면 예술 문화는 大同主義的이다. 예술 문화는 문화 그 자신의 충분한 실현이기 때문에 동방이든 서방이든 막론하고 예술적 문화를 전담할 하나의 정해진 곳은 없다. 또한 개개의 문화(종교 문화, 철학 문화, 과학 문

화)로부터 예술적 문화로 나아가지 못할 곳 역시 존재하지 않는다. 그
러므로 문화의 지리 분포상에서 말한다면, 비록 출발점과 방법은 다르
다고 하더라도 결과는 같아서 모두 예술적 문화가 그 끝이 된다. 표로
나열해 보면 다음과 같다.

· 인도--------------------종교 문화로부터 예술 문화에 이른다:
· 중국--------------------철학 문화로부터 예술 문화에 이른다:
· 서양--------------------과학 문화로부터 예술 문화에 이른다.

　중국 문화의 황금시대는 이미 지나가 버린 과거에 있는 것이 아니라
미래에 달려 있다. 과거의 것은 이미 죽었다. 先秦 諸子의 문화가 비록
아무리 찬란하다고 하더라도, 우리가 살고 있는 문화와 무슨 상관이 있
겠는가? 중국 문화의 부흥은 회색의 고전 문화에 달려 있는 것이 아니
라, 24紀 후의 '예술 문화'에 달려 있는 것이다. 중국 문화의 근본 특질
은 종교와 과학이 아니라 인생철학에 있다. 이처럼 철학은 본디 중국
문화의 하나의 큰 특색임에는 틀림없지만, 과거의 수천 년 동안 쌓아
올린 철학 문화는 현재에 와서도 단지 우리들에게 일종의 억압의 힘으
로 전해질 수가 있다. 그리하여 우리들로 하여금 영원히 저 '子曰', '詩
云' 아래에 얽매이게끔 해서 해방될 수 없도록 만들기 때문에, '복고'적
방법은 辜鴻銘의 『春秋大義』 속에서의 언론처럼 근본적으로 반대해야
만 한다. 왜냐하면 문화의 발전이란 전진적이어서 일반적으로 생각하는
것처럼 그렇게 불변적인 것은 아니다. 반대로 문화 그 자체는 바로 변
화와 동적인 표현이다. 때문에 문화를 말하지 않으면 그만이지만, 문화
를 말하고자 한다면 반드시 과거의 소유 외에도 언제나 어느 정도의
창조와 생성이 존재한다는 사실을 염두에 두어야 한다. 중국 문화가 비
록 철학을 대표하고는 있지만, 철학 문화는 그 발전과 진화 속에서 반

드시 엄격하게 과학 문화의 세례를 받아야 하고, 또한 예술적 문화 목
표를 향하여 나아가야만 한다. 이와 동일하게 인도의 문화 부흥인즉슨
응당 종교적 문화를 그 기초로 해서, 그 발전과 진화 중에 또한 반드시
현 단계인 과학 문화의 세례를 받아들여야만 비로소 예술적 문화로 원
만하게 나아갈 수가 있는 것이다. 서양 문화는 이미 과학적 기초를 가
지고 있는 탓에 그 문화의 이상향과는 본래부터 비교적 가까운 편이다.
그러나 예술 문화는 세계사의 사업인지라 처음부터 동방의 각 나라와
그 행동이 일치하지 않을 수 없다. 만약 오로지 중국의 철학적 문화만
을 가지고서 말한다면, 중국철학은 예로부터 예술적 인생을 창조하는
경향이었다. 중국은 단지 泛神 사상만이 있었을 뿐 종교는 없었고, 手
藝만이 있었을 뿐 과학은 없었다. 예술상에 있어서도 다만 상징주의와
표현주의의 경향은 지녔지만, 사실주의와 자연주의에는 반대하였다. 그
러므로 중국 문화는 시종 제3기의 과학 문화와는 완전히 융합될 수가
없었던 것이다. 그 완전히 융합될 수가 없는 원인은 철학적 문화가 과
학적 문화를 따라잡을 수가 없기 때문이기도 하지만, 사실은 철학 문화
가 예술 문화로 경도되는 바가 과학적 문화보다 한층 더 우수하기 때
문이다. 만일 과학 문화를 현실적 단계로 삼는다면 철학 문화가 추구하
고자 하는 '예술 문화'는 사실 그 이상적 단계가 된다. 다만 우리들이
여기서 알아야 할 것은 이상적 문화에는 반드시 하나의 물질적 기초가
필요하다는 사실이다. 만약 과학 문화의 현 단계가 철저히 실행되지 않
는다면 중국 문화가 추구하고자 하는 새로운 문화의 경지 즉, 이상적
예술 문화는 역시나 결코 비장군처럼 하늘에서 갑자기 내려올 수는 없
다. 우리들은 물론 필연적 세계를 싫어하지만, 필연 세계는 사실 자유
세계에 도달하는 하나의 계단에 해당된다. 우리들이 언제 즉각적으로
철학 문화로부터 예술 문화를 향해서 나아가지 않으려고 한 적이 있었
던가? 그러나 예술 문화에 도달하기 전에 우리들은 반드시 과학적 문

화 세계를 거쳐야만 한다. 확실히 과학적 문화 단계를 지켜서 막다른 곳까지 이르러야만 비로소 예술적 세계로 轉化해 들어갈 수가 있다. 이것이 바로 우리들이 중국 문화의 부흥을 제창하는 최대 목표인 것이다.

많은 사람들은 '全般西化'를 주장하면서 이것이 바로 중국 문화의 유일한 활로라고 생각한다.(陳序經, 『中國 文化의 出路』, 제5장.) 이 말에 대해서 나는 절대로 반대하지 않는다. 우리들이 과거의 문화를 충분히 존중해야 하겠지만, 과거의 문화는 반드시 오늘날 나의 창조 활동을 거친 후라야 비로소 존재의 의미를 가지게 된다. 그러므로 일체의 참된 문화란 모두 현대적 문화이고 또한 현대에 적합한 문화이다. 그렇지 않다면 이른바 과거 문화로 단지 찌꺼기 내지는 생명이 없는 미이라일 뿐이다. 현대의 중국 문화를 살펴보면 어떠한 측면에서든 서방 문화의 침입과 본국 문화의 파산의 선언 아닌 것이 없다. 현 단계의 중국 문화는 자연히 이미 과학 문화의 노상에 진입한 것이다. 우리들이 중국 문화의 현 단계를 충분히 이해하면 할수록, 중국 문화가 만일 계속적으로 창조되지 않으려면 그만이지만 창조가 계속되려면 반드시 하나의 물질적 기초를 가져야만 함을 발견하게 된다. 전반적으로 과학 문화를 받아들인다는 것은 중국의 새로운 문화를 촉진하는 것에 해당된다. 때문에 무릇 현 단계의 문화가 매우 잘 갖추어져 있는 것은 모두 대량으로 그것을 환영함이 좋다. 그러나 주의할 점은 우리들이 환영한다는 것은 과학 문화이지 陳序經 선생이 말한 '西化'는 아니다. 그에게 서화가 무엇인지를 묻는다면 그는 사양하지 않고 서양 근대 문화의 주력인 다름 아닌 '개인주의'라고 말할 것이다.

개인주의가 서양에서 이미 과거의 資産段階 학자의 논조가 되었든 관계없이 우리들이 지금 요구하는 것은 어떤 '주의'가 아니다. 이러한 철학상의 광대놀음은 이미 우리들에게는 너무나도 많이 겪어 온 일이다. 우리가 현재 필요로 하는 것은 '인생관'이 아니라 '실용적 지식' 즉

과학적 지식이다. 우리들은 수학, 물리학, 화학 등의 과학이 중국의 仁
愛的 인생관과 병립할 수 없다고는 결코 생각하지 않는다. 뿐더러 서양
의 개인주의적 인생관을 또한 근본적으로 뒤집고서 하나의 더욱 넓고
큰 인생철학의 건설을 도모해서는 안 된다고도 생각지 않는다. 교양적
지식과 실용적 지식에 관해서 우리들은 두 가지의 문제이지 한 가지의
문제가 아니라고 생각한다. 중국의 문화 부흥을 위해서는 확실히 과학
의 새로운 기초가 반드시 요구된다고 하겠다. 하지만, 과학 문화를 받
아들인다는 것이 이 때문에 그 원래 가졌던 위대한 문화 정신을 잃어
버리고서 개인주의의 길로 들어선다는 의미는 아니다.

5

우리들은 줄곧 중국 문화의 유일한 활로는 오직 과학을 받아들이는
것일 뿐이라고 선언해 왔다. 그렇지만 과학 문화의 유일한 희망은 단지
남방에만 존재하는 까닭에 문화의 지리분포 상에서 이른바 '남방문화운
동'을 제창하는 것이다.

원래 중국 문화의 역사적 발전은 북방에서 발생하여 중부를 지나 남
방에서 진전된다. 이러한 문화의 지리 기초는 앞에서 논한 세계 문화의
분포와 동일해서, 지형의 세 가지 기본에 따라 구별할 수 있다.

(1) 고지--중국 북부,
(2) 평원---------------------------------------   중부,
(3) 해양---------------------------------------   남부.

중국문화사의 첫 페이지는 고지에서 발생되었다고 했다. 柳詒徵(『중
국문화사』, 상책, 16~17쪽.)은 매우 많은 증거를 들어서 중국 문화는

산봉우리에서 흥기한 것임을 설명했다. 예컨대,

(1) 군주를 대대로 전하여 林蒸이라 불렀다;

(2) 唐·虞 때에 제후의 우두머리를 존중하여 嶽이라 불렀다;

(3) 巡狩하여 제후의 조회를 반드시 山嶽에서 행하였다;

(4) 인민을 대대로 전하여 구민이라 불렀다;

(5) 제왕 된 자는 반드시 산에 올라서 封禪(옛날 제왕이 태산에 가서 천지에 제사 지내는 전례. -역주)을 행하였다.

이로 볼 때, 북방 고지는 사실상 중국 문화의 발원지임을 알 수 있다. 곧바로 兩漢 시대에 이르러서도 중국 문화는 여전히 북구가 그 근거지가 되었다. 그래서 "山東에서는 재상이 나오고, 山西에서는 장수가 나온다."(『漢書』, 卷69, 「趙充國傳贊」.)와 "關西에서는 장수가 나오고, 關東에서는 재상이 나온다."(『後漢書』, 卷88, 「虞詡傳」.)라는 속어가 있다. 이 곳 산동과 산서는 華山이 그 경계가 되고, 관동과 관서는 函谷關이 그 경계가 된다. 이처럼 고지가 문화의 표준이 됨을 알 수 있다. 다만 고지 문화는 지방적 측면에서 관찰하자면 최초엔 오히려 자급자족할 수가 있었다. 그러던 것이 隋·唐 이후로는 미곡의 공급이 남방에 의지하지 않을 수가 없게 되어 河流의 운수가 크게 중요해졌다. 북부는 비록 황하가 있으나, 황하는 '집안을 망치는 자식'(敗家子)으로 불리다시피 항상 흉작 지역이었다. 이와 반대로 運河인즉슨 곡물을 북방으로 운송하기 위해서 판 것이다. 하류가 닿는 평원 지역에 이르러서는 천하 금전의 원천과 명맥임은 더욱 말할 필요도 없다고 하겠다. 그래서, 南宋 시대에는 결국 "蘇常의 곡식이 익으면 천하가 넉넉해진다."(陸游, 『渭南文集』.)와 "江浙의 곡식이 익으면 천하가 넉넉해진다."라고 하는 속어가 남아 있을 정도이다. 남송으로부터 元·明·淸의 수대에 이르기까지 중국 문화는 모두 가장 풍요로웠던 長江 유역이 그 근거지가 되었다. 乾隆이 江南에서 노닐 때에도 여전히 "江浙은 인재와 문화가 집결되는 곳이다."라고 불리게 되었다.(桑原隲藏, 『역사상에서 관찰한 중국의 남북 문화』, 참고.) 그런데 이와 같은 평원의 문화 역시도 영원불변한 것은 아니다. 명대의 丘濬이 지은 『廣州府志書序』에서는 이미 '바다의 원리'라는 문제가 제기되고 있다. 그는 말하기를,

  "천하의 산은 모두 서북에서 발원해 분산되었다가 모여서 우뚝 솟아 큰 산맥이 된다. 천하의 내는 모두 동남에서 굽이져 넓게 퍼졌다가 그쳐서 물이 괴어 바다가 된다. 廣南은 바다 사이에 있어서 천지 산천의 극치에 달한 氣를 받아들인다. 기는 여기서 다하여 거듭 배출되는지라 인물이 그것을 얻어 홀로 다른 나라와 다르다."

唐과 五代 시대에는 嶺南은 아직 '蠻夷의 지역'이었다. 그러던 것이 明代에 이르자 海路의 교통이 점점 발달했던 까닭에 연해의 각지, 특히 廣東, 福建이 마침내 中西 무역의 근거지가 되어 경제사에 있어서 점차로 매우 중요한 위치를 차지하게 되었다. 더군다나 서양 문화의 영향을 최초로 받았던 탓에, 淸末 孫中山 선생의 혁명운동, 康有爲의 유신변법운동 역시 모두 광동인이 그 중심이 되었던 것이다. 그러므로 최근의 중국 문화는 사실 남방이 근거지가 되는 경향을 보인다. 바꾸어 말해서 중국 문화가 이미 서양 문화의 새로운 시대를 이룬 곳이라 말할 수 있다.

  이상은 오로지 지형적 원리상에서 말한 것이다. 이제는 '중국 역대 인물의 지리적 분포'로부터 한번 연구해 보도록 하자. 우리들이 다 알고 있다시피 이 일에 종사한 학자들로는 丁文江, 梁啓超, 張耀翔, 朱君毅, 余天休 다섯 사람을 들 수 있다. 이들은 각기 그 연구의 방법, 근거와 시대를 가진다. 이제 이들 명가들의 연구를 대략 서술해 봄으로써, 이 문제상에서 역사 통계학을 응용해 얻은 결론을 간파할 수 있다.

(1) 丁文江, 「역사 인물과 지리적 관계」(歷史人物與地理的關係), 『科學雜誌』, 제8권, 제1기.

(2) 梁任公, 「근대 학풍의 지리적 분포」(近代學風之地理的分布), 『淸學報』, 제1권, 제2기.

(3) 쿠와바라 지쯔죠오(桑原隲藏), 「역사상에서 관찰한 중국의 남북 문화」(由歷史上觀察的中國南北文化), 『東洋史論叢』, 中譯은 『文哲季刊』, 제1권, 제2호에 실려 있다.

(4) 헌팅턴(Huntington), 「북중국과 남중국」(北中國與南中國), 『종족의 품성』(種族的品性), 中譯은 『자연 도태와 중화 민족성』(自然淘汰與中華民族性).

(5) 張耀翔, 「청대 진사의 지리적 분포」(淸代進士之地理的分布), 『心理雜誌』, 제4권, 제1호.

(6) 朱君毅, 「중국 역대 인물의 지리적 분포」(中國歷代人物之地理的分布), 中華書局, 『常識叢書』, 第40種.

(7) 余天休, 「중국 近30年 인물의 분석」(中國近三十年人物的分析), 『社會學刊』, 제3권, 제2기.

(一) 丁文江의 연구는 『二十四史』 중 前漢, 後漢, 唐, 北宋, 南宋, 明, 이 여섯 代의 傳記에 나와 있는 인물들에 의거하여 열거한 것이다. 그들의 본적에 따라서 현재의 각 省에 배치함은 물론, 또한 각 성의 사람 수에 따라서 백분율로 열거했다. 리스트는 다음과 같다.

省	前漢			後漢			唐			北宋			南宋			明		
	인원수	%	등급	인원수	%	등급	인원수	%	등급	인원수	%	등급	인원수	%	등급	인원수	%	등급
陝西	22	10.58	4	73	15.97	2	261	20.4	1	63	4.31	10	6	0.99	14.5	80	4.51	9
河北	21	10.10	5	28	6.12	4	223	17.6	2	212	14.51	2	7	1.16	13	128	7.22	5
山西	10	4.92	6.5	16	3.50	8	182	14.2	4	141	9.65	4	17	2.81	9	56	3.16	12
河南	39	18.75	2	170	37.20	1	219	17.1	3	324	22.18	1	37	6.12	7	123	6.94	6
山東	61	29.33	1	57	12.47	3	97	7.6	5	156	10.68	3	13	2.15	11	93	5.25	7
江蘇	23	2.06	3	13	2.84	10	82	6.4	6	97	6.63	5	49	8.10	5	241	12.61	2
浙江	2	0.96	12.5	14	2.99	9	34	2.77	9	84	5.74	8	136	22.50	1	258	14.51	1
湖北	7	3.36	8	11	2.40	11	29	2.4	10	19	1.30	12.5	14	2.32	10	76	4.29	10
安徽	3	1.14	10.5	24	5.25	6	21	1.7	11	53	3.62	11	38	6.29	6	199	11.24	4
四川	4	1.92	9	26	5.68	5	12	0.9	12	93	6.36	7	71	11.70	4	51	3.21	11
江西	1	0.49	14	2	0.42	12.5	7	0.5	13	81	5.54	9	83	13.40	3	204	11.52	3
湖南	0	0		2	0.42	12.5	2	0.2	16.5	12	0.82	14	12	1.98	12	27	1.52	14
福建	0	0		1	0.21	15.5	2	0.2	16.5	95	6.50	6	88	14.50	2	92	5.19	8
廣東	0	0		0	0		3	0.2	14.5	3	0.20	16	4	0.66	16	50	2.82	13
廣西	0	0		1	0.21	15.5	0	0		2	0.13	17	6	0.99	14.5	13	0.73	18
貴州	0	0		0	0		1	0.1	18	0	0		0	0		10	0.56	19
雲南	0	0		0	0		0	0		0	0		0	0		14	0.79	16.5
甘肅	10	4.92	6.5	17	3.72	7	53	4.1	7	19	1.30	12.5	23	3.89	8	23	1.29	15
遼寧(漢人)	0	0		0	0		3	0.2	14.5	0	0		0	0		0	0	
內蒙(漢人)	3	1.44	10.5	1	0.21	15.5	0	0		0	0		0	0		0	0	
外族	2	0.96	12.5	1	0.21	15.5	50	3.9	8	7	0.61	15	0	0		14	0.79	16.5
총계	208		14	457		17	1282		18	1461		17	604		16	1771		9
합계	5783																	

이 표의 최대 착오는 현재의 성을 표준으로 함에 있겠지만, 그의 연구의 결과에 의하면 도리어 대체적으로 아래 열거한 결론을 얻게 해준다. 즉 인물이 가장 많이 나온 출생지는 아래의 표와 같다.

시 대	前漢	後漢	唐	北宋	南宋	明
인물이 가장 많은 省	山東 河南	河南 陝西	陝西 河北	河南 河北	浙江 福建	浙江 江蘇

314

위에 근거하자면 남송 이전에는 중국의 인물은 황하 유역이 중심이었고, 남송 이후에는 長江 유역이 중심이었음을 알 수 있다. 그리고 江蘇, 浙江이 가장 많은데, 그 중에서도 오직 복건만은 송이 장강 남쪽으로 수도를 옮긴 뒤의 영향인지라 그 특별한 예가 된다고 하겠다. 절강의 인물은 전한 시대에 12위를 차지하는 데 불과했으나, 후한과 당 때에는 9위를 차지하고 북송 때에는 8위를 차지한다. 그러던 것이 남송과 명 때에는 갑자기 1위로 뛰어오른 것을 확인할 수가 있다. 이 기간 동안에 남북 문화가 전이되었음을 가장 분명하게 보여 주는 것이라 하겠다.

(二) 梁任公의 연구는 단지 滿淸 한 代의 학자만을 대상으로 했기 때문에 그 범위가 매우 좁다. 그렇기는 하지만 그는 가장 먼저 역사 통계학을 제창한 사람이다. 이 지리 분포의 데이터에 근거해 보면, 청대 학자의 분포와 장강 유역 즉 浙江이 그 중심이 됨을 분명히 알 수 있다. 여기서 거론되고 있는 인물을 계산해 보면 총수가 461인이 된다. 그중에서 강소가 차지하는 비율은 26.24%이다. 다음 표를 보도록 하자.(朱君毅, 「중국 역사 인물의 지리적 분포」, 14쪽, 인용.)

省	인원수	백분율(%)	등급	성의구분	인원수	백분율(%)	등급
江蘇	121	26.24	1	山西	7	1.52	12
浙江	90	19.52	2	四川	6	1.30	13
河北	43	9.33	3	湖北	5	1.08	14.5
安徽	41	8.89	4	貴州	5	1.08	14.5
廣東	24	5.21	5.5	廣西	4	0.86	16
湖南	24	5.21	5.5	蒙滿	3	0.65	17
山東	22	4.77	7	雲南	1	0.22	18
河南	19	4.12	8	遼寧	1	0.22	19
陝西	16	3.47	9.5	甘肅	1	0.22	19
江西	16	3.47	9.5	총계	461	99.98	19
福建	12	2.60	11				

(三) 쿠와바라 지쯔죠오의 연구는 그의 저작인 『역사상에서 관찰한 중국의 남북 문화』중 남북 인재 분포의 상황을 科擧로 그 예를 들어 서술하는 절에서 드러난다. 그는 명·청 두 대에 걸쳐서 과거 시험에 합격한 사람의 숫자를 가지고서 그 비율로 삼았다. 그는 먼저 明 陳建의 『皇明通紀』, 권3에 수록된 바에 의거해서, 明 洪武 4年(서기 1371)으로부터 萬曆 44年(1616)에 이르기까지 245년간 과거 시험의 會試에서 수석으로 세 번 급제한 總考를 기초로 삼아서 통계표를 작성했다.

(北)	北直隷(지금의 河北)	7인
	山東	7인
	山西	4인
	河南	2인
	陝西(지금의 陝西, 甘肅)	9인
	計	29인
(南)	南直隷(지금의 江蘇, 安徽)	66인
	浙江	48인
	江西	48인
	福建	31인
	湖廣(지금의 湖北, 湖南)	8인
	廣東	6인
	計	207인
(南北 以外)	四川	6인
廣西		2인

말하자면, 명대에 남방의 인재를 북방과 비교해 보면 많게는 일곱 배이상에 이른다. 또한 청대를 예로 들어보면 청 강희와 건륭 두 대에는 博學鴻詞科(이른바 '制科')를 열었는데, 청 李集의 『鶴徵錄』 및 李富孫의 『鶴徵續錄』에 의거해서 통계표를 작성했다.

		1등	2등
(北)	直隸	2인	3인
	陝西	1인	
	山東		1인
	河南	1인	
	計	4인	4인
	總計	8인	

		1등	2등
(南)	江南(지금의 江蘇, 安徽)	10인	15인
	浙江	5인	7인
	江西		3인
	福建		1인
	湖廣(지금의 湖南, 湖北)	1인	
	計	16인	26인
	總計	42인	

청의 강희 시대(1679년, 즉 강희 18년)에 남방의 인재를 북방과 비교해 보면 많게는 다섯 배 이상에 이른다. 또한 건륭 원년(1736)의 制科에는 1등이 5인, 2등이 10인인데, 그 중에서 실제로 남방이 14인이고 북방은 오히려 단지 1인일 따름이다. 리스트를 보면 아래와 같다.

		1등	2등
(북)	山東		1인
	總計	1인	

		1등	2등
(남)	浙江	2인	5인
	江南	2인	4인
	江西	1인	
	計	5인	9인
	總計	14인	

(四) 헌팅턴의 연구를 보자. 미국의 인문지리 학자인 헌팅턴은 통계학
방법을 사용하여 중국 인물의 지리 분포를 연구하였다. 그는『종족의 품
성』(The Character of Races) 중「북중국과 남중국」(潘光旦 譯,「자연 도
태와 중화 민족성」 32쪽에 보인다.)에서 그가 중국에 있었던 당시를 언
급하고 있다. 그는 일찍이 북경의 미국 공사관으로부터 한 장의, 즉 1910
년 10월 사이의 京城 縉紳 명단을 빌려 온 적이 있는데, 이 명단 중에서
과거제도를 통해서 선별된 관원들을 모두 골라내었다. 그리고 과거 선발
수속을 거치지 않은 많은 무관 旗人(청조의 건국 때 공로가 있던 만주
인·몽고인 및 일부의 漢人 등 八旗에 속한 사람. -역주) 등은 제외하고,
중국의 중심부인 18省에서 낳은 인물들을 각 성의 같은 시기의 인구를
가지고서 그 비율을 삼았다. 그 각 성의 분포는 아래 표와 같다.

省	直屬	山西	陝西	甘肅	山東	河南	湖北	四川	江西
인원수	21.5	4.0	7.1	1.0	4.7	7.1	5.1	2.4	3.4
省	江蘇	安徽	浙江	福建	廣東	廣西	雲南	貴州	湖南
인원수	26.7	15.6	38.7	9.6	10.3	13.7	10.2	17.0	17.1

헌팅턴의 설에 의하면, 비교적 중간에 위치한 6성은 염두에 두지 않
더라도 북방 6성 중 오직 直隷(河北省의 옛 이름. -역주)만이 7.1을 넘
어 한결 높지만, 그 나머지 5성은 매 1,000만 인구 중 많아야 7.1人이
할당되었다. 남방 6성으로 말하자면 오직 복건이 가장 적게 인물을 냈
지만, 매 인구의 1,000만 중 이미 9.6인의 대관원이 할당되어 있다. 중
부 近海의 강소, 절강, 안휘 3성에서 낸 대관원은 극히 많지만, 內地 3
성인즉슨 또한 심히 적다. 직례는 북경이 오래도록 수도였던 탓에 특별
한 예인 셈이다. 이 때문에 그의 결론은 다음과 같다. 이를테면, "중국
에는 재능을 갖춘 사람으로서 그 재능이 엄격한 鄕會의 선발을 받을
수 있는 사람이 존재한다. 또한, 이로 인해서 많은 사람의 경쟁 속에서

대관이 된 사람은 대체로 서북쪽으로 향할수록 그 수가 더 적고, 동남쪽으로 향할수록 그 수가 더욱더 많다.”(36쪽)

(五) 張耀翔의 연구는 청대 科擧 인물의 지리 분포에만 한정되어 있다. 그래서 비록 인물 전체를 나타내기엔 충분치가 않겠지만, 바로 과거 당시의 각 省 인물의 능력을 나타내 주는 데는 부족함이 없다. 그가 취한 자료는 직접 北平國子監進士題名碑에서 베껴 쓴 것이고, 그 가운데서 ‘진사급제’ 즉 一甲(과거 시험의 최종 시험인 殿試에서 1등·2등·3등으로 합격한 세 사람, 그중 1등을 壯元, 2등을 榜眼, 3등을 探花라고 하였으며, 이들에게 진사급제의 자격이 주어짐.—역주)인 ‘壯元’, ‘榜眼’, ‘探花’에서만 오로지 취하였다. 342인을 계산해 통계로 삼아 얻은 결과는 梁任公의 청대 학풍의 통계와 상호 분명하게 설명해 준다. 리스트는 아래와 같다.

省	인원수	백분율(%)	등급	省	인원수	백분율(%)	등급
江蘇	119	34.8	1	四川	5	1.4	12
浙江	81	23.7	2	河南	4	1.1	14
江西	19	5.6	3	山西	4	1.1	14
安徽	18	5.2	4	廣西	4	1.1	14
河北	17	4.9	5	貴州	3	0.9	16
湖北	14	4.1	6	陝西	2	0.7	17
湖南	13	3.8	7.5	雲南	0	0	0
山東	13	3	7.5	遼寧	0	0	0
廣東	10	2.9	9.5	甘肅	0	0	0
福建	10	2.9	9.5	총수	342	99.70	17
滿蒙	6	1.7	11				

(六) 다음은 朱君毅의 연구로서 그는 丁·梁 이후 張氏와 같은 시기에 『청대 인물의 지리적 분포』(淸代人物之地理的分布)를 지었다. 그는

다음의 두 책에 근거하였다. 하나는 호남의 湘陰, 李恒이 엮은 『國朝耆
獻類徵初編』이고, 또 하나는 中華書局이 민국 18년에 출판한 『淸史列傳』
이 그것이다. 이 두 책의 통계 결과에 의거하자면, 역시 강소의 인물이
가장 많고, 절강은 처음으로 두 번째, 세 번째의 지위를 차지하게 된다.
하지만 내가 보기에는 이러한 청대 인물의 통계는 그 결과가 정·양·
장 여러 학자들의 결론을 더욱 실증하는 데 불과하며, 이것 외에는 사
실 새로운 것이 없다. 그의 최대 공헌은 그래도 그가 지은 『민국 15년
내 인물의 지리적 분포』(民國十五年內人物之地理的分布)란 글에 있다
고 하겠다. 이 글의 자료는 두 책에 근거하고 있는데, 하나는 파웰(J.
B. Powell)이 1925년에 편찬한 『中國名人錄』이고, 또 하나는 吳德海가
1925년에 편찬한 『中國年鑑』이 그것이다. 처음에는 우리들에게 어떠한
신기하고 가치 있는 원칙을 결코 알려 준 적은 없는 것처럼 보인다. 단
지 다음과 같은 사실만을 전달할 뿐이다.

(1) "漢으로부터 지금에 이르기까지 중국 인물의 변천은 서북쪽에서
동남쪽으로 쏠려서 마치 半月形을 이루는 듯하다."(43쪽)
(2) "인물의 출현은 실제로 환경이 가장 큰 힘으로 작용한다."(44쪽)

다만 세심하게 연구를 한번 기울여 본다면, 우리들은 그가 열거한 숫
자로부터 역대 인물의 지리적 분포를 간파할 수 있음은 물론, 중국 역
대 문화의 지리적 분포를 간파할 수 있다. 뿐더러, 그야말로 확고하게
우리처럼 남방문화운동을 제창하는 사람들에게는 확실한 과학적 기초
가 아닐 수 없다. 예컨대, 42쪽에 열거되어 있는 중국 역대 인물 변천
의 趨勢圖에는 아래와 같은 설명이 덧붙여져 있다. 즉,

時代	前漢	後漢	唐	北宋	南宋	明	淸	民國	最近(민국 15년 후)
인물이 가장 많은 省	山東	河南	陝西	河南	浙江	浙江	江蘇	江蘇	廣東

위의 표에 의하면 시대에 따라서 북송 이전에는 황하 유역의 문화이고 청 이전에는 양자강 유역의 문화이고 최근에는 비로소 주강 유역의 문화임을 알 수 있다. 그렇다면, 우리들이 남방문화운동을 제창함에 있어서는 매우 충분한 역사 지리적 근거가 있다고 해야 하지 않을까? 이러할 뿐만 아니라 즉, 민국 15년 내에 인물의 지리적 분포만을 가지고서 얘기해본즉슨, 原著인 8, 9, 10 각 표(34~35쪽)에 의거하자면 또한 남방 문화가 과학적 문화와 산업적 문화임을 알아차릴 수가 있다. 기록된 표는 다음과 같다.

(표8) 민국 實業 인물의 지리적 분포표

省	인원수	백분율(%)	등급	省	인원수	백분율(%)	등급
廣東	27	26.5	1	山東	1	0.9	11.5
江蘇	25	24.5	2	山西	1	0.9	11.5
浙江	21	20.6	3	湖北	1	0.9	11.5
河北	11	11.0	4	陝西	1	0.9	11.5
福建	6	5.9	5	雲南	1	0.9	11.5
安徽	2	1.9	7	遼寧	1	0.9	11.5
湖南	2	1.9	7	총수	102	99.6	14
國外	2	1.9	7				

(표9) 민국 교육 인물의 지리적 분포

省	인원수	백분율(%)	등급	省	인원수	백분율(%)	등급
江蘇	19	26.7	1	雲南	3	4.2	7.5
浙江	13	18.2	2	湖北	2	2.8	11
河北	9	12.7	3	湖南	2	2.8	11
河南	5	7.4	4	廣東	2	2.8	11
江西	4	5.6	5	安徽	1	1.4	14
山東	3	4.2	7.5	遼寧	1	1.4	14
福建	3	4.2	7.5	國外	1	1.4	14
四川	3	4.2	7.5	총수	72	100	15

(표10) 민국 군사 인물의 지리적 분포

省	인원수	백분율(%)	등급	省	인원수	백분율(%)	등급
河北	39	29.5	1	河南	3	2.2	13.5
安徽	13	9.8	2	湖南	3	2.2	13.5
山東	12	9	3	廣西	3	2.2	13.5
福建	9	6.8	4	貴州	3	2.2	13.5
江蘇	8	6.1	6	山西	2	1.5	16.5
四川	8	6.1	6	甘肅	2	1.5	16.5
遼寧	8	6.1	6	江西	1	0.7	19
浙江	4	3	9.5	陝西	1	0.7	19
湖北	4	3	9.5	吉林	1	0.7	19
廣東	4	3	9.5	총수	132	99.30	20
雲南	4	3	9.5				

이상의 세 표에는 저자의 아래와 같은 설명이 들어 있다. 이를테면, "표8을 보면 실업 인물은 광동이 가장 많고, 다음으로 강소, 절강, 그리고 하북이 그 순서임을 알 수 있다. 粤人은 해외에서 거주했던 탓에 장사와 제조에 뛰어나다. 그러므로 실업 인재가 많은 것은 당연히 우연한 일이 아니다. 표9를 보면 교육 인물 역시 강소가 가장 많고, 절강, 하북이 그 다음임을 알 수 있다. 江·浙의 교육은 본디 나무랄 데가 없기 때문에, 그 교육 인물이 비교적 많다. 표 10을 보면 군사 인물은 하북이 가장 많고, 안휘, 산동이 그 다음임을 알 수 있다. 이것은 아마도 민국 15년 이전시부터 北洋과 皖(안휘성의 다른 이름.-역주) 사람들이 많아서일 것이다." 이 말이 남방 문화의 역사적 의의를 아직 설명할 수 없음은 당연한 것이겠지만, '이러이러'한 숫자에 의거하면, 우리들은 중국 문화의 지리적 분포를 알 수 있다. 그리고 북방은 황하 유역이 군사 인물이 가장 많은 수를, 중부는 양자강 유역이 교육 인물이 가장 많은 수를, 그리고 남방은 주강 유역이 실업 인물이 가장 많은 수를 각각 차지함을 알 수 있다. 이렇게 되면, 남방의 주강 유역이 산업 문화와 과학 문화를 대표한다고 줄곧 주장해 온 우리들의 의견은 무의식중에 역

사 통계적 증명을 얻게 된다. 그렇기 때문에 나는 朱君毅의 『중국 역대
인물의 지리적 분포』란 글은 나의 생각과 다르지 않다고 항상 말해 온
것이다. 이를 통해서 그의 참가치를 알 수 있다.

(七) 余天休의 연구는 민국 9년 北平에서 출판된 『最近官紳履歷彙錄
』이라고 하는 책에 근거하고 있다. 그 안에 서술된 인물은 민국 9년 그
책이 출판되던 때까지이다. 책 전체에는 모두 4,600여 인이 실려 있는
데, 그 당시 중국 사회에서 활동하던 인물들이다. 余氏는 이러한 인물
들을 다음에 열거한 몇 가지 항에 따라 연구했다. (1)자격의 분류; (2)
이전에 역임된 직무의 분류; (3)본적의 지리적 분배; (4)연령의 분배;
(5)성씨의 분배; 그중에서도 본적의 지리적 분배 항에 있어서, 그 결과
또한 인물이 가장 많은 곳은 첫째가 강소이고, 다음이 절강, 광동 등의
성이다. 이 글에 거론된 바에 근거해서 별도로 리스트를 작성해 보면
다음과 같다.

省	인원수	백분율(%)	등급	省	인원수	백분율(%)	등급
江蘇	610	13	1	滿洲旗人	77	1.6	15
浙江	500	1.5	2	山西	75	1.6	16
廣東	381	8	3	陝西	71	1.5	17
河北	365	7.7	4	廣西	68	1.4	18
福建	310	6.5	5.5	吉林	61	1.3	19
安徽	310	6.5	5.5	甘肅	34	0.7	20
湖南	268	5.6	6.5	蒙古	28	0.6	21
湖北	268	5.6	6.5	黑龍江	22	0.4	22
泰天	210	4.1	7	京旗	21	0.4	23
四川	204	4.1	8	漢軍旗	19	0.4	24
山東	173	4	9	熱河	6		25
河南	129	3	10	新疆	4		26.5
京兆(北平)	127	3	11	西藏	4		26.5
雲南	119	2.9	12	大連	1		27
江西	118	2.9	13	未詳者	101		
貴州	80	1.7	14	총계	4764		27

그의 결론 역시 인물의 출생지는 시대의 추세에 따라 변천하는 것으로 생각했다. 그는 정문강과 동일하게 다음과 같이 생각했다. 즉, "역사상 한 시기에는 中州가 낸 인물이 가장 많았지만, 이후로 중화 문화는 남쪽을 향해서 전개되었다. 강남의 인구도 날로 불어났으므로 인물의 출산 또한 江·浙이 가장 많게 되었다. 근 백 년 동안에 바다로의 교류가 점차로 전개되었고, 粤海로의 통상이 가장 이른 시기에 이루어져 선도적 풍조를 지녔다. 그랬던 탓에 주강의 인물들이 나와, 최근 30년 동안에 사회와 정치의 혁신적인 영도자는 粤人이 거의 대다수를 차지하게 된 것이다. 이것은 시대적 추세가 인물의 출현과 관계있음을 이미 충분히 보여 주는 대목이라 하겠다."(『社會學刊』, 제3권, 제2기, 원문 19쪽에 보인다.) 이상을 볼 때에 여씨 연구의 결과 역시 남방문화운동에 다시 주석을 다는 것에 불과함을 알 수 있다.

나아가서 역대 호구의 통계를 들여다보면 중국 문화는 북쪽에서 남쪽으로 쏠리는 경향이라는 사실을 발견할 수가 있다. 호구에 관해서는 唐 杜佑의 『通典』, 권7(食貨7), 아울러 元初 馬端臨의 『文獻通考』, 권10(戶口考一)에 비록 夏·周 시대의 口數가 실려 있기는 하지만 증거로 삼기엔 부족한 실정이다. 오직 『漢書·地理志』에 실려 있는 元始 2년(西曆 기원 후 2년) 호구의 숫자만이 당시의 '人頭稅' 관계 때문에 비교적 정확한 편이다. 쿠와바라 지쯔죠오는 『역사상에서 관찰한 중국의 남북 문화』에서 즉, 이 이후로부터 正史 및 다른 책에 실려 있는 역대 호구의 숫자를 근거로 해서 남북 호수의 통계표를 아래와 같이 작성했다.

年代	北區의 戶數	南區의 戶數	比率	
			北	南
西漢元始二年(西曆2)	965萬戶	111萬戶	9에 약간 적음(弱)	1에 약간 많음(强)
西晋太康元年(西曆280)	149萬戶	62萬戶	7	3
唐天寶元年(西曆742)	493萬戶	257萬戶	6.5	3.5
北宋元豊三年(西曆1080)	495萬戶	830萬戶	3.5	6.5
明隆慶六年(西曆1572)	344萬戶	650萬戶	3.5에 약간 적음(弱)	6.5에 약간 많음(强)

쿠와바라 지쯔죠오의 앞 표에 따르자면 역대 戶數는 끊임없이 남쪽을 향해 진전하는 경향임을 이미 충분히 증명하고 있다. 만일 각 정사의 자세한 기록을 참고해서 다시 한 차례 통계를 내본다면, 반드시 더욱 납득할 만한 결론을 얻을 수가 있을 것이다. 사실은 桑原隲藏의 통계에도 근거가 있다. 즉 明 章潢의 『圖書編』 권34 「論東北古今盛衰」와 「論東南古今盛衰」 4조에 의거했던 것이다. 章氏는 매우 탄식해 이르기를,

"아! 성읍에서 거주하고 창고에 저장하며, 기와로 덮고 소를 길들여 경작한다. 그리고 父子와 부부가 가족이 되고 향리의 학교에서 가르침을 행한다. 이러한 것들은 中原의 백성이라면 예로부터 이에 능숙했다. 하지만 동남의 백성은 三代 이전부터 아득하여 아직 들어서 알지 못했으니 금수와 무엇이 다르랴. 무릇 춘추·전국 시대에 이르러 善人, 군자를 얻어서 나라를 다스리니, 점차로 야만적인 풍습이 바뀌어 중국(華)에 귀속되었다. 또한 漢·魏 이래 천하에 재해(變)가 있으면 항상 먼저 서북이 재난을 당하게 되자, 문벌 좋은 벼슬아치들(衣冠)이 방향을 바꾸어 바다를 건너서 남쪽으로 가기 시작하였다. 그래서 서북은 더욱 減損되었고 동남은 더욱 번성하게 되었다. 隋·唐·宋朝에 시행되어 풍속과 교화가 더욱더 아름다워져서 단아하기가 중원과 다를 바가 없었다. 백성은 물질적으로 풍족할뿐더러 분수에 넘칠 정도였다. 이런 까닭에 현재의 동남은 과거의 동남이 아님을 알아야 한다. 과거의 동남은 같은 부류일 수는 없겠지만, 현재의 동남은 과거의 중원을 뛰어넘는다. 또한 어찌 일률적으로 논할 수 있으랴.

바야흐로 西漢 원시 5년, 乙丑年에 동남은 그 縣戶가 겨우 천하의 10분의 1을 얻는 데 그쳤다.(당시의 천하는 그 縣이 1,550여 정도였는데 동남은 겨우 710여밖에 안 되었고, 천하는 그 戶가 1,100여 萬 정도였는데 동남은 겨우 100여 만밖에 안 되었다.) 139년 후, 東漢 建康 9년, 甲申年에 동남은 그 현호가 천하의 10분의 2이었다.(당시의 천하는 그 현이 1,180여 정도였는데 동남은 240남짓 되었고, 천하는 무릇 970만 정도였는데 동남은 240여 만이었다.) 또한 136년 후, 西晉 太康 元年, 庚子年에 동남은 그 현호가 천하의 10분의 3을 넘었다.(당시의 천하는 그 현호가 1,200남짓 정도였는데 동남은 470남짓 되었고, 천하는 그 호가 245만 ♠정도였안 되동남은 80여 만이었다.) 460년 후, 李唐 開元 28년, 庚辰年에 동남은 그 현호가 천하의 10분의 4를 차지하였다.(당시의 천하는 그 현호가 1,570남짓 정도였는데 동남은 천하의 600남짓에 해당되었고, 천하는 그 호구가 840여 만 정도였는데 동남은 270여 만이었다.) 350년 후, 宋 元豐 말에 동남은 그 현호가 이내 천하의 10분의 5를 초과하였다.(당시의 천하는 그 현호가 1,130여 정도였는데 동남은 470남짓 되었고, 천하는 그 호가 1,650만 정도였는데 동남은 900만이었다.) 그 현읍의 증가, 民戶의 많음이 이미 이처럼 그야말로 흥성했는지라, 아울러 재화 역시 산과 같고 이익의 근원은 각양각색이 된 것이다. 현재로서 과거와 견준다면 아득하게 거리가 멀다고 하겠다."

위에서 장씨가 말한 동남은 중국 南區이고, 중원은 중국 北區이다. 송 원풍 말에 동남은 戶數가 이미 매우 큰 발전이 있었던 까닭에, 그는 "현재의 동남은 과거의 동남이 아니다. 어제의 동남은 같은 부류일 수는 없겠지만, 현재의 동남은 과거의 중원을 뛰어넘는다."라고 결론을 내렸던 것이다. 이 부분이 바로 쿠와바라 지쯔죠오가 위 표에서 근거한 곳이다. 이처럼 남방 호구의 증가는 계속되어 元 시대에 이르게 된다. 당시 남북의 비율은 『元史地理志』에 의하면 결국 '北이 1에 약간 많음(强)이고, 南은 9에 약간 적음(弱)'이라는 비율이 되고 말았다. 明 시대에 북방의 호구가 비로소 점차 증가하기는 했지만, 곧장 현재에 이르러서는 남방의 인구수는 북방을 대부분 초과했다. 이러한 사실은 이미 대체로 일반 학자들의 공론인 것이다. 이렇듯이 역대 호수의 통계에 의해서도 중국 문화의 중심이 점점 북쪽에서 남쪽으로 향하고 있음을 또한 증명할 수가 있다.

　가장 주목할 점은 이처럼 중국 문화가 북쪽에서 남쪽으로 향하는 그 진전의 경향을 독일 막스 쉘러의 지식사회학을 응용해서 설명할 수가 있다. 그는 인류의 지식을 세 종류로 나누었다. 문화의 지리상 분포에 있어서, 예컨대 인도는 해탈적 지식을, 중국은 교양적 지식을, 그리고 유럽인즉슨 실용적 지식을 대표한다는 것이다. 동일하게 이를 중국 문화의 지리상 분포에 적용시켜서 말하자면, 내 생각엔 북방의 황하 유역은 해탈적 지식을, 중부의 양자강 유역은 교양적 지식을, 그리고 남방의 주강 유역은 실용적 지식 즉, 과학적 문화 분포구를 대표한다고 할 수 있다. 물론 공간상에서 말하면 이 세 지식은 각기 그 특수한 문화 패턴을 형성하므로, 각각 그 특수한 문화가치를 지님으로써 각종 특수한 문화 단체로 표현된다. 말하자면, 어떠한 방면이든 관계없이 마땅히 그 고유한 문화가 발양되도록 노력하여 최고의 통일 문화를 완성해야 한다. 그렇지만, 시간상에서 말하면 중국 문화의 현 단계는 사실 실용적 지식에 그 혼신의 힘을 기울여야 한다. 다시 말해서 과학 문화의 건설 사업에 전력을 다해야 한다는 것이다. 우리들은 북방 문화 즉, 해탈적 지식은 단지 문화의 起點일 뿐임을 알아야 한다. 그리고 슈펭글러가 반대했던 '문명'이란 사실 인류 문화가 정신적인 것에서 물질적인 것으로 이행하는 하나의 표현인 것이다. 문화란 슈펭글러가 말한 바와 같이 "모두 종교적인 것"일 뿐만 아니라, 반대로 문화의 최고 結晶은 실용적 지식, 물질생활의 건설 속에 있다. 오직 과학 문화만이 중화 민족에게 한 가닥 삶의 희망을 줄 수가 있다. 그러나 과학 문화의 분포는 오직 남방뿐이며 남방에만 존재하기 때문에, 본서의 결론은 다름 아닌 남방 문화의 건설 운동을 제창함에 있다고 하겠다.

이상으로써 중국 문화와 중국 문화의 남북문제에 관한 서술을 마치기로 한다.

6

다음으로 서양 문화를 서술해 보도록 하자. 서양 문화는 이른바 '과학적 문화'이다. 쉘러의 용어로 표현하자면 바로 '실용적 지식' 혹은 '자연 정복적 지식'이라 하겠다. 이것은 중국 문화생활의 형태와 근본적으로 다르며, 그 가장 두드러진 점은 하나가 철학적 문화라면 다른 하나는 과학적 문화라는 사실이다.

"서양인은 가는 곳마다 긴박하고 전력을 다해서 속도와 효능을 구한다. 항상 맹목적으로 돌진할 줄만 알아서 그 달성코자 하는 목적이 과연 어떠한 것인지를 자세히 살펴보지도 않는다. 그 폐해는 지극히 利를 좇고 욕망을 성취하고자 해서 마침내 본말이 전도되고 만다. 동방인은 한적함을 즐기고 자득에 능숙하다. 특히 두드러진 점은 대부분 온화하고 점잖으며, 관대하고 반듯함을 좋아하되 여유롭다. 동시에 굳세고 힘 있게 매진하는 정신을 갖추었으니, 이른바 움직이는 중에도 고요할 수 있고 바쁜 중에도 한가로울 수 있다고 함은 이를 두고 하는 말이다. 그러나 보통 사람들의 경우에는 해이해지고 산란함에 빠져서 스스로 제어할 수가 없게 된다. 이 때문에 죽음에 이르는 기미는 날로 깊어지고 온갖 일이 문란해져서, 끝내 그 폐해는 일일이 다 말할 수도 없는 지경에 이르고 만다."(『文化通訊』, 제1권, 제1기)

중국 문화는 철학적 문화 즉, 교양적 문화이고, 서양 문화는 자연 정복적 문화 즉 과학적 문화이다. 민국 7년 이대조가 그의 저서『동서 문명의 근본적인 차이점』(東西文明根本之異點)에서 처음으로 동서 문명에는 근본적으로 다른 점이 있다고 주장했다. 즉, 동양 문명은 主靜的이고 서양 문명은 主動的이라는 것이다. 대략 말해서,

"하나가 자연적이라면 하나는 인위적이다. 하나가 안식적이라면 하나는 전쟁적이다. 하나가 소극적이라면 하나는 적극적이다. 하나가 의존적이라면 하나는 독립적이다. 하나가 苟安(일시적인 안일을 탐함.-역주)적이라면 하나는 돌진적이다. 하나가 인습적이라면 하나는 창조적이다. 하나가 보수적이라면 하나는 진보적이다. 하나가 직관적이라면 하나는 이지적이다. 하나가 공상적이라면 하나는 체험적이다. 하나가 예술적이라면 하나는 과학적이다. 하나가 정신적이라면 하나는 물질적이다. 하나가 영적이라면 하나는 육적이다. 하나가 閒天的이라면 하나는 立志的이다. 하나가 자연이 인간을 지배하는 것이라면 하나는 인간이 자연을 정복하는 것이다."

일용 생활을 그 예로 들어보면,

"동양인의 음식물은 쌀과 채소가 주식이고 고기로 보충하지만, 서양인의 음식물은 고기가 주식이고 쌀과 채소로 보충한다. 동양인의 옷은 폭과 옷소매가 넓고 신발은 나막신이지만, 서양인의 옷은 폭과 옷소매가 좁고 신발은 가죽 구두이다. 동방의 배는 범선이고 차는 노새가 끄는 수레, 인력거이지만, 서방의 배는 윤선이고 차는 마차, 자전거, 기차, 전차, 오토바이이다. 동양인은 글씨를 쓸 때 붓, 硯池를 사용해서 정자체를 부드러운 종이에 세로로 쓰지만, 서양인은 글씨를 쓸 때 연필 혹은 만년필을 사용해서 필기체를 딱딱한 종이에 가로로 쓴다. 동양인은 건강을 위해 작은 방에서 정좌를 하지만, 서양인은 건강을 위해 광야에서 운동을 한다. 동양인의 일상생활은 정적인 것이 중심이 되고 동적인 것을 예외로 삼지만, 서양인의 일상생활은 동적인 것이 중심이 되고 정적인 것을 예외로 삼는다."

이 때문에 어떤 사람은 동서 문화의 차이를 '동방은 식물 생활이고 서방은 동물 생활'인 점에 있다고 주장했다.(『중국민족 자구운동의 최후각오』, 354쪽, 劉鑑泉의 말.) 아래의 표를 보자.

중국인	· 토양에 뿌리를 내린다. (농촌) 오직 토산물만이 존재한다. 죽음을 중히 여기는 무리로서 고향을 벗어나서는 안 되고 고향을 그리워하는 마음을 중시한다.	· 자연의 은혜에 의지한다. 안정적이다. 보수적이고 분수를 지키어 만족할 줄을 안다.	· 가지와 줄기처럼 서로 돕는다. 혈통으로 서로 결합되어 있다.(옛사람은 집을 매양 초목에 견주어 말한다.) · 천륜을 중시한다. 가정 단위로 접착되어 있다. · 국가의 성질은 가정과 같아서 同情에 의지한다. 천자는 천하의 적장자이고 지방관은 부모라고 일컫는다. · 정부의 권력은 가정에 미치지 않는다.	· 서로 양보한다. 드나들며 서로 벗한다. 서로 감시해 주고 상호 협조하여 대처한다. 군대는 주로 스스로를 지키는 데 사용된다.	· 分治. 농촌에서 봉건제까지. · 작은 공장.
서양인	· 이동하면서 먹을 것을 찾는다. (목축민, 장사꾼) 물과 풀을 따라 옮겨 산다. 고향을 떠나 집을 가볍게 여기며 탐험을 중시한다.	· 사람의 힘을 다한다. 조급하게 돌아다닌다. 진보적이고 욕심을 많이 부린다.	· 부모와 자식이 분산된다. 이익으로 서로 결합되어 있다.(서양인은 무리를 매양 짐승류에 견주어 말한다.) · 대중을 중시한다. 개인 단위로 뿔뿔이 흩어져 있다. · 국가의 성질은 회사와 같아서 법률에 의지한다. 의회분립제. · 가정이 어느 날 붕괴되어도 다른 종류의 연합 형식에 의해서 대체된다.	· 투장하기를 좋아한다. 종족끼리 원수로 여긴다. 계급투쟁. 군대는 주로 침략하는 데 사용된다.	· 집중. 유목에서 대제국까지. · 대기업.

　특별한 것은 민국 20년 南京에서 결성된 아시아문화협회는 더욱이 동서 문화의 차이점을 人的 文化와 物的 文化로 나누었다. 아시아문화협회의 제1차 대회에 있어서, 그 의장의 개회사에는 다음과 같은 말이 있다. 이를테면, "그들(서양인) 스스로가 자신의 문화를 과시하고는 있지만, 실제로는 그들 자신의 문화 본질은 단지 물질적 침략에 지나지 않는다. 그들의 문화는 그야말로 물적 문화이지 인적 문화는 아니다."

　여기서의 '물적 문화'라는 말은 대개 서양인이 물적 측면에 치우친 점을 지적해 말한 것이다. 이 때문에 한 걸음 더 나아가서 마침내 동서 문화를 王·覇 文化로 나누는 논조가 있게 되었다. 이러한 사상은 사실

손중산 선생의 강연, '大아시아주의'(『總理全集』, 제2집, 543~544쪽.)에서 최초로 발생된 것이다. 그는 다음과 같이 적절하게 말하고 있다.

"다만 최근 100년 동안의 문화로만 한정해서 말한다면, 유럽의 물질문명은 극히 발달했지만, 우리 동양과 같은 문명은 그다지 진보하지 못했다. 표면적 관찰에서 비교하자면 유럽은 아시아보다 당연히 훌륭하게 보인다. 그러나 근본적으로 해부하자면 유럽의 근 100년은 무슨 문화인가? 이것은 과학적 문화요, 공리를 중시하는 문화라 하겠다. 이러한 문화를 인류 사회에 적용시켜 보면 비행기와 폭탄, 서양제의 소총과 대포와 같은 단순히 물질문명으로만 비추어져서 일종의 무력적인 문화일 수밖에 없다. 유럽인이 이 무력적인 문화를 거의 전용해서 우리 아시아를 압박하고 있기 때문에, 우리 아시아는 진보할 수가 없게 되었다. 이처럼 무력을 전용하여 사람을 압박하는 문화를 중국의 옛말로는 覇道를 행한다고 일컬었으니, 유럽의 문화란 바로 패도의 문화이다. 하지만 우리 동양에서는 본래부터 패도적 문화를 경시해 왔다. 그리고 과연 패도적 문화를 뛰어넘는 또 하나의 문화가 존재했는데, 이 문화의 본질은 바로 人義道德인 것이다. 이러한 인의도덕의 문화는 사람을 감화시키고 압박하지 않으며, 사람을 懷德토록 하고 위협하지 않게 한다. 이렇듯이 사람에게 덕을 품게 하는 문화를 중국의 옛말로는 왕도를 행한다고 했으니, 아시아의 문화란 바로 왕도의 문화이다. 유럽의 물질문명의 발달과 패도가 크게 행하게 된 후로부터는 세계 각국의 도덕은 나날이 퇴보하고 말았다. 다름 아닌 아시아에서도 몇몇 국가의 도덕이 또한 매우 퇴보했던 것이다. 근래 歐美의 학자들은 동양문화에 대해서 다소간 주의를 기울이고 있다. 뿐만 아니라, 동양의 물질문명이 비록 서방만 못하지만, 동양이 도덕에서만큼은 서방보다 훨씬 뛰어나다는 사실을 점차로 알아가고 있다."

여기서 손선생은 매우 분명하게 말하고 있다. 말하자면 중국 문화의 본질은 인의도덕 즉, 철학적 문화이고, 서양 문화인즉슨 과학적 문화임과 동시에 공리를 중시하는 문화 바로 그것이다. 때문에 동서 문화의 근본 차이는 손중산의 만년 정론에 의하면 조금도 의심스러운 점이 없다고 하겠다. 지금의 문제는 이러한 과학 문화의 새로운 가치를 다시 추정함은 물론, 어떻게 하면 이 과학 문화를 더욱 높은 차원의 예술적 문화에 이르도록 이끌 것인가에 달려 있는 것이다.

과학 문화의 가장 큰 특징은 찬란한 물질문명을 이룩하는 데 있다. 이것은 실증주의와 실용주의가 환경에 대해서 개조를 요구한 결과에 기초한 것이겠지만, 과학의 근본 원인은 될 수가 없다. 과학이 과학 문화이도록 하는 까닭은 과학 방법을 응용해서 현상을 개변시키고, 깨뜨려 분석함으로써 연구하는 데 있다. 예컨대, 베이컨이 말한 바와 같이 "자연을 정복하고자 한다면 먼저 자연에 복종해야만 한다." 그러므로 자연계를 인식하는 지식이야말로 근세의 자연과학을 성립시킨 원인이라 하겠다. 쉘러가 말하기를, "자연과학은 자연을 정복하기 위해서 발생된 지식이기 때문에 자연 정복적 지식이라고도 일컫는다. 자연 과학의 가치는 지식 그 자체 내에 있지 않다. 지식의 외부에서 하나의 목적(자연 정복의 의지)과 수단이 되어야만 효용이 발생한다. 때문에 또한 공용(혹은 실용)적 지식이라고도 하는 것이다."(關榮吉, 『문화사회학』, 10쪽, 참조.) 확실히 과학 문화는 공리를 중시하는 문화와 분리될 수 없음은 물론, 자연계를 인식하는 지식 역시 자연 정복적 지식과 분리될 수가 없다. 그렇지만, 자연과학의 참된 가치는 반드시 그것의 효용이 어떠하냐에 있는 것은 아니다. 만약 효용으로 본다면, 이른바 서방의 과학 문화란 오직 비행기와 폭탄, 서양제의 소총과 내포만이 존재히는 것처럼 생각될 수도 있다. 바꾸어 말해서, 무력적 문화 혹은 패도적 문화만이 존재한다는 것이다. 그러나 과학의 가치는 쉘러의 소견과 꼭 상반되게 지식 그 자체에 있다고 하겠다. 과학 문화가 철학적 문화와 다른 이유는 과학 문화의 연구가 현상적, 사실적, 실질적이라는 데 있다. (王星拱, 『과학개론』, 211~220쪽, 참고.) 철학에서는 소위 '순수한 唯心的 구조'의 위험이 분별되기가 쉽지만, 과학에서는 쉽게 모면된다. 그러므로 현재의 일반적인 반 과학자의 논조처럼 과학을 너무 비하한다든가, 지나치게 어리석게 그리고 勢나 이익을 좇는 식으로 보지 말아야 한다. 과학자 모두가 반드시 학문을 위해서 학문을 탐구하고 진리를 위해서 진리를 탐구하는 것은 아닐지라도, 과학계에서 최고의 이름을 이룬 위인들 대부분은 사실을 경애하고 진리의 탐구를 필생의 업으로 삼았음은 부인할 수가 없다. 더욱이 철학 문화의 薰陶 속에서 오랜 시간을 지내 온 중국은, 양계초가 말한 바대로 '두루뭉술함'(籠統), '독단'(武斷), '허위', '인습'의 문화 빈약 시대를 일반적으로 이미 양성하고 말았다. 각별히 과학의 참된 문화를 제창하여 천성적으로 비과학적인 국민을 과학적인 국민으로 변화시켜야 한다. 전반적으로 西化를 이룬 다음에야 우리들은 문화 국민으로서의 직함을 회복할 수가 있기 때문에, 서양의 과학 문화는 현재에도 매우 필요한 것이다. 그러나 그것의 효과를 너무 과신하지는 말아야 한다.

　이렇듯 서양 문화가 이미 과학적 문화라고 한다면, 종교, 철학, 그리고 예술적 문화란 존재하지 않는 것일까? 당연히 존재한다. 다만 서양의 종교는 처음부터 과학적 종교였음은 물론, 서양의 철학은 처음부터 과학적 철학이었다. 그리고 예술 역시 이 규칙에서 당연히 벗어나지 않는다. 이른바 서양의 종교에 미쳐서는 우리들은 헤브루(Hebrew)의 종교-기독교-를 연상하기 쉽다. 그런데 이 사상은 세계의 고등 종교의 발생지인 동방에서 온 것이다. 그 현세의 행복에 반대하는 것, 즉 소위 금욕주의를 볼 것 같으면 두말 할 것도 없이 인도 종교의 영향 바로 그것이다. '인류의 타락', '하나님의 은전'과 같은 겸손하게 자기를 낮추는 식의 敎典은 바로 아시아인의 종교적 특징으로서 이것은 서양의 종교라고는 할 수 없다. 배빗(Iroing Babbitt) 선생은 그의 『유럽·아시아 두 洲의 문화론』에서 가장 분명하게 말하고 있다.

"예수가 그 문도와 결별하면서 그들에게 고하여 이르기를, '나의 평안을 너희에게 주노라.'라고 했고, 또 이르기를, '수고하고 무거운 짐 진 자들아 다 내게로 오라. 내가 너희를 쉬게 하리라.'고 했다. 석가가 '그대들의 목표를 성취하기 위해 부지런히 노력하라.'고 말한 상황은 이것과 꼭 같다."(114~115쪽)

"예수교의 사도인 요한의 도는 그가 찬한 「요한복음」에서 드러난다. 예수교가 이 '도'의 문제를 해결하는 방법으로써 그 주장함(언명하거나 묵인함)은 하나님의 理智는 사실 하나님의 의지 아래에 예속된다는 것이다. 예수교가 아시아의 종교로 간주될 수 있는 까닭이 바로 여기에 있다."(128쪽)

"빌라도가 이르되 '진리가 무엇이냐?' 하더라.(『신약』, 「요한복음」, 제18장, 제38절.) 빌라도의 이러한 물음은 마침 그가 유럽인임을 보여줄 따름이다.(즉 理智로 일체를 해결하고자 하는 것) 예수가 다른 곳에서 대답하기를, '내가 곧 길이요, 진리요, 생명이다.'(「요한복음」, 제14장, 제6절.)라고 했다. 예수의 이러한 대답인즉슨 아시아인의 태도이다."(『배빗과 인문주의』, 129쪽.)

이상의 서술한 바에 따르면 예수교는 서양의 종교를 대표할 수가 없고, 소위 서양의 종교는 반드시 별도의 존재하는 곳이 있음을 알 수 있다. 내 생각에는 서양의 종교 문화란 곧 슈펭글러가 그의 저작인 『서구의 몰락』이란 책에서 말한 "파우스트적인 문화" 다름 아니다. 슈펭글러의 최대 공헌은 '문화'와 '문명'이라고 하는 두 개념을 구별하여, 모든 분화는 일종의 종교적이라고 했던 것에 있다. 서양의 근대 문화는 바로 파우스트적인 문화이다. 바꾸어 말해서 기타 종교와 다른 완전히 새로운 종교 문화이며, 이러한 종교 문화는 현재에도 문명의 절망적인 상태로 나아가고 있을 뿐이다. 편리를 위해서 나는 葉法無가 지은 『문화와 문명』(文化與文明) 제1편 「슈펭글러의 문화사관 및 그 비평」(斯賓格拉的文化史觀及其批評)의 몇 단락을 추려 적음으로써 설명을 대신하고자 한다.(19~23쪽)

　"근대 서구의 문화는 파우스트적인 문화라고 슈펭글러는 생각했다. 그런데, 무엇이 파우스트적인 문화인가? 독일의 대문학가인 괴테의 비극적 저작 『파우스트』를 우리는 알고 있다. 파우스트란 인물은 서구의 신화에서 유래한 것으로 많은 사상가들은 그것이 근대인을 대표한다고 생각했으므로, 슈펭글러에게서도 근대 서구 문화의 특성이 바로 파우스트적인 것으로 여겨졌던 것이다."

　"슈펭글러의 입장에서 보면, 이러한 문화의 유래는 갑작스러워서 설명할 수가 없음과 동시에 아울러 진정한 의미의 역사적 창조이기도 했다. 이 문화가 발생된 곳은 프랑스에서였고, 그것이 갑작스럽게 시작된 것은 바로 'Gathique' 종교였다. 11세기 때 클뤼니(Odillon de Cluny)의 선교사들이 맨 먼저 이 새로운 문화의 정신을 표명하고 나섰다. 'Gathique' 종교는 완전히 새로운 문화를 나타내는 것으로 지금까지 어떤 것도 새로운 문화는 없었다. 다른 문화권에 속해 있는 국민이라면 이 같은 문화의 의미를 가장 친밀하고도 가장 깊게 이해할 수는 없을 것이다. 때문에, 일체의 이와 같은 종류의 종교를 연구하는 사람들은 이 종교가 기타의 종교 혹은 문화와 서로 같은 점이 있다고 함은 모두 전적으로 잘못된 견해라고 생각한다."

　"파우스트 문화에 있어서 그 정신의 근본적인 특성은 무엇인가? 이것은 바로 가장 단호한 '無限'적 의향, 그리고 '무한'적 요구와 몽상에 있다고 하겠다. 이렇듯이 '무한'적 경향을 띠고 있는 파우스트의 의향은 행위 측면에 있어서 끝없는 권력에 대한 노력과 요구를 보여 준다. 이 무한적 권력의 의지 때문에 자연을 정복한다든지 혹은 다른 민족을 정복한다든지 하는 것이 그 목표가 된 것이라 할 수 있다. 이 권력의 의지가 다름 아닌 파우스트 문화의 특성이라 하겠다. 이와 같은 특성은 대체로 다른 문화권에 속해 있는 사람들은 이해할 수가 없다. 바로 이 의지에 있다고 함이 곧 파우스트 문화가 기타 문화와 다르게 된 특징에 해당하는 것이다."

　이상의 단락을 통해서 파우스트의 예배당은 바야흐로 권력 의지를 선전하는 새로운 교의였음을 알 수 있다. 슈펭글러는 나폴레옹 이후에 파우스트적인 문화가 파우스트적인 문명으로 변화되는 것을 가슴 아프게 생각하였다. 그렇지만, 서양 문화의 본질적 발전은 변함없이 일관되고 있음을 알지 못했다. 파우스트적인 문화가 필연적으로 파우스트적인 문명으로 변화하는 것은 이른바 비윤리적 물질의 확장임과 동시에 제국주의의 발전이다. 영국 문명이 파우스트적인 문화를 정복한 것이 아니라, 파우스트적인 문화 속에서 이미 영국 문명을 갈망한 것이다. 만일 나의 이러한 해석이 틀림이 없다면, 서양의 종교는 바로 과학적 종교임을 알 수 있다.

다음으로 서양철학을 서술해 보도록 하자. 독일의 문화사회학자인 쉘러가 말한 바에 의하면, "유럽의 형이상학 시대의 출현에 있어서도 동방(특히 인도) 문화의 영향이 적지 않았다."(關榮吉의『문화사회학』, 33쪽, 참조.)고 했는데 이 말은 매우 옳다고 해야 할 것이다. 그런데 내가 연구한 결과에 의하면, 유럽의 형이상학 시대가 조성된 것은 인도 종교의 영향이 아니라, 바로 중국 형이상학의 영향이었다. 인도의 교리는 중세의 예수교 문화에 매우 큰 암시를 주었다. 이와 동일하게 중국의 형이상학 역시도 서양철학으로 하여금 칸트 이후 독일의 가장 전성 시기였던 관념론 철학이 이룩되도록 만들었다. 17세기 동·서양의 문화가 한창 접촉할 때에 중국 유학의 명저인 즉,『대학』,『중용』은 모두 이미 순차적으로 유럽의 언어로 번역되었다. 그리고 1711년『中華帝國經書』의 라틴어본은 더욱이 당시 독일의 비범했던 철학자 라이프니츠에게 매우 큰 영향을 주었다. 그는 또한 부베(Joachim Bouvel, 白晉, 1656 - 1730)와의 빈번한 서신 왕래 속에서『易經』의 지식을 얻게 되어 그의 독특한 형이상학론을 이루었다. 그는『神義論』(Theodicy)에서 우주에는 다수의 단자(Monad)가 존재하는데, 매 단자는 기타 모든 단자를 표현하므로 전 우주를 표현한다고 생각했다. 이것은 완전히『역경』의 근본 관념이 아니겠는가? 18세기에 유럽의 사상계는 중국의 철학, 문학에 대해서 매우 큰 흥미를 느끼던 차였다. 코르디에(Cordier), 라이히바인(R.

Reichwein) 등은 모두 전문 저작을 지어 토론한 적이 있다. 문학 방면에서는 앙리(Henri)의 『趙氏孤兒』와 같은 극은 중국의 실천 도덕을 주제로 한 것으로 처음에는 중국어에서 프랑스어로 번역되었고, 또한 영어, 독일어, 러시아어 등으로 번역되었다. 50년 동안 마침내 5편의 모작 혹은 개작된 작품이 유럽에서 출현하였다.(陳受頤 著, 「18세기 유럽 문학 속의 조씨고아十八世紀歐洲文學裏的趙氏孤兒」, 『嶺南學報』, 제1권, 제1기, 참조.) 그중 프랑스의 볼테르의 것이 가장 저명하다. 이것은 개편된 극본일 뿐만 아니라, 중국 정신을 이해한 최상의 자료로 호평을 받고 있다. 나중에 백과전서파의 인물들은 볼테르에게서 중국철학에 대한 견해를 얻었다고 할 수 있다.(向達, 『中西交通史』, 113쪽, 참고.) 이 밖에도 독일의 괴테가 있다. 그의 『엘페노르』(Elpenor)라는 비극 작품도 『조씨고아』를 모방해서 다시 만들어진 것이다. 그는 일찍이 많은 역본들을 읽은 적이 있었다. 그의 저작인 『파우스트』 속에서 등장하는 '결정된 인간 족속'은 중국인을 가리킨 것으로 괴테가 만년에 희구한 경지였다. 이러한 사실들은 그가 중국 철학에 정신이 쏠렸음을 보여 주는 예라 하겠다. 괴테는 또한 간접적으로 독일 정통파인 관념론 철학에 영향을 주었다. 헤겔은 『역사철학』에서 변화(Veränderung)의 범주를 얘기하면서 갱생하는 새를 가지고 비유했는데, 그는 이것이 동방의 가장 위대한 사상이자 동방 형이상학의 최고의 사상이라고 여겼다. 쇼펜하우어(Arthur Schopenhauer, 1788~1860)는 더욱 말할 필요가 없다. 그의 저서인 『자연의 의지』(景山哲雄 譯)에서 그는 「중국학」을 하나의 장으로 구분하고 있다. 이상 서술한 바에 의하면 서양철학, 특히 독일의 관념론 철학자들이 중국철학에 대해서 사실 가장 현저한 영향을 받았음을 볼 수 있다. 그랬던 까닭에 프랑스의 백과전서파 가운데 뿌와브르라는 인물은 『한 철학자의 여행기』를 저술하여, 마침내 전 세계는 중국의 법률을 채용해야 한다고 주장했던 것이다. 이로써 17, 18세기의 유럽 사상계가 중국철학에 심취하여 '華化'를 주장하게 된 실정을 충분히 간파할 수 있지 않겠는가?

그러나 이처럼 비록 철학은 당연히 독일 정통파의 철학이 대표라고 말은 했지만, 진정으로 서양철학을 말한다면 독일 정통파의 철학이 그 대표가 될 수는 없다. 서양의 철학은 영국의 베이컨, 홉스(Hobbes), 로크(Locke), 흄(Hume), 그리고 실증론자인 콩트, 스펜서(Spencer), 밀(J. S. Mill)을 祖述한 것임은 물론, 이들 경험론, 기계론, 유물론, 자연주의의 철학은 외부에서 출발점이 되었다. 독일의 관념론파와 꼭 대치하고 있는 형세의 이 경험론 철학 사조는 처음부터 유럽의 철학계를 지배했었다. 이 철학은 근본적으로 보면 오히려 자연과학의 방법에 의지해서 인생을 지배했던 것이다. 그러므로 철학적 철학이 아니라, 부득이 과학적 철학이라고 부를 수밖에 없다. 과학적 철학은 근본적으로 철학이 인생을 등한시하게 하고, 자연과 유물의 연구에 경도되게 한다. 더 나아가서는 미국의 실험주의자 제임스(William James, 1842~1910), 존 듀이(John Dewey, 1859~1952) 등은 근본적으로 형이상학을 제거하여 형이상학에 관해서는 대부분 문제 삼지 않았다. 즉 독일에서의 이른바 관념론 철학파는 헤겔에 이르러서 그 최고 수준에 달하였고, 가령 좌파의 슈트라우스(Strauss), 포이어바흐, 마르크스, 라살(Lassalle, Ferdinand, 1825~1864)은 절대적 관념론에서 방향을 바꾸어 절대적 기계론, 혹은 변증법적 유물론이 되었다. 이것은 서양철학이 결국 과학적 철학만이 존재하고 이른바 진정한 의미의 형이상학은 없음을 보여 주는 것이라 하겠다. 그러므로 서양의 형이상학 시대는 확실히 셸러가 말한 바와 같이, 동방 문화의 영향을 적지 않게 받아서 잠깐 동안 나타났다가 덧없이 사라져 버렸다. 현재에 와서는 벌써부터 '유물'이 되고 말았다.

다음은 서양 예술을 서술하기로 하겠다. 이것 역시 중국 예술과 다르며 과학적 예술의 경향이다. 중·서 예술은 근본적으로 다르다. 이를테면, 전자가 철학적 예술이라면 후자는 과학적 예술이다. 철학적 예술이 상상과 꿈의 의미를 함유하고 있다면, 과학적 예술은 대부분이 자연의 모방에서 오는 것이다. 철학적 예술이 정서 표현이 주가 되어서 마침내 寫意的 측면으로 기운다면, 과학적 예술은 자연의 묘사가 중심이 되어서 마침내 寫實的 측면으로 기울게 된다. 林風眠 선생은 「동서 예술의 전도」(「東西藝術之前途」, 『東方雜誌』, 제23권, 제10호.)에서 풍경화를 예로 든 적이 있다.

"서방의 풍경화는 자연의 모방에 뛰어난 능력을 가졌지만, 자연을 묘사하는 그 측면에만 능하여 결국 서정에 능하지 못할 뿐만 아니라, 오히려 그 자신이 기계에 대해서 나쁜 감정이 생기도록 만든다. 중국의 풍경화인 즉슨 정서 표현이 주가 된다. 명가는 모두 충분히 산수를 주유해 정서가 강하게 느껴질 때, 점점 그 마음속에 누적되어 첩첩한 산봉우리와 여러 층의 산으로써 그 심오함을 표현할뿐더러 성기고 옅은 것으로써 그 고원함을 나타내는데, 그리는 것은 모두 일종의 인상에 해당된다. 지금까지 중국의 풍경 화가는 산수에 대해서 사진 찍듯이 베낀 적은 없었다. 때문에, 서방의 풍경화는 대상의 묘사이고, 동방의 풍경화는 인상의 재현이다. 무의식중에 자연계의 평면을 표현하는 방법을 발견했음과 동시에, 또한 자연계의 측면을 표현할 수 있었다. 기타 즉 문학, 희극, 음악 등은 모두 회화와 똑같은 추세이고, 가령 詩歌 방면은 서정적인 것이 많지만 詠史詩는 극히 적다. 희극 방면은 대단히 더디게 발달함은 물론, 그 표현 방법은 대부분 寫意的 동작을 함유하고 있다. 음악 방면은 독주에 뛰어나서 각종 모두가 서정적 측면으로 그 표현이 기우는 편이다."

원래 회화에는 본디 '내용에 주의하는 것', 그리고 '畫面에 주의하는 것' 두 종류가 있다. 전자가 心的인 것을 중시한다면 후자는 眼的인 것을 중시한다. 전자의 경향은 중국화이고 후자의 경향은 서양화이다. 중국화의 특색은 豐子愷 선생이 말한 바에 따르면 다음과 같다.(『東方雜誌』, 제24권, 제10호.)

"중국화 중에는 비록 花鳥畫, 곤충, 말, 돌 등을 그림의 소재로 취하는 것이 있지만, 그 제재의 선택과 취사에는 항상 하나의 의견을 나타내거나 하나의 상징적 의미를 함축하고 있다. 예를 들면, 화초 중에서 모란, 매화 등은 많이 그리지만, 무명의 야생화는 그리기를 좋아하지 않는다. 이것은 그 농염함이 부귀를 상징하고, 단아함은 고결을 상징하기 때문이다. 중국화 중 이른바 매화, 난초, 국화, 대나무의 四君子는 완전히 土君子의 自誡 혹은 自頌이었다. 조류 중에서는 봉황과 원앙을 많이 그렸고, 곤충 중에서는 모두 나비를 많이 그렸다. 이것 역시 그 진귀함, 아름다움, 그리고 풍류 등의 문학적인 의미를 취한 것이다. 말은 그리되 돼지는 그리지 않았고, 돌은 그리되 벽돌과 기와는 그리지 않았다. 이 또한 사물의 성질과 품위에 의거해서 취사한 것이 분명하다. 이러한 화면 아래의 뜻을 함유하고 있기 때문에, 첫 번째의 경향이라고 말할 수 있다.

서양화를 돌이켜 보면, 역대로 서양화의 표현 수법은 모습이 닮는 寫實이 중요했다. 또한 명암의 묘사, 투시의 법칙을 중요시했다. 이러한 사실들은 이미 안적 예술의 경향임을 보여 주는 것이라 하겠다. 근대의 인상파로 말하자면, 이 경향은 더욱 극단적인 데로 기울어서 제재 선택에 대한 의견이 완전히 없었다. 천 조각, 오일 탱크, 낡은 신문지가 모두 그림에 담을 수 있는 자격이 되었다. 예를 들어서 전기 인상파는 빛과 색의 묘사를 극단적으로 중시하였다. 그들은 단지 화면의 색채와 광선에만 관심을 가졌던 탓에, 묘사하는 대상이 어떠한 물건인지에 대해서는 전연 문제 삼지 않았다. 빛과 색의 배합이 훌륭하기만 하다면 천 조각이든 사과든 대작의 제재가 될 수 있었다."

이상 두 종류의 다른 화풍을 통해서 중·서의 예술에 대한 흥취가 달랐음을 우리는 짐작할 수 있다. 내가 쓰는 술어로 나타내자면, 전자는 철학적 예술이고 후자는 과학적 예술이라 하겠다. 당연히 진정한 세계의 새로운 예술이란 곧 예술적 예술의 출현이어야 한다. 이는 동·서 예술의 조화가 기대됨은 물론, 그 정서와 이성, 마음과 눈이 조화·융합되는 새로운 시대가 실현되는 것이다.

한 마디로 총괄하자면, 서양 문화는 이른바 '과학적 문화'인 까닭에 종교는 과학적 종교, 철학은 과학적 철학, 더 나아가서 예술은 또한 과학적 예술인 것이다. 그런데 이 과학이 모든 문화를 지배하는 것이 도리어 현대 문화의 특색이므로, 서양 문화가 지금에 와서는 이미 현대 문화의 대명사가 되어 버린 셈이다. 이른바 중국 문화를 현대화한다는 문제는 사실 중국 문화를 서양화한다는 문제일 뿐이다.

계속해서 문화와 문명에 관해 토론해 보기로 하자.

제10장 문화와 문명

1

문화는 본질적인 차이 때문에 종교, 철학, 과학, 예술로 표현된다. 아울러 진보의 정도가 다르기 때문에 단계적으로 종교적 문화, 철학적 문화, 과학적 문화, 예술적 문화로 표현된다. 종교적 문화는 인도가, 철학적 문화는 중국이, 과학적 문화는 서양이 각각 그것을 대표한다고 하겠지만, 결국에 가서는 모든 문화는 예술적 문화로 기울게 될 것이다. 도식해 보면 다음과 같다.

(인도) 종교-----------철학------------과학-----------예술,

(중국) ------------- 철학------------과학-----------예술,

(서양) ----------------------------- 과학-----------예술.

특히 인도, 중국은 과거에 이미 존재했던 문화이고, 서양은 현재에 현존하는 문화이다. 예술인즉슨 세 방면을 포괄하여 미래에 장차 존재할 문화이다. 과거의 문화 전통 속에서 인도는 종교 문화에서 예술 문화로, 중국은 철학 문화에서 예술 문화로 이를 것이다. 그 발전 진행 가운데 반드시 현 단계인 과학 문화의 절차를 거쳐야 하며, 중국이 밟고 있는 경로는 이와 비교적 비슷한 데 불과할 따름이다.

하지만 이 현 단계의 과학 문화를 한번 말하게 되자 많은 학자들의 비난이 쏟아졌다. 예컨대 독일의 슈펭글러는 바로 종교가 문화의 가장 완전한 상태이고, 과학이 대표하는 것은 도리어 문화가 이미 죽은 상태

즉, 이른바 '문명'이라고 주장했다. 이런 식으로 '문화'(Kultur)와 '문명'(Civilization)을 구별하여 문명은 인류 생활 중 비교적 늦게 발생하는 하나의 상태이고, 전적으로 물질적이어서 정신 능력을 대표하는 문화와는 같지가 않다고 여겼다. 그는 또한 많은 예증을 들어서 문명은 문화의 최후 시기 즉, 문화가 피할 수 없는 운명의 危期임을 증명하였다. 문화가 발전해서 노년 시대에 이르면, 문명의 종말적 국면에 들어서게 되어 하나의 문화란 마침내 소멸하고 만다는 것이다. 이와 같은 종교적 문화관은 현 단계의 물질문명을 너무 낮게 평가했던 탓에 문명의 본질을 인식할 수 없었음은 당연한 귀결이라 하겠다. 그는 심지어 "모든 문화의 본질이 종교적이기 때문에, 모든 문명의 본질은 바로 비종교적이다."라고까지 말하고 있다. 마치 종교가 다름 아닌 문화의 전체인 것처럼 보일 정도이다. 각종 교리, 예배, 장식 예술, 원기둥 등 무릇 종교에서 발로된 모든 종교의 형식만이 문화라는 것이다. 그러기에 비어드는『인류의 앞길』「서론」에서 그가 북독일 시골 소작인의 논조를 펴고 있다고 풍자하려 들었다.

다음은 문화란 바로 철학 사상이라고 생각하는 일부 학자의 예이다. 이를테면, 梁漱冥 선생은 그의 저작인『동서 문화 및 그 철학』에서, 즉 광의적 기초로부터 일종의 철학적 문화관을 품고 있었던 것이다. 서양, 중국, 인도 세 방면의 철학적 비교관은 실제인즉슨 서양, 중국, 인도 세 방면의 문화적 비교관을 대표하는 것이다. 케이세클링의 유명한 문화 저작인『한 철학자의 여행일기』에서는 고대 동방의 문화를 극히 찬미하고 유럽 문화는 불완전한 문화로 여겼다. 예컨대, 인도인의 형이상학적 오묘함과 중국인의 윤리 생활적 완비는 모두 서방이 동방만 못하다고 함이 그 예이다. 과학적 혹은 생물학적 진보가 진실로 서양 문화의 하나의 큰 특색이겠지만, 저와 같이 가장 깊은 인류 영혼의 정신생활에 있어서만큼은 실현시킬 수가 없다고 했다. 그러므로 인류의 진정한 의미의 가장 완전한 문화는 여전히 우리들이 거듭 새롭게 창조하고 종합하는 데 의존해야 한다는 것이다. 이와 같은 종합의 책임은 이후로는 종교에 속하는 것이 아니고, 도리어 일종의 생명철학에 달려 있다고 했다.(葉法無, 『문화와 문명 -文化與文明』 중 「케이세를링의 동서 문화관 및 그 비판」, 참조.) 케이세를링의 문화에 대한 관찰은 여전히 철학 범위에서 벗어나지 못했기 때문에, 그는 미래의 장차 존재할 문화에 관해서 알 수 없었고, 마찬가지로 또한 철학에만 속한 나머지 예술 문화의 창조를 기대하지는 못했던 것이다.

그리고 문화는 바로 과학 기계적 문화라고 주장하는 또 하나의 파가 있다. 예를 들면 비어드는 『인류의 앞길』 「서론」에서 문화에 관한 하나의 정의를 내리고 있다. "문화의 현대적 의미에서는 모든 야만을 초과하는 방법과 공구를 가리킨다.", "어떠한 문화라도 반드시 자연적인 환경(산, 강, 해양 그리고 모든 천연자원.), 공업의 정황, 국민의 의무 및 사회의 조직 등에 근거해야 한다." 그렇다면 이른바 문화란 그 출발점이 완전히 외부에 있는 것으로 변화되었다고 할 수 있다. 반론(Van Loon)이 지은 『고대 문화와 중세 문화』(『인류의 앞길』, 3장)에서는 매우 대담하게 과거의 역사를 두 부분으로 나눠 1769년을 그 경계로 삼았다.

"어째서 1769년을 경계로 삼는가? 그것은 같은 해 1월 5일 와트(Watt)가 새로 발명한 증기 기관에 특허가 주어졌기 때문이다.
그날 종교 시대는 막을 내렸고 기계 시대가 시작되었다.
그날 우리들은 牛馬의 생활로부터 탈피해서 자유의 인류가 되었다."

문화가 문화다운 이유는 그것이 인생의 고통을 벗어나게 해서 모두에게 즐거움을 누릴 수 있는 기회를 부여하기 때문이다. 그러므로 과학적 문화만이 문화로 간주되며, 1769년 이전의 고대 문화와 중세 문화는 모두 인류를 기계로 삼는 야만화로 여겨질 뿐이다. 자연스럽게 표면상에서 보면 이와 같은 과학적 문화관은 확실히 종교적·철학적 문화관 보다 나은 것으로 보인다. 하지만 실제적인 데에서 말한다면 현대 문화 그 자체에 대한 가치 비평은 쉬운 일이 아니다. 뿐만 아니라, 이른바 문화 역시 결코 과학 문화에만 한정시킬 수는 없다. 인류 문화가 과학 단계에 도달하게 되면 최고 수준에 이르렀다고 단정한 나머지, 그래 다 른 문화를 찾아 대신할 수가 없다고 하겠는가?

문화란 역사성을 가지므로, 이미 존재했거나 현존함은 물론 장차 존 재하게 될 세 방면을 모두 포괄할 수 있다고 나는 생각한다. 과거의 이 미 존재했던 문화로부터 말하자면 인도의 종교 문화, 중국의 철학 문화 는 물론 마땅히 보존해야겠거니와 현재의 현존하는 문화로부터 말하자 면 서양의 과학 문화는 가능한 한 더욱 취해야 마땅하다. 그리고 문화 가 문화다운 이유는 특히 미래의 장차 존재할 문화 즉, 예술적 문화의 창조에 달려 있다고 하겠다. 더 명백하게 말해서 문화는 한편으로 종교, 철학, 과학 등의 각 유형을 보존하고 있어야 하고, 또 한편으로는 예술 적 문화를 그 끝으로 삼아야 한다. 비어드가 말한 바는 아니지만, 일반 적인 표준 字典의 문화에 대한 의미에 비추어 보자면 대개는 다음과 같다. 즉, "야만으로부터 진일보하여 예술이 있고 학식이 있는 정황이 된다."(『인류의 앞길』,「서론」, 14쪽.) 그렇다면 문화가 예술적 문화가 된다고 함은 매우 명확한 사실이 아니겠는가? 뿐더러 문화 그 자체에 대해서 말하자면 문화란 예술성과 생명성을 함유한다. 문화가 종교, 철 학, 과학 등의 유형을 내포하고 있으면서도 근본적으로 충돌에 이르지 않는 까닭은 예술의 작용 때문이다. 문화의 각 유형 중 매 유형은 기타 모든 유형을 포함하므로 문화사에 있어서의 한 시대를 나타낸다. 예술 문화가 문화 유형의 중심 유형인지라 종교, 철학, 과학, 그리고 기타 모 든 문화는 모두 예술의 원리와 상태로 경도되게 된다. 따라서 미래의 장차 존재할 예술 문화 시대를 이룸과 동시에 또한 문화가 문화다운 이유의 '문화 시대'에 도달한다고 하는 것이다.

이런 까닭에 '문화'와 '문명'의 문제는 슈펭글러가 말한 바와 같은 종교 문화와 과학 문화의 문제가 아니라, 미래에 장차 존재할 예술 문화와 현재에 현존하는 과학 문화의 문제인 것이다. 진정한 '문화 시대'란 과거와 현재에 있지 않고 장래의 문화 이상을 실현하는 데 있다고 하겠다. 인도든 중국이든 아니면 서양이든 장래의 문화는 어쨌든 종교, 철학, 과학 문화의 옛 유형을 뒤돌아보지 않고 필연적으로 예술적 문화를 향해서 나아간다. 그런데 서양은 이미 밟고 있는 과학적 단계에 의거하겠지만, 각 민족은 고유한 하나의 문화로부터 이상적인 예술 문화에 도달해야 한다. 이처럼 그 길에는 거리가 같지 않기 때문에 어떤 것은 반드시 두 걸음이 필요하지만, 어떤 것은 한 걸음만 내디뎌도 이미 그 문화의 이상향 즉, 이른바 예술 세계에 이를 수 있다.

2

이제 오로지 문화사의 제3시기인 소위 '문명'에 관해서 이야기해 보자. 슈펭글러에게 있어서 문명이란 문화의 최후 단계이다. 나의 견해인즉슨 문명은 바로 문화의 물질적 기초인 까닭에, 문명은 문화의 종점이 아니라 도리어 문화의 새로운 기점이 된다. 그리고 문화가 문명으로 변하는 것이 아니라, 도리어 문명이 새로운 문화를 생산해 내는 것이다. 문화의 축적은 과학 발달 시대에 미쳐서 비록 최고봉에 이르렀다고는 할 수 없지만 실제로는 문화가치의 최고 수준인 예술 세계를 위해서 이미 하나의 통로를 열었다고 할 수 있다. 우리들 현재의 문제는 곧 서방 근대의 문화를 어떻게 채용할 것인가에 달려 있다. 이를테면, 서양의 과학 방법을 가지고서 현실 생활의 개조를 촉진시킴으로써 하루라도 빨리 이상을 실현할 수 있는 새로운 문화 세계를 찾는 것이다.

다만 말이 비록 이와 같다고는 하더라도, 변증법적 법칙에 의하면 문화 그 자체 역시 반드시 부단한 揚棄 작용을 거쳐야 한다. 과학 문화(문명)로부터 양기하여 예술적 문화(문화의 본의)가 되는 것은 종교적 문화로부터 양기하여 철학적 문화가 되고, 철학적 문화로부터 양기하여 과학적 문화가 되는 것과 같다. 사물이 극에 달하면 반드시 되돌아가듯이 하나의 문화란 영구히 지속되는 것이 아니다. 그 자신의 모순이 발생될 때 그것의 중요한 위치를 잃지 않으면서 반대물로 변하는 것이다. 그러한즉 문화사의 제3시기 즉, 이른바 근대 문명 그 자체의 모순성은 어떻게 충분히 설명해야 할 것인가? 나는 여기서 우선 영국 학자인 울프(Leoneard Woolf)의 『제국주의와 문화』라는 책 첫머리에 등장하는 일부 머리말을 추려서 적어보기로 하겠다.

"1800년에서 1900년에 이르는 사이에 유럽은 하나의 혁명을 경험하였다. 그 결과 유럽은 수백 년 동안 내려온 봉건제도의 문화, 군주 政體와 귀족정치의 문화, 특권 문화, 말과 노새가 끄는 수레, 그리고 燭光의 문화는 이때에 이르러서 마침내 소멸의 길로 접어들고 말았다. 이 자리를 대신하는 것을 우리들은 서방 문화 혹은 유럽 문화라고 일컫는다. 이러한 문화는 곧 민주정치와 보통선거의 문화, 공장과 기계, 철로, 오토바이, 비행기, 전보, 전화와 전등의 문화인 것이다.

유럽의 1750년에서 1850년 사이까지의 발전은 석기 시대에서 청동기 시대까지의 단계와 맞먹고, 또한 청동기 시대에서 철기 시대까지의 단계와 맞먹는다고 우리는 말할 수 있다. 이렇게 서로 같은 100년 중에 아시아인과 아프리카인은 조금도 아직 변화가 없는 상태이다. 그들의 지내 온 생활, 일한 사무, 생각한 사려는 바로 그들의 선조가 천백 년 동안 지내 온 생활, 일한 사무, 생각한 사려와 서로 같다.

세계는 하나의 매우 넓은 지역이면서 매우 상이한 문화이다. 동시에, 지표상 자매 관계로 병존하여 역사상에서는 결코 초대면이 아니다. 하지만 19세기의 새로운 유럽 문화는 이것과는 전혀 다르다. 그것은 호전적, 토벌

적, 정복적, 개척적, 참략적인 문화인 것이다! 이처럼 위협적인 형태가 된
데는 여러 가지 원인이 있다. 이러한 형태의 문화에서 태어난 기계의 발
명은 지금 이미 비행기가 말을 대체한 상태이다. 이 가장 신속한 운송 수
단은 마침내 세계를 축소시켜서 하나의 좁은 공간으로 만들어 놓았다. 그
리하여, 필연적으로 그 문화로 하여금 유럽 이외 지역에 약탈적 성질을
갖도록 만들었다. 이 문화는 경제에 있어서 항상 새로운 시장과 원료가
필요하였고, 아시아, 아프리카, 오스트레일리아, 그리고 남아메리카를 대상
으로 한 경제적 개척과 침략이 드디어 이루어졌던 것이다. 아시아와 아프
리카에서 이처럼 개척과 침략의 일종의 기묘한 형식을 취함으로써, 19세
기의 제국주의(imperialism)가 이전의 각 시대 제국주의의 정복 방식 및
문화 충돌과 매우 서로 다른 모습이 되게 하였다.”

　재론할 여지도 없이 원래 서양 문화 즉, ‘문명’은 근대로부터 발달하기
시작한 것이다. 문명의 특색이란 이성과 과학, 물질과 재부, 공상업의 권
위, 민주정치와 보통선거를 가리킬 뿐만 아니라, 더욱이 제국주의의 약탈
적 성질을 가리킨다. 문명은 결과적으로 돌연적이고 급속적인, 그야말로
잔혹한 세계 정복을 탄생시킨 나머지 역사상 아직 그 전례가 없을 정도
이다. 문명은 세 부분인 유럽, 아프리카, 오스트레일리아, 그리고 각 대양
의 도서들로 하여금 모두 직간접적으로 유럽 근대 국가의 공업적이고 조
직을 갖춘 권력 아래에 굴복토록 만들었다. 하지만 이러한 지나친 압박
과정은 오래가지 못하였다. 제국주의적 세계 정복은 마침내 유럽에 반항
하는 세계 혁명을 불러일으켰던 것이다. ‘타도 제국주의’의 외침이 시작
되자 이른바 근대 문명의 모순성은 완전히 폭로되기에 이른 것이다.
　1931년에 국제연맹문화협력위원회는 세계의 文人과 思想指導者들이
서찰을 교환함으로써 문화의 중심 문제에 대해 토론할 것을 결의하였
다. 그 중에서도 머레이(Gilbert Muray) 교수가 채원배 선생에게 보낸
편지가 특히 주목된다. 여기서 그는 현대 문화의 궤멸과 전쟁의 위기를
말하고 있는데 극히 통절하다.(『申報月刊』, 제2권, 제7호, 「두 통의 문

화 협력에 관한 편지」.)

"오늘날의 세계는 모순의 세계이다. 각 나라의 국민들이 문화의 궤멸을 토론 중이다. 이런 일이 일어날 가능성은 비록 극히 슬픈 일이지만 결코 선례가 없는 것은 아니다. 그러한 문화들은 본디 선대에 이미 무너져서 사라진 것들이다. 그 정황을 보면, 번영하다가도 쇠퇴하는가 하면 크게 무질서해져서 다수의 민중은 굶주림과 추위에 시달리기 일쑤였다. 사회는 부랑자와 무뢰한에 의해 좌지우지되었고, 문명 민족이 야만 민족에게 탈환당하기도 했다. 이러한 사항들은 역사상 결코 보기 드문 일들이 아니다. 무릇 문화란 장차 멸망되기에 앞서서 따로 쇠망의 징후가 있게 마련이다. 인류가 환경을 제어하는 능력이 점차로 쇠퇴해 감에 따라서, 전원은 황폐화되고 도로와 수로 등은 소홀히 관리된다. 흉년과 수해가 넓게 퍼져 가지만 당국은 어떠한 대처 능력도 없고, 사법은 부패하거나 완전히 중지된 상태이다. 만일 세상에 본래 흥망성쇠의 운이 있다고 가정한다면, 로마제국 말엽의 세상일에 관심을 갖는 사람은 여러 가지의 현상에 기초해서 다음과 같은 결론을 내릴 수가 있다. 민족은 확실히 이미 활기가 없음은 물론, 환경은 악화되어 당시 사람들에게 현실의 여러 일과 부딪치면서 지난날을 회상하게 한다면 모습이 완전히 예전과 다르다고 할 것이다.

현재를 돌이켜 보건대, 환멸적인 공포가 이미 눈앞까지 육박한 것은 사실이다. 하지만 인류가 자연을 제어하는 능력은 이전보다 훨씬 우월할뿐더러, 시간이 갈수록 더욱 높아지고 있다. 과학의 발명은 다양해서 사람을 눈부시게 만든다. 무선전신, 내연기관, 항공 등은 이미 충분히 현대로 하여금 유사 이래에 가장 창성한 한 시기가 되도록 한다. 세계의 부유와 생산의 능력은 계속 상승의 일로를 걸어 상상할 수가 없을 정도이다. 사람의 수명은 연장되었고 위생은 진보하였다. 물질 상에서의 이러한 진보뿐 아니라, 추상과학과 실용과학이 또한 어깨를 나란히 하며 발전하고 있다. 교육은 날로 보급되어 미술, 음악, 문학에 이르러서는 역시 활기 없는 징후는 찾아볼 길이 없다."

머레이 교수의 결론은 현대 문화가 궤멸하는 그 근본적인 원인은 사실 조직의 결핍 때문이라는 것이다. 현재 국제 간 그 협력 조직은 거의 전무하지만, 도리어 상호 학살을 위한 설치는 극히 완비되어 있는 실정이다. 이러한 모순을 해결하고자 서방 문명은 이미 협력하지 않으면 반드시 멸망한다는 상황에 이르렀다. 그렇지만 진실로 이른바 국제 협력이 현재의 문명한 각 나라 아래에서 가능한 것일까?

아인슈타인은 최근 미국의 『자유잡지』(22년, 8월, 22일)에 한 편의 글을 썼다. 제목은 「왜 세계 문명은 괴멸에 이르지 않는가?」(역문은 『시사월간』, 제9권, 제6기, 「아인슈타인의 문명 전도에 대한 예언」에 보인다.)이다. 그는 미래 문명은 그 생활의 변화 속도에 있어서 장차 현재의 빠름만 못할 것이라고 예언하였다. 그의 생각에 따르면,

"현대 인류의 재난은 그 원인이 인류가 전진하지 않는 데 있는 것이 아니라 전진이 너무 빠르다는 데 있다.

나는 사회가 현재 불안하고 인류가 고통을 당하는 원인은 공업 및 기계의 지나친 발달에 있다고 생각한다. 인류에게 생존경쟁을 강요하여 부득불 그 개성 있는 발전을 잃게 만들고 있다. 이것은 사회상 지도자 격의 사람들이 항상 충분한 여가가 없기 때문일 것이다. 그 천재들로 하여금 십분 발전하게끔 하고서는 결국 석탄과 쇳덩이 아래에 묻히게 하고 만다. 기계의 진보는 논리상 우리들의 여가 시간을 늘려주어야 한다. 뿐더러 한 사회로 하여금 인력에 대한 요구를 감소케 하여 그 남은 개인 시간과 정력을 개성의 발전에 쓸 수 있도록 해 주어야 한다. 하지만, 이 세계는 기계의 비정상적인 발전에 대해서 결코 절제하지 않은 나머지, 끝내는 실업 문제, 혼란과 동요, 불안과 공포가 이 시대를 가득 채우는 결과를 조래하고 만 것이다. 그런 까닭에 현재에 와서야 우리들은 갑자기 인식하게 된 것이다. 즉, 우리들 일생의 노동력은 마땅히 다시 분배되어야 한다는 사실을 말이다.

미래의 역사가가 우리 시대의 곤란과 재난을 서술하게 된다면, 이와 같은 文明病의 유래는 문명의 진행 속도가 너무 빨랐다는 데 있다고 반드시 말할 것이다. 이러한 문명嬰兒期的 急病이 하루아침에 온전히 치료된 후에야 인류는 자연스럽게 용감히 곧장 앞으로 나아갈 수가 있다. 그리하여, 그 이상을 향한 목표에 도달할 수가 있는 것이다."

현대 문명은 大戰 이후의 鮮血 속에서 현재의 네 騎士가 쏟아져 나왔다. 첫째는 경제 테러, 둘째는 흉작, 셋째는 메마른 감정, 넷째는 호전주의의 재생이 바로 그것이다. 문명은 돈 냄새, 시끄러움, 물질주의로 변하였고, 문화(Civilization) 역시 변해서 梅毒化(Syphilization)되었다. 이것이 바로 문명의 진짜 위기로서, 세계 각국의 사상가가 모두 문명의 장래를 우려하게끔 만드는 부분이다. 그리하여 그들은 큰 소리로 "지금 우리들은 또 어디로 가는 것인가?"라고 외치는 것이다.

3

우리들의 문명은 문화의 한 단계에 지나지 않으며, 이 단계는 더 높고 더 완전한 새로운 단계를 실현하기 위한 하나의 준비에 지나지 않음을 문화철학은 지시해 준다. 그런 까닭에 문명의 몰락은 바로 일면 새로운 문화의 출현을 의미한다. 이 새로운 문화가 이른바 '예술적 문화' 다름 아니며, 과학적 문화란 그 과정 속에서 반드시 경험해야 할 하나의 절차에 해당한다. 우리들이 외치고 있는 "지금 우리들은 또 어디로 가는 것인가?"란 확실한 해답은, 현재의 문명에서 더 높은 문명으로 우리들이 나아가야 한다는 것이다. 바꾸어 말해서, 과학적 문화에서 예술적 문화로 나아간다는 뜻이다. 이 말을 어디서부터 꺼내는 것이 좋을까?

알다시피 과학 문화 즉, 현대의 기계 문명은 두 측면에서 보아 모두 예술적 문화에로 나아가는 경향이다.

현재의 과학은 소수의 사람들 수중에 있지만, 미래의 과학은 모든 사람들이 그것의 이로운 점을 모두 향유할 수 있다. 더욱이 그때의 과학은 반드시 놀랄 정도로 발달할 것으로 기대되므로, 현재의 기계는 아마도 그 때에 가서는 모두 가장 조잡하고 초라한 물건으로 간주될 것이

확실하다. 房龍이 『인류의 이야기』(人類的故事)에서 했던 말을 빌리자
면, "그때에는 최후의 증기 기관 한 대가 자연박물관으로 보내어져서,
공룡과 羽龍의 뼈, 그리고 이미 멸절된 고대의 생물들과 함께 한 곳에
진열될 것이다."(248쪽) 그러기에, 기계 시대가 지나가고 새롭게 출현
하게 될 기계는 일종의 매우 아름다운 예술로 변할 것이다. 기계 돌아
가는 소리는 일변해서 조화롭고 부드러운 음악처럼 리드미컬하게 될
것이다. 이것은 결코 어떤 이상이 아니다. 저 러스킨(Ruskin), 칼라일
(Carlyle), 킹즐리(Kingsley), 아널드(Arnold, Matthew), 모리스(Morris,
William)와 같은 일부 비평가들에 의해서 공격받던 기계는 장래에는
반드시 내버려지게 될 것이다. 역사가 비어드는 매우 분명하게 우리들
에게 말하고 있다.(『인류의 앞길』, 「서론」, 26~27쪽.)

　"자본주의의 물결이 지나간 후에도 여전히 미래 예술 창조의 앞길은 양
양한 편이다. 어쨌든, 현대의 이처럼 機器 제조품의 품질이 열악한 이유
는, 태반이 자본가의 이익 추구가 너무 심하다는 데 기인함을 우리들은
확실히 이해해야 한다. 그리고 귀족 계급이 단지 사소한 골동품으로 깔볼
수 있다고 해서 그 잘못을 결코 기계 그 자체가 무가치한 것으로 돌려서
는 안 된다. 하지만 현대는 民治 정신의 예술에 근거한다. 도시 설계, 공
공 건축 등은 어쩌면 단독 예술 작품의 쇠퇴를 보완한 것인 지도 모른다.
현대에 가장 예술을 훼손시키는 것은 예를 들면 공장이 즐비한 도시가 그
첫째일 것이다. 지식 계급은 배짱이 맞는 사람들끼리 결합해서 '花園市'
운동을 시도함으로써 혼탁한 공기 속 도시를 피해 보려고 한다. 얼추
100년 내에 석탄을 태워 가동하는 모든 기기는 방치되어 쓰이지 않을 것
이다. 그리고 현대의 버밍엄(Birmingham), 피츠버그(Pittsburgh), 에센
(Essen) 여러 도시들은 모두 과거사가 될 것이다. 그러나 어찌 되었든 관
계없이 장래의 예술가는 과학과 기계 범위 내에서만 노력할 수가 있다.
이와 동시에 우리들 역시 그것의 가장 기능적이고 경제적인 방법으로 인
류의 가장 높은 가치를 표현하기를 바란다."

비어드는 아직도 그의 시대를 벗어나지 못했기 때문에 장래의 예술가는 과학과 기계 범위 내에서만 노력할 수 있다고 했고, 미래의 역사에서는 예술가가 자신의 시대를 창조할 수 있음을 알지 못했다. 노동적 측면에서 말하자면 현대 노동자는 실제로 기기의 노예나 다름없지만, 가장 아름답고 유쾌함은 물론 가장 자유스러운 예술 시대에 이르러서는, 이때 사람들의 노동은 바로 예술이 된다. 가령 부하린이 말한 바와 같이 "사람들이 統計局의 계획에 따라서 일하는 것은 마치 연주자가 지휘자의 지휘봉에 맞춰 음악을 연주하는 것과 같다."고 하겠다. 이것은 공자의 이상적인 大同世界와 똑같아서 장엄하고 화려하지 않은가?

요컨대, 문화와 문명의 문제는 예술 문화가 흥기해서 과학 문화를 대체한다는 바로 그 문제인 것이다. 문명의 본질은 과학적이지만, 문화의 본질은 예술적이다. 문명과 문화의 차이는 곧 과학과 예술의 차이이다. 만일 과학이 문명을 대표한다면 문명이란 바로 필연적인 세계로서 '문화'의 자유세계로 나아가는 계단에 해당된다. 뿐만 아니라, 문화란 전체성을 지니므로 모든 문화는 최후에 가서는 전부 예술 쪽으로 쏠리게되어 있다. 그리고 과학 문화인즉슨 이러한 문화의 전체성에 도달하는 하나의 첩경인 것이다. 그렇지만 우리들은 전적으로 과학에 의존한 나머지 기계 문명에는 절대 부족한 점이 없다고만 생각해서는 안 된다. 역시나 우리들은 필연적인 세계를 부인한 나머지 자유세계의 창조에 적당치 않다고도 생각하지 말아야 한다. 모름지기 장래의 예술 세계 즉, 문화의 이상향 속에는 모든 종교, 철학, 과학이 결코 소실될 수 없음을 알아야 한다. 이 시대의 종교는 예술적 종교이고, 철학은 예술적 철학이다. 이와 동일하게 과학 역시 일변해서 예술적 과학이 된다고 하겠다. 이렇게 되면 문화는 비로소 문화의 본성(예술)을 회복하여, 문화가 그야말로 자신을 깊이 음미하는 하나의 역사를 창조하게 될 것이다.

4

마지막으로 위의 문화사 이론과 실제에 의거해서 우리들이 굳게 믿어야 할 중국 문화의 부흥에 대한 새로운 신조를 진술함으로써 본서를 끝내고자 한다.

（첫째） 문화란 민족 활동의 원동력에 해당한다. 그런 까닭에, 금후 중국 민족을 부흥시키기 위해서는 반드시 먼저 중국 문화의 부흥을 환기시켜야 한다.

（둘째） 중국 문화를 부흥한다고 함은 낡은 문화를 그대로 좇는 것이 아니라 새로운 민족 문화를 창조하는 것이다.

（셋째） 중국 문화는 문화의 전 체계 속에서 하나의 독립된 계통, 즉 철학적 문화에 해당된다. 그 근본정신을 응당 발양시킴으로써 문화 통일을 완성해야 한다.

（넷째） 인도의 종교 문화는 이미 과거에 속하는 것이므로 현대 문화와의 괴리가 너무나 심한 편이다. 때문에 중국 문화의 견지에서 본다면 당연히 거절되어야 마땅하다.

（다섯째） 문명이란 문화의 한 단계이다. 중국 문화는 발전 중에 있으므로 반드시 과학 문화를 받아들여서 현대에 적합한 문명 생활을 모색해야 한다.

（여섯째） 중국 문화의 역사적 발전은 북쪽에서 남쪽으로 진행되어 왔다. 그러므로 오직 남방만이 과학 문화를 능히 흡수하여 중국 문화에 물질적 기초를 부여할 수가 있다.

（일곱째） 남방문화운동은 문화 교육으로부터 착수해야 한다. 때문에 그 첫 순서가 우선적으로 남방의 문화교육운동을 제창함에 있다고 하겠다.

（여덟째） 중국 문화는 독특한 철학 문화에서 예술적 문화로 나아가

고 있는 중이다. 즉 예술 문화란 이 독특한 문화의 이상향인 것이다.

(아홉째) 모든 문화의 최후는 전부 예술에 귀착된다. 미래의 세계 문화는 곧 예술 문화, 이른바 '대동세계'이다.

後　序

1

나의 『문화철학』을 읽는 사람이라면 아래의 사실에 주의해 주기를 바란다. 이 책을 쓰기 전에도 사실 나는 이미 적지 않은 저작을 세상에 내놓았다. 이 저작들은 나의 연령의 발전에 따라서 몇 단계로 나누어 볼 수가 있겠는데, 도표로 나타내면 다음과 같다.

	著作(발표의 선후에 따라서 순서를 정하였다.)	主義	研究問題	思想傾向	年代
第1時期	『太極新圖說』『周秦諸子學統述』 『政微書』-『古學卮言』(泰東) 『現代思潮批評』(北平新中國雜誌社) 『革命哲學』(泰東) 『無元哲學』(泰東) 『虛無主義와 老子』(虛無主義與老子. 新中國雜誌) -『新中國雜誌』『奮鬪』『北大學生週刊』『法政學報』 等 論文	虛無主義	1. 批評的 傾向 2. 厭世觀 3. 宇宙問題	宗教的	民國 7年에서 12年 까지(1918~1923)
第2時期	『周易哲學』(上海學術研究會) 『한 唯情論者의 宇宙觀과 人生觀』(一個唯情論者의 宇宙觀及人生觀. 泰東) 『荷心』(新中國書局) 『音樂的 文學小史』(泰東) 『中國音樂文學史』(未出版, 『文學院專刊』『中史硏究 所月刊』『東方文藝』『時代文藝』等 刊行物에 散見.) 『謙之文存』(泰東) 『회상』(回憶. 現代書局)-『民鐸』『時事新報』『學燈』等 論文	唯情主義	1. 主情意論 2. 主我的 傾向 3. 入生問題	哲學的	民國 12年에서 17 年 까지 (1923~ 1928)
第3時期	『歷史哲學』(泰東) 『大同主義』(泰東) 『國民革命과 世界大同』(國民革命與世界大同, 泰東) 『大同에 이르는 길』(到大同의路, 泰東) ◉『日本思想의 三時期』(『現代學術』第3期) 『歷史學派經濟學』(商務) 『經濟史硏究序說』(『現代史學』第3期) 『歷史哲學大綱』(民智書局) 『헤겔주의와 콩트주의』(黑格兒主義與孔德主義. 民智) -『現代學術』『現代史學』等 論文	歷史主義	1. 歷史方法論 2. 社會學, 經濟 學, 歷史學의 研究 3. 實證的 社會觀	科學的	民國 16年에서 21 年 년 까지(1927~ 1932)
第4時期	『文化哲學』 『文化歷史學』 『文化社會學』(執筆豫定) 『文化教育學』(執筆豫定)	文化主義	1. 文化體系論 2. 綜合的 研究 3. 文化教育	藝術的	民國 21年(1932~)

한 사상가가 만일 그가 중단 없이 충실하게 진리만을 추구했다면, 그의 일생 동안의 저작 속에서는 위의 네 발전 단계가 발견되리라고 나는 생각한다. 가령 헤겔이 그 예가 되겠는데, 그의 『역사철학』은 그의 사상 발전 중 종합 단계라고 할 수 있다. 그러나 이 책이 출판되기에 앞서서 『정신현상학』, 『논리학』, 『법철학강요』 등의 저작들이 이미 그에게 있었다. 말하자면 헤겔 사상의 발전 단계는 네 시기를 거친다. 즉,

제1시기	1807	『정신현상학』
제2시기	1812~1816	『논리학』
제3시기	1821	『법철학강요』
제4시기	1822~1823	『역사철학』

또, 마르크스를 그 예로 들 수 있다. 그의 저작인 『자본론』은 그의 사상 발전 중 종합 단계인 셈이지만, 사실 이 책 이전에도 많은 다른 저작들이 이미 발표된 상태였다. 몇 차례의 연대 순서를 거쳐서 점차로 발전해 온 것이다. 이것을 도표로 나타내 보면 다음과 같다.

제1시기	1843년 이전	순수 헤겔의 신도로서 일찍이 두 수의 시를 씀
제2시기	1844~1847	『헤겔 법철학 비판 머리말』『유태인 문제』『신성가족』『철학의 빈곤』
제3시기	1848~1859	『공산당선언』『임금 노동과 자본』『경제학비판서문』
제4시기	1867~	『자본론』

마르크스의 제1시기는 완전히 관념론 철학의 신봉자였고, 제2시기는 반대로 자유주의자, 비판가, 그리고 기술의 주체론자였다. 그는 제3시기가 되어서야 비로소 이른바 생산관계를 중심으로 하는 '유물사관'을 확립시켰던 것이다. 그러나 제4시기에 접어들면서 베른슈타인(Bernstein)이 일찍이 지적했던 바와 같이 어느 정도의 이상주의적 색채를 띠고 있었다.(『역사철학대강』, 120~134쪽, 161~162쪽, 참조.) 엥

겔스 역시 마르크스와 동일하다. 그의 사상은 1844년 이전이 제1시기가 되고, 1845년부터 1877년까지가 제2시기에 해당된다. 이 시기는 아직 마르크스의 사상적 테두리에서 벗어나지 못한 상태였다. 그러다가 1878년에서 1888년에 이르기까지 그는 『가족 사유 재산과 국가의 기원』, 『反뒤링론』 등을 저술하게 된다. 이 시기가 바로 제3시기로서, 비로소 그의 사상이 독립하기 시작한 때이다. 1890년부터 1894년까지 친구에게 보낸 편지를 보면 학설에 변화가 왔음을 감지할 수가 있는데, 이것은 다만 제4시기를 의미할 따름이다.(같은 책, 135∼139쪽, 162∼164쪽.) 서양의 학자뿐만이 아니라, 오늘날 중국의 학자 역시도 이러한 유의 예증은 적지가 않다. 가령, 양수명 선생이 그 좋은 예라고 하겠다. 이를테면 그의 젊은 시절의 저작인 『究元抉微論』과 北大叢書 속에 실려 있는 『인도철학 개론』은 제1시기에 해당되는 것으로, '종교적인 것'에 속한다고 말할 수 있다. 『동서 문화 및 그 철학』, 『인심과 인생』(人心與人生)은 제2시기로서, '철학적인 것'에 속하며, 『村治論文集』과 『중국민족 자구운동의 최후 각오』는 제3시기로서, '사회 정치적인 것'에 속한다고 말할 수 있다. 이와 같은 유의 예라면 많은 것들을 거론할 수가 있겠지만, 뒤집어서 말해 보면 나 자신도 여기에서 예외일 수는 없다.

2

나의 글을 읽는 사람이라면 먼저 나의 자서전 격인 1928년 現代書局에서 출판한 『회상』(回憶)을 한번 읽어보기를 바란다. 이 몇 萬言의 소책자 속에는 매우 상세하게 나의 제1시기·제2시기의 생활과 저작이 언급되어져 있다. 그리고 이 책(『회상』) 역시 바로 나의 제2시기 사상의 진귀한 성과라고 할 수 있다. 제3시기에 관해서는 서로 떨어진 기간이 몇 년 되지 않기 때문에 잠시나마 자세한 서술은 피하려고 한다. 내가 독자들에게 알려줄 수 있는 것은 나는 일생 동안 진리를 추구해 왔으며 진리를 위해서 생활하고 학문 활동을 해 온, 단지 진리의 한 신봉자라는 사실이다. 호적지 선생과 같은 책을 읽는 능력, 그리고 양수명 선생과 같은 사색하는 능력은 비록 내게 없지만, 진리를 추구하기 위해서 항상 동시에 양면성을 다 갖추려고 노력해 왔다. 이런 까닭에 수년 동안 비록 거듭 허송세월을 하기는 했지만, 지금도 여전히 끊임없이 독서하고 사색하고 있는 중이다. 黃埔軍校의 교관으로 있을 당시 나는 일찍이 『국민혁명과 세계대동』(國民革命與世界大同), 『대동에 이르는 길』(到大同的路) 등의 책을 저술한 적이 있다. 그리고 일본에서 공부할 당시에도 계속해서 『역사학파경제학』과 『역사철학대강』 등의 저작을 남겼다. 현재는 어떠한가? 두말할 것도 없이 또 다른 새로운 시기로 나아가고 있는 중이다.

내가 廣州에 온 횟수도 이미 세 번째가 되지만, 오직 이번만이 비로소 '남방문화운동'의 제창을 크게 결심하게 되었다. 원래 9·18 사변 때, 나는 상해의 暨大로 가서 교수 직을 맡았다. 당시는 자라 보고 놀란 가슴 솥뚜껑 보고도 놀란다는 말처럼 이미 몹시 불안하고 두려운 정세였다. 나는 몹시 분개하여 중국을 구하고자 한다면 근본적으로 문화로부터 착수해야 한다고 생각했다. 학교에서 수업이 한때 중지되었을 때에, 나는 열심히 창작에 종사하여 『헤겔주의와 콩트주의』(黑格兒主義與孔德主義)라는 책을 써냈다. 머지않아서 남경으로 옮겨 갔는데, 손중산 선생이 '實業計劃'을 했던 것처럼 원래는 하나의 '文化計劃'을 실행하여 중화 민족 부흥의 근본을 삼으려고 했었다. 일찍이 이 뜻을 편지로 써서 채원배 선생께 알렸다. 후에 남경에서는 자료의 수집이 쉽지가 않았기 때문에, 다시 北平으로 옮겨 갔다. 거기에서 『역사철학대강』을 끝냈고, 한창 『문화철학』의 검토 작업에 손을 대던 때였다. 또한 廣州 中大

의 초빙에 응하여 남하하였다. 나는 민족이 부흥되지 않는 이유는 문화가 부흥되지 않은 데 있다고 뼈저리게 느끼던 터라, 결연히 '문화철학'이라고 하는 이 과목을 제기했다. 그리하여 2년 동안의 노력 끝에 이 16萬言의 저작과 『문화역사학』 20여 만언의 초고를 저술하기에 이른 것이다. 이로써 내가 바라던 일이 전체적으로 보아서 절반은 끝난 셈이다. 금후의 노력은 곧 문화학의 각 방면에 관한 것으로, 예컨대 문화사회학, 문화교육학 등을 계속해서 더욱 연구해 나갈 생각이다. 단지 하루를 살더라도 곧 그 하루 동안은 문화를 위해서 힘쓸 것이고 진리를 위해서 분투할 것이다. 그리고 성패, 운과 불운에 관해서는 문제 삼지 않을 것이다.

이번 강의의 시작에서부터 책이 출판되기까지 내게는 감사드려야 할 사람들이 너무도 많다. 그 첫 번째가 바로 학교 당국이다. 왜냐하면, 그들이 내게 中大에서 학술 강연을 할 기회를 주지 않았더라면 근본적으로 이 책은 이루어질 수 없었기 때문이다. 두 번째로는 2년 동안 나와 함께 서로 토론하고 연구해 온 나의 친구들을 꼽을 수가 있겠다. 그들은 내게 매우 큰 격려와 도움을 주었다. 거듭 감사드려야 할 분은 바로 사학과의 동료 吳士靑 선생이다. 그는 여름 방학 중에 원고를 맡아서 처음부터 끝까지 매우 세심하게 한 번 베껴 주었다. 그리고 출판 사항에 관해서 나는 王雲五 선생, 何炳松 선생에게 더욱 감사해야 한다. 이 분들은 인쇄와 교정 각 방면에서는 말할 것도 없이, 이 책이 조기에 독자들과 만날 수 있도록 많은 노력을 아끼지 않았다. 마지막으로, 응당 감사해야 함은 물론 언제까지나 기억해야 할 분은 다름 아닌 何絳雲 여사이다. 그녀는 이 책에 대해서 아주 훌륭한 의견으로 공헌했을 뿐만 아니라, 더욱이 '남방문화운동'을 집성하여 본서의 부록으로 엮도록 애써 주었다. 그녀가 아니었다면 이 책은 아마도 영원히 이루어지지 못했을지도 모른다. 설령 성공했다고 하더라도 이처럼 짙은 시적 정서는 결

코 담아내지 못했을 것이다. 때문에 이 책은 그녀에게 선사할 하나의
영원한 기념품인 셈이다.

민국 23년, 8월 30일, 주겸지.

附　錄

南方文化運動

1

내가 금번 학술 강연을 위해서 남쪽으로 오는 데는 사실 평소에 품고 있는 확고한 결심 때문에서이다. 그것은 바로 나의 모든 능력을 다해서 남방의 동지들과 함께 남방의 문화 운동에 매진코자 함이다. 민국 20년 가을 이래로 제국주의자들이 우리에게 안겨 준 모욕은 늘 나 자신의 삶에 치욕스러움을 느끼게 해왔다. 상해(滬)에서 북평(平), 또 북평에서 광동(粤)에 이르기까지 도처에 중화 민족이 한 걸음 한 걸음 멸망의 길로 나아가고 있는 것을 빤히 보면서 나는 정말로 몸서리쳐질 정도이다. 요컨대, 强權에 대한 반항 전선에 있어서 북방은 이미 희망이 없고, 중부는 타협적인 성질이 강해 우리 민족의 저항 능력이 드러나기에 충분치가 않다. 중화 민족 부흥의 유일한 희망은 내 관찰에 의거하자면 오직 남방뿐이고 남방에만 존재한다. 비록 남방 문화가 아직 성숙한 상태는 아니지만, 사실 미래 중국 흥망 존속의 일대 관건이 아닐 수 없다. 만일 남방에 희망이 없다면 중국 또한 희망이 없고, 우리들의 생존 노력은 모두 무의미한 것이나 다름없게 된다.

나는 북방 문화나 중부 문화를 배척할 뜻은 추호도 없다. 오히려 그 반대이다. 만일 모든 문화의 본질이 슈펭글러 식으로 해석해서 모두

'종교적'이라고 한다면 북방은 바로 '문화'(Kultur)를 대표하고, 남방은 반대로 '문화의 사막'인 이른바 '문명'(Zivilisation)에 해당된다. 그러나 다른 쪽에서 보면 종교적 문화 분포구 즉, 황하 유역은 사실 자연에 복종하고 의존하는 심리가 충만하며 문화에 있어서 이것은 가장 성숙한 상태이지만, 오늘날 강권에 반항해야 될 중국의 상황에서는 아무 소용이 없다. 솔직하게 말해서, 북방 문화는 확실히 너무 낡았고, 흡사 '죽음의 도시'처럼 오래되었다. 죽음의 도시에는 고요한 재미로 가득 차 있기는 하지만, 이러한 古化는 필연적으로 봉건세력의 무저항적 책략과 학술상의 考古 경향으로 응결되기 쉽다. 이와 반대로 중부 즉, 양자강 유역은 교육상의 인물들을 많이 길러 내어 학설과 사상이 발달되고 거주민의 국가 관념이 강하기는 하지만, 이처럼 우수한 문화는 자연히 調和適中으로 기울어지기 쉽다. 정치상 표현인즉슨 애써 진보를 추구하지만 극단은 꺼린다. 당연히 强權에 대한 반항 전선에 있어서도 단지 '순응'적인 환경만을 바라고 적극적으로 저항하지는 않는다. 더욱이 사실이 우리에게 말해 주듯이 적극적으로 강권에 반항했던 것은 오로지 십구로군(十九路軍, 1932년 제1차 상해사변에서 분전하여 유명해진 육군 부대. -역주)의 과거 1개월 간의 전적뿐이다. 십구로군은 바로 광동 출신의 장교와 병사가 그 중심이 되었던 것이다. 이로써 중국 문화의 분석 결과를 알 수 있다. 이를테면, 중화 민족의 멸망을 막기 위한 유일한 희망은 의심할 것도 없이 오직 남방뿐이고 남방 즉, 주강 유역에만 존재한다는 사실이다. 북방은 정치상 보수적 문화를 나타내고 그 특질은 복종과 비저항이다. 중부는 진보적 문화를 나타내고 그 특질은 순응과 역시 비저항이다. 오로지 남방만이 진정한 의미의 혁명적 문화를 나타내며, 그 문화 특질은 강권에 대한 반항이다. 현재 중국이 필요로 하는 것은 바로 강권에 반항하는 혁명적 문화이다. 그래서 나는 남방 문화의 건설 운동에 뛰어들기로 결심한 것이다.

2

독일의 문화사회학자인 쉘러는 일찍이 콩트의 '3단계의 법칙'에 반대하여, 이른바 '지식사회학'을 제창했다. 신학적, 형이상학적, 그리고 실증적 인식과 사고는 모두 콩트가 말한 바와 같은 역사적 단계의 발전이 아니라, 인류 정신 속에 원래 있었던 세 종류의 다른 인식 형식이라고 그는 생각했다. 그는 인류의 지식을 세 종류로 나눌 수 있다고 보았다.

(1) 해탈적 지식;
(2) 교양적 지식;
(3) 실용적 지식;

문화의 지리상 분포에 있어서, 예컨대 인도는 해탈적 지식을, 중국은 교양적 지식 즉, 본질적 지식을, 유럽인즉슨 실용적 지식을 각각 대표한다. 쉘러의 이와 같은 非역사주의는 아무래도 착오를 피할 수는 없다고 하겠지만, 그의 지식에 대한 고찰은 도리어 옳다고 해야 할 것이다. 또한 동일하게 이것을 중국 문화의 지리상 분포에 적용시켜서 말해 볼 수가 있다. 내 생각에는 북방의 황하 유역은 해탈적 지식을, 중부의 양자강 유역은 교양적 지식을 각각 대표한다고 할 수 있다. 그리고 남방의 주강 유역은 실용적 지식을 대표한다고 하겠는데 즉, 과학적 문화 분포구가 여기에 해당한다. 물론 공간상에서 말한다면 이 세 지식은 각각 그 특수한 문화 패턴을 형성하므로, 각자 그 특수한 문화가치를 지녀서 각종 특수한 문화 단체로 나타나게 된다. 말하자면, 어떤 방면이든 관계없이 그 고유한 문화를 발양시킴으로써 최고의 통일 문화를 완성하도록 노력해야 한다. 그러나 시간상에서 말한다면 중국 문화의 현 단계에서는 사실 실용적 지식 즉, 과학 문화의 건설 사업에 혼신의 힘

364

을 쏟아야 한다. 북방 문화 즉, 해탈적 지식은 문화의 起點에 지나지 않음을 우리는 마땅히 알아야 한다. 그리고 슈펭글러가 반대했던 '문명'이란 사실 인류 문화가 정신적인 것에서 물질적인 것으로 이행하는 하나의 表現인 것이다. 문화는 슈펭글러가 말한 것처럼 '모두 종교적인 것'일 뿐만이 아니라, 이와 반대로 문화의 최고 結晶은 실용적 지식과 물질생활의 건설 속에 있다고 하겠다. 오직 과학 문화만이 중화 민족에게 한 가닥 삶의 희망을 줄 수가 있다. 그런데 과학 문화의 분포는 오직 남방뿐이고 남방에만 존재하므로, 내가 남방 문화의 건설 운동에 뛰어들기로 결심한 것이다.

3

이른바 남방 문화란 지식의 진화에서 말하자면 과학적 문화이고, 물질의 진화에서 말하자면 산업적 문화이다. 더 나아가서 문화사회학적 관점에서 보자면 오직 민족의 무산계급(極貧)과 半무산계급(小貧)만이 중국에서 산업적 문화를 창조할 수 있고 과학적 문화를 운용할 수가 있다. 그런 까닭에 남방 문화의 본질은 실제로 민족의 무산계급 문화이며, 제국주의에 대해서는 말할 필요도 없이 또한 혁명적 문화가 된다. 나는 남방 문화의 새로운 탄생을 기원한다! 나는 일생 동안 남방 문화의 건설 운동에 종사하여 공헌하기를 바라마지 않는다!

21년, 8월, 28일, 廣州.

南方 文化의 創造

- 廣州市立一中의 강연 -

　오늘 귀교의 초청을 받고 여기서 강연하게 됨은 내게는 하나의 영광된 일이 아닐 수가 없다. 그리고 이번 南來는 내게 있어서 본래 특별한 이유가 있다. 나는 사실 민족 부흥과 문명 再造의 결심을 품고서 남방 문화운동에 뛰어들기 위해서 온 것이다. 그래서 오늘의 강연 제목 역시 '남방 문화의 창조'라 한 것이다. 중화 민족의 부흥을 말하고자 한다면, 여기에는 하나의 선결 문제가 있다. 즉 한 민족을 부흥하고자 한다면 사실상 문화의 부흥을 우선적으로 환기시켜야 한다. 문화란 한 민족 활동의 목적을 지시할 뿐만 아니라, 또한 민족 활동의 원동력이 된다. 그런 고로, 우리들이 학문을 탐구함에 있어서 마땅히 지녀야 할 책임은 말할 것도 없이 중화 민족 문화의 부흥을 환기시키는 데 있다고 하겠다. 그런데 이 부흥이라는 두 글자는 사람들에게 가장 쉽게 오해를 가져오게 한다. 만일 문화 부흥이 단지 과거의 고문화를 다시 받아들인다는 것이거나, 과거 봉건식 문화를 회복하는 것이라고 한다면, 이러한 복고 운동은 곧 문화의 파산 및 민족의 멸망을 선포하는 것이나 진배없다! 솔직하게 말해보자! 모든 참된 문화는 현대석 문화인 것이다. 일반적으로 과거의 문화만이 문화라고 생각하게 된 데는 문화란 현재성을 가지는 것임을 알지 못한 소치이다. 과거 문화는 반드시 현 생명의 재창조를 거쳐야만 한다. 즉, 과거 문화를 현재 생명의 안에서 배출시킨 뒤라야 비로소 존재하는 의미가 있게 된다. 그렇지 않으면 이른바 과거의 문화란 단지 찌꺼기일 뿐이고 생명이 없는 미이라일 뿐이다. 문화의 미이라라고 하는 것은 자신도 오히려 보증하기 힘든 형편인데 어떻게 우리 민족 부흥의 가장 밝고 가장 분명한 가로등 역할을 해줄 수 있겠는가? 때문에 이른바 민족 문화 부흥이란 바꾸어 말해서 민족 문화의 창조라 하겠다. 민족 문화가 창조된 다음에야 비로소 민족 문화의 부흥이 있게 된다. 그런데 민족 문화의 창조를 언급함에 있어서 나는 착안점을 남방 문화의 창조에 둘 것을 주장하는 바이다.

이제 두 측면으로 말해 볼 수 있겠다.

첫째는 시간적 측면의 관찰이다. 문화의 진화는 완전히 '역사철학'상 '3단계의 법칙'에 의거한다. 유명한 프랑스의 콩트는 인류의 진화를 신학적, 형이상학적, 그리고 실증과학적 단계로 나누었다. 손중산 선생은 인류 진화의 단계를 '알지 못하고 행하는 것'(不知而行的), '행한 다음에 아는 것'(行而後知的), '안 다음에 행하는 것'(知而後行的)이라는 세 단계를 거친다고 말한 적이 있다. 소위 "과학 발명 이후가 안 다음에 행하는 시기이다."라고 함이 바로 콩트의 이른바 실증적 혹은 과학적 단계이고, 또한 우리들 현재의 문화 시대에 해당하는 것이다. 우리들 현재의 문화 시대가 일체의 이론 기초로 삼는 것은 신도 아니고 추상적 관념도 아니다. 그 3단계 중의 제1시기와 제2시기는 훨씬 전에 지나갔다고 생각한다. 지금은 오로지 관찰을 위주로 해야 하며, 사용하는 방법은 완전히 과학적이어야 한다. 이것이 바로 소위 과학적 문화의 형성인 것이다.

그렇지만 소위 과학적 문화란 동시에 물질생활 방면에서는 산업적 문화로 나타나게 된다. 그러므로 콩트가 인류 지식의 3단계를 제창하는 것 외에도, 물질적 진화 역시 3단계 법칙에 바탕을 둔다고 우리들에게 분명히 알렸던 것이다. 이를테면 첫째는 군사 시대, 둘째는 법률 시대, 셋째는 산업 시대가 바로 그것이다. 이런 까닭에 우리들의 현대는 바로 산업적 시대, 즉 경제가 모든 것을 지배하는 시대이다. 군사 생활은 이미 점차로 산업 생활로 바뀌어가고 있다. 손중산 선생의 말대로라면 현

재는 이미 "機器가 발명된 후는 繁華 시대라고 일컬을 수 있다."("機器
發明之後, 可稱爲繁華時代.")에로 나아간 것이다. 법률 시대에 玄學(形
而上學)家들은 천부적 자유를 주장하여 모든 것을 설명하였고, 번화 시
대 즉, 경제가 모든 것을 지배하는 시대에는 참된 과학적 문화가 아니
면 안 된다. 눈을 돌려서 오늘날의 중국을 한번 보게 되면, 물질상 진
화란 제국주의가 마련해준 생산품을 사용하는 것이기 때문에 마치 이
미 번화 시대로 나아간 것처럼 보인다. 하지만, 지식상의 진화인즉슨
구미와 비교해 보아 오히려 그 뒤떨어짐이 어느 지경까지인지 가늠할
수조차 없다. 중국 민족이 만일 과학 문화를 더욱 창조하려고 들지 않
는다면, 이러한 모순 현상 하에서는 제국주의 경제적 침략을 받게 됨은
물론, 반드시 망국의 비운을 맞게 됨은 당연한 일이다. 분기하라! 사랑
스런 광동의 청년들이여! 물질적 가난은 오히려 가난이 아니다. 지식상
의 가난이야말로 진정한 민족의 가난인 것이다. 우리들이 힘써 나라를
구하고자 한다면 무엇보다도 지식상의 가난을 먼저 구제해야만 한다.
우리들의 학문 탐구의 목적 역시 여기에 있는 것이다.

둘째는 공간적 측면의 관찰이다. 중국 문화의 지리상 분포에 있어서
남방은 본래 과학 문화의 분포구를 대표한다고 나는 생각한다. 그런 까
닭에 남방 청년, 특히 광동 청년이 마땅히 짊어져야 할 책임은 다른 어
떤 지역보다 각별히 중요하고 가치가 있다고 하겠다. 독일의 문화사회
학자인 쉘러는 콩드의 3단계의 법칙에 반대하여 이른바 '지식사회학'을
제창하였다. 그는 생각하기를 신학적, 형이상학적, 그리고 실증과학적
인식과 사고는 모두 콩트가 말한 바와 같은 역사적 단계의 발전이 아니
라, 인류 정신 속에 원래 있던 세 종류의 다른 지식 즉, (1)해탈적 지
식, (2)교양적 지식, (3)실용적 지식이라는 것이다. 나는 이러한 지식사
회학이 콩트의 3단계 견해와 상충되지 않는다고 생각한다. 콩트는 문화
의 역사적 진화 단계를 꿰뚫어 보았고, 쉘러는 문화의 본질적 유형을

꿰뚫어 보았다고 말할 수 있다. 이를테면 세계 문화의 지리 분포 상에서 말한다면 인도는 해탈적 지식을, 중국은 교양적 지식을, 유럽은 실용적 지식을 각각 대표한다고 하겠다. 다만 중국 문화의 지리 분포만을 두고 말한다면 내 생각에는 북방의 황하 유역은 해탈적 지식을, 중부의 양자강 유역은 교양적 지식을 각각 대표한다고 할 수 있다. 그리고 남방의 주강 유역은 실용적 지식을 대표한다고 하겠는데 즉, 과학적 문화 분포구가 여기에 해당한다. 물론 공간상에서 말한다면 이 세 지식은 각각 그 특수한 문화 패턴을 형성하므로, 각자 그 특수한 문화가치를 지녀서 각종 특수한 문화 단체로 나타나게 된다. 말하자면 북방이든 중부이든 관계없이 그 고유한 문화를 발휘함으로써 최고의 통일 문화를 완성하도록 노력해야 한다. 그러나 시대 환경과의 관계상 중국 문화의 현 단계는 사실 실용적 지식 즉, 과학 문화의 건설 사업에 혼신의 힘을 쏟아야 한다. 북방 문화 즉, 해탈적 지식이 비록 문화의 起點인 셈이기는 하지만, 도리어 너무 낡았다는 사실을 우리는 마땅히 알아야 한다! 이와는 반대로 중부 즉, 양자강 유역은 교육상의 인물들을 많이 길러 내어 학설과 사상이 발달되고 거주민의 국가 관념이 강하기는 하지만, 이처럼 우수한 문화는 자연히 調和適中으로 기울어지기 쉽다. 정치상 표현인즉슨 애써 진보를 추구하지만, 극단은 꺼린다. 문화상의 표현에 있어서도 단지 '적응'적인 환경만을 바라고 창조적이지는 못하다. 능히 적극적으로 창조할뿐더러 정치상에서 혁명의 문화를 진정으로 표현한 곳은 본래 오직 남방뿐이고 남방에만 존재한다. 남방의 과학 문화가 비록 현재는 아직 성숙한 상태가 아니고, 심지어 제국주의의 경제 침략 때문에 기형의 매판적 문화가 형성되기도 하였지만, 매판 문화와 과학 문화의 구별은 전자가 不自覺的 문화라면 후자는 자각적 문화라는 데 있다. 분기하라! 친애하는 광동의 청년들이여! 지금 이미 새로운 문화 창조의 필요성을 자각한 이상, 우리들은 즉시 힘써야 한다. 과학 문화의 산물을 지나치게 누린 나머지, 우리들 자신이 직접 과학적 문화를 창조해 내야 함을 알지 못하고 있다. 이것은 얼마나 치욕스러운 일인가!

끝으로 나의 사랑스런 학생들을 격려하기 위해서 나는 간단명료하게 남방 문화의 창조 즉, 과학 문화의 길을 제시하고자 한다. 이것은 오늘을 기점으로 해서 모두들 과학 연구에 뜻을 세워달라는 것이다. 과학 연구의 포부를 가진 청년만이 남방 문화의 참된 창조자가 될 수 있고, 중화 민족을 부흥시켜서 찬란하고 영광스런 新중국을 건설할 수가 있다!

21년, 9월 26일.

中國 文化의 現段階

- 培英中學 강연 -

　지금까지의 중국 문화에 관한 논의는 모두 판본상에 기록된 문화, 특히 先秦 諸子의 문화에만 주의를 기울인 듯하다. 그리고 소위 중국 민족 문화의 부흥 역시 그 요지는 선진 제자의 문화를 부흥하자는 것이다. 이와 같은 참으로 가련한 문화의 깨우침은 중국 문화에 진보의 역사가 있음을 근본적으로 알지 못한 소치이다. 그런데 하물며 현대의 문화 단계를 논할 수 있겠는가? 만일 지금 중국이 아직도 周와 秦 때라면 당연히 주와 진 시대의 문화를 적용해도 될 것이며, 만일 아직도 漢과 唐 때라면 당연히 한과 당 시대의 문화를 적용해도 될 것이다. 하지만 사실이 우리에게 알려 주듯이 현대는 단지 현대일 뿐, 주와 진 시대도, 한과 당 시대도 아니다. 이처럼 空論하고 있는 중국 문화의 부흥에 있어서 그 부흥시켜야 할 중국 문화란 도대체 무엇을 가리키는 것일까? 내가 보기에는 이른바 중국 문화의 부흥이란 중국 문화 정신의 부흥을 가리킨 말이다. 이것은 살아있는 문화를 창조한다는 뜻이지, 죽은 문화를 그대로 좇는다는 뜻은 아니다. 만일 과거의 수천 년 동안 쌓아 올린 문화가 단지 우리들에게 일종의 억압의 힘으로 전해져서 영원히 저 '子曰', '詩云'의 격식 아래에 얽매어 해방될 수 없게끔 한다면, 이러한 회색의 문화는 단호하게 괴멸시키는 것이 오히려 낫다. 문화는 본래 생활이어서 일반인이 생각하는 것과 같은 불변의 존재가 아니다. 그 반대로 문화생활이란 영원히 創新하고 영원히 변화하는 가운데 있음은 물론, 문화 그 자체는 바로 변화와 동적인 표현에 해당하는 것이다. 그래서 문화를 말하지 않으려면 그만이지만 문화를 한번 말하려고 한다면 반드시 과거의 모든 것에다가 따로 항상 무엇인가를 창조하고 생산해 내야 한다. 바꾸어 말해서 문화는 곧 현재적 문화인 것이다.

우리들은 과거의 문화를 충분히 존중해야 하겠지만, 과거의 문화는 반드시 오늘날 나의 창조 활동을 거쳐야 하는데 즉, 과거 문화를 현대 생활 속에서 배출시킨 후라야 비로소 존재의 의미를 가지게 된다. 말하자면 문화란 현재성을 지닌 것으로 모든 참된 문화는 모두 현대적 문화이다. 그렇지 않으면 이른바 과거 문화로 단지 찌꺼기일 뿐이고 생명이 없는 미이라일 뿐이다. 물론 우리들도 알다시피 현대의 중국 문화에 의거해 살펴보면 어떠한 측면에서든 서방 문화의 침입과 본국 문화의 파산의 선언 아닌 것이 없다. 그러니 현대 문화의 제창이란 어찌 본국 문화로 하여금 근본적으로 존재할 수 없게끔 함이 아니겠는가? 하지만 사실인즉슨 도리어 이와 같지가 않다. 문화의 근본 현상은 한편으로 변증법의 '양기'(Aufheben)적 현상을 지니는가 하면, 한편으로 더욱 '지속'(Duration)적 현상을 지니기도 한다. 우리들은 중국 전통 문화 정신이 어느 날 중단될 때가 있을 것이라고 오해하지 말아야 할뿐더러, 더욱이 서방 문화를 배척하지 말아야 한다. 왜냐하면 그것이 바로 중국 문화를 기사회생하게 하는 약과 침이 되기 때문이다. 이른바 현대 문화는 확실히 중국 고문화의 한 부정이다. 그렇지만 이 부정 그 자신이 곧 제2의 부정이 되어 부정을 세우는데, 말하자면 서방 문화의 침입은 바로 중국 문화를 부흥시키는 하나의 '요소'(Moment)와 '과정'인 것이다. 이 때문에 중국 현대 문화의 파악 즉, 중국 문화의 현 단계의 파악은 실제로 또한 중국 문화를 이해하고 더 나아가서 부흥시키는 데 빠뜨릴 수 없는 순서라 하겠다.

한데 중국 문화의 현 단계를 말하기에 앞서서 먼저 문화의 유형을 반드시 짚고 넘어가야 할 것이다. 문화란 지식적 문화 개념과 사회적 문화 개념을 포괄한다. 전자는 종교, 철학, 과학, 예술이 그에 해당되고, 후자는 정치, 법률, 경제, 교육이 그에 해당된다. 종전에 콩트는 인류 지식의 진화를 세 시기로 나눈 적이 있다. 이를테면 (1)신학 시대, (2)형이상학 시대, (3)실증과학 시대가 그것이다. 또한 사회적 진화를 세 시기로 나누었는데, (1)군사 시대, (2)법률 시대, (3)산업 시대가 그것이다. 그러나 콩트의 이러한 分法은 여전히 불완전하다. 나의 주장을 피력하자면, 지식 생활에서는 문화의 본질을 종교, 철학, 과학, 그 위에 예술로 나누어야 하고, 이와 동일하게 사회생활에서는 문화의 본질을 역시 정치(군사), 법률, 경제(산업), 다시 그 위에 교육으로 나누어야 한다고 생각한다. 바꾸어 말해서, 문화사의 제1시대는 종교 시대임과 동시에 군사 시대이고, 문화사의 제2시대는 철학 시대임과 동시에 법률 시대이다. 또한 문화사의 제3시대는 과학 시대임과 동시에 경제 시대이다. 현대에 관해서 말하자면 현대 생활은 과학적 문화 개념이 그 중심이 되며, 아울러 경제가 모든 것을 지배하는 시대라고 할 수 있다. 때문에 현대 문화의 근저를 이루는 것은 종교와 철학, 더구나 정치와 법률도 아니며, 실제로는 저 인류 현 생활이 가능하게 하는 과학 단체와 경제 조직인 것이다. 따라서 현대 문화의 파악은 또한 바로 과학 문화와 경제 문화의 파악이라 하겠다. 세계 문화의 현 단계가 이러하므로, 중국이 이 예에서 벗어나지 않음은 당연하다.

우선 지식 생활의 현 단계에 관해서 보면,

(1) 종교 - 신이나 하나님을 믿지 않음은 물론 어떠한 종교라도 부인해 유물적 자연관을 주장한다.

(2) 철학 - 한편 과학적 철학 즉, 실험주의로 기우는가 하면 또 한편 변증법 유물론의 철학이 성행하기도 한다.

(3) 과학 - 온 나라가 일치된 마음으로 과학의 중요성에 동의하여 자연과학과 사회과학이 모두 견실한 사람들에게 제창된다.

(4) 예술 - 낭만주의 문학은 이미 시대에 뒤떨어진 것처럼 보이고, 일반적으로 신사실주의 혹은 이른바 무산계급 문학의 경향이다.

다음으로 사회생활의 현 단계에 관해서 보면,

(1) 정치 - 급진적인 사회민주정치의 이상으로 흐르고 있다.
(2) 법률 - 노동계급의 이익을 중시한다.
(3) 경제 - 각종 방식하에서 국가사회주의의 통제적 경제로 경도되고 있다.
(4) 교육 - 직업화의 생산 교육을 주장한다.

중국 문화의 이러한 현상은 뜻밖에도 이미 일종의 자연스런 추세가 되어, 누구도 그것을 저지한다든가 제거할 수가 없게 되었다. 요컨대, 중국 문화의 현 단계는 지식 생활상 과학 시기이고, 사회생활상 경제 시기이다. 인류 문화의 진화가 이미 신학 시기 즉 군사 시기에서 형이 상학 시기 즉, 법률 시기로 이행된 이상, 지금 또한 실증과학 시기 즉, 경제 시기로 나아가는 것은 기정사실이다. 그러니 前 1단계에서는 법률 로써 모든 것을 통일했던 까닭에, 일단 헌법이 제정된 이후에는 모든 것이 무사함을 고할 수 있게 되었다. 하지만 현 단계는 도리어 과학·경제가 모든 것을 통치하는 때이다. 만약 과학이 발달하지 않는다면 민생 문제도 해결할 수가 없게 된다. 즉 이른바 헌법 역시 한 장의 쓸데없는 글일 뿐이고, 철학 역시 허장성세로 협잡질 하는 단지 허울일 뿐이다. 반면에, 만약 중국 민족을 **부흥**케 하려고 한다면 중국 문화를 부흥 시키지 않으면 안 된다. 중국 문화가 부흥되려면 이 최대 난관인 문화의 현 단계에 대해서 우선적으로 충분히 이해하고 파악하지 않으면 안 된다. 중국 문화가 만약 계속적으로 창조되는 것을 바라지 않는다면 그만이지만, 계속적으로 창조되기를 원한다면 반드시 하나의 물질적 기초가 필요한 것이다. 때문에 일체의 유물주의, 일체의 무신 사상인, 무릇 현 단계 문화에 의해 매우 잘 갖추어져 있는 것은 모두 마땅히 그 자연

생장, 자연 소멸에 맡겨두어야 한다. 물론 현실 문화에도 많은 결점은 있다. 가령 (a)지나치게 물질에 편중되어 위대한 생명성이 결핍된 점; (b)지나치게 과학에 편중되어 예술적 함양이 결핍된 점; (c)지나치게 기계성에 편중되어 단지 필연 세계만을 주시하고 자유세계의 존재를 알지 못한 점이 바로 그러한 예라고 하겠다. 오히려 냉정하게 말해서, 현 단계의 문화가 비록 문화사에 있어서 최후의 이상은 아닐지라도 과거의 舊문화와 비교해 보면 내용이 실로 크게 증가했다고 할 수 있다. 이러할 뿐만 아니라 (A)현 단계가 사실 미래 문화의 빠뜨릴 수 없는 과정에 도달하기 위해서는, 우리들은 이상적인 新문화를 촉진할 수 있는 현실적 문화를 전반적으로 받아들여야 한다; (B)현실 문화는 실천성과 사회성을 지니는 까닭에 전력을 다해서 현실 문화를 제창하게 되면 곧 사회 대중으로 하여금 문화와 관계를 갖도록 할 수 있다; (C)현실 문화는 과학이 지극히 발달한 까닭에 중국으로 하여금 날로 정치와 경제에 있어서 자유 독립적 지위에 이르도록 할 수 있다. 이로써 중국 문화의 현 단계는 이로움과 폐해가 동시에 존재함을 볼 수 있다. 그러므로 우리들이 그것의 단점은 줄이고 그 장점을 이용하려고 노력만 한다면, 현 단계의 문화는 바로 중국을 구원할 수 있는 최대의 방편과 방법인 것이다. 우리들이 어찌 차마 그것을 반대하고 박해할 수 있겠는가.

내 생각에는 중국 문화의 황금시대는 과거에 있지 않고 미래에 있으며, 선진 제자의 고전 시대에 있지 않고 20세기 후의 '예술 문화'를 생산하는 데 있다. 중국 문화의 근본 특질은 종교와 과학이 아니라 예술적인 것에 해당한다. 철학은 본디 중국 문화의 한 특색임에는 틀림없지만, 중국철학은 예로부터 예술적 인생을 창조하는 경향을 띠어 왔다. 중국은 다만 泛神思想은 있었지만 종교는 없었고, 다만 手藝는 있었지만 과학은 없었다. 예술상에 있어서도 단지 상징주의와 표현주의의 경향은 있었지만 사실주의와 자연주의에는 반대하였다. 그런 까닭에 중국 문화는 시종 제3기의 과학 문화와는 완전히 융합될 수가 없었던 것이다. 그리고 그 완전히 융합될 수 없는 이유는 예술적 문화가 본래 과학적 문화보다 한층 더 우수하기 때문이다. 만약에 과학 문화를 현실적 단계로 삼는다면, 예술 문화는 사실 이상적 단계에 해당한다. 그런데 우리들이 마땅히 알아야 할 점은 바로 이상적 문화에도 하나의 물질 기초가 필요하다는 사실이다. 만약 과학 문화의 현 단계가 철저하게 실행되지 않는다면 이상적 예술 문화, 즉 중국의 문화 정신 역시 결코 비장군처럼 갑자기 나타날 수는 없다. 우리들은 물론 필연적 세계를 매우 싫어하지만, 사실 필연세계는 자유세계에 도달할 수 있는 하나의 계단인 셈이다. 우리들이 언제 즉각적으로 중국의 참된 문화를 제창하여 예술 세계를 실현하지 않으려고 했던가. 그렇지만 예술 세계로 나아가기 전에, 우리들은 기필코 과학적 문화 세계를 거쳐야만 한다. 확실히 과학적 문화 단계를 지켜서 막다른 곳까지 나아가야만이 예술적 세계로 轉化해 들어갈 수가 있는 법이다. 이것 역시 우리들이 중국 문화의 부흥을 제창하는 가장 큰 목표라 하겠다.

마지막으로, 나는 중국 문화의 현 단계를 누가 철저히 수행할 수 있겠느냐는 이 질문에 명백하게 대답해야 한다. 남방의 청년들이 전적으로 이 책임을 스스로 짊어져야 한다고 나는 생각한다. 왜 그러한가? 중국 문화의 지리상 분포에 의거하자면, 오로지 남방 문화만이 실용적 지식 즉, 과학 문화의 건설 사업에 혼신의 힘을 다할 수가 있기 때문이다. 바꾸어 말하면, 남방 문화만이 중국 문화에 하나의 물질적 기초를 능히 부여할 수 있는 까닭에 나는 지난 한때 중국 유일의 희망은 오직 남방뿐이고 남방에만 존재한다고 선언했던 것이다. 끝.

민국 21년, 11월, 28일.

중국 문화의 지리적 분포

- 朱君毅의 『중국 역대 인물의 지리적 분포』를 읽고 -

梁任公이 역사 통계학(『梁任公先生學術講演集』, 第3輯에 보임.)을 제창한 이후부터 사학에 있어서 통계적 연구법은 곧 중국 역사가의 하나의 중요한 도구가 되었다. 특히 역사의 인물 지리 분포에 관한 통계는 전후 합해서 丁文江, 양임공, 張耀翔, 그리고 주군의 네 학자가 있다. 그들은 각기 그 다른 연구 방법, 근거와 시대를 가지고 있지만 업적이 가장 크고 역대 인물 분포 '법도'(大較)의 진상을 가장 잘 간파할 수 있는 것은 오히려 주군의의 『중국 문화의 지리적 분포』(中華書局常識叢書, 第40種.) 이 소책자라고 생각한다. 이 책은 결코 우리들에게 어떠한 신기하고 가치 있는 원칙을 알려 준 적은 없는 듯하다. 그는 단지 다음과 같은 사실만을 말해주고 있다.

(1) "漢으로부터 지금에 이르기까지 중국 인물의 변천은 서북쪽에서 동남쪽으로 쏠려서 마치 半月形을 이루는 듯하다."(43쪽)
(2) "인물의 출현은 실제로 환경이 가장 큰 힘으로 작용한다."(44쪽)

다만, 세심하게 연구를 한번 기울여 본다면, 우리들은 그가 열거한 숫자로부터 역대 인물의 지리적 분포를 간파할 수 있음은 물론, 중국 역대 문화의 지리적 분포를 간파할 수 있다. 뿐더러, 그야말로 확고하게 우리처럼 남방문화운동을 제창하는 사람들에게는 확실한 과학적 기초가 아닐 수 없다. 예컨대 42쪽에 열거되어 있는 중국 역대 인물 변천의 趨勢圖에는 아래 설명이 덧붙여져 있다. 즉,

時代	前漢	後漢	唐	北宋	南宋	明	清	民國	最近(민국 15년 후)
인물이 가장 많은 省	山東	河南	陝西	河南	浙江	浙江	江蘇	江蘇	廣東

이를 통해서 시대에 따라 말하자면, 북송 이전에는 황하 유역의 문화이고, 청 이전에는 양자강 유역의 문화이고, 최근에는 비로소 珠江 유역의 문화임을 볼 수 있다. 그렇다면 우리들이 남방문화운동을 제창함에 있어서는 매우 충분한 역사 지리적 근거가 있다고 해야 하지 않을까? 이러할 뿐만 아니라, 즉 다만 민국 15년 내에 인물의 지리적 분포만을 가지고서 얘기해 본 즉슨, 原著인 7, 8, 9 각 표(34~35쪽)에 의거하자면 또한 남방 문화가 과학적 문화와 산업적 문화임을 알아차릴 수가 있다. 기록된 표는 다음과 같다.

(표8) 민국 實業 인물의 지리적 분포

省	인원수	백분율(%)	등급	省	인원수	백분율(%)	등급
廣東	27	26.5	1	山東	1	0.9	11.5
江蘇	25	24.5	2	山西	1	0.9	11.5
浙江	21	20.6	3	湖北	1	0.9	11.5
河北	11	11.0	4	陝西	1	0.9	11.5
福建	6	5.9	5	雲南	1	0.9	11.5
安徽	2	1.9	7	遼寧	1	0.9	11.5
湖南	2	1.9	7	총수	102	99.6	14
國外	2	1.9	7				

(표9) 민국 교육 인물의 지리적 분포

省	인원수	백분율(%)	등급	省	인원수	백분율(%)	등급
江蘇	19	26.7	1	雲南	3	4.2	7.5
浙江	13	18.2	2	湖北	2	2.8	11
河北	9	12.7	3	湖南	2	2.8	11
河南	5	7.4	4	廣東	2	2.8	11
江西	4	5.6	5	安徽	1	1.4	14
山東	3	4.2	7.5	遼寧	1	1.4	14
福建	3	4.2	7.5	國外	1	1.4	14
四川	3	4.2	7.5	총수	72	100	15

(표10) 민국 군사 인물의 지리적 분포

省	인원수	백분율(%)	등급	省	인원수	백분율(%)	등급
河北	39	29.5	1	河南	3	2.2	13.5
安徽	13	9.8	2	湖南	3	2.2	13.5
山東	12	9	3	廣西	3	2.2	13.5
福建	9	6.8	4	貴州	3	2.2	13.5
江蘇	8	6.1	6	山西	2	1.5	16.5
四川	8	6.1	6	甘肅	2	1.5	16.5
遼寧	8	6.1	6	江西	1	0.7	19
浙江	4	3	9.5	陝西	1	0.7	19
湖北	4	3	9.5	吉林	1	0.7	19
廣東	4	3	9.5	총수	132	99.30	20
雲南	4	3	9.5				

이상의 세 표는 모두 1925년에 파웰이 편찬한 『中國名人錄』과 같은 해에 吳德海가 편찬한 『中國年鑑』에서 소재를 얻었다. 저자는 아래에 다음과 같은 설명을 가하고 있다. 이를테면,

"표8을 보면 실업 인물은 광동이 가장 많고, 다음으로 강소, 절강, 그리고 하북이 그 순서임을 알 수 있다. 粵人은 해외에서 거주했던 탓에 장사와 제조에 뛰어나다. 그러므로 실업 인재가 많은 것은 당연히 우연한 일이 아니다. 표9를 보면 교육 인물 역시 강소가 가장 많고, 절강, 하북이 그 다음임을 알 수 있다. 江·浙의 교육은 본디 나무랄 데가 없기 때문에, 그 교육 인물이 비교적 많다. 표10을 보면 군사 인물은 하북이 가장 많고, 안휘, 산동이 그 다음임을 알 수 있다. 이것은 아마도 민국 15년 이전서부터 중국 군사 인물은 北洋과 皖(안휘성의 다른 이름.-역주) 사람들이 많아서일 것이다."

이 말이 남방 문화의 역사적 의의를 아직 설명할 수 없음은 당연한 것이겠지만, '이러이러'한 숫자에 의거하면 우리들은 중국 문화의 지리적 분포를 알 수 있다. 그리고 북방은 황하 유역이 군사 인물이 가장

많은 수를, 중부는 양자강 유역이 교육 인물이 가장 많은 수를, 그리고 남방은 주강 유역이 실업 인물이 가장 많은 수를 각각 차지함을 알 수 있다. 이렇게 되면, 남방의 주강 유역이 산업 문화와 과학 문화를 대표한다고 줄곧 주장해 온 우리들의 의견은 무의식중에 역사 통계적 증명을 얻게 된다. 그렇기 때문에 나는 朱君毅의『중국 역대 인물의 지리적 분포』란 글은 나의 생각과 다르지 않다고 항상 말해 온 것이다. 이것은 곧 그의 참가치를 알게 해 준다.

다만, 여기서 분명히 밝히고 넘어가야 할 사항이 있다. 말하자면 황하 유역이 비록 군사적 인물이 중심을 이룬다고는 하지만, 과학이 발달하지 않았던 탓에 反帝抗日 전선에서 역으로 염치없는 군인의 무저항적 책략이 있게 되었다. 양자강 유역이 비록 교육적 인물이 중심을 이룬다고는 하지만, 과학이 발달하지 않았던 탓에 그 학설과 사상이 단지 어떤 철학 관념의 한 추상 체계로만 제한되었다. 그러므로 결국 진정으로 반제항일을 하고자 한다면 주강 유역의 문화 운동 즉, 과학 산업의 문화 운동을 제창하지 않으면 안 된다. 제3기의 문화 즉, 경제 기초 위에 발꿈치를 똑바로 세우기만 한다면 중화 민족은 망할 수가 없다. 그리고 북방의 군사 인물과 중부의 교육 인물 역시 모두 자연스럽게 손중산 선생이 말한 바와 같은 "임용이 적절함"(任使得法), "각자의 재주를 충분히 발휘함"(人盡其才)이 이루어져서 중국 문화의 가장 높은 통일이 곧 완수될 것이다.

민국 21년, 12월, 15일.

문화 교육 발단

1. 문화교육설의 역사적 발전

[교육학설의 3단계] 내가 『문화철학』의 1·2장을 발표한 이후부터 (『현대사학』, 제1·2 두 期) 곧 『서양교육사』의 저자인 姜琦 선생의 주의를 끌었다. 그는 금년 8월에 모두 30여 만 자로 이루어진 『교육철학』을 간행했는데, 그 속에서 『문화철학』을 비판한 것이 의외로 수천 자 남짓 된다.(원서, 91∼116쪽, 上海羣衆圖書公司에서 출판했다.) 강선생의 비판에 대한 회답이 당연히 여기서의 일은 아니다. 다만, 주의할 점은 그가 비록 나에 대해서 반박은 하였지만, 도리어 "중세 이래의 모든 학문 연구에 대해서 종교적, 철학적, 그리고 과학적 세 시기로 구분한 것은 매우 합리적이다."(108쪽)라고 하면서 나를 또한 인정해 주기도 하였다. 뿐더러 교육을 예로 들면서 역시 똑같이 이것에 따라 시기를 구분할 수 있다고 생각했다. 그는 가장 먼저 긍정하기를, "고대 때에는 이처럼 교육을 연구한다고 하는 일은 결코 없었다고 말해도 좋다. 확실히 말해서 교육의 진정한 연구는 17세기에 발단된 것이다."라고 했다. 이어서 그는 교육의 연구를 세 시기로 구분하였다.

　(1) 신학적 교육학;
　(2) 철학적 교육학;
　(3) 과학적 교육학.(『교육철학』, 109∼111쪽.)

그래서, 강선생의 결론은 "이런 식으로 말을 하자면 교육의 연구는 확실히 주선생이 말한 바와 같이 종교적, 철학적, 과학적 세 시기로 구분할 수 있음을 알 수 있다."(111쪽)는 것이었다. 하지만, 이 세 시기는 콩트의 3단계의 법칙이라고 말할 수밖에 없다는 사실을 알지 못했다. 내 견해를 말하자면 교육사의 연구는 역시 종교적, 철학적, 과학적, 예술적 네 시기로 구분되어야 한다. 강선생인즉슨 "예술적 한 시기는 제거해 끼워 넣지 말아야 한다는 것 외에는 그 나머지 세 시기만큼은 나는 매우 찬동하는 바이다."(107쪽)라고 생각했다. 어째서 예술 시기는 넣을 필요가 없는가? 강선생은 이에 대한 결코 상세한 설명도 없이, "이 점에 관해선 나는 별도로 의견을 가지고 있지만 지금은 잠시 유보하겠다."라고 주석을 달고는 흐지부지하고 말았다. 사실 교육상의 예술 시기야말로 진실로 중요한 현대 교육의 시기인 것이다. 물론 한 방면에서 말하면 현대 교육은 여전히 제3시기에 서 있지만, 제3시기는 바로 제4시기를 실현하는 하나의 과정이다. 과학적 교육학에 도달하지 않으면 교육 사상은 진화할 수가 없다! 그렇다면 소위 제4시기의 교육 연구는 응당 어떤 사조를 그 대표로 삼아야 하는가? 한 마디로 해서 이것은 이른바 '문화교육학'이라고 나는 생각한다.

[**문화교육학의 연원**] 나의 '문화유형학'적 구분에 따라서 본래 '교육'을 설명함은 사회생활의 문화 방면에 귀속됨이 마땅하다. 그리고 정치, 법률, 경제 세 분야는 '문화사회학' 연구의 범위에 同屬된다. 나는 문화철학에서 문화 분기의 원리를 중시하는 것과 마찬가지로 '문화사회학'에서도 특별히 이른바 '역사주의'를 제창하는 바이다. 말하자면, 사회생활의 문화 방면, 즉 정치, 법률, 경제, 교육은 모두 전적으로 新역사주의를 적용해야만 해석될 수 있기 때문에 역사 방법을 사회과학의 각 방면에 적용시키려고 일찍이 노력해 왔다. 특히 『역사학파경제학』이 이미 출판되었지만 우습게도 만약 어떤 '역사학파의 교육학'이 있다고 한다면 나를 비웃는 사람이 있을까 걱정되지 않겠는가? 사실 다 그렇지

는 않다. 교육학에 있어서 비록 아직은 가령 정치학, 법률학, 경제학상의 소위 '역사학파'가 발견되지는 않았지만 도리어 훨씬 전에 소위 '문화학파'가 발생하였고 문화학파가 제창한 '문화교육학'은 매우 분명하게도 바로 역사주의적 경향을 띠고 있었다. 우리들이 지금 교육의 목적이 예로부터 지금까지의 역사상 이미 이룩된 문화를 계속적으로 유지하는 데 있는지, 혹은 원래 있었던 문화를 타파하고 새로운 문화를 창조하는 데 있는지에 동의하기만 한다면, 이 교육이라고 하는 것은 문화사회학상에서 역사적 연구를 하지 않으면 안 된다. 바꾸어 말해서, 꼭 역사주의를 견지해야만 한다는 것이다. 때문에 독일 문화교육학의 원조 딜타이(Wilhelm Dilthey, 1833~1911)는 1888년에 교육학에 관한 첫 번째 강연이 있었다. 즉, 교육학의 보편성을 부인하고 교육적 이상은 마땅히 역사와 사회에 따라서 변화하는 것이라고 생각했다. "이 때문에 신학적 교육학이 一變해서 철학적 교육학이 될 수 있고, 철학적 교육학이 일변해서 과학적 교육학이 될 수 있다. 그리고 과학적 교육학 그 자신 역시 변해서 이른바 '문화적 교육학'이 되지 않을 수가 없는 것이다."

문화교육학은 이미 이 역사 연구에 대해 매우 깊이 있는 실제상의 지식에 기원한다. 예컨대, 그 자신이 말한 바와 같이 그의 학문은 곧 독일 역사학파의 분위기에서 생장하여 그 영향을 받은 철학자인 것이다.(졸저 『역사철학대강』, 283쪽, 참조.) 딜타이는 그런 까닭에 처음부터 '교육'은 역사적·사회적 실재 중의 하나임을 시인하지 않을 수 없었다. 그는 그의 유명한 『정신과학서론』에서 정신과학을 자연과학과 대립시켜서 자연과학은 자연을 연구의 대상으로 하고 정신과학은 역사적·사회적 실재를 연구의 대상으로 하여 또한 문화과학이라고 일컫기도 했다. 재차, 자연과학은 인과적 법칙 아래에 지배를 받고, 정신과학은 가치의 창조, 목적의 실현을 그 근본 문제로 삼는다. 그리고 이것 역시 정신과학 중의 하나인 '교육학'의 근본 문제가 된다. 이 때문에 정신과학파의 문화교육설, 그 소위 '교육'이란 인류 전체의 생명을 기초로 하고, 역사적·사회적 형태 속에서 '가치'를 흠모함은 물론 '목적'을 추구한다는 의미를 함유한다. 이른바 이 가치란 바로 '문화가치'이고, 이른바 목적이란 곧 문화가치의 실현을 그 목적으로 한다. 그러나 '문화가치의 한 부분'을 이야기해 보자면, 딜타이가 비록 경제, 법률, 종교, 예술, 학문 등 문화의 여러 체계를 또한 거론은 하고 있지만, 오히려 매우 명확한 설명이 없는 형편이다. 이 점에 관해서는 그의 제자 슈프랑거(베를린대학 교육학원 원장)가 매우 큰 공헌을 하였다. 슈프랑거의 저작은 매우 많지만, 그중 가장 중요한 것은 『生活基型』(1914), 『문화와 교육』(1923) 등의 책이다. 『생활기형』 속에서 그는 생활 형식에는 아래와 같은 여섯 종류가 있음은 물론, 생명이 추구하는 가치 방향에도 아래의 여섯 항이 있다고 우리들에게 말하고 있다. 도식해 보면 다음과 같다.

생활기형	가치방향	활동중심	성격
1. 이론형	학문적	보편 진리를 요구하는 인식 활동:	학자
2. 경제형	경제적	물질을 이용하는 경제 활동:	기업가와 상인
3. 심미형	예술적	美感을 구성하는 예술 활동:	예술가
4. 종교형	종교적	경건하고 신념적인 종교 활동:	신앙적인 인간
5. 정치형	권력적	타인을 지배하는 권력 활동:	권력적인 인간과 활동적인 인간
6. 사회형	사회적	타인과 융화하는 사랑의 활동:	자선가와 人道家

그러므로 이른바 문화란 바로 이와 같은 가치의 실현일뿐더러, 이 가치의 여러 종류는 모두 그 도덕적 가치를 지닌다. 도덕은 어떠한 한 생활 기형에 속하는 것이 아니며, 오직 우리들이기만 하다면 성격이 비슷해서 하나의 가장 높고 가장 좋은 기형을 선택하려고 애쓴다. 이것이

바로 '도덕'인 것이다. 인생 세계란 한 사람이 하나의 문화가치를 추구할 수만은 없고, 동시에 많은 가치를 추구하기도 매우 어렵다. 때문에, '가치'를 흠모하고 '목적'을 추구할 때에는 항상 그 속의 한 가치를 활동 중심으로 삼고 그 나머지 가치 작용을 그 보조 수단으로 삼아야 한다. 예를 들면 어떤 사람의 이론형이 특별히 좋은 까닭에 보편타당한 인식 활동의 중심이 되고 경제적, 예술적, 종교적, 권력적, 사회적 각종 가치는 어떤 종류의 방식에 따라서 부속적 위치에 놓이게 된다. 이와 동일하게 어떤 사람의 정치형이 특별히 좋고 그 밖의 다섯 가지가 좋지 않다고 한다면 그 생활 형식은 타인을 지배하는 권력 활동이 마땅히 중심이 될 것이다. 그리고 학문적, 경제적, 예술적, 종교적, 사회적 등 활동은 부속적 위치에 놓이게 된다. 이처럼 생명의 각종 가치 방향에 대한 선택이 그 점차로 고정불변의 경향으로 되어 갈 때에 이것으로 이른바 개성, 인격을 간파할 수 있다. 생활의 특징 역시 생명은 자신의 가치 능력을 발휘할 수 있기 때문에, 바로 최고의 '도덕'이 되었다고 말할 수 있는 것이다. 문화교육학의 하나의 큰 특색은 한창 성장 발육 중에 있는 아동의 '개성'에 주의를 기울이는 한편, 아동에게 완전히 적합한 교재를 공급함으로써 그 '개성'이 가치적 발전을 키우도록 이끌어주는 '문화가치'에 주의를 기울이는 데 있다. 교육가 자신의 인격에 관한 즉슨 슈프랑거가 말한 바에 따르면 사회적, 정신적 활동 중의 하나에 속하기 때문에 '사랑'(愛)을 활동 중심으로 해야 한다. 이것이 바로 그가 제창했던 매우 유명한, 이른바 '敎育愛'의 학설인 것이다.

이상의 딜타이와 슈프랑거의 문화교육설은 대체적으로 매우 찬동할 만한 가치가 있다. 즉, 슈프랑거의 제자인 슈테른(Erich Stern)은 발생주의로써 교육적 기원을 고찰함과 동시에, 또한 가치 의식과 문화 의식에 의지하여 교육적 동기를 논할 것을 제창하였다. 나는 이것이 매우 큰 타당성을 지닌다고 생각한다. 하지만, 사실대로 말하자면 이 파의 이른바 문화 교육이란 비록 교육 사조 중 가장 진보적인 학설이기는 하지만, 가장 완비된 학설이라고는 할 수 없다. 만일 교육이 정말로 딜타이가 말한 것처럼 역사적, 사회적 실재의 하나라고 한다면 마땅히 더욱 철저하게 역사주의의 경향을 띠어 일종의 현대 역사, 현대 사회와 가장 밀접한 관계를 가지는 교육의 새로운 설을 받아들여야 할 것이다. 무슨 '가치', '체험', '정신생활'과 같은 이 추상적인 명사가 이렇듯이 격동하는 시대사조에 무슨 쓸모가 있겠는가. 그런 까닭에, 정신과학파가 교육을 역사적, 사회적 실재라고 함은 옳다고 하겠지만, 교육을 정신과학의 하나라고 생각함은 도리어 큰 착오가 아닐 수 없다. 교육이란 어쨌든 문화의 사회생활적 측면일 따름이다. 즉 문화사회학적 범주에 속하는 것이지 순수철학적 범주에 속하는 것은 아니다. 때문에 정신과학파가 추상이란 어휘를 가지고서 교육을 설명함은 근본적으로 교육이 교육다운 이유를 알지 못한 행위이다. 역사적, 사회적 문화의 전달 혹은 창조에 있다고 함은 사회 중심적 활동이지 개인 중심적 체험은 아니다. '체험', '가치', '정신생활'로 교육을 말하는 것은 끝끝내 장차 교육을 막연하여 종잡을 수가 없는 데로 치우치게 하여 무용한 폐물이 되게 하고 만다. 이는 생명을 충실하게 하고자 함이지만 역으로 생명을 파괴하는 일이다. 이상이 지적하고 싶은 그 첫 번째가 된다. 다음으로는 슈프랑거가 말한 생활 기형 즉, 『精神個性類型論』에 대한 비판이다. 그는 단지 여섯 유형만을 알았다. 즉, 이론형은 학자를, 경제형은 기업가와 상인을, 심미형은 예술가를, 종교형은 신앙적인 인간을, 정치형은 권력적인 인간과 활동적인 인간을, 그리고 사회형은 자선가와 인도가를 창조할 수 있다는 것이다. 하지만 이 여섯 유형 중에 이론형은 철학형과 과학형 두 가지로 나뉜다는 사실은 알지 못했다. 철학형은 철학자를, 과학형은 과학자를 창조할 수 있다. 게다가 여섯 유형 외에 또한 법률형은 법률가를, 교육형은 교육자를 창조할 수 있으며, 이른바 '사회형'

운운함은 근본적으로 다섯 유형과는 병렬시킬 수가 없는 것이다. 왜냐하면, 문화 유형은 본디 지식생활과 사회생활 두 가지 큰 측면으로 나뉘기 때문이다. 예컨대 종교형, 철학형, 과학형, 예술형은 모두 '지식형'에 속하고, 정치형, 법률형, 경제형, 교육형은 모두 '사회형'에 속한다. 이 여덟 종류의 문화 유형에 따라 엇섞이면 사회의 여러 가지 형태(이른바 문화의 사회성)와 여러 가지의 문화 시대(이른바 문화의 역사성)가 형성되는 것이다. 예를 들어, 종교 시대의 생명이 추구하는 문화 방향에서는 반드시 종교형이 중심적 활동이 되는 까닭에, 교육이 창조하는 것은 반드시 종교가이고 기타의 문화 유형은 여기에 속한다. 심미형의 예술가가 이때에 존재하지 않는 것은 아니지만, 이 예술가는 반드시 종교형의 도야를 받은 종교적 예술가인 것이다. 그런데 이 점에 관해서 슈프랑거는 완전히 주의를 기울이지 않은 듯이 보인다. 때문에 결국 여섯 가지의 기형만을 병렬시켰을 뿐, 다른 이 몇 가지 기형의 역사적이고 변증법적인 발전 추세는 보지 못하였다. 이것은 그의 근본적인 실수라고 말하지 않을 수 없다. 그 결과 이른바 '문화 교육'은 문화 전체의 가치적 발전을 촉진시키지 못했을 뿐만 아니라, 역으로 분별이 없게도 반동적 문화 세력을 양성하여 그 한창 성장 중에 있는 신흥 문화를 꺾고 말았다. 독일 문화교육학파에 관한 기타 가장 근본적인 주장은 '생명', '개성', '사랑' 등을 중시하여 교육 활동의 중심으로 삼는 것이다. 이렇듯이 사람에 대해 정신적으로 베푸는 사랑에 마음을 기울이고, 교육의 본질을 문화의 전파와 확충 속에 두는 것은 우리들의 주장에 이보다 더 동의하는 태도는 당연히 없다고 해야 할 것이다.

2. 문화교육학의 새로운 연구

[문화교육학이 중국에서 갖는 영향] 문화교육학이 중국에서 갖는 영

향을 잠시 관찰해 보면 그래도 최근 몇 년의 일인 듯이 보인다. 范錡 교수는 『最近歐美敎育思潮』增訂板에서 "많은 장점을 겸비함은 물론, 이론이 완벽하고 정밀해서 사실 교육사조 중 가장 진보적인 것이다."(201쪽)라고 말한 적이 있다. 하지만 이러한 진보적인 교육학설은 제창자에게서 완성된 정도에까지는 이르지 못했고 소개자는 자연히 매우 적은 편이다. 내 생각에는 아래 열거한 몇 편의 논문만이 검토해 볼 만하다.

(1) 蔣徑三: 「문화철학과 문화교육학」(文化哲學與文化敎育學, 『敎育雜誌』, 제21권, 12호.)

(2) 蔣徑三: 「문화교육학의 이론과 방법」(文化敎育學的理論與方法, 『敎育雜誌』, 제21권, 4호.)

(3) 楊人楩: 「문화철학의 교육사조」(文化哲學的敎育思潮, 『敎育雜誌』, 제21권, 42호.)

(4) 林礪儒: 「문화교육학」(『北京文化學社』 간행 소책자.)

(5) 范錡: 「文化主義敎育思潮」(『最近歐美敎育思潮』, 제10장, 193~222쪽, 20년, 12월, 增補再版補入, 초판에는 이 章이 빠져 있다.)

이 몇 편의 논문에 한정해서 보면 다른 사람의 학설을 소개한 내용이 많다. 『敎育雜誌』로 말하자면 그 안의 두 편에 사용된 자료는 서로 같고, 상세함과 간략함의 차이만이 존재할 따름이다. 그러므로 문화교육학이 비록 사람들에게 칭찬을 받기는 하지만 실제로 오늘에 이르러서는 더욱이 털끝만큼의 영향도 없는 형편이다. 아마도 『서양교육사상사』를 전공한 사람들은 이른바 문화교육학에 대해서 그다지 주의를 기울이지 않았던 탓일 것이다!(예컨대, 瞿世英이 지은 『서양교육사상사』는 아직 언급하지 않았다.) 다만, 주의할 점으로 다름 아닌 문화교육학은 남방의 전후 몇 학자들에 의해서 이미 소개되었다는 사실이다. 나는 줄곧 문화철학, 문화사회학, 그리고 문화사의 주장을 이미 펴왔던 까닭에, 교육 방면에 있어서도 문화교육학적 학설로 경도됨은 당연한 것이라 하겠다. 그런데, 내가 분명히 밝히고자 하는 점은 독일의 문화교육파의 주장을 결코 나의 주장으로 삼지 않는다는 사실이다. 이 파에 마땅히 비판을 가해야 할 점은 매우 많다. 특히 생활기형론은 나의 문화유형설과 근본적으로 다르다. 바꾸어 말해서, 나는 문화교육학의 새로운 연구에 종사하고, 역사주의적 기초상에서 나의 문화교육학을 제창한 것이다.

내가 관찰한 결과에 의하면, (첫째) 종적 역사 방면에서 말해 지금까지의 교육은 모두 문화 교육이다. 문화사에 있어서 종교 시대는 종교의 문화 교육을 가지고, 문화사에 있어서 철학 시대는 철학의 문화 교육을 가진다. 이와 동일하게 문화사에 있어서 과학 시대 즉, 현대는 과학의 문화 교육을 가지지 않으면 안 된다. (둘째) 횡적 사회 방면에서 말해 모든 교육은 문화 교육이다. 우리들이 문화와 교육에 대해 말하지 않으면 그만이지만, 문화를 말하고자 한다면 모든 문화는 사회학자 엘우드가 말한 바와 같이 "문화란 한 단체가 학습하는 과정이다."(『문화진화론』, 6~7쪽.)라고 하겠다. 교육을 말하자면 모든 교육은 한 단체가 '문화를 학습'하고 '문화를 사용'(같은 책, 21쪽.)하는 문화적 교육인 것이다. 인류 사회가 금수와 다른 특수한 요소는 문화에 의한 것이라고, 또한 교육에 의한 것이라고도 말할 수 있다. 이 둘은 원래 둘이면서 하나이고 하나이면서 둘인 것이다.

[교육의 第一義-교육은 곧 문화이다.] 교육의 본질이 바로 문화임을 알면 교육의 목적 역시 문화에 있음을 쉽게 이해할 것이다. 문화교육학파의 종래 의견은 역사적, 사회적 실재를 대상으로 하는 것이다. 즉, 이

미 존재한 것(전통), 현존하는 것(현실), 장차 존재할 것(이상)의 세 방면을 그 연구의 대상으로 삼기(范著, 206쪽, 참고.) 때문에, 교육의 의미 역시 이 세 방면을 포괄해야만 한다. 즉,

(1) 과거 이미 존재한 문화의 전승;

(2) 현재 현존하는 문화의 적응;

(3) 미래 장차 존재할 문화의 창조.

한편 과거에 의지해서 문화의 전달로 삼는가 하면, 또 한편 장래를 굽어보아 문화의 창조로 삼아야 한다. 그리고 가장 중요한 것은 오히려 현존하는 문화를 인식하고 파악함은 물론, 현재의 문화를 확대하여 장래의 문화 이상으로 나아가는 데 있다고 하겠다. 이것이 바로 내가 역사주의에 의해서 현재의 교육 시책을 지도하자고 주장한 근본적인 생각인 것이다.

[**교육의 第二義 - 현대 교육은 곧 산업 문화 교육이다.**] 원래 교육은 당시의 환경에 적응하고자 한 것이고, 문화는 언제까지나 부단히 創新되는 것이다. 그러므로 종적 역사 방면에서 말하자면, 한 시대는 곧 한 시대의 문화와 한 시대의 표준적 문화 교육을 지니는 것이다. 이전에 프랑스의 콩트는 인류 지식의 발달을 세 단계로 구분한 적이 있다. 첫째는 신학 시대, 둘째는 형이상학 시대, 셋째는 실증적 혹은 과학 시대가 그것이다. 아울러, 사회생활의 발달을 세 단계로 구분하였다. 첫째는 군사 시대, 둘째는 법률 시대, 셋째는 산업 시대가 그것이다. 현대는 이미 어떠한 시대인가? 두말할 것도 없이 세 번째 단계인 과학 시대와 산업 시대인 것이다. 따라서 현대의 문화 교육은 신학 교육, 철학 교육이 되어서는 아니 되며, 마땅히 '과학 교육'이 되어야 한다. 사회적 생

활 방면에서 고려하자면 다름 아닌 '산업 교육'이라고 말할 수 있다.

다시 횡적 생활 방면에서 보면 문화의 여덟 가지 유형이 존재한다. 그 가운데 과학형과 경제형이 중심 활동이 되고 특별히 과학자와 경제가가 양성돼야 한다. 이제 먼저 문화의 여덟 가지 유형을 표로 나열해 보면 다음과 같다.

문화유형	문화심리	인격	문화유형	문화심리	인격
1. 종교형	濟度	성자(종교가)	5. 정치형	권위	권력적인 인간과 활동적인 인간
2. 철학형	경탄	현자(철학자)	6. 법률형	규범(공평)	법률가
3. 과학형	지배(탐구)	연구가(과학자)	7. 경제형	실용	경제가와 기업가
4. 예술형	審美	예술가	8. 교육형	愛護	교육가와 인도가

현대 문화 교육의 근본원리는 실시에 있어서 이 시대 젊은이들의 특수한 개성을 고려하는 한편, 과학적 및 경제적 문화 유형의 발달에 특별히 주의해야 한다. 우리들의 교육 신조는 즉, "너는 반드시 네가 처한 시대의 가장 높은 문화 형식을 분명하게 알아서 충분히 그것을 발휘해야 한다. 스스로로 하여금 시대와 그 장소에 부응할 수 있는 문화적으로 진전된 한 사람이 되도록 해야 한다." 이것을 위한 가장 바람직한 길은 당연히 과학자 혹은 경제가가 되는 것이다.

이상을 통해서 현대의 문화 교육은 과학 교육과 산업 교육으로 귀결됨을 알 수 있다. 바꾸어 말해서, 지금 현존하는 문화에 부응하기 위해서는 전력을 다해서 과학 교육과 산업 중심의 교육을 발전시키지 않으면 안 된다. 모든 젊은이들로 하여금 완전한 과학 지식뿐만 아니라, 또한 자각적인 생산 능력을 갖추도록 해야 한다. 이러한 교육은 소련에서 한창 활기 있게 발전하고 있다. 그 생각이 비록 일부 사람들에게 비판

을 받고는 있지만, 그 새로운 교육의 제도와 방법은 오히려 세계상 최
신의 교육임과 동시에 바로 우리들이 문화 교육을 제창하는 하나의 참
신한 목표인 것이다.

[과거와 미래에 대하여 품고 있는 태도.] 문화 교육은 생산계급의 양
성을 중시하여 젊은이들에게 지금 현존하는 문화에 적응할 수 있도록
하는 것이다. 하지만 과거의 이미 존재한 문화에 대해서도 보존하고 이
용·조화할 것을 주장했지, 절대로 폐기하자고는 주장하지 않는다. 루
나차르스키는 이러한 정황을 매우 분명하게 알았기 때문에 "종전의 철
학과 과학은 이미 많은 발명과 공헌한 부분이 있는 터라 없애고 연구
를 하지 않아서는 아니 될 것이다. 마땅히 그들의 사상 및 주의와 조화
하고 혼합해야 한다."(顧樹森 編,『소련신교육』, 7쪽.)하고 생각했다. 왜
냐하면, 어쨌든 과거의 이미 존재한 문화는 역사적 진화의 실마리에서
보면 항상 현재의 현존하는 문화의 발원지로서 그 자신이 합리적이고
존재적이라 할 수 있기 때문이다. 뿐만 아니라, 문화 유형의 교차 관계
로 보면 과학 시대와 산업 시대에서도 종교형 또는 철학형이 특히 좋
고, 경제형과 과학형은 특히 나쁘다고 하지 않을 수 없다. 이때에는 아
무래도 충돌이 발생하게 된다. 교육자의 임무는 이러한 특수 인격의 개
성이 발휘되도록 신경을 쓰는 한편, 시대에 반하는 문화 경향을 갖지
않도록 하는 데 있다고 하겠다. 그러므로 이때에 있어서 교육자는 또한
각종 유형을 조화시키는 공증인이 된다. 이뿐만 아니라 문화 교육은 현
존하는 문화에 적응하게 하는 것 외에도 각별히 미래의 새로운 문화를
창조하기 위해서 주의를 기울여야 한다. 바꾸어 말해서, 문화교육자는
과학자와 경제가의 성격을 창조해야 하는 것 말고도 예술가와 교육자
자신의 시대를 창조하기 위해서 특별히 주의를 기울여야 한다. 말하자
면 과학 교육과 산업 교육 말고도 더욱이 美育的 관념의 창도가 바로

문화 교육을 연구하는 큰 목표가 아닐 수 없다. 미육은 교육상의 자유 세계와 같고, 과학 교육과 산업 교육은 필연 세계와 같다. 자유세계에서 필연세계로 나아가는 가운데 우리들은 그래도 착실하게 과학 교육과 생산 교육의 중시를 당면한 급선무로 여겨야 한다. 하지만 미래에는 예술가와 교육자가 모든 것을 지배하는 이상적인 문화 교육 시대가 조성되리라는 생각은 결코 잊어서는 아니 될 것이다.

3. 중국이 과거 교육에 실패한 원인과 문화교육운동

다시 이상의 문화 교육 이론을 응용하여 중국이 30년 동안 걸어온 교육 실패의 역사를 한번 관찰해 본다면 쉽게 그 문제의 소재를 발견할 수 있다. 淸 光緒 28년 신식 학교 제도를 채용하기 시작한 이래로, 한편 세계 대세와 시대 환경의 영향 탓에 마치 무의식중에 모두 '산업교육'을 제창하고 '산업가'와 '과학자'의 맹아의 창조를 중시하고 있음을 알 수 있다. 또 한편 사실 그 전체적인 발전으로부터 말하자면 여기저기서 베껴 와 현대 문화의 본질에 대해서 근본적으로 인식할 수 없음은 물론, 교육의 방침에 대해서도 아무래도 줏대 없이 이쪽저쪽에 빌붙는 형국임을 알아차릴 수가 있다. 이제 내가 연구한 결과에 따라 중국 최근 30여 년의 교육 방향을 세 시기로 나누어서 표로 나열해 보면 아래와 같다.

제1시기	제2시기	제3시기
외국의 언어·문자 교육과 "中學을 體로 하고 西學을 用으로 함." ("中學爲體西學爲用.")	도덕 교육, 美感 교육, 軍國民 교육, 實利 교육.	三民主義 敎育(15年 初에는 "黨化 敎育"으로 불림.)
光緒 28년에서 민국 元年까지 (1902~1912).	민국 元年에서 17년까지 (1912~1928).	민국 17년에서 지금까지 (1928~).
광서 28년 이전에는 方言館과 同文館이 있었다. 모두 "譯人을 양성하여 總署나 각 대사관에 임용하고자 했기 때문에 겨우 언어와 문자를 가르쳤고 각종 학문에는 모두 간략했던 것."(『최근 35년의 중국 교육最近三十五年之中國敎育』, 56쪽, 인용.)에 지나지 않았다. 그랬던 까닭에 광서 25년 時에 즉, 반동이 일어나기 시작하여 "中學을 體로 하고 西學을 用으로 한다."는 설을 제창했던 것이다. 이를테면, 軍機大臣總理衙門이 계획하고 상의한 『京師大學堂章程』 제2장 제1절에는 다음과 같은 일단의 비판이 들어 있다. 즉, "근래에 각 성이 세운 학당이 비록 명목상 中·西를 함께 배운다고는 하지만, 사실은 中만 있고 中은 없는, 또한 서양만 있고 西學은 없는 형편이다. 각 성의 학당이 이미 洋務를 주의로 삼는다고 함은 곧 중국어를 空文으로 여긴다는 것이다." 때문에, 京師大學堂의 조직은 즉 두 가지 의미를 가진다. 하나인즉슨 중·서를 다 같이 중시한다는 것이고, 둘인즉슨 서양어는 학당의 한 과목일 뿐이지 서양어가 학당의 전체일 수는 없다는 것이다. 그리고 서양어는 서학의 요지일 뿐이지 서양어가 서학의 결말은 아니라는 것이다.(같은 책, 제2장, 제1절.) 28년엔 張百熙가 초안한 『欽定學堂章程』이 반포되었다. 29년에는 『欽定學堂章程』이 폐지되고 張之洞이 초안한 『奏定學堂章程』이 반포되었다. 그의 생각에 따르면 그 역시 "서학이 古學의 보존을 가장 중요시함은 또한 전문가가 스스로 연구함에 귀착할 바이다. 고학 중 가장 귀하게 여기는 것은 경서를 넘지 않는다. 무식한 무리는 새것을 좋아하고 옛것은 멸시하며, 방종을 즐기고 閑檢은 싫어한다. 오직 경서가 하루아침에 쎄기지지 않음을 걱정하는 것은 진실로 서학과 서법을 알지 못하는 자이다."라고 했다. 이 시대는 학생운동이 완전히 금지되던 때이고, 광서 32년에 淸師府는 또한 교육 종지 다섯 조항을 정하고 있었다. 소위 "忠君, 尊孔, 尙公, 尙武, 尙實"이 그것이다. 단지 졸업하기만 해도 관직이 높아졌다. 비록 일반적으로 중학의 종지는 또한 "벼슬하지 않는 자로 하여금 각 항의 실업에 종사케 한다."고 규정하고 있었지만, 사실은 단지 입에 발린 말에 불과했다.	민국 원년 교육부는 교육 종지를 개혁하여 "忠君, 尊孔"을 폐지하였다. 채원배가 그 첫 번째로 교육총장에 임명되어 정한 교육 종지는, "도덕 교육을 중시하고 실리 교육, 軍國民 교육으로 그것을 도우며, 더욱이 미감 교육으로 그 도덕을 완성한다."는 것이었다. 상세한 해설은 채원배의 「교육 방침에 대한 의견」(對於敎育方針之意見, 『言行錄』, 上册, 189~203쪽.)에 보인다. 민국 4년 袁世凱가 반포한 교육 강요 속에는 "교육 종지를 분명히 밝히고 도덕, 실리, 숭무를 중시하여 그것을 실용에 운용한다."라는 조목이 있다. 그리고 같은 해에 원세개는 황제가 되고자 하여 교육 종지인 7조목 즉 "愛國, 尙武, 崇實, 法孔孟, 重自治, 戒貪爭, 戒躁進"을 반포했다. 洪憲이 실패하자 관심을 가지는 사람이 아무도 없어서, 사실상 원년에 정하여 올렸던 것이 여전히 교육 종지로 공인되고 있었다. 민국 4년에 敎育調査會는 군국민 교육을 취소하고 "건전한 인격을 양성하여 공화 정신을 발전시키는 것이 종지가 되어야 함"을 제의하였다. 같은 해에 전국교육연합회는 교육부가 교육 종지를 폐지하고 이 두 마디를 채용해서 교육 본의로 삼을 것을 신청하였다. 8년에서 11년까지의 교육 본의는 평민주의사조에 따라서 영향이 확대되었다. 11년에는 新學制 시스템의 개혁령을 공포하여 다음의 7조목을 교육 표준으로 정하였다. 즉, (1)사회의 진화에 적응할 것; (2)평민교육정신을 발양할 것; (3)개성의 발전을 도모할 것; (4)국민의 경제력에 주의를 기울일 것; (5)생활 교육에 주의를 기울일 것; (6)교육이 쉽게 보급되도록 할 것; (7)각 지방의 신축성 여지를 많이 남겨둘 것. 이 7조목은 중국 같은이에서 종지가 아니다. 곧바로 민국 12년에 이르러서는 국가주의사조의 영향으로 인해서 中華敎育改進社는 국가주의에 의거해 교육 종지 4조목을 분명하게 정하였다. 즉, (1)본국 문화예의 특성을 기울여 민족정신을 발양할 것; (2)군사 교육을 실시하여 강건한 체격을 키울 것; (3)國恥 敎育을 마련하여 愛國 志操를 배양할 것; (4)과학 교육을 촉진하여 기본 지능을 늘릴 것. 이 4조목은 비록 교육부의 공포를 아직 거치지는 않았지만, 실은 이미 상당한 영향을 발생시켰다. 민국 16년 채원배는 교육부를 대학원으로 바꾸었고, 이듬해 일단의 담화로 세 가지 점을 제기했다. 이를테면, "충잉연구인을 설치해 과학 연구를 실행하고, 노동대학을 설치해 노동 교육을 제창하고, 음악원·예술원을 설치해 美化 교육을 실현한다."(『최근 35년의 중국 교육』, 169쪽, 인용.)고 했다. 17년 5월 대학원은 일차 전국교육회의를 소집하여 학교 시스템의 원칙을 다음과 같이 의결하였다. 즉, (1)그 나라 실정에 근거할 것; (2)민생 요구에 부응할 것; (3)교육 효율을 높일 것; (4)개성의 발전을 도모할 것; (5)교육이 쉽게 보급되도록 할 것; (6)각 지방의 신축 가능성을 남겨둘 것. 이 여섯 가지는 여전히 11년 신학제의 표준을 단지 겉만 바꾸고 내용은 그대로 둔 격이라 하겠다. 9월에 재차 수정을 가하여 공포했는데, 별도로 '학과 표준을 제고할 것'이라는 한 조목을 더하였다.	17년 5월 전국교육회의는 '黨化 敎育'이라는 이름을 취소하고 '三民主義 敎育'으로 확정하였다. 같은 해 8월에 中央黨部訓練部는 교육 종지의 확정을 제의하였다. 즉, 삼민주의에 근거하여 민족정신을 발양시키고 민주정치를 실현함은 물론, 사회혁명을 완성하여 세계 대동에 이를 것을 그 종지로 하자고 주장했다. 머지않아 국민 정부는 교육 종지에 의해 삼민주의를 실현함으로써 세계 대동에 나아가고자 주장했다. 곧바로 18년 4월에 국민 정부는 정식으로 교육 종지를 다음과 같이 공포하였다. 말하자면, "중화민국의 교육은 삼민주의에 근거하여, 국민 생활의 강화, 사회 생존의 육성, 국민 생계의 발전, 민족 생명의 계속을 그 목적으로 한다. 반드시 민족 독립, 민권 보편, 민생 발전을 기약하여 세계 대동을 촉진한다."고 했다.(이상은 『최근 35년의 중국 교육』, 118~119쪽.) 또한, 17년 前, 민국 15년에 절강성 정부는 '黨化敎育大綱의 실시' 5조목을 정한 적이 있다. 16년 上海特別市黨部는 '당화교육위원회'를 설립했고, 아울러 교육행정위원회 역시 학교의 당화교육시행방법의 초안을 의정했나.
注入式	啓發式	黨化式

이상 세 시기의 교육 사조에 의하면 제1기는 너무 보수적이어서 비록 "忠君尊孔" 말고도 "尙實"이라고 하는 한 조목이 들어있기는 하지만 그다지 중요하게 다루어지지는 못했다. 제2기는 너무 자유적이어서 비록 이른바 "實利敎育"과 新學制 표준인 이른바 "국민의 경제력과 생활 교육에 주의를 기울일 것." 등이 들어 있기는 하지만, 사실은 여전히 이른바 "도덕 교육"과 "美感 교육"이 매우 중요시되는 것에는 필적할 수가 없다. 이때 商務印書館에서 발행한 『敎育雜誌』가 글을 열어서 뜻을 밝히는 것도 "美育, 體育"으로 나타내어 서로 호소하고 있는데, 이것을 통해서 바로 학풍의 흐름을 알 수 있다. 그러나 주의할 만한 것은 다름 아닌 민국 6년 상해에서 소위 '中華職業敎育社'의 설치인데 선언서 중에 다음과 같은 말이 있다.

"우리들이 깊이 알고 확신해서 감히 단언할 수 있는 것들은 다음과 같다. 오늘날 중국에 있어서 제일 중요하고 곤란한 문제는 그 오직 생계이다. 근본 상에서 생계 문제를 해결하고자 한다면 그것은 오직 교육에서 찾아야 한다. 중국의 현재 교육은 결코 생계 문제를 해결할 만한 희망이 없다. 중국의 현재 교육은 생계 문제를 해결할 수 없을 뿐만 아니라, 또한 생계 문제의 해결에 관한 더 없이 큰 장애를 재차 주고 있다."

이 때문에 민국 7년에 當社는 직업 교육의 목적을 아래와 같이 선포하였다.

(1) 개인이 생계를 도모하기 위한 준비. – 무직자에게는 직업을 갖게 하고 유직자에게는 즐겁게 일하게 한다.
(2) 개인이 사회에서 일하기 위한 준비.
(3) 국가 및 세계가 생산력을 증진하기 위한 준비.(『최근 35년의 중국 교육』, 142~143쪽.)

그렇지만 결과는 어떠한가? 黃炎培 선생의 『35년 중국의 직업 교육』

(三十五年中國之職業敎育)이란 글에 의거하자면, "淸 光緖 23년부터 민
국 5년에 이르기까지 무릇 20년간의 직업 교육은 …교육 통계상 일반
교육에 비해 결코 백분의 일의 수치를 지금까지 획득한 적이 없었
다."(141쪽)고 했다. 당사가 설립된 이후에는, "…20년까지 교육부가 발
표한 직업학교는 겨우 149 곳으로 모두 민국 초년에 훨씬 못 미치며,
더 나아가서 前 淸의 光·宣 간에도 못 미치므로 갑자기 여지없이 폭
락했다고 할 만하다."(152쪽) 이른바 직업 교육은 헛되이 입으로만 나
불거리는 데 지나지 않았고, 실제 교육과는 전연 관계가 없는 것이었음
을 볼 수 있다. 제3기에 이르러서 三民主義의 "국민 생활의 강화, 사회
생존의 육성, 국민 생계의 발전, 민족 생명의 계속을 그 종지로 한다."
라는 말에 근거해 보면, 응당 가장 들음 직하다. 姜琦 선생과 같은 이
는 '삼민주의 교육'이 그야말로 '생산 교육'임에 동의했다고 할 수 있다.
하지만 나는 학술어는 학술어일 따름이고 사실은 여전히 사실로 남는
다고 항상 생각할 수밖에 없다. 우리들은 전적으로 제3시기인 '삼민주
의 교육'의 기초상에 입각해야만 한다. 왜냐하면, 삼민주의 교육은 본래
'생산 교육'과 상통하기 때문이다. 만약 현상으로 말해 여전히 名實이
상부하지 않게 '정치형'을 위주로 한다면, 결국 '정치 교육'만이 존재하
게 되고 이른바 현대의 문화 교육은 존재하지 않게 될 것이다. 문화의
심리가 같지 않으면 그 영향 역시 저절로 같지가 않다고 하겠다. 그런
까닭에, 다름 아닌 제3기의 교육 사조는 현대 文化 교육―산업 교육―
의 발전에 대해 나는 아직도 많은 해석을 가해야 한다고 생각한다. 중
국 30년 동안의 교육을 거슬러 올라가서 그 근원을 캐 보면, 종지가 없
었던 것이 아니라 종지가 정해져 있지 않아서 종지가 없었던 것이다.
그러므로 단지 "이미 있는 인재만을 선발해 왔지, 아직 덜된 인재를 가
르치고 육성한 적은 없었다."(張之洞의 말)고 할 수 있을 법하다. 그렇
지 않으면 무슨 "中學을 體로 삼고, 西學을 用으로 삼는다."는 식의 종

지일 뿐이다. 종지가 정해지지 않았던 탓에 袁世凱는 같은 해에 두 번째의 종지를 반포할 수 있었다. 17년의 학교 체계 원칙은 마침내 고치고 또 고쳤을 뿐만 아니라, 또한 많은 점에서 11년의 新학제를 베껴 온 것이다. 때로는 도덕 교육이었다가 때로는 국가주의 교육이었다. 또 때로는 돌턴(Dalton) 제도였다가 때로는 교육법을 계획하기도 했다. …이것은 참으로 여기저기서 베껴 온 것으로 현대의 현존하는 문화에 적응할 수 없게끔 할뿐더러, 심지어 과거의 이미 존재한 고전 문화조차도 모두 보존할 수가 없게끔 하는 행위인 것이다. 도대체 무슨 원인에서일까? 내가 관찰한 결과에 따르면 두 가지의 큰 원인으로 간단히 말할 수가 있겠다.

첫째, 현대 문화의 인식이 결핍되어 있기 때문이다.
둘째, 현대 문화의 경제적 기초가 결핍되어 있기 때문이다.

앞 내용을 보면, 제1기 장지동이 정한 學堂章程은 다음과 같은 조건이 있다. 즉, 그는 문화를 중시하지 않고 '讀經'을 매우 중시하여 이것이 바로 중국 문화의 근본이라고 생각했다.(柳翼謀, 『중국문화사』, 下冊, 534쪽을 보라.) 이러한 사상은 사실 몹시 시대에 뒤떨어진 것이지만, 세력이 커서 영향이 현재에까지 미치고 있다. 제2기 채원배 선생이 제창한 '美育'은 원래 제4기의 교육 사상이다. 바꾸어 말하면 즉, 미래의 장차 존재할 문화인 것이다. 하지만 현재의 현존하는 문화는 아닌 까닭에, 매우 가치는 있지만 아쉽게도 제창하기에는 너무 이른 감이 있어서 오히려 사람들이 받아들이기에는 쉽지가 않다. 종전의 교육은 근본적으로 '현대 문화', 즉 산업적·과학적 문화를 파악하고 있지를 못했기 때문에 너무 낡은 게 아니라 너무 새롭다는 데 문제가 있다. 그 결과 당연히 크게 실패하고 말았던 것이다. 뒤 내용을 보면 제2기 중화직업교육사가 '직업 교육'을 제창한 것이다. 그러나 영향은 이에 미치지 못했다. 제창자 중 江·浙 두 省의 교육자가 많기는 했지만 중국 중부에는 산업의 경제적 기초가 없었다. 그랬던 탓에 직업 교육을 제창한 결과 기껏해야 대부분 몇몇의 수공업 견습생을 길러 내는 데 그쳐서 여전히 현대의 문화-산업 문화에는 부응할 수가 없다고 하겠다. 그들은 무엇 때문에 "교육이 비교적 흥성한 지역에서도 굶어 죽은 사람과 도적이 예전처럼 거리에 넘쳐 나는지"(같은 책, 142쪽, 『教育社宣言書』, 인용.)를 분명하게 이해하지 못한다. 더욱이 민국 7년, 직업 교육의 목적을 선포한 이후로부터 20년에 이르기까지 무엇 때문에 오히려 직업학교가 폭락한 형세인지를 그들은 명확하게 이해하지 못한다.(같은 책, 인용.) 이것은 그 사이에 의심할 것도 없이 전적으로 경제적 기본 원인이 내재해 있다고 하겠다. 중국 중부의 경제 기초가 너무나도 미약하기 때문에, 진정한 의미의 현대 문화 교육-산업 교육을 건설해 낼 수가 없는 것이다. 따라서 비록 일반인이 직업 교육을 제창했지만, 교육부에서 공포해 시행한 교육 종지는 여전히 단지 '개성의 발전을 도모함'을 전제로 한 것이고, 이른바 '직업 교육'이란 결국 자본가의 '개성 발전'의 직업 교육이 될 뿐이다. 말이 비록 이와 같지만, 우리들은 그래도 새로운 기초 위에서 즉, 더욱 넓은 교육 종지 위에서 '산업 교육'의 제창을 주장하는 바이다. 이것이 이른바 문화교육운동인 것이다. 문화교육운동의 절차에 관해서 말하자면 중국은 오직 남방만이 오히려 산업의 경제 기초가 있기 때문에, 문화교육운동 역시 먼저 남방의 교육자가 나서서 큰 터전을 다져야 한다. 아울러서 목표를 결정하여 하나의 새로운 문화교육원리와 새로운 문화교육제도를 창조해 나가야 한다. 우리들에게 생산 교육이 절대적으로 필요로 하기는 하지만, 이러한 생산 교육은 마땅히 하나의 통일적이고 계획적인 문화교육운동이 되도록 해야 한다. 그리고 생산의 실제 상황에 적응토록 하는 하나의 문화교육운동의 지침을 정해야 한다. 생산학교의 경영, 더 나아가서 새로운 커리큘럼의 규정, 자세한 상황에 관해서는 마땅히 시대에 순응하고 나라의 정세에 적합한 것으로, 세계적으로 이미 시험을 거쳐서 효과가 있는 것으로 판단된, 그야말로 새로운 교육의 시스템을 채용해야만 한다. 뿐만 아니라 이처럼 스스로 창조된 새로운 문화 교육이어야만이 우리들에게 지금 가장 절실하게 필요한 救國 교육임은 물론, 중화 민족의 안전을 가장 보장해 줄 수 있는 현대화 교육인 것이다. 끝.

22년, 12월, 22일, 廣州.

· 저자 ·

주겸지(저자)   1899년 복건성 복주시(福州市)의 의사집안에서 태어났다. 북경대학 철학과에 들어가 공부했으며, 1929년 일본에 유학하여 역사철학 연구에 몰두하다가 2년 뒤에 귀국하여 기남대학 교수로 취임했다. 1932년 중산대학으로 자리를 옮겨 역사학과 주임, 철학과 주임 등의 직책을 거치며 많은 학생들을 양성하였다. 1950년 모교인 북경대학 철학과로 돌아와 교수직을 맡았고 1964년 중국과학원 철학사회과학부 세계종교연구소 연구원으로 일했다. 1972년 73세의 나이로 세상을 떠났다.

                평생에 걸쳐 42권의 저서와 2권의 번역서, 100여 편의 논문을 저술하였는데 대표적인 저서로 〈노자교석(老子校釋)〉, 〈문화철학(文化哲學)〉, 〈역사철학(歷史哲學)〉, 〈중국음악문학사(中國音樂文學史)〉 등이 있다.

전홍석(역자)   **· 약 력 ·**

                69년 10월 전남 영암 출생
                성균관대학교 동양철학과 철학박사
                한국학술진흥재단 지원 중국사회과학원 철학연구소 방문학자
                중국 천진외국어대학 객좌교수
                천진페스코한중유학학교 교장

                · 주요 논저 ·

                「현대 문명패러다임 비판과 대안」
                「주겸지의 생애와 학문」
                『주겸지 문화철학 연구』
                『조선후기 북학파의 대중관 이해』
                『중국이 만든 유럽의 근대』(역)
                『문화철학』(역)
                외 다수

文 化 哲 學

• 초판 인쇄	2007년 2월 20일
• 초판 발행	2007년 2월 20일
• 지 은 이	주겸지(저자), 전홍석(역자)
• 펴 낸 이	채종준
• 펴 낸 곳	한국학술정보㈜
	경기도 파주시 교하읍 문발리 526-2
	파주출판문화정보산업단지
	전화 031) 908-3181(대표)·팩스 031) 908-3189
	홈페이지 http://www.kstudy.com
	e-mail(출판사업부) publish@kstudy.com
• 등 록	제일산-115호(2000. 6. 19)
• 가 격	26,000원

ISBN 978-89-534-6350-9 93150 (Paper Book)
      978-89-534-6351-6 98150 (e-Book)